Über den Autor

Roland Hanewald, Jahrgang 1942, fuhr lange Zeit als Handelsmarineoffizier auf allen Weltmeeren zur See und bereiste besonders intensiv die Tropenregionen beider Hemisphären. Im kalten Deutschland hielt er es immer nur wenige Wochen aus. Es war ihm zu eng; ihm fehlte das vernünftige Verhältnis zur Natur und die angemessene Portion Abenteuer und Risiko, die für ihn die Würze ist in einem selbständigen, verantwortungsbewußten und von Reiselust geprägten Leben auf eigene Faust. 1968 wanderte er aus. Er entschied sich für die Tropen. Von jetzt an sollten  die über 7000 Inseln der Philippinen seine neue Heimat sein.

Es folgten Stationen als Bergungstaucher, Expeditionsleiter und Fotojournalist. Ausgangspunkt aller Unternehmungen ist sein Heim auf der Insel Luzon, das er mit seiner philippinischen Frau Flor und vier Kindern bewohnt. Hier schrieb er auch seine zahlreichen Erlebnisse, intensiven Erfahrungen und nachhaltigen Eindrücke nieder.

Nach „Das Tropenbuch" sind von Roland Hanewald mehrere Bücher und Dokumentationen zum Thema „Tropen" erschienen, darunter auch das „Philippinen Abenteuer-Handbuch".

Vorwort

Nicht ohne Grund gewinnen Begriffe wie Frieden und Fortschritt, Umwelt und Überbevölkerung, Leben und Überleben, Freiheit und Abenteuer immer mehr an Bedeutung. Die Alte Welt platzt aus den Nähten; die Neue Welt ist oftmals zu forsch. Viele Menschen suchen daher eine bessere und sichere Zukunft in der Dritten Welt. Sei es nun für kurze Zeit oder für den Rest ihres Lebens. Tropische Länder und Meere stehen plötzlich hoch im Kurs bei Touristen und Travellers, Abenteurern und Aussteigern. Und wenn man den Vorhersagen glauben kann, dann werden in den nächsten Jahren Hunderttausende folgen und den Lockungen nachgeben, die diese heiße, sinnliche, stellenweise noch sehr heile Welt bis in unsere grauen Breiten auszustrahlen vermag.

Für manchen, der da heute auszieht um die Welt der Tropen und ihre schillernden Kontraste kennenzulernen, werden sich wegen oberflächlicher Vorstellungen die Erwartungen nicht erfüllen. Andere, die auf der Suche nach Abenteuer sind, können mit abenteuerlicheren Situationen konfrontiert werden, als ihnen lieb ist. Das vorliegende Buch soll den an einem Tropenaufenthalt interessierten Leser mit den andersartigen Aspekten einer weniger „zahmen", weniger „entwickelten", weniger programmierten Welt, ihrer Grandiosität und Erbärmlichkeit, ihren Freuden und Gefahren ein wenig vertraut machen.

Die Eindrücke, auf denen dieses Buch basiert und die es in Form praktischer Ratschläge über einen großen Teil seines Verlaufs hinweg wiederzugeben versucht, reflektieren in vieler Hinsicht mein Leben und meine Erlebnisse auf den Philippinen, einem Land, das mich von Jugend an fasziniert hat und in dem ich eine jahrelange Wahlheimat fand. Es muß jedoch darauf hingewiesen werden, daß die geschilderten Probleme und Schwachpunkte keineswegs ausschließlich für diese gastfreundliche Inselnation Gültigkeit haben. Sie bestimmen vielmehr das Bild der gesamten tropischen Welt und ihrer Menschen.

Bedanken möchte ich mich an dieser Stelle bei den vielen Freunden und Helfern verschiedenster Nationalität, die mir bei der Zusammenstellung des Arbeitsmaterials mit Rat und Tat zur Seite standen.

Roland Hanewald

ROLAND HANEWALD

DAS TROPEN BUCH

VOM LEBEN UND ÜBERLEBEN IN TROPISCHEN UND SUBTROPISCHEN LÄNDERN

EIN HANDBUCH FÜR WEGFAHRER

JENS PETERS PUBLIKATIONEN

Gotenstrasse 65
D-10829 Berlin

INFORMATIONEN AUS ERSTER HAND

5. Auflage 1994

ISBN 3-923821-13-1

© Copyright 1994 by *Jens Peters Publikationen*

Alle Rechte vorbehalten

Erschienen im Verlag
Jens Peters Publikationen
Gotenstr. 65, D-10829 Berlin

Verantwortlich für den Inhalt *Roland Hanewald*
Layout *Hans Ott, Jens Peters*
Umschlaggestaltung *Hans Ott*

Druck *Fuldaer Verlagsanstalt*
Printed in Germany

Alle Angaben ohne Gewähr
Unverbindliche Preisempfehlung: DM 27,80

Das Tropenbuch ist erhältlich

1. durch den Buchhandel
2. gegen Voreinsendung von DM 27,80 auf das
   Konto Jens Peters, Kto.-Nr. 428235-108
   Postbank NL Berlin (BLZ 100 100 10)
3. gegen Scheck/Geld (DM 27,80 oder US$ 20,-)
   an die

Vertriebsadresse:

Jens Peters Publikationen
- Vertrieb -
Osterholzer Dorfstrasse 45
D - 28307 B r e m e n

INHALT

Erste Hilfe unter primitiven Bedingungen

Sicher baden, schwimmen, tauchen in tropischen Gewässern

Tropische Plagegeister

Survivalpraktiken

Überlebensstudien zum Thema Naturkatastrophen

KLEINE TROPENKUNDE

Klima und Geographie der Tropenzone

Unter den Tropen versteht man jene Gebiete auf der Erde, in denen die mittlere Monatstemperatur über das ganze Jahr hinweg wenigstens 20° beträgt. Wird diese Temperatur jährlich mindestens acht Monate hindurch gemessen, so spricht man von den Subtropen. Die Besonderheit des tropischen Klimas ist bedingt durch seine relative Gleichförmigkeit von Temperatur, Luftfeuchtigkeit, Wind und Wetter. Einschneidende jahreszeitliche Veränderungen, wie wir sie aus unseren Breiten kennen, gibt es nicht. Allerdings trifft dieses friedliche Bild, nach dem ein Tag weitgehend wie der andere verläuft und die Sonne sich allmorgendlich um Punkt 6 Uhr abrupt vom Horizont erhebt, um sich früher oder später von kräftigen Niederschlägen ablösen zu lassen, nur auf den sogenannten Kalmengürtel zu.

Der Kalmengürtel

Dieser Kalmengürtel ist ein permanentes Tiefdruckgebiet, das sich in einer Ausdehnung von maximal zehn Breitengraden um den geographischen Äquator windet und dessen Mittellinie auch als meteorologischer Äquator bezeichnet wird. Hier, in den sonnennächsten

Tropisches und subtropisches Klima

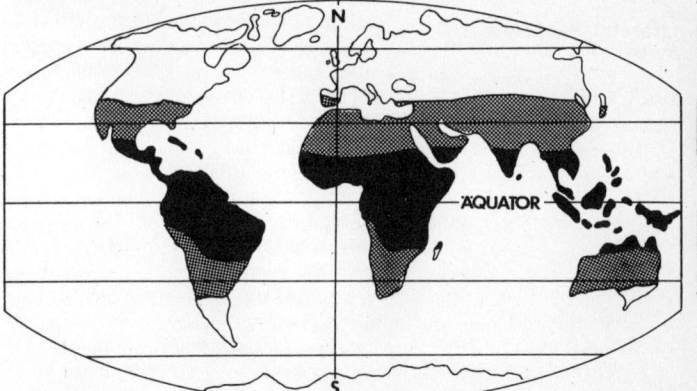

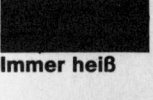

Immer heiß

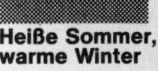

Heiße Sommer, warme Winter

Bereichen der Erde, sind die Tropen in der Tat am tropischsten. Hier versetzt gleißendes Licht die Welt in einen Farbenrausch, dampft die Natur unter dem Ansturm solarer Energie. Hier sahen Seefahrer in der Frühzeit der Entdeckungsgeschichte einen „Feuergürtel", den zu überqueren sie lange zögerten. Und ähnlich stellt sich auch heute noch mancher prospektive Tropenreisende die gesamte „heiße Zone" vor.

Während im weitaus größten Teil des tropischen Bereichs schon der Definition nach relativ hohe Temperaturen an der Tagesordnung sind, stellen Extreme außerhalb von Gebieten mit ausgesprochenem Wüstenklima eher die Ausnahme dar, und Hitzegrade, die denjenigen eines deutschen Hochsommertages entsprechen, sind weniger häufig als allgemein angenommen wird. Bestimmend für diese Verhältnisse sind zahlreiche Faktoren, die das Bild der tropischen Welt ausmachen und an ihrer Vielgestaltigkeit Anteil haben. Geographisch umfaßt die Tropenregion etwa den Bereich zwischen den Wendekreisen des Krebses und des Steinbocks auf jeweils ungefähr 23½° nördlicher bzw. südlicher Breite und schließt demnach also den weitaus größten Teil Afrikas und des indischen Subkontinents ein. Ferner Südostasien und Nordaustralien einschließlich der assoziierten Inselwelt, die meisten zentralpazifischen Inseln, Mittelamerika und den karibischen Raum in annähernd ihrer Gesamtheit sowie den südamerikanischen Halbkontinent nördlich von Argentinien. Die eigenwillige Geographie dieser Zone mit ihrer unregelmäßigen Verteilung von Wasser- und Landmassen bewirkt fast zwangsläufig ein komplexes klimatisches Äquivalent, bei dem von Gleichförmigkeit keine Rede sein kann. Ja, es gibt vielerorts sogar etwas wie Jahreszeiten. So liegt als ausgeprägtestes Beispiel für saisonelle Umschwungsvorgänge das gesamte tropische Asien im Bereich der Monsune, die je nach sommerlicher Erhitzung oder winterlicher Abkühlung des asiatischen Festlandes die Tropenzone des Kontinents entweder mit feuchtwarmer, regengesättigter Meeresluft aus südwestlicher Richtung oder mit trockener Festlandsluft aus dem Nordosten überziehen und somit für einen alljährlichen Wechsel zwischen Regen- und Trockenzeit sorgen. Von ungefähr Mai bis September ist daher in den meisten Teilen des asiatischen Monsunbereichs mit Regen oder zumindest mit feuchtheißem Wetter zu rechnen, während in den Wintermonaten vergleichsweise kühles, trockenes Wetter vorherrscht. Oft ist der Übergang von einer Monsunphase zur anderen derart abrupt, daß monatelanger Trockenheit von einem Tag auf den anderen über Wochen hinweg ununterbrochene Regenfälle folgen. In der Regel mit katastrophalen Konsequenzen für eine auf ein solches Ereignis meistens nur unzureichend vorbereitete Bevölkerung. Allerdings spielen bei diesen Abläufen auch geographische Besonderheiten – mitunter auf kleinstem Raum – eine wetterbestimmende Rolle. „Wetterscheiden" wie hohe Gebirgszüge tragen vielfach, wie auch außerhalb der Tropen, entscheidend zur Bildung eines von den großklimatischen Vorgängen weitgehend unabhängigen Lokalklimas bei. Und insbesondere auf der dem Seewind zugekehrten Seite hochgelegener Landstriche im Monsun- und Passatbereich ist Regen ein zu jeder Jahreszeit zu vergegenwärtigender Faktor. Bekannte Beispiele sind Hawaii, an dessen Luvküsten es stellenweise fast ständig regnet, während die unmittelbar hinter den Bergbarrieren gelegenen Inselteile sich durch das berühmte ausgeglichene Klima des Archipels aus-

Zwischen den Wendekreisen des Krebses und des Steinbocks

Die Monsune

Wetterscheiden beeinflussen Lokalklima

zeichnen. Oder die Philippinen, auf deren Hauptinsel Luzon eine zentrale Kordillera eine scharfe Trennung im örtlichen Wettergeschehen bewirkt. Eine besonders ausgeprägte klimatische Trennung findet auch an der Westküste Südamerikas statt, wo das Gebirgsmassiv der Anden wie eine Mauer die heißgrünen Weiten Amazoniens vor den tropenfeindlichen Einflüssen des antarktischen kalten Humboldtstroms effektiv abschirmt.

Meeresströmungen sind die großen Energieverteiler der Erde. **Meeres-**
Tropische Grüße in Gestalt äquatorial aufgeheizten Seewassers und **strömungen**
eines entsprechenden allgemeinen klimatischen Geschehens wer- **sind Energie-**
den uns noch in Nordeuropa zuteil, das ohne den passatgetriebe- **verteiler**
nen Golfstrom eine trostlose Eiswüste und ganz gewiß nicht das Zentrum der westlichen Zivilisation wäre.

Der überwiegende Teil der Tropenregion liegt im Einflußbereich der Passatwinde. Abgesehen von der Monsunzone und vom Innern **Die**
der kontinentalen Landmassen, die ihr höchst eigenes Klima mit **Passatwinde**
vielfach regional begrenzten Regen- und Trockenzeiten aufzuweisen haben. Die Regelmäßigkeit der Passatwinde ermöglichte zur Zeit der Segelschiffnavigation den dynamischen Vortrieb von Handel und Wandel, was ihnen im englischen Sprachgebrauch die Bezeichnung **trade winds** einbrachte. Ihre befreiende Frische macht

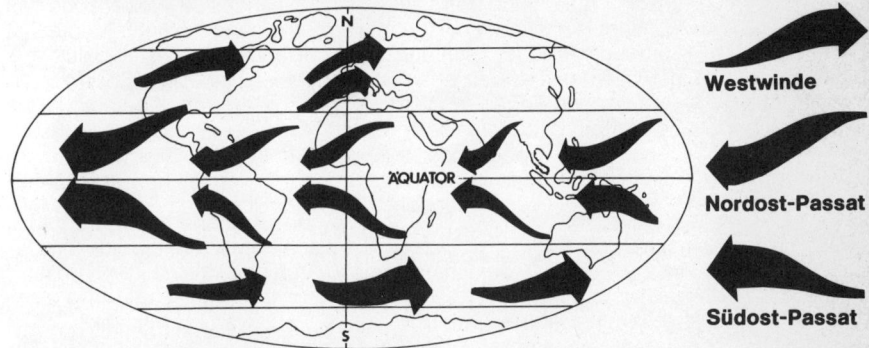

Westwinde

Nordost-Passat

Südost-Passat

für manches tropische Gestade erst den Unterschied zwischen „lieblich" und „unerträglich" aus. Die Passate, das konstanteste aller irdischen Windsysteme, wehen jahrein jahraus mit nur geringfügigen jahreszeitlichen Variationen etwa von der Höhe der Wendekreise aus auf den meteorologischen Äquator zu. Aus nordöstlicher Richtung auf der nördlichen Halbkugel und aus südöstlicher auf der Gegenseite, und tauchen den gesamten von ihnen bestrichenen Bereich in ein gleichbleibend mildes, ozeanisches, ganz und gar nicht „höllisches" Klima. Vielleicht das angenehmste und gesündeste überhaupt. Immerhin haben zum Beispiel die Menschen auf den passatumfächelten hawaiischen Inseln eine der höchsten Lebenserwartungen der Welt.

Regenwälder und Ozeane

Was wären die Tropen ohne diese wind- und lichtdurchfluteten Weiten als Kontrast zur dumpfen Feuchte ihrer Regenwälder und dem heißen Innenleben ihrer Kontinente. Und was wären sie ohne ihre Ozeane! Dieses Buch erweist in seinem weiteren Verlauf den tropischen Weltmeeren jene prioritätengerechte Aufmerksamkeit, die ihnen als Ursprung allen irdischen Lebens und als lockendsten Reisezielen der Neuzeit gebührt. Welch wahrhaft tropische Urbrühe

Passatsegler

ist in der Tat das Rote Meer mit seinen Wassertemperaturen von noch 21-25° in 200 m Tiefe. Wie typisch tropisch ist die schillernde Unterwasserwelt des malaiischen Archipels mit seinem unvergleichlichen faunatischen Artenreichtum, oder der Klang von polynesischen Inselnamen wie Mangareva, Fatuhiva und Manihiki!

Diese Welt steht uns heute weit offen. Die Höllenqualen, die die mittelalterlichen Entdecker und Eroberer der Tropen unter ihren ofenartigen Rüstungen und winterlichen Gewändern ausgestanden haben müssen, sind nicht mehr die Sorgen des besser informierten und uniformierten Tropenbesuchers unserer Tage. Die klimatischen Schrecknisse des „Feuergürtels" gehören der Vergangenheit an. Für den wärmebedürftigen Menschen unserer unwirtlichen Breiten stellen die Tropengebiete bei kluger Wahl des richtigen Reiseziels heute eher ein potentielles Erholungsreservoir dar, dessen Bedeutung, wie die touristische Entwicklung zeigen wird, von Jahr zu Jahr zunimmt.

Wir und die Dritte Welt: Eine Gegenüberstellung

Hinter der Fassade der tropischen Farbenpracht und des oberflächlichen Reichtums verbirgt sich eine andere Welt: die des Mangels, der Rückständigkeit und vielfach des Elends – die **„Dritte Welt"**.

Der Begriff existiert noch nicht lange. Er wurde erst in jüngster Zeit geprägt, um eine Polarisierung zu den industrialisierten kapitalistischen und sozialistischen Blöcken zu schaffen (die sich die tonangebende Stellung auf der Erde jedoch wohl weiterhin untereinander streitig machen müssen, denn von einer Ersten oder Zweiten Welt ist nie irgendwo konkret die Rede). Die Dritte Welt, als solche inzwischen in den allgemeinen Sprachgebrauch und die internationale Terminologie eingegangen, setzt sich im Wesentlichen aus den Völkerschaften der tropischen und subtropischen Regionen der Erde zusammen. Sie bildet jedoch keine starre geographische, politische oder ökonomische Einheit, sondern ist eher ein fluides, in ständiger Wandlung befindliches Gemisch von Nationen und Völkern auf der Suche nach der Eingangspforte in ein besseres, industrialisiertes Zeitalter. Die Schattierungen und Abstufungen, die das Gesicht der Dritten Welt ausmachen, sind überaus zahlreich. Schon sprechen wir von „Schwellenländern", einer ständig wachsenden Zahl von Staaten im Vorfeld der entwicklungstechnischen Eigenständigkeit und an der Schwelle des dynamischen Hinwegziehens aus ihrer gegenwärtigen Lage. Schon gibt es aber auch den Begriff der „Vierten Welt", derjenigen der hoffnungslosen Habenichtse und permanenter Sollposten auf dem Bilanzbogen der Menschheit. Ein Viertel der Erdbevölkerung schleppt sich mit einem jährlichen Prokopfeinkommen von weniger als US$ 200 durchs Leben. Ein weiteres Viertel gar mit nur US$ 75. Das ist ungefähr die Summe, die ein tüchtiger bundesdeutscher Handwerker an einem Tag verdienen kann!

(Inzwischen existiert bereits ein neues globales Entwicklungsmodell. Es teilt den Industrieländern des Westens und den Ostblockstaaten die Rolle der Ersten und Zweiten Welt zu, und Südamerika, Afrika, den arabischen Ländern, West- und Südasien die der Dritten. Abweichend vom bisherigen Konzept bringt das neue Modell die Vierte Welt jedoch im Raum Ostasien/ Australien/ Neuseeland unter und spricht dem Block die Rolle des potentiellen zukünftigen Wirtschaftsführers („Ichi-ban"; jap.: Nr. 1) zu. Die Erste und Zweite Welt wird in eine „Ferner-liefen"-Position verwiesen; die Dritte bleibt weiterhin letztes Rad am Wagen.)*

Es ist etwas dran an dieser These. Stagnation, Rücklauf gar, auf der einen Seite, Wachstum auf der anderen, sind schon heute offensichtlich. Man vergleiche nur den ungebildeten, aus den „leistungsschwächsten Schulen der Welt"* hervorgegangenen Provinzameri-

„Niemals fühlen wir uns untadeliger, als wenn wir unsere eigenen Fehler in anderen entdecken." Goethe

Erste und Zweite Welt?

Hoffnungslose Habenichtse

*Galtung „Die Quadratur des Weltkreises" (Palaver 1/83)

*Andreski „Die Hexenmeister der Sozialwissenschaften"

kaner mit dem blitzgescheiten, geschliffenen Durchschnittsjapaner. Das boomende Südkorea mit der trostlosen DDR. Die zerstörte Natur vieler europäischer Länder mit derjenigen Neuseelands...

Sollte sich an einer anderen Stelle auf der Welt eine Entwicklung anbahnen, mit der bei uns damals alles begann?

Irgend etwas geschah vor 4-500 Jahren − vielleicht war es ein Unruhe bringender Schwenker des Golfstroms* −, das die westlichen Völker zu einem plötzlichen Spurt ansetzen ließ, der sie zu Anbruch des 20. Jahrhunderts entwicklungsmäßig an die Spitze der gesamten Menschheit stellte. Noch im 17. Jahrhundert gab es keine grundlegenden Unterschiede in bezug auf Lebensstandard, kulturelle Errungenschaften und politische Theorien zwischen den jeweiligen Reichen König Heinrich des VIII., Zar Peter des Großen, Indiens Asoka, Arabiens Akbar oder einer chinesischen Kaiserdynastie. In der Tat florierten außerhalb Europas einige der am höchsten entwikkelten Kulturen ihrer Zeit. Und manche jener Nationen, die wir heute als besonders rückständig abtun, waren uns in zivilisatorischer Fortschrittlichkeit, künstlerischer Kreativität und wissenschaftlicher Aufgeklärtheit nicht nur ebenbürtig, sondern mitunter weit voraus.

Nichtsdestoweniger: Kaum hatte man diese bis dato unbekannten Mitbewohner unseres Planeten „entdeckt" (oh, wie liebt man dieses Wort heute in der Dritten Welt!), als man sie − sichtbare kulturelle Errungenschaften hin und her − mit schönstem Selbstverständnis zu „Wilden" stempelte. Eine ganz bewußt von Anfang an geringschätzige Benennung. Erst wesentlich später, wohl auch unter dem Eindruck des Rousseauismus, wurden die „Wilden" schamhaft in „Naturvölker" umbenannt. Ein Etikett, das der minderbemittelte Westler noch heute gern sämtlichen außereuropäischen und nichtweißen Gemeinschaften umhängt. Nach wie vor steht der „Wilde" auch in diesem Zeitalter hoffnungslos am Fuße einer imaginären Kulturleiter und hat − zumindest in den Augen einer mit den gediegensten kulturellen Errungenschaften ausgerüsteten Weltelite − kaum Chancen, diese jemals zu besteigen.

Wie kam es zu dieser trostlosen Entwicklung? Aus einer Vielzahl von Gründen, die wir in unseren Geschichtsbüchern im einzelnen nachverfolgen können, begannen die meisten der außereuropäischen Zivilisationen bereits um 1400 auf dem politischen, ökonomischen und sozialen Sektor zu stagnieren. Also genau zu dem Zeitpunkt, da die abendländische Welt zu ihrem beispiellosen Aufschwung ausholte und die Ära der großen Entdeckungen und der kolonialen Expansion, der Reformation, Renaissance und revolutionären Umschwünge ihren Anfang nahm. Die märchenhaften Reiche des Fernen und Nahen Ostens, die goldenen Kulturen Mittelund Südamerikas versanken im Halbdunkel der Mittelmäßigkeit. Und an ihnen vorüber zogen die Völker des Abendlandes in das Zeit-

---

*Leip
„Der große Fluß
im Meer"

Früher war
alles anders

„Wilde" und
„Naturvölker"

alter der modernen Industrie, der wissenschaftlichen Aufklärung, kurz, der westlichen Welt, wie wir sie heute kennen.

Was ihnen auf diesem Siegeszug im Wege war, vereinnahmten sie ohne viel Federlesens. Denn zunehmende Progressivität und wissenschaftliche Erkenntnisse bewirkten, wie wir am gegenwärtigen Beispiel der medizinisch immer besser versorgten Dritten Welt beobachten können, rapide steigende Geburtenziffern und den Drang nach neuem Lebensraum (der in der Mitte des 20. Jahrhunderts wieder zu einem zentralen Thema werden sollte). In den 300 Jahren von 1650 bis 1950 vermehrte sich die Bevölkerung Westeuropas um rund 300 Millionen, von denen ein großer Teil nach Übersee auswanderte, denn mehr als 400 Millionen Menschen europäischer Herkunft leben heute außerhalb Europas. Über eine Entwicklung des Kontinents ohne die neuen Horizonte, die die europäischen Entdecker, Kolonisatoren und Händler eröffneten, kann man heutzutage nur Spekulationen anstellen. „Ohne dieses Neuland", heißt es in einer entsprechenden Studie*, „hätte sich das moderne Europa so völlig anders von seiner heutigen Form entwickelt, daß man es kaum als modern bezeichnen würde ...".

Drang nach Lebensraum

*Webb „Ended: Four Hundred Year Boom"

Für die Völker der Dritten Welt stellen die letzten 3-400 Jahre eine „Ära der verpaßten Gelegenheiten" dar. Und ihren gegenwärtigen Bemühungen, diese Jahrhunderte ökonomischer und sozialer Veränderungen in der westlichen Welt innerhalb weniger Jahrzehnte zu überbrücken, steht eine Vielzahl kaum zu bewältigender Hindernisse gegenüber. Die eigentliche Krux wurde schon 1798 von Thomas Robert Malthus, einem englischen Geistlichen und Ökonomiker, definiert, der in seiner Lehre festlegte, daß alle Arten von Lebewesen mit Einschluß des Menschen sich schneller vermehren, als die Mittel zu ihrer Erhaltung es erlauben. **Nach der malthusischen Theorie ist nicht einmal eine optimale Entwicklung von Landwirtschaft und Industrie in der Lage, mit einem aus natürlichen Geburten- und durch die moderne Medizin reduzierten Sterblichkeitsziffern resultierenden Bevölkerungszuwachs Schritt zu halten, und die düstere Lehre beschwört Kriege und Seuchen herauf, um das Gleichgewicht der Relation zu wahren.**

Die malthusische Theorie

Haben Malthus und neuzeitlichere, nicht minder pessimistische Befürworter des gleichen Konzepts* recht? Und falls ihre Theorien zutreffen, welche Aussichten haben dann die Völker Asiens, Afrikas und Lateinamerikas, das gegenwärtige Mißverhältnis zwischen ihren riesigen Populationen und geringen Produktionskapazitäten zu ihren Gunsten zu verändern?

*Forrester Meadows „The Limits of Growth"

Population und Produktion

Optimisten orientieren sich in der Hoffnung, diese Ansichten widerlegen zu können, gern am Beispiel der westlichen Nationen. Während der anderthalb Jahrhunderte von 1800 bis 1950, die den malthusischen Prophezeihungen folgten, verdoppelte sich die Bevölkerung Nordwesteuropas. Doch trotz der ungeheuren, in der bisherigen Geschichte einmaligen Vermehrungsrate wurden Mittel und Wege gefunden, diese neuen Menschenmassen nicht nur zu ernähren, sondern sogar kontinuierliche Überschüsse zu produzieren, von denen heute – direkt und indirekt – ein großer Teil der unterentwickelten Welt zehrt. Man muß jedoch festhalten, daß der Westen zu Anbruch des industrialisierten Zeitalters gegenüber dem Rest der Welt einen entscheidenden Vorteil besaß, von dem prospektive Nachahmer heutzutage nur träumen können, nämlich eine von gemeinsamer Motivierung beflügelte und in ihrer anfänglichen Gesamtheit nicht übermäßige Bevölkerung. Hinzu kam, als eine der folgenschwersten Leistungen der Reformation, die moralische Aufwertung des Berufslebens – es war nicht mehr alles lediglich von Gottes Gnade abhängig.*

Der Vorteil des Westens

*Weber „Die protestantische Ethik„

Nur diese Umstände ermöglichten es den westlichen Ländern, ihre demographische Umwandlung schrittweise vorzunehmen. Denn die Sorge um die nackte Existenz von einem Tag auf den anderen, die heute die Führer der Millionenscharen der Dritten Welt bedrückt, spielte bei diesem Prozeß nur eine sekundäre Rolle. So führte eine Entwicklung zur anderen: Fortschritte in der Landwirtschaft setzten Kapazitäten für den Aufbau der Industrie frei, die ihrerseits nicht nur Maschinerie für einen effizienteren Ackerbau, für Transport und Interkommunikation lieferte, sondern auch die Urbanisierung beschleunigte, wodurch wiederum Verhältnisse geschaffen wurden, die eine drastische Einschränkung der Geburtenziffer begünstigten. Heute, nach 150 Jahren rapiden Zuwachses, haben Bevölkerungszu- und -abnahme in der westlichen Welt fast das Gleichgewicht erreicht.

Kolonien versorgten Mutterländer

Eine Entwicklung dieser Art war, wie an vorheriger Stelle vermerkt, in vieler Hinsicht nur durch die Akquisition der riesigen Kolonialreiche möglich, die ihre Mutterländer mit Nahrungsmitteln und Rohstoffen versorgten, bzw. ihren zunehmenden Bevölkerungsdruck entlasten halfen und so den relativ hohen Lebensstandard sicherstellten, der der westlichen Welt die Ausgangsposition zu höheren Zielen einräumte. Diese goldene Möglichkeit steht den Völkern der Dritten Welt in diesem Zeitalter natürlich nicht mehr zur Verfügung, wenn auch gelegentlich noch ein riskanter Vorstoß in diese Richtung unternommen wird. (Der letzte größere Kolonisierungsversuch – durch Japan, damals noch ein „Drittweltland" – endete mit einer blutigen Nase).Es erscheint fast sicher, daß sich die düsteren Voraussagen Malthus' eines Tages zumindest für die volkreichsten Regionen der Dritten Welt erfüllen werden. Ein Patentrezept für die Benachteiligten dieses Zeitalters gibt es trotz vielgestaltiger Bemühungen nicht, und dieses Buch wird sich auch hüten, dem Leser zu diesem Thema etwa illusorische Vorschläge zu unterbreiten...

Der schwerste Hemmschuh für jeglichen Ausbruchsversuch aus der Misere ist in erster Linie die reine arithmetische Anzahl der Drittweltler in diesem Jahrhundert. Zwischen den tropischen Wendekreisen lebt etwa die Hälfte der vier Milliarden Erdbewohner, zum Teil unter trostlos gedrängten Verhältnissen. Und ihre Zahl nimmt gerade in den ärmsten Ländern mit erschreckender Rapidität zu.

Siehe auch Seite 266 „Kinder: Fluch oder Segen der Dritten Welt"

Allein die Bevölkerung Indiens wächst trotz aller Kontrollversuche so rasch, daß es im Jahr 2000 rund 1,4 Milliarden Inder geben wird, wenn der Babyboom anhält. Alarmierend ist die Situation auch auf den Philippinen mit ihrer besonders schnell wachsenden Bevölkerung, um einmal ein repräsentatives Land hoher Vermehrungsfreudigkeit herauszugreifen. Auf vier Filipinos, die starben oder aus dem Arbeitsleben ausschieden, kamen 1976 etwa vierzehn, um ihren Platz einzunehmen. Der britische Schriftsteller Gordon R. Taylor stellte anhand dieses statistischen Materials die hypothetische Hochrechnung auf, daß „in einem Jahrhundert auf den Philippinen so viele Menschen leben könnten wie in Nord- und Südamerika, Afrika und der Sowjetunion zusammen...".

Diese Arithmetik ist natürlich illusorisch und in der Praxis völlig absurd. Denn wer sich die tropische Welt als eine ameisenhaufenartige Ansammlung menschlichen Lebens vorstellt, ist nur unvollständig informiert. Außerhalb der großen Ballungsräume und durch zunehmende Landflucht zu riesigen Ausmaßen angewachsenen Slum-Metropolen der Dritten Welt gibt es noch reichlich Land, wie Gott es schuf. So z.B. in Ecuador, einer schon dem Namen nach wahrlich tropischen Nation, die etwas größer als die Bundesrepublik Deutschland, aber lediglich von 7 Millionen Menschen besiedelt ist. Oder in Botswana im südlichen Afrika, einem Land so groß wie Frankreich und Belgien zusammen mit einer Einwohnerzahl, die der der Stadt Düsseldorf entspricht. Oder im riesigen Amazonasbecken, das fast einen Kontinent in sich selbst darstellt und annähernd menschenleer ist, oder in den Nordterritorien Australiens, deren wilde Einöde man als tropisches Sibirien bezeichnen könnte. Und selbst auf den angeblich überquellenden Philippinen finden sich noch in diesem Zeitalter solche anachronistischen Kuriositäten wie nie entdeckte Steinzeitstämme und verlorengegangene japanische Soldaten. Selbst bei flottem Reisetempo müßte man zwanzig Jahre aufwenden, um hier jeden Tag eine andere Insel zu besuchen. Das Doppelte noch einmal dranhängen, um den gesamten indonesischen Archipel kennenzulernen. Tausende von diesen potentiellen Anlaufpunkten sind völlig unbesiedelt. Menschenmassen wie an den von 200 Millionen Touristen und Einheimischen allsommerlich nahtlos bedeckten Gestaden des Mittelmeeres sieht man an tropischen Stränden kaum irgendwo.

Reichlich Land wie Gott es schuf

Doch die Zeiten ändern sich. Verzivilisierte Natur, industrielle Großverschmutzung, organisierte Kriminalität — diese Leiden stehen vielen Ländern der Dritten Welt erst noch bevor. Wer die Tropen noch in ihrer relativen Ursprünglichkeit und nicht als zweitklassiges Klischee der „Ersten" oder „Zweiten" Welt kennenlernen möchte, der spute sich!

Wohin steuert Afrika?

Die Wiege der Menschheit

Wahrscheinlich ist dieser große, mysteriöse Kontinent unserer aller Wiege. Hier, unter der glühenden Tropensonne, so ist mit großer Sicherheit erwiesen, entwickelten sich die frühen Vorfahren des heutigen Menschen. Sie waren dunkelhäutig, weil ihre Haut zum Schutz vor Verbrennungen und einem schädlichen Übermaß an Vitamin D reichliche Mengen des Schutzstoffes Melanin produzieren mußte. Diejenigen, die im „Schwarzen Erdteil" verblieben, behielten bis in die Gegenwart ihre dunkle Hautschattierung bei. Andere, die sich vor Urzeiten auf die Wanderschaft begaben und weiter nach Norden vordrangen, wurden immer hellhäutiger: Ihr Organismus erzeugte ständig weniger Melanin, um die schwächer werdende UV-Strahlung der Sonne in das lebenserhaltende Vitamin D umwandeln zu können. Schließlich wurden auch Haare und Augen heller – die braunen, gelben, roten und weißen Rassen entstanden.

Da es so gut wie keine Aufzeichnungen aus der Vergangenheit des Kontinents gibt, wird die Geschichte des „eigentlichen" – schwärzen – Afrikas südlich der Sahara im Gegensatz zu derjenigen Europas und Asiens von modernen Anthropologen geschrieben. Aus den wenigen Berichten zeitgenössischer arabischer Reisender und aus neueren Erkenntnissen von Archäologen und anderen Wissenschaftlern geht zwar hervor, daß vor mindestens tausend Jahren hier und dort erstaunlich hoch entwickelte Zivilisationen existierten, doch im großen und ganzen liegt der Werdegang Afrikas vor seiner Kolonisierung durch Europa im Dunkeln. Es ist jedoch offensichtlich, daß es später als alle anderen Kontinente in den Sog der allgemeinen zivilisatorischen Entwicklung geriet und daß Schwarzafrika heute eine der relativ zurückgebliebensten Regionen der Erde ist.

Schwarzafrika heute

Verantwortlich für diese Situation und die tiefen kulturellen Unterschiede zu anderen Rassen der Erde ist nicht etwa eine tiefsitzende genetische Andersartigkeit, wie Rassisten gern vermuten, sondern die geographische Lage, Klima und Topographie des Kontinents und eine daraus resultierende Isolation, die den wachstumsstimulierenden Kontakt der Bewohner Afrikas mit anderen Zivilisationen fast bis in die Gegenwart verzögerte. Noch heute stehen sich Afrikaner und Nichtafrikaner voll gegenseitigen Unverständnisses gegenüber. Und Experten wie UN-Wissenschaftler, Bankenemissäre, Ingenieure, Ärzte, Ökonomen und andere von den „anderen Welten" ausgesandte Entwicklungsbeschleuniger tragen schwer an der unlösbar erscheinenden Aufgabe, „die große renitente Fremde mit ihren dörflichen Kulturen, ihren rauchigen Lehmhütten, ihrer roten

„Ihr habt uns eure Zivilisation gebracht. Laßt uns daraus nehmen, was am besten, für uns am fruchtbarsten ist, und findet euch damit ab, daß wir euch den Rest zurückreichen."
Léopold Sédar Senghor, senegalesischer Staatsmann und Dichter, im Jahr 1943

Erde und schwarzen Armut nach Kräften zeitgemäßen Rationalitäts-
und Rentabilitätsnormen anzupassen und zu einem Lebensstil zu
bewegen, der ihnen selbst schon nicht mehr geheuer ist".*

Denn die Größe und Komplexität Afrikas machen Generalisierungen riskant und Vergleiche schwierig. Auf einem Gebiet von fast
vierfachem Ausmaß der Vereinigten Staaten verteilt sich eine riesige
Vielfalt politischer, ethnischer und anderweitig verschiedenartig
strukturierter Entitäten. Achthundert Sprachen allein zersplittern den
Kontinent in eine entsprechende Anzahl von Unterabteilungen. Und
Eingriffe außerafrikanischer Interessenblöcke, ständige tribalisti-
sche Spannungen und Scharmützel ändern die ohnehin buntge-
fleckte Karte Afrikas von einem Jahr zum anderen. Ein großer Teil der
jungen Staaten Afrikas wird wohl von Militärs regiert, die wohl wissen, daß
aufwachsende Nationen mit tiefen internen Gegensätzen nur durch
die Drohung mit dem Gewehr zusammengehalten werden können,
um nicht hinweggewischt zu werden

Was macht innerhalb dieser verwirrenden Diversität dann überhaupt die berühmte „Seele Afrikas" aus; gibt es so etwas wie einen
Pan-Afrikanismus?

Ein Aspekt, den alle afrikanischen Kulturen gemeinsam haben
und der von den Propagandisten des gleißenden Entwicklungs-
traums übersehen oder nicht immer verstanden wird, ist das tiefe
Zusammengehörigkeitsgefühl innerhalb afrikanischer Sozietäten.
Dieses Phänomen beginnt in der Familie und findet seine Fortsetzung in der Stammesmitgliedschaft. Ein entsprechend eng struktu-
riertes Sozialsystem ist die Folge, in dem Stammesdenken und -tra-
dition eine tragende Rolle spielen und in dem die Kleingesellschaft
den Schutz von Leben und Besitz und die Fürsorge von Kindern, Alten und anderen ökonomisch schwachen Personen wahrnimmt
oder im Falle von Krankheit oder Tod assistierend einspringt. Eine Art
der Organisation, welcher wir, obwohl ein gesichtsloser Vater Staat
für uns sorgt, in unserem kontaktarmen Zeitalter nur Neid abgewin-
nen können. Die Eskapaden afrikanischer Politiker, die uns schmun-
zeln lassen oder mit Entsetzen füllen, sind nur ein Ableger dieses Systems, das nach Status und einem Vater-Image verlangt. Was in
westlichen Augen — insbesondere im Rahmen finanzieller Entwicklungshilfe — als sinnloses Umherwerfen von Geldern erscheinen
mag, ist für den Afrikaner lediglich eine „Schau", um sozialen Status
zu erwerben, der seinerzeit wiederum eine politische Gefolgschaft
nach sich zieht. Die allerdings gilt es dann zu versorgen. „Denn wer
mächtig ist, Prestige und Möglichkeiten hat, soll sich gefälligst auch
um die Kleinen und Schwachen kümmern. Durch passives Teilha-
ben am goldenen Segen wird der Afrikaner dann auch Teil des
Mächtigen, kann sich mit ihm identifizieren. Anders in Europa: dort
kann man nicht durch Passivität und bloße Teilhabe, sondern nur

*Ortlepp
„Wir sollten nicht
mehr jagen,
Bwana"
(Der Spie-
gel 28-30/78)

**Die „Seele"
Afrikas**

*Bosse
„Das höchste
Stadium des
Kolonialismus?"
(Palaver 1/83)

*Ortlepp
„Wir sollten nicht
mehr jagen,
Bwana„
(Der Spie-
gel 28-30/78)

**Die Suche
nach neuer
Identität**

**Die spanischen
Eroberer**

über Aktivität und Durchsetzungsvermögen groß werden oder sich groß empfinden. Das sind unsere Größenphantasien."*

Während das Afrika des schwarzen Mannes trotz mancher Geburtswehen an der Schwelle einer neuen Epoche stehen mag, geht das Zeitalter seiner einst großartigen Tierwelt mit unerbittlicher Unaufhaltsamkeit seinem Ende entgegen. Afrikas Wildnis stirbt. Eine Natur, die noch zu Zeiten unserer Großväter in ihrem Überfluß so unzerstörbar schien, haucht vergewaltigt ihr Leben aus, verblutet in Massakern, verendet am Raubbau und erstickt unter dem Bevölkerungsdruck. Denn Afrika setzt, um welchen ökologischen Preis auch immer, auf dem Wege der Entwicklung die Kultivierungsmission der Kolonialherren fort. Es holzt ab, macht urbar, beutet aus – ohne Rücksicht auf Erosionen und andere Umweltschäden, über die man sich ja auch in den Industrieländern erst in jüngster Zeit die Köpfe zerbricht.*

Von Straßen zerschnitten, durch elektrisches Licht, Fernsehen und Transistorradios erleuchtet, mit Flughäfen und modernen Kommunikationsmitteln versehen, mit Schulerziehung, Industrialisierung und Urbanisation gesegnet, befindet sich der Kontinent auf der Suche nach neuer Identität, während die alten Stammestraditionen und würdigen Lebensformen dahinbröckeln. Ob sich eine solche in absehbarer Zukunft etablieren wird, läßt sich nicht mit Bestimmtheit voraussagen. Wer jedoch den Dialog mit Afrika will, wird nicht umhinkommen, sich mit seinen Bewohnern auf der Basis der Anerkennung einer anderen Kulturart, nicht aber einer anderen Kulturstufe auseinanderzusetzen.

Lateinamerika – Mittelklasse der Nationen?

Trotz seiner Lage in der westlichen Hemisphäre und seiner ausgeprägten europäischen Orientierung in bezug auf Sprache, Religion und zahlreiche andere Aspekte abendländischer Kultur bietet Lateinamerika dem Studenten nichtwestlicher Zivilisationen ein reiches Beobachtungsfeld.

Die moderne Geschichte des Subkontinents beginnt mit Kolumbus' epochaler Entdeckungsreise im Jahre 1492 und dem Einmarsch der spanischen Eroberer kurz darauf. Die **conquista** ging als einer der blutigsten und für die westliche Welt gewiß nicht ruhmreichsten Unterwerfungsfeldzüge in die Geschichte der großen Eroberungen ein. Sie hinterließ jedoch auch einen nachhaltigen Eindruck der Größe der sich alsbald überall breitmachenden iberischen Kultur, deren Zeugnis bis auf den heutigen Tag erhalten geblieben ist: Südamerika ist im wesentlichen ein hispanischer Kontinent mit einer Zivilisation genügender Homogenität, um sich von allen anderen Kulturen der Welt deutlich abzuheben. Es ist andererseits, gerade was seine Bevölkerung angeht, auch eine Region augenfälliger ethnischer, sozialer und politischer Kontraste, die ein farbiges, faszinierendes Gesamtbild prägen.

Zu einem großen Teil sind die Menschen Lateinamerikas ein Produkt ihrer turbulenten geschichtlichen Entwicklung und einer weitgehend über rassische Ressentiments hinwegreichenden Einstellung der europäischen Besiedler dieses großen neuen Kontinents im 16. Jahrhundert. Die Mehrheit der Südamerikaner repräsentiert mithin eine Mischung europäischer, indianischer und afrikanischer Komponenten, die von einer geographischen Zone zur anderen variieren, doch sich in etwa auf drei größere ethnische Regionen verteilen. Die zahlreichste Kombination aus Europäern und Indios bevölkert den gebirgigen Westteil Mittel- und Südamerikas von Mexiko bis Nordchile mit Ausnahme einer weitgehend kaukasischen Konzentration in Costa Rica. Etwa drei Viertel der Bewohner dieser Region sind Mestizen — Mischlinge zwischen der indianischen Urbevölkerung und Europäern — mit brauner bis annähernd weißer Hautfarbe. Der Rest sind die unmittelbaren Nachfahren der großen indianischen Zivilisationen: reine Indios, denen Jahrhunderte der Bedrohung und Demütigung einen unauslöschlichen Stempel aufgedrückt haben und die in erschreckender Weise, d.h. durch schwermütige Passivität und Resignation in ihr Schicksal, den Niedergang einer einst stolzen Rasse demonstrieren.

In der zweiten Hauptregion dominieren Elemente afrikanischer und europäischer Herkunft. Diese Region schließt den gesamten karibischen Raum ein, die Tiefländer Venezuelas und Kolumbiens, die Guayanas und den größten Teil Brasiliens. Gebiete, in denen indianische Urbevölkerungen zahlenmäßig weitaus kleiner und in ihrer Entwicklung weniger fortgeschritten waren als in den Gebirgszonen des Westens und wo afrikanische Sklavenarbeit zur Erschließung der neuen Räume herangezogen wurde. Vornehmlich in Brasilien, wo portugiesische Tradition dunkle Haut weniger abwertend behandelte, als es in den englischen Kolonien der Fall war, gingen weiße Siedler mit großer Bereitwilligkeit Verbindungen mit afrikanischen Frauen ein. Resultat: eine intensiv gemischtrassige Bevölkerung über große Teile des Landes hinweg. Die Mehrzahl der karibischen Inseln, an erster Stelle Haiti, blieben dagegen fast rein schwarz. (Die eingangs erwähnte interrassische Toleranz der Weißen beschränkt sich, wie es auch heute noch bis auf kaum nennenswerte Ausnahmen weltweit der Fall ist, auf farbige Frauen. Ein Dorn, der immer noch tief im Auge des farbigen Mannes sitzt.) Trotz mancher geschichtlichen Unerfreulichkeit — darunter die vollständige Ausrottung der karibischen Urbevölkerung — und trotz manchen Mangels sind jedoch gerade in diesem beschriebenen Großraum viele schöne, lebensfrohe Menschen mit farblichen Nuancen von ebenholzschwarz bis cafe-au-lait zu finden. Ein heiterer Gegensatz zu der dumpfen Schwermut auf der anderen Seite des Kontinents.

Rassengemisch in Südamerika

Einwanderung europäischer Emigranten

Die dritte Region schließlich beheimatet in erster Linie Völker unmittelbarer europäischer Herkunft. Dieser weitgehend weißhäutige, ibero-amerikanische Siedlungsraum umfaßt den Süden Brasiliens, Uruguay, Argentinien und den größten Teil Chiles und Paraguays. Die Einwanderung europäischer Emigranten mit Einschluß von Deutschen findet hier bis auf den heutigen Tag statt. Gegenwärtig sind es insbesondere diese Länder, deren ungestüme interne Auseinandersetzungen bei uns Schlagzeilen machen und gar ideologische Lagerspaltereien hervorrufen. Wobei es manchem Beobachter hoffentlich aufgehen mag, daß die publizierten Vorgänge nicht etwa Abstiege in die Tiefen eingeborener Subzivilisation sind, sondern lediglich die Fortsetzungen europäischer Traditionen, die bekanntlich nicht immer die feinsten waren.

Fein ging es noch nie zu in Südamerika. Die Mehrzahl der lateinamerikanischen Staaten besitzt seit rund anderthalb Jahrhunderten die Unabhängigkeit von kolonialer Herrschaft und hat in diesen 150 Jahren in den meisten Fällen schwer an der Bürde wirtschaftlicher, sozialer, politischer und militärischer Probleme tragen müssen, die die Freiheit mit sich brachte, und die man gewöhnlich ohne viele Konventionen (und nicht immer mit großem Erfolg) zu lösen versuchte. Ohne die Basis tiefer Wurzeln im Volk oder einer auf gesetzlichen Fundamenten aufgebauten Regierungstradition kamen und

„Putsch am Wochenende"

gingen die Regimes der jungen Nationen mit voraussagbarer Regelmäßigkeit. Der operettenhafte „Putsch am Wochenende" charakterisiert bis in die jüngste Zeit die relative politische Instabilität des Halbkontinents. Das heutige Bild reflektiert diese geschichtlichen Hintergründe in Gestalt vieler Gemeinsamkeiten mit den bekannten Sorgen, Ambitionen und Frustrationen der Dritten Welt. Sei es Armut und Hunger, postkoloniale Empfindsamkeit, zu schwache oder zu starke Regierungen, ökonomische Nöte oder die Abhängigkeit von den westlichen Industrienationen, die ihre Vormachtstellung besonders in Lateinamerika wohl zu wahren wissen – notfalls mit subtiler Gewalt, was manche Revolution erklärt.

Und entsprechend farbig ist auch der Flickenteppich der lateinamerikanischen Länder: Da gibt es Giganten wie Brasilien und Zwerge wie El Salvador; neureiche Ölstaaten wie Venezuela und Mexiko und bitterarme Schlucker wie Haiti; derzeitigen finsteren Radikalismus in Chile und aufgeklärte Demokratie in Costa Rica (eines der wenigen Länder der Erde ohne Armee); Castros kommunistisches Kuba und das etwa ein Dutzend strammer rechter Militärdiktaturen (Lateinamerikas Hausmarke und die direkte Fortsetzung iberischer Herrscherklassentradition, deren Absolutismus seit dem Zeitalter der Eroberungen und der Inquisition außerhalb Europas von keiner Reformation und keinem Linksschwenker getrübt wurde). Ein Großteil Lateinamerikas widerspiegelt auch in diesem Jahrhundert noch dieses Abbild mittelalterlicher Verhältnisse mit seinen Extremen von

Armut und Reichtum, seinen glitzernden Metropolen wie Buenos Aires, Rio de Janeiro, Caracas und Mexico City (die gleichzeitig urbane Superslums sind) und seinen ländlichen Armenhäusern wie Brasiliens Nordosten und Boliviens Altiplano, um nur zwei von vielen zu nennen.

Trotz vieler unausweichlicher Probleme ist der Weg Lateinamerikas in das westliche Lager satter, zufriedener Mittelklassen in groben Zügen vorgezeichnet. Analytiker bezeichnen den Subkontinent in seiner Gesamtheit auf weltweiter Vergleichsbasis als „Mittelklasse der Nationen", die sich zwar noch nicht zu der kleinen Elite der hochindustrialisierten Länder zählen kann, deren Entwicklungsmodell jedoch nachzuahmen bestrebt ist und dabei gute langfristige Aussichten hat. Die eingangs erwähnten traditionell starken westlichen Bindungen Lateinamerikas haben wirtschaftliche, politische, kulturelle und religiöse Bande aufrechthalten, die weiterhin einen starken Einfluß vor allem auf die internationale Orientierung der Region ausüben und bei diesen Bestrebungen hilfreich zu sein versprechen. Die Beziehungen zur restlichen - wenn man will Dritten - Welt sind dagegen eher konservativ und wurden erst seit Mitte der sechziger Jahre aufgrund gemeinsamer Nöte ansatzweise vertieft. **Mittelklasse der Nationen**

Für den Individualisten und Opportunisten, den das Abenteuer und vielleicht eine hauchdünne Nuance der Gesetzlosigkeit lockt, wird Südamerika noch lange der Kontinent der sogenannten unbegrenzten Möglichkeiten bleiben. Sicherlich der letzte überhaupt.

Großartige, miserable, unruhige Tropenwelt Asiens

Wer heute um ein paar Stichworte gebeten wird, um die tropische Welt Asiens zu beschreiben, dem werden zuerst die brodelnden Menschenmassen des indischen Subkontinents und als nächstes die lieblichen Traumziele der modernen Touristerei in den Sinn kommen. Inseln! Inseln! 11 000 indonesische. 7 000 philippinische. Und ungezählte tausende, die sich wie ein Konfettiteppich ab Madagaskar ostwärts bis in die letzten Fernen des Pazifischen Ozeans ausbreiten und an ihren Gestaden die malayo-polynesische Großfamilie beheimaten. Einem der wenigen Menschheitssegmente, dem es in seiner Geschichte nie richtig schlechtging und das sich bis auf den heutigen Tag trotz mancher Wirrnis, die der Übergang in das 20. Jahrhundert mit sich brachte, eine Aura lässiger Daseinsfreude zu bewahren vermochte. **Inseln! Inseln!**

Leider trifft eine insulare Frohmutsatmosphäre kaum für den restlichen Teil des tropischen Asiens zu, wie nach dem gegenwärtigen Stand der Dinge hinreichend bekannt ist. Und sie ist ohne Abstriche heute auch sicherlich nicht mehr im gesamten malayo-polynesischen Raum zu finden. Doch es gibt auch manchen Lichtblick für den alten Kontinent und seine Millionenscharen, die sich nie lange auf Lorbeeren ausruhen. Wenn die Rede von den Reichen dieses

Auch den Armen geht es besser

Zeitalters ist, die immer reicher werden, kommen selten jene Armen zur Sprache, denen es hier und dort auch immer besser geht, denn Botschaften positiven Inhalts verkaufen sich nicht gut. In vielen Gebieten Asiens ist ein solcher Sachverhalt jedoch durchaus an der Regel. So zum Beispiel im dörflichen Indonesien, wo der amerikanische Entwicklungsdienst der Landbevölkerung kürzlich die (objektiv formulierte) Frage stellte, ob die gegenwärtigen Verhältnisse besser seien als vor zehn Jahren. Von Hunderten von Befragten mit Einschluß der ärmsten landlosen Feldarbeiter wurde die Frage ohne eine einzige Ausnahme entschieden bejaht. Ja, man lachte darüber, daß es jemandem einfallen konnte, eine solche dumme Frage zu stellen. Denn Fortschritte, wie bescheiden auch immer, waren allerorten augenfällig.*

*Critchfield „Giving Foreign Aid a good Name" (Christian Science Monitor 13/7/79)

Das gleiche trifft – trotz vieler Unkenrufe – für viele weitere Staaten des vom Roten Meer bis weit in den Pazifik reichenden tropischen Asiens zu. Ganz gewiß, mit meinen persönlichen Beobachtungen über die letzten fünfzehn Jahre hinweg übereinstimmend, auch für die Philippinen und die anderen Nationen des südostasiatischen Staatenbundes, in denen Optimisten eine EWG-ähnliche Entwicklung vorhersehen zu können glauben. Und zweifellos selbst für die miserablen Massen Indiens. Lediglich für die ganz Armen wie z.B. Bangladesh und Burma oder die indochinesischen Frontstaaten bleibt nach langen Jahren des Revolutionierens, der Isolation oder des Kriegspielens unter dem Strich nicht mehr viel übrig. Hier, so scheint es, ist man auf konzentriertem Raum besonders intensiv bemüht, die malthusischen Theorien in der Praxis erwiesen zu sehen, leicht gemacht durch jahrtausendealten asiatischen Fatalismus.

Während Afrika als Herkunft der gesamten Menschheit gilt, liegen viele Ursprünge der kulturellen und zivilisatorischen Entwicklung der menschlichen Spezies in Asien. Eine Erkenntnis, aus der manch ärmlicher Staat der Neuzeit Trost und Kraft oder zumindest nationale Solidarität zu schöpfen versucht. In der Tat entstanden hier vor tausenden von Jahren manche der bedeutendsten Neuerungen zum Nutzen der Menschheit. So das Prinzip des Ackerbaus durch Bewässerung, um ein Beispiel aus dem Beginn eines friedlichen Eroberungszuges in westliche Richtung zu nennen. Und schließlich wieder heute, wo Innovationen in Form moderner Technologien im Rahmen der Entwicklungshilfe den erneuten Anfang des Kreislaufs bilden. Denn in Asien, insbesondere in seinem tropischen Bereich, gehen die Uhren langsamer, ist die Bodenständigkeit auch im Zeitalter um sich greifender Industrialisierung ein lebendiger Faktor, ist das Traditionsbewußtsein zutiefst ausgeprägt.

Das ethno-politische Bild des tropischen Asiens

Das ethno-politische Bild des tropischen Asiens ist in hohem Maße vielschichtig und abwechslungsreich. Es weist keineswegs die relativ große rassische Homogenität Afrikas oder die einheitlichen kulturellen Hintergründe Südamerikas auf. Arabische Völkerschaften auf dem westlichen Ende der Region und die Einwohner Neuguineas auf der anderen Seite verbinden weniger Gemeinsamkeiten als einen Europäer und einen Sioux-Indianer. Burmesen und Indonesier, dem Uneingeweihten vielleicht eng verwandt erscheinend, können auf keinen gemeinsamen Stammbaum zurückblicken und würden eine wechselseitige Fehlidentifizierung gar zutiefst beleidigend empfinden. Nachbarn wie Thailand und Malaysia – extremer noch Vietnam und Kambodscha – sind sich fast in jeder Beziehung fremd. China, einst eine der grandiosesten Kulturen der Menschheitsgeschichte, die noch bis 1911 alles Nichtchinesische als „barbarisch" abtat und über Jahrtausende hinweg ihre Feinde schlicht in einen hochüberlegenen chinesischen way of life einzupassen verstand, ist nach wie vor in großen Teilen Asiens präsent. Nicht nur unübersehbar physisch, sondern auch als kultureller Erbfaktor aus großer Zeit.

Neuartige politische Ideologien, wie die jüngsten Ereignisse erwiesen haben, vermögen ebensowenig in Asien wie sonstwo auf der Welt tiefverwurzelte ethnische, linguistische und religiöse Differenzen zu überbrücken, solange dem Lauf der Geschichte nicht genügend Zeit gelassen wird. Allenfalls ist hin und wieder eine kleine „Begradigung" möglich. So in Indien, wo eine haßgeliebte britische Kolonialherrschaft dem anrüchigen Kastensystem, einer radikaleren Einteilung der Bevölkerung nach Rasse und Herkunft als Südafrika sie je hervorzubringen vermochte, die Basis nehmen konnte. Oder auf den Philippinen, wo keine blutige Eroberung, sondern eher eine milde Unterwanderung der Einheimischen mit hispanischer Gesinnung stattfand. Und gelegentlich blieb das Rad der Geschichte auch stehen, wie in der Inselwelt Australasiens, wo ein Intensivkontakt mit dem Rest der Menschheit annähernd bis in die Gegenwart hinausgezögert wurde und die koloniale Phase fast spurlos vorüberzog.

Neuartige politische Ideologien

Annähernd überall sonst in Asien vollzog sich die Kolonialepoche hingegen alles andere als spurlos und hinterließ trotz gelegentlich wohlwollender und paternalistischer Fremdherrschaft tiefe und bleibende Narben, die vielerorts noch heute schmerzen. Es war nicht Afrika, das außer Rohstoffen und menschlicher Arbeitskraft nicht allzu viel zu bieten hatte. Auch nicht Südamerika mit seinen relativ wenigen Zivilisationen. Es war das hochentwickelte, reiche Asien, das unter kolonialer Obhut bis aufs Hemd ausgeplündert wurde. Denn obwohl westlicher Unternehmungsgeist hier mit Macht zu Werke ging, industrialisierte und missionierte, änderte sich am Lebensstandard der einheimischen Bevölkerung bis zum Ende der Kolonialzeit wenig. Der Kontrast zwischen arm und reich blieb einschneidend und vertiefte sich sogar, weil in zunehmendem Maße Ausländer – darunter auch asiatische Expatriaten wie Chinesen und Inder – mit Reichtum und Einheimische mit Armut identifiziert wur-

Asien wurde ausgeplündert

den. Dieses Bild, inzwischen auf weltweite Dimensionen übertragen, ist trotz vieler Fortschritte bis heute erhalten geblieben. Und angefangen in Persien, wo des ungläubigen weißen Mannes Fußstapfen wieder wie einst mit Scheuersand aus dem Boden der heiligen Stätten entfernt werden, bis an den Rand des Pazifiks, wo man ihn noch vor kurzem das Fürchten lehrte, hat man kaum irgendwo besonders freundliche Worte für den Vertreter der feinen westlichen Lebensart. „East is East, and West is West, and never the twain shall meet – nie werden die beiden auf einen Nenner kommen", stellte Rudyard Kipling angesichts der unüberbrückbaren Differenzen zwischen westlichen Kolonisierern und östlichen Kolonisierten resignierend fest. Er bewies damit Weitblick, ahnte aber andererseits nicht, daß ausgerechnet Indien, auf das er seine Worte gemünzt hatte, sich zu einer der stabilsten Demokratien nach westlichem Muster entwickeln würde.

East is East and West is West

Ziehen sich die Gegensätze an? Die Faszination Europas mit den Menschen und Mythen des Orients ist bis in die Moderne erhalten geblieben. Und im Zeichen der vollendeten Entmystifizierung der industrialisierten Welt flackert sie sogar wieder machtvoll auf. Uralter Ödipuskomplex? Möglich wär's.

UNTERWEGS ZWISCHEN DEN WENDEKREISEN

Konfrontation mit kitzeligen soziologischen Themen: Empfohlene Verhaltensweisen

Die Ausdehnung und Komplexität der Dritten Welt läßt, wie man sich vorstellen kann, kaum allgemeingültige Generalisierungen zu. Doch es gibt von Land zu Land und von Volk zu Volk gewisse Gemeinsamkeiten. Beginnen wir einmal mit der

Mentalität: Drittweltler sind bei der Konfrontation mit einem europäischen Gegenüber oft außerordentlich dünnhäutig und springen auf Themen wie Volk und Vaterland, Ehre und Unehre, Haben und Nichthaben, schwarz und weiß sofort heftig an. Unterschwellig verdrängte Minderwertigkeitsgefühle kommen vielfach bereits angesichts der bloßen Präsenz eines Weißen zum Ausbruch. Und der arglose Besucher hat oft Schwierigkeiten, einen Grund für eine beleidigte Miene oder aggressives Verhalten zu erkennen, besonders wenn es an einem direkt auslösenden Moment fehlt. Hier einige Auszüge aus der komischen Oper des tropischen Alltags:

1. Akt. Szenario: Manila. Nachdem ich einmal nach langem Warten am Straßenrand endlich ein Taxi anhalten konnte, schoß aus dem Hintergrund eine gutgekleidete Beamtentype heran und rief: „Halt, das ist mein Wagen!" „Und mit welchem Recht, wenn ich fragen darf?" gab ich zurück. Ich durfte fragen. „Ich bin Abteilungsleiter Soundso von der und der Behörde", erfuhr ich.

Das gab ihm genügend Rechte, die einen Einheimischen vielleicht beeindruckt hätten, mich aber nicht. „Nett, Sie kennengelernt zu haben", sagte ich deshalb freundlich und wollte einsteigen. Aber er ließ mich los. Er hatte noch ganz andere Rechte auf Lager. „Ich bin hier geboren worden", kreischte er, „und Sie?"

Da reichte es mir. Ich wischte ihn beiseite und stieg in den Wagen. „Sie hätten schon in diesem Taxi zur Welt kommen müssen", sagte ich zum Abschied; ich konnte mir eine gewisse Ironie nicht verkneifen. Er beugte sich zum Fenster hinunter. „Gute Fahrt, Sir", sagte er und lächelte, aber Haß verzerrte seine Züge, „ich hoffe, Sie werden einen Unfall haben!"

2. Akt. Szenario: Bangkok. Als ich in einem Restaurant statt der bestellten Zwiebelsuppe à la carte eine Art Vanillepudding serviert bekam, forderte ich, den offensichtlichen Fehler doch, bitteschön, freundlichst zu beheben. Aber ich war an den Falschen geraten. Der Kellner gab mir zu verstehen, daß er ein „freier Thai" sei, der es nicht nötig habe, sich von Ausländern Vorschriften machen zu lassen. Außerdem hätte ich gefälligst zu Hause bleiben sollen, wenn mir das

Aus der komischen Oper des tropischen Alltags

Essen im schönen Thailand nicht schmecke. Mir blieb die Spucke weg.

Das war 1975. Die Amerikaner waren gerade des Landes verwiesen worden, und vor allem an der Peripherie wunder Berührungspunkte triumphierte das Volk der freien Thais über den vermeintlichen Prestigegewinn; jeder Siamese war König. Ich beschloß, das hohe Haus in Anbetracht dieser Tatsache mit weiteren Anheischungen zu verschonen; dafür gingen Majestät dann halt trinkgeldlos aus. Als ich das Restaurant verließ, zischelte der Kellner mir Abschiedsworte zu, die ich Gottseidank nicht verstand. Königlich waren sie sicher nicht...

3. Akt. Szenario: Karibik. Ausgerechnet unterhalb einer riesigen und unübersehbaren Uhr fragte mich ein wenig vertrauenerweckend aussehender Einheimischer nach der Uhrzeit, dazu in einem Ton, der mir nicht sonderlich gefiel.

„Schau doch nach oben, mein Freund!" rief ich ihm leicht amüsiert, denn ich hatte ihn in Verdacht, es auf plumpe Art und Weise auf meine Armbanduhr abgesehen zu haben.

Da war „das auslösende Moment". Während ich belustigt lächelte, brach es in ihm hervor: Seine Ohnmacht und sein Zorn gegen die „untergehende weiße Rasse" im allgemeinen und mich, den noch nie zuvor Gesehenen, im besonderen. Und er zeterte, keifte, spuckte, daß das Volk zusammenlief, um dem schwarzweißen Spektakel — glücklicherweise ebenfalls amüsiert — beizuwohnen, bis ein Polizist ohne viel Aufhebens der Vorstellung ein Ende bereitete.

Zwischenfälle dieser drei Beschreibungen, ständig zu vergegenwärtigen, lassen uns zumeist ratlos zurück. Was haben wir falsch gemacht? Was geht in Leuten dieser Art vor? Was veranlaßt sie, ihren offensichtlichen Lebensfrust an einem zufällig durchreisenden Ausländer auszulassen, dessen Hautfarbe sie scheinbar mit ihren persönlichen Problemen identifizieren?

Die nachstehenden, stichwortartig aufgeführten Einblicke in einen kleinen Teil dieser Thematik mögen zu diesen Fragen vielleicht keinen unmittelbaren Aufschluß geben. Sie ermöglichen es uns aber **Zahllose Fettnäpfchen** vielleicht in einigem Umfang, sicher um die zahllosen Fettnäpfchen herumzusteuern, die die Bewohner einer andersartigen (auf der Suche nach Identität und Anerkennung sowie mit Komplexen und Neurosen nicht weniger beladenen als unserer eigenen) Welt großzügig um uns herum verteilt haben.

Armut: Im weiteren Verlauf dieses Buches werden an mehreren Stellen einzelne Situationen in Verbindung mit dieser Problematik analysiert, die sämtlich zur Prämisse haben, daß wir einer direkten, womöglich von Neugierde oder dilettantischem Eifer motivierten Konfrontation aus dem Wege gehen sollten. Ein Engagement mit der erdrückenden Armut der Dritten Welt ist auf touristischer Ebene nicht möglich.

Finanzen: Trotz des uns immer wieder erstaunenden oberflächlichen Pomps und Gepräges herrscht in den Kassen der Dritten Welt permanente Ebbe. Ein Zeitungsartikel aus Manila wirft ein bezeichnendes Schlaglicht auf die Proportionen dieses Dilemmas. Unter der stolzen Überschrift: „Die Philippinen helfen palästinensischen Flüchtlingen" heißt es dort: „Die Philippinen und 40 weitere Länder haben der Zentralstelle der Vereinten Nationen für die Unterstützung palästinensischer Flüchtlinge im Nahen Osten Finanzhilfen in Höhe von ca. 126,6 Millionen Dollar zugesagt". Beeindruckend, zweifellos, bis zum Schlußsatz: „Der philippinische Beitrag beläuft sich auf (umgerechnet) 400 Dollar".* Dieses repräsentative Beispiel diene uns als Vorlage, bei Besuchen tropischer Länder unseren Sinn für Proportionen entsprechend zu schärfen und um zu erkennen, daß es hinter den Kulissen meistens ganz normal zugeht.

*Bulletin Today (Manila) „RP to aid Palestine Refugees" (9/1/79)

Haben und Habenwollen: Wer keine Finanzen hat, will sie haben. Im Zeichen des „Nord-Süd-Dialogs" ist dieser Komplex inzwischen zum Thema Nr. 1 aufgerückt. Die Dritte Welt fühlt sich ungerecht behandelt und von uns ausgebeutet; zur Untermalung des Problems wird auch gern die Kolonialepoche herangezogen.

Was immer der Dialog an berechtigten Vorwürfen enthalten mag: Da er durchweg auf der Basis größter Subjektivität und einseitigen Denkens ausgetragen wird, lasse man sich auf keine Diskussion ein. Es besteht auch absolut keine Veranlassung, sich freimütig ein Stückchen Kollektivschuld in diesem Zusammenhang aufzuladen (oder aufladen zu lassen) und eine private Wiedergutmachungsaktion starten zu wollen. Viele Völker der Dritten Welt würden selbst von Herzen gern Kolonien besitzen, und manche haben es gerade in jüngster Zeit mittels einer aggressiven Expansionspolitik de facto auch geschafft!

Hautfarbe: Aller Solidaritätspolemik zum Trotz trennen ungeschriebene Gesetze die Hautfarben in der Dritten Welt schärfstens voneinander. Und trotz aller von Unausweichlichkeiten geprägten Slogans („black is beautiful") ist helle Haut in unserer tragischerweise von weißen Wertvorstellungen geprägten irdischen Großfamilie das Statussymbol. Die Klüfte zwischen Gelb und Braun und Schwarz sind deshalb weitaus tiefer als die respektiven Differenzen zum beneideten oder seines Pseudovorteils wegen verhaßten Weißen hin. Niemals würde zum Beispiel ein sanftbrauner Filipino aus freien Stücken eine Negerin heiraten, während eine Liaison zwischen einem Deutschen und einer Afrikanerin heute durchaus kein ungewöhnliches Vorkommnis darstellt. Sehr anschaulich illustriert wird in jüngster Zeit diese Situation auch durch die Scharen von Indochinaflüchtlingen, die kein Drittweltland aufzunehmen bereit ist, und die auch selbst nicht die geringste Neigung zeigten, von den äußerst raren Offerten aus dieser Richtung Gebrauch zu machen.

Chemische Bleichmittel verkaufen sich in der tropischen Welt wie warme Semmeln, während man nach Bräunungs- und Sonnenschutzpräparaten hingegen vergeblich suchen wird. (Die führende amerikanische Herstellerfirma von Produkten dieser Art – Slogan: „Don't be a paleface!" – bietet jedoch neuerdings in Drittweltländern ein „garantiert nicht bräunendes" Sonnenschutzmittel an). Wundern Sie sich deshalb nicht, wenn Ihre einheimische Urlaubsbekanntschaft am Strand angstvoll Sonne und Wasser fernbleibt. Sie will damit Prestigeverlust vermeiden, denn eine dunkle Hautfarbe kann darauf hindeuten, daß man körperliche Arbeit im Freien verrichtet, was einen schmachvollen sozialen Abstieg demonstrieren würde! Vielerorts geht man, wenn man sich schon am Strand amüsiert, voll bekleidet ins Wasser.

Das genüßliche Auskosten der Überlegenheit, die eine scheinbar wichtige Position auf der oberen Sprosse dieser globalen Wertskala mit sich bringt, ist gerade bei mittelmäßigen Europäern immer wieder zu beobachten, die von den Avancierteren der Dritten Welt deshalb wohl nicht zu Unrecht als „white trash" – weißer Abschaum – abqualifiziert werden. Während es einerseits sicherlich ungesagt bleiben darf, daß Vertreter unerfreulicher Charakterzüge dieser Art ihr Heil besser im kleinen heimischen Kreis suchen sollten, ist andererseits eine krampfige Verbrüderung mit den vermeintlich Getretenen dieser Welt genauso unangebracht und unerwünscht. Sie brauchen sich keineswegs mit den privaten Problemen Ihres farbigen Taxifahrers oder Kellners zu identifizieren, nur weil der Mann nicht die gleiche Hautfarbe aufweist wie Sie!

Humor: Was für uns witzig ist, findet der Drittweltler noch lange nicht zum Lachen. Und schlichtere Gemüter werden sich schnell zum besten gehalten fühlen, wenn wir arglos vor uns hinfrotzeln. Kompliziertere Naturen werden hinter jedem Scherzwort eine ethnisch oder persönlich gemünzte Anspielung wittern, ganz Empfindsame gar zur Waffe greifen.

Abstrakte Gedankengänge und Sarkasmen werden oft nicht verstanden oder falsch ausgelegt. Die Direktheit des Europäers wird als unangenehm und aufdringlich empfunden. Die Kunst, über sich selbst zu lachen, ist zweifellos eine der privilegiertesten Errungenschaften der westlichen Kultur und als ausgeprägtestes Zeichen von Selbstsicherheit kaum irgendwo zu erwarten, wo diese Tugend trotz etablierter Identität, trotz neuen Reichtums klein geschrieben wird. In diesen Regionen heißt es also leise treten, bis der Dialogpartner etwas besser ausgelotet ist! (Das Problem – falls es ein solches ist – beginnt übrigens schon merkbar jenseits der deutschen Grenzen in Richtung Süden).

Ideologien: Im Zuge der Aufsplitterung der riesigen Kolonialblöcke in unzählige (und immer mehr werdende) Einzelstaaten nach dem 2. Weltkrieg hielten alle bekannten Ideologien jähen Einzug in

Die Direktheit der Europäer

„Ironie ist die Quintessenz einer sehr alten Zivilisation, die mit der Zeit gelitten hat."
Peter Ustinov

ein plötzlich entstandenes politisches Vakuum. Und die daraus resultierenden Turbulenzen werden die Dritte Welt (und mithin auch
uns) noch lange beschäftigen. Aus dem Unvermögen heraus, eigene Ideologien zu entwickeln, griffen die lange entmündigten Völker
auf, was ihnen in den Weg kam, solange es nur nicht allzu bitter nach
der einstigen Fremdherrschaft schmeckte. Oft mit katastrophalen
Folgen. Vielerorts, wo man sich an Religion und Nationalismus klam-
merte, hat man inzwischen erkannt, daß beide allein nicht unbedingt
auf geradem Wege zum Heil führen. Man hält aber trotzdem daran
fest, da es an sonstigen Bezugspunkten mangelt.

An den bizarren Kapriolen, die der Nationalismus in den Ländern
der Dritten Welt schlägt, kommt selbst der Durchschnittstourist selten vorbei. Wer da glaubt, daß „Deutschland, Deutschland über alles" eine chauvinistische Hymne sei, wird bei etwas tieferem Einblick in die Verhältnisse mancher obskuren Republik erstaunt feststellen, daß dieses unbekannte Ländle „die herrlichsten, strahlend
schönen, todesverachtend kühnen" Helden dieser Erde beherbergt,
weitgehend aus Dichtern, Denkern und Erfindern besteht und im
Verband der Nationen mit Abstand seinesgleichen sucht.

„Deutschland, Deutschland über alles"

Diese Art der Tunnelvision ist mitunter erschreckend und führt zu
massiver Schrumpfung des Weltbildes ganzer Schülergeneratio-
nen, die sich dem Wahn hingeben, als auserwähltes Volk ständig
vorrangig im Blickpunkt des Weltinteresses zu stehen. Der Besucher, der sich über diese großformatigen Scheuklappen gelegentlich amüsieren mag, sollte hierüber im Stillen lächeln und dieses
offensichtlichste aller Fettnäpfchen, in das er hineintapsen kann,
dieserart geflissentlich vermeiden. Auch wenn Sie – mit einer gehörigen Portion an persönlichem Chauvinismus – eine Verherrlichung
Ihrer Meinung nach überhaupt nicht existierender Werte albern finden, so machen Sie Ihrer Mißbilligung nicht öffentlich Luft. Denn
nicht überall dort, wo man sich demokratisch gibt, begegnet man
Ihrer Kritik und Ihrem Amüsement mit demokratischer Toleranz!

Korruption: Mit dem unmittelbaren Problem der Korruption haben sich im allgemeinen nur im Lande ansässige Europäer zu befassen, die, nebenbei bemerkt, mit diesem Strom oftmals mit-
schwimmen, ja ihn oftmals initiieren, und auf diese Weise ihre eigene gezielte Entwicklungshilfeleistung erstellen.

Zwar ist die Korruption keineswegs eine Erfindung oder ein Privileg der Dritten Welt. Schon im alten Athen und Rom gab es sie, und
auch heutzutage füllen gerade in den Staaten des ausgeprägtesten
weißen Selbstverständnisses „Affären" dieser Kategorie mit schöner
Regelmäßigkeit die Tageblätter. Man ist in großen Teilen der Dritten
Welt nur insofern hemmungsloser, ist sich unethischen Tuns oft
gar nicht bewußt oder weiß sich, falls doch, vor Konsequenzen sicher: Ein nahtlos auf eine korrupte Basis abgestimmtes System
funktioniert von der niedrigsten Ebene bis in die höchsten Regie-

Korruption ist keine Erfindung der Dritten Welt

rungsetagen ohne störende Quertreibereien. Natürlich wird die Existenz eines solchen Systems von der am aktivsten engagierten Seite her am lautesten verneint.

Manche jungen Revoluzzer in der Dritten Welt sind sich des Problems jedoch durchaus bewußt und gestehen es bereitwillig ein. Nehmen wir einmal „Roberto" (nicht sein richtiger Name), der, wie ich weiß, eine geheime Schlüsselstellung im Untergrund eines typischen solchen Landes hat. Roberto, gebildet und nicht unintelligent, war auf Jobsuche und verfluchte die Schwierigkeiten, die er dabei hatte: Hier mußte er, nur um angehört zu werden, mit einem petit cadeau antreten, dort wurde eine Aufmerksamkeit erwartet... Doch meinen tröstenden Einwand, daß diese unsaubere Praxis unter einem neuen Regime seiner ideologischen Richtung ja alsbald ein Ende finden würde, wischte er seufzend beiseite: „Unsere Staatsform mag sich ändern," sagte er resigniert, „unsere Natur aber nie". Was ich ihm unbesehen glaubte. Er selbst, vermutete ich wahrscheinlich nicht zu Unrecht, freute sich im Falle eines Regierungsumschwungs schon auf eine fette Pfründe dieser Art...

Die Frage, wie weit sich das Problem der Korruption mit fortschreitender Entwicklung oder politischer Umstrukturierung ändert, kann in vielen Fällen − von ganz radikalen Umschwüngen einmal abgesehen − wohl mit „proportional" beantwortet werden. Solange es, gleich wo auf der Welt, noch menschliche Schwächen gibt, können wir das Wort nicht aus unserem Vokabular streichen.

„Ökonomisches": Das Wirtschaftsgefüge eines Großteils von Staaten der Dritten Welt ist fest in der Hand von internationalen Konzernen, den „Multis". Wer gerne wissen möchte, wer beispielsweise auf den Philippinen an der Wirtschaftsmacht ist, blättert nur ein wenig in einem einheimischen Wörterbuch. Dort findet er dann Vokabeln wie diese: sunkist (= Apfelsine), kodak (= Kamera), frigidaire (= Kühlschrank), honda (= Motorradfahrt), kolget (= Zahnpasta), usw..

Wenn auch die totale Dominierung ganzer Wirtschaftstrakte durch unverhohlen singulär profitausgerichtete Westler im Hinblick auf die scheinbar grotesk nachhinkende Sozialstruktur eines Drittweltlandes für den Engagierten mitunter bedrückend sein mag, sollten wir auf Urlaubsreisen nichtsdestoweniger ungeniert die offensichtlichen Vorteile des Systems genießen. Wir können uns in den entlegensten Winkeln der Welt jederzeit die Zähne mit kolget putzen, eine honda unternehmen und, verschwitzt zurückkehrend, in einen frigidaire langen, um einen kühlen sunkist-juice hervorzuziehen.

Trivial? Für viele, die einmal ein Jahr ohne die Produkte unseres Zeitalters auskommen müssen, gewinnt der Spruch: „Lieber Multis als Muftis" sicherlich an Relevanz.

Rassismus: Die seltsamen Mentalitäten, die dieser Absatz eingänglich schildert, sind natürlich im Wesentlichen von rassistischen Sentimenten geprägt, ohne die es – an diesen Gedanken werden wir uns wohl gewöhnen müssen – auf der Welt nicht geht. Wir gehen aber fehl in der Annahme, daß der Weiße heute der alleinige Bösewicht ist, der die Ouvertüren farbiger Völker hinsichtlich einer globalen Verbrüderung eigensinnig ablehnt. Es gibt keine solchen Ouvertüren. Im Gegenteil: Der Konflikt der Hautfarben spitzt sich fortlaufend eher weiter zu und wird ständig militanter. Plänkeleien zwischen „Nord" und „Süd", derzeit auf Rohstoff- oder Politebene ausgetragen, werden in der Zukunft mit Sicherheit schärfere Dimensionen annehmen. Der gute Wille Vereinzelter wird – wie gehabt – nicht zum Tragen kommen. Besonders wenn, wie es zunehmend der Fall ist, die ohnehin hochentzündliche Mischung noch mit religiösem Explosivstoff oder diffusen Rachegefühlen angereichert wird.

Für uns Deutsche ist Rassismus ein schlimmes Wort, dem der Ruch einer von eben dieser Gesinnungsrichtung beschmutzten Vergangenheit anhaftet. Und die geschichtliche Entgleisung hat gerade unter den jüngsten Generationen zu einem bemerkenswerten Investitionsaufwand guten Willens geführt: Man drängt vielfach geradezu zu einem Dialog mit der Dritten Welt, begibt sich aber mit den heißen Ohren der Apologetik und des Übereifers leicht auf ideologisches Glatteis. Die Übel, die wir zu vergessen und gutzumachen suchen, sind „im Süden" vielerorts unter anderem Vorzeichen in neuem Werden...

Was bezweckt diese Polemik? Sie zielt auf den für einen Ferienreisenden sicherlich erwägenswerten Ratschlag ab, Länder mit unmittelbaren rassisch bedingten Konfliktaustragungen oder die finsteren Diktaturen mittelalterlichen Gepräges möglichst zu meiden. Und auch dort, wo das Problem nur latent existiert, nicht mit naivem „Verstehenwollen", „Hineinversetzenkönnen" und „Solidarischerklären" Verachtung und Spott einer besserwissenden „Gegenseite" auf sich zu ziehen.

Nur diejenigen, die ihre Wertmaßstäbe auf der Basis individueller Qualitäten anzulegen verstehen, werden jemals in der Lage sein, einen halbwegs akzeptablen Modus vivendi zwischen den zunehmend polarisierten Anschauungen zu etablieren. Vielrassische Gesellschaften gedeihen anscheinend am besten in einem von negativen Empfindungen verschonten Mikrokosmos, so auf den hawaiischen Inseln. Es bleibe jedermann selbst überlassen, sich gleichwertig zu diesem gelungenen Modell eine eigene Gesinnungsinsel zu errichten, statt sich für globale Bewegungen zu begeistern, die nur auf dem Papier existieren.

Deutschenbild der Dritten Welt

In vielen tropischen Ländern gibt es zunächst überhaupt kein Bild vom Deutschen: Vielfach wird der weiße Besucher erst einmal pauschal für einen Angehörigen oder Abkömmling der früheren Kolonialmacht gehalten und als Engländer, Franzose, Portugiese, Amerikaner oder was immer klassifiziert und durchweg mit einem entsprechend abwertenden Urteil belegt. Oft ist es ratsam, mit dieser Fehleinstufung möglichst rasch aufzuräumen, weil noch vielfach Ressentiments gegen die einstige Fremdherrschaft existieren. (Das deutsche Kolonialabenteuer liegt inzwischen weit genug zurück, um unter die Rubrik „gute alte Zeit" zu fallen).

Fast nirgendwo in einem Drittweltland, in dem westlicher Einfluß auch weiterhin vorherrscht, darf sich der nunmehr als Deutscher identifizierte Besucher wundern, mit zackigem „Achtung!", „jawoll!" oder schmetterndem „Sieg Heil!" in diversen Aussprachevariationen begrüßt zu werden, wobei sich der Salut von schöner Selbstverständlichkeit unter schlichteren Naturen bis zu subtiler Ironie unter Wissenderen abstuft. Verantwortlich für diese Kuriosität ist nicht etwa überseeische NS-Agitation, sondern eine ungeheure Flut von Kriegsfilmen niederster Qualität und zumeist US-amerikanischen Ursprungs, die über das hochengagierte und hochempfängliche Film- und Fernsehpublikum einer erwachenden Welt hinwegschwappt und den Deutschen entweder als menschenverachtenden Hitlerhörigen, dümmlichen SS-Schergen oder hasengleich vor den siegreichen alliierten Streitkräften davonhoppelnden Landser verfälscht darstellt. Rothäute oder Japaner, zwar auch traditionelle Buhmänner der US-Filmindustrie, haben aufgrund gewisser Gemeinsamkeiten mit dem Publikum nicht dieselbe Zugkraft wie der brutale Teutone, dem es dann schließlich gezeigt wird. Entsprechend sind auch heute noch die Pauschalurteile: Der Deutsche ist grausam, arrogant, aggressiv, „hunnisch"...

Offensichtlich entstanden solche Imageverzerrungen tatsächlich weniger durch den letzten Krieg, von dem die meisten Drittweltstaaten ohnehin kaum direkt betroffen wurden, als erst durch dieses absonderliche Informationsmaterial, das einem zum Teil völlig unaufgeklärten Publikum im Zuge fortschreitender Medienverbreitung wie einst biblische Wahrheiten verabreicht wird und das – im Gegensatz zum Bibelstoff – sehr unterhaltsam ist. Der Schaden, den das Deutschenbild dabei nimmt, geht uns alle an, denn die offensichtlich wohldurchdachte und -organisierte Taktik gewisser wirtschaftlicher Interessenblöcke funktioniert vorzüglich und bringt bei Millionen eifriger Kinogänger und Fernsehzuschauer wirkungsvoll ihre Botschaft an den Mann: „Kauft nicht beim Deutschen!"

Falls man doch bei uns kauft, so ist es sicher ein Verdienst unserer aggressiven (also doch!) Exportpolitik und der Auswirkung großer Sympathieanteile, die wir vielerorts in der Dritten Welt haben. Nicht zuletzt immer noch, weil wir – zumindest vorübergehend – der verhaßten Kolonialmacht seinerzeit eins auf den Deckel gegeben hatten. Der Name Rommel erfreut sich beispielsweise als Vorname für

**Achtung!
Jawoll!
Sieg Heil!**

Knaben in zahlreichen Tropenländern größter Beliebtheit. Ob uns dieserart entgegengebrachte Gunstbeweise nun beglücken mögen oder nicht, sei dahingestellt. Sympathie ist ein geschenkter Gaul – weshalb sollten wir sie verscherzen?

Da es heutzutage ja zwei Deutsche gibt, möchte man von offizieller Seite auch oft gern wissen, mit welchem von beiden man es denn zu tun hat. Oh dutzendmal praktizierter Dialog, oh immerwiederkehrende Szene, beliebig austauschbar für die respektiven Ideologien!

Im Paß blätternd: „Ah, Deutscher!" Sinnieren. Verengen der Augen. Dann die blitzschnelle „Fangfrage": „Ost oder West?" Abgeklärte Gegenfrage: „Wie hätten Sie's denn gern?" Und Unverständnis. „West?" – „Ja." „Gut!" Gezwungenes Lachen – mal wieder nichts mit der Schlagzeile: „Aufmerksamer Wachtmeister nagelt Ostspion fest!" –, und man merkt, daß ihn das wurmt. **„Ost oder West?"**

Zugegeben: Wenn wir, uns so überlegen fühlend, auf die Verhältnisse vor unserer eigenen Tür hingewiesen werden, dürften uns erst bei Besuchen in einer nicht perfekten Welt die peinlichen eigenen Unzulänglichkeiten wieder bewußt werden, die uns zu Hause kaum noch berühren...

Beziehungen zu Frauen aus tropischen Ländern

„Sprechen Sie niemals zur Dame Ihres Herzens oder zu Familienmitgliedern über den Grund Ihres Interesses, reden Sie vom Wetter oder lassen Sie sich sonst was Gescheites einfallen. Denken Sie daran, daß schon ein Kuß als eine Art Heiratsversprechen angesehen wird".

Diese Ratschläge des staatlichen mexikanischen Fremdenverkehrsamtes in Frankfurt am Main, abgezielt auf Junggesellen auf der Suche nach überseeischen Liebesabenteuern, fand „Der Spiegel" immerhin belustigend genug, um sie als Glosse abzudrucken.[*] *Der Spiegel „Hohlspiegel" (16/79)

Dabei ist es den Mexikanern, stellvertretend nicht nur für das katholische Segment der Dritten Welt, mit ihrem Anliegen bitter ernst. Wohlgemerkt: Den mexikanischen Männern und nicht den Mexikanerinnen. Denn die werden nicht gefragt. Der **machismo**, mit „Männlichkeitswahn" nur sehr unzureichend übersetzt und in Lateinamerika in besonders markantem Umfang verbreitet, hat diesen Wortlaut diktiert, der weniger als wohlmeinender Ratschlag, sondern eher als Warnung oder gar Drohung aufzufassen ist: „Finger weg von unseren Frauen!" **Finger weg von unseren Frauen!**

Manchem Bundesbürger, heimischen Emanzentums und zunehmender Vermännlichung der Frau im Berufsleben überdrüssig, klingen Empfindungen dieser Art sowie eine Einladung in ferne Länder, wo Mann noch Mann und nicht Männchen ist, verheißungsvoll genug, um sich vom Muff der Konventionen zu befreien und sich über ethnische und religiöse Schranken hinwegzusetzen, um sein Eheglück dort, wo er Frau noch Frau zu sein erhofft, erstmalig oder aufs

Neue zu suchen. Scharen von deutschen Männern finden sich unter diesem Vorzeichen zum Beispiel alljährlich auf den Philippinen ein – um nur ein Land zu nennen – und reisen mit geehelichten Landesschönen wieder ab. Und die „Bewegung" ist erst in ihren Anfängen: Die einmal durchbrochene Intoleranzschwelle gibt rapide Anlaß zu Nachahmungen...

Was erwartet den Mann im allgemeinen, was den der „weißen Schlaffheit" Übersättigten unter dem Motto „Chercher la femme" auf Expeditionen ins tropische Liebesland?

Die kommerzielle Variante der Liebe
Der erste Kontakt findet zumeist mit der kommerziellen Variante der Liebe statt. Außerhalb der islamischen Länder, wo Männer sich gern untereinander vergnügen, und außerhalb der wenigen verbliebenen sozialistischen Länder, wo man sich nur selten vergnügt, steht die Prostitution fast überall in der Dritten Welt in hoher Blüte. Hier als eine von bitteren wirtschaftlichen Zwängen geprägte Notwendigkeit, dort als akzeptierter „Hohenpriesterinnen"-Status. Andernorts als Amateusentum im Zeichen der Rebellion gegen überkommene Moralvorstellungen und zur Aufbesserung des Taschengeldes. Einige Versprengte mögen's auch der Sache selbst wegen.

Den sogenannten „Bumstouristen", eines unserer häßlichsten Exportgüter der jüngsten Zeit, erwarten durchweg die Vertreterinnen des ersten Typus: Die Organisierten und Professionellen, die wahrhaft Elenden und Nagelharten, hinter denen immer ein Zuhälter oder „Manager" steht. Letzterer vor allem in den Großzentralen der Aktivität nicht selten deutscher Nationalität. Für den Normalverbraucher endet das fidele Abenteuer folglich zumeist in der ernüchternden Erkenntnis, daß der kommerzielle Gunstaustausch auch in exotischer Umgebung eine ebenso triste Angelegenheit sein kann wie in Wanne-Eickel. Allenfalls etwas schäbiger und oft auch teurer, wenn man alles zusammenrechnet. An die durchweg aus besseren Verhältnissen stammenden – oder zumindest solche anstrebenden – „Freischaffenden", oft Studentinnen auf „Stipendiatsuche", kommt er selten heran. Dieser Typus ist auf Ausländer mit Residenzstatus oder betuchtere Einheimische spezialisiert und agiert unauffällig im Niemandsland einer doppelbödigen Moral mit der Zielvorstellung einer eheähnlichen Existenz unter dem Mäzenatentum eines „Sugardaddy" – je älter, je besser. Bleiben die heiligen Jungfrauenscharen der Dritten Welt. Der Weg in ihre Betten führt unausweichlich an Standesamt und Traualtar vorbei...

Standesamt und Traualtar
Manch einer mag sich nun listig überlegen, die ortsüblichen Formalitäten scheinheilig über sich ergehen zu lassen und von dieserart legalisierten Früchten zu naschen, um schließlich bei Nacht und Nebel das Weite zu suchen. Läuft nicht. Auf Veranlassung deutscher Behörden hin nehmen die Standesämter der Dritten Welt, wenn es ans Heiraten geht, ihre Aufgabe durchaus ernst und verlangen die Vorlage des sogenannten Ehefähigkeitszeugnisses, auszustellen

vom Standesamt am Wohnort des Freienden und gutzuheißen durch die deutsche Auslandsvertretung in dem betreffenden Land. Eine nicht mit diesen Unterlagen abgesegnete Ehe ist – vielleicht eine willkommene Nachricht für einige – vom Standpunkt deutscher Gesetze aus ungültig.

Untereinander ist man in vielen Drittweltstaaten nicht immer so pingelig, was vor allem in katholischen Regionen zu einem Problemkomplex ganz besonderer Art führt. Als Folge der Unerbittlichkeit der Kirche in Sachen Scheidung existieren in diesen Ländern tausende zerbrochener und nie wieder zu kittender Ehen, kaum irgendwo zentral erfaßt und mit völlig entfremdeten Partnern in der Diaspora, nur noch auf einem nie zu lokalisierenden Papier, falls es überhaupt ein Dokument gibt. Viele im Stich gelassene Frauen, um die sich keine Institution kümmert, enden in den Slums der Großstädte, in die sie die Flucht vor der „Schande" aus ihren ländlichen Heimatorten getrieben hat und in denen sie am Rande der Gesellschaft ein kümmerliches Leben fristen. Andere landen in den Niederungen der Prostitution. Sie alle stehen vor einer ausweglosen Zukunft. Mit einer Ausnahme: „Rettung" durch den Ausländer, den nicht heiß macht, was er nicht weiß und der, im Gegensatz zu den einheimischen Machos, an einer verletzten Jungfräulichkeit keinen sonderlichen Anstoß nimmt. Kinder, verräterische Zeugen einer bewegteren Vergangenheit, werden mitunter geschwind zu den Großeltern geschafft: Dem heiratslustigen Fremden offeriert sich eine strahlende, fast neue Braut.

Scheidung unmöglich

Natürlich sind auch auf dieser Basis geschlossene „Zweitehen" ungültig (falls der Schwindel jemals herauskommt).

In dichtem Gefolge hinter diesen Abfallprodukten einer illiberalen Mentalität drängen sich die Scharen lediger junger Mütter, die, ohne die geringste Aussicht auf Wiedereingliederung in ein normales Leben, ebenfalls in einem toleranter denkenden Ausländer ihr Heil sehen. Und schließlich jene, die der qualvollen Misere und allgemeinen Hoffnungslosigkeit ihrer Umgebung um jeden Preis entkommen wollen. Ein heiratslustiger Schweizer, der unlängst einmal in einer philippinischen Tageszeitung nach einer Partnerin annoncierte, erhielt 2 000 Zuschriften. Neunzig Prozent der Schreiberinnen, wage ich aus einiger Materiekenntnis heraus zu theoretisieren, dürften Aussehen, Alter und persönliche Verhältnisse ihres möglichen Zukünftigen beim tatsächlichen Zustandekommen einer Liaison nicht die Bohne interessiert haben...

Die ledigen Mütter

Warum zähle ich zunächst alle diese negativen Aspekte auf, warum weise ich auf potentielle Fluchtrouten aus einer Situation hin, die vielen Männern höchst erstrebenswert erscheinen mag?

Die Gefahr einer Mesalliance ist, wie die Praxis gezeigt hat, außerordentlich groß. Im Zeichen einer unerhörten Neuerschließung der Welt durch den Massentourismus und damit vielfach einhergehen-

der Liberalisierung der Gesinnung ist es heute für einen bundesdeutschen Mann durchaus nichts Ungewöhnliches mehr, mit einer
exotischen Frau aus den Ferien heimzukehren und sich zu Hause
beneiden zu lassen. Daß ein buchstäbliches Rasseweib manchem
kühlen weißen Mann auf den ersten Blick den Kopf zu verdrehen
vermag, steht außer Frage. Die Sensualität, die vor allem farbige
Frauen ausströmen, ihre totale Hingabefähigkeit, ihre anerzogene
(und gewöhnlich mit Unterwürfigkeit verwechselte) Neigung, dem
Mann zu gefallen und in seiner Zufriedenstellung ein hohes Ziel zu

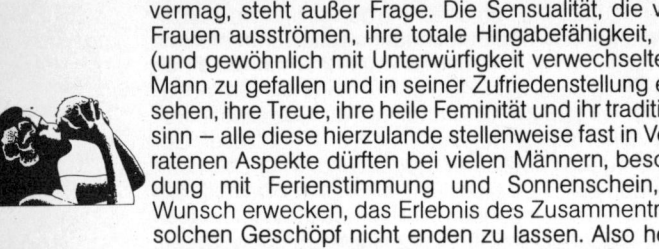

sehen, ihre Treue, ihre heile Feminität und ihr traditioneller Familien-
sinn – alle diese hierzulande stellenweise fast in Vergessenheit geratenen Aspekte dürften bei vielen Männern, besonders in Verbindung mit Ferienstimmung und Sonnenschein, zweifellos den
Wunsch erwecken, das Erlebnis des Zusammentreffens mit einem
solchen Geschöpf nicht enden zu lassen. Also heiratet man. Tausende tun es alljährlich. Einige – die nötigen Papiere vorsorglich im
Reisegepäck – mitunter bereits nach einer Bekanntschaft von
24 Stunden. Andere – wo immer noch die Form gewahrt wird –
manchmal erst nach langen Monaten formeller Werbung.

**Ehen ohne
Fundament**

Viele dieser Ehen basieren auf dem totalen Nichts. Er, nicht selten
eine durch heimische Frustrationen mitgenommene Type, möchte
endlich einmal mit einer richtigen Frau in die Betten steigen. Sie mag
– siehe oben – nichts anderes als einen Tapetenwechsel im Sinn
haben. Darüber hinaus hat man sich nach dem Abklingen des
ersten Rausches nicht viel zu sagen. Es ergibt sich ein legalisiertes
Quasikonkubinat, dessen begrenzte Dauerhaftigkeit nur von der
Geduld der beiden Vertragspartner bestimmt ist, den abnormen Zustand zu ertragen. Und wir wissen schon: lange geht das nicht gut.
Und in der Tat erleidet laut Statistik ein außerordentlich hoher Prozentsatz aller deutsch-philippinischen Ehebeziehungen schon nach
relativ kurzer Zeit Schiffbruch. Ehen mit den populären „anschmieg-
samen, sanftäugigen" Thailänderinnen gehen fast zu 100% in die
Hosen. Und neuerdings scheint es sich in Ostasien auch herumge-
sprochen zu haben, daß man mit ehelüsternen Germanen auch
Geld machen und sich die Zukunft sichern kann, denn mehr und
mehr gehen geschäftsbewußte braune und gelbe Schönheiten eine
Ehe mit einem Deutschen nur zu dem Zweck ein, sich nach rund einem Jahr scheiden zu lassen und sich mit der durch die großzügigen bundesdeutschen Gesetze fällig werdenden Pfründe einen
schönen „Lebensabend" zu machen. Flinke Manager und ganze Fa-
milienclans verdienen bei diesem Arrangement kräftig mit.

*Conrad
„Almayers Wahn"

Der Lebenslauf des unglückseligen Almayer, tragikomische Ro-
manfigur Joseph Conrads*, sollte allen jenen als Pflichtlektüre dienen, die da leichtfertigst und aus dem überschwenglichen Irrglauben heraus davon ausgehen, der „avanciertere", „zivilisiertere" Teil
einer prospektiven Allianz zu sein und meinen, imaginäre und tat-

sächliche Schwachstellen des Gegenübers hinwegmanipulieren zu können.

Die moderne Eheforschung hat gezeigt, daß eine der ersten Voraussetzungen für das Zustandekommen einer harmonischen Partnerschaft das Vorhandensein einer möglichst großen Anzahl von Gemeinsamkeiten ist. Bei zwei Personen, die aus völlig verschiedenen Kulturen, Sprachräumen und Empfindungswelten stammen, ist mit der Erfüllung dieser Voraussetzungen kaum zu rechnen. Auch eine gemeinsame Religion ist sicherlich ganz zuletzt ein verbindendes Element. Wenn wir jedoch als grundlegende Gemeinsamkeit einmal den guten Willen der Partner annehmen, sich auf diesen Gebieten so weit wie irgend möglich entgegenzukommen, so kann sich unter Umständen eine sehr glückliche alternative Konstellation ergeben, in der sich die verschiedenen Hintergründe und Interessen zu einem großen, brauchbaren Ganzen zusammenfügen lassen, das sich durch eine Vielzahl von Varianten weitgehend optimieren läßt. Bei richtigem Management der Mittel, d.h. der Beiträge zweier Kulturen und Denkarten, bietet sich hier also die Möglichkeit an, einen gemeinsamen Lebenskomplex zu entwickeln, in dem die Andersartigkeit des Partners immer wieder fasziniert, und in dem immer neue Wendungen und Entdeckungen (wenn sie auch an den unvermeidlichen Turbulenzen nicht vorbeiführen mögen) von höchster Essenz für die Abwendung der Langeweile sind, die – als letzte Gemeinsamkeit – das Ende jeder Ehe einleitet.

Erkenntnisse der modernen Eheforschung

Das unumgängliche verbindende Element, um auch nur eine Annäherung an diesen Idealzustand zu erreichen, ist die gemeinsam gesprochene Sprache (die keineswegs die Muttersprache sein muß) und ein vergleichbares Bildungsniveau. Eine Nachvollziehung à la „wird schon werden" ist nur unter den größten Schwierigkeiten möglich und nicht zu empfehlen. Manch einer fand dieserart erst, nachdem sich der Sprachnebel lichtete, Zugang zum Partner und entdeckte, durchaus für beide Seiten zutreffend, Schockierendes: jeder hatte vom anderen völlig andere, gewöhnlich positivere, Vorstellungen.

Ein derartig böses Erwachen kann insbesondere auf manche Frau warten, die den großen Sprung in eine andere Zivilisation macht und dort feststellen muß, daß ihr lichter Held, ihr vermeintlicher Krösus, in seiner Heimat ein Leben fristet, das auf relativer Basis genau so dürftig wie das bisherige eigene ist. Dies gilt vor allem Euch, meine Damen von den Philippinen, die Ihr da annehmt, daß jeder weiße Mann, gleich seiner Herkunft, gleich seiner Nationalität, mit einem Silberlöffel im Mund geboren wurde. Wie viele von Euch mußten (vor allem in den Vereinigten Staaten, Eurem Traumziel) das Gegenteil herausfinden!

Eine neue Umgebung für die Frau

Manche Frauen werden mit der neuen Umgebung schnell vertraut und wissen deren Annehmlichkeiten zu schätzen und zu nutzen. Andere werden die Integration schwierig finden. Je höher der Bildungsstand, desto müheloser ist im allgemeinen die Anpassung: Man hat keine falschen Vorstellungen und kann den unvermeidlichen Zusammenprall mit dem Neuen intellektuell verarbeiten; Probleme lassen sich artikulieren und derart lösen. Schwieriger ist es mitunter für viele einfachere Naturen, die vielfach über das Trauma der Entwurzelung nie hinwegkommen. Sie sehen sich zurück nach einem Leben ohne die Komplexitäten und die Hast ihrer unverständlichen und oft von Engstirnigkeit charakterisierten Umwelt, nach dem heimischen Klima und der gewohnten Küche, nach dem Elternhaus und einem Schwatz unter ihresgleichen. Hier mag der Mann, der es anfangs noch reizvoll gefunden haben mochte, den Behüter und Lehrmeister für sein scheues Rehlein zu spielen, angesichts der zunehmenden Bürde in seinem Leben schließlich resignieren und die dahinwelkende Blume in die Heimat zurückschikken. Experiment mißglückt.

Das mißglückte Experiment

Analog hierzu ist gelegentlich eine gegenteilige, nicht minder unglückliche Entwicklung zu beobachten. Die jähe Umkehrung der Verhältnisse, das Kosten ungewohnter Früchte wie emanzipatorischer Freiheiten und der fragwürdigen Reichtümer der Konsumgesellschaften, die ständige Reizüberflutung, das vermeintliche „Alleshabenkönnen" – Eindrücke wie diese steigen vor allem Frauen aus bescheideneren Hintergründen rasch in den Kopf und führen über immer neue Anmaßungen hinweg letztlich zu einem Größenwahn, der sich ruinös auf die stabilste Beziehung auswirken muß. Männer, die derartigen Ambitionen Vorschub leisten und sich schließlich in eine Problemsituation gedrängt sehen, haben selbst Schuld: Die Frauen der Dritten Welt mögen zwar vielfach diejenigen sein, die hinter der phallokratischen Fassade ihrer Gesellschaftsstrukturen tatsächlich die Hosen anhaben – von nachgiebigen „Männchen" halten sie jedoch nichts...

Ämter und Behörden

Ist man sich nun aber von Herzen hold und des gemeinsamen Glücks gewiß, so tue man seinen Plänen keinen Zwang an. Amtlicherseits sieht die Situation dann folgendermaßen aus: Eine ausländische Frau erhält durch Heirat mit einem Deutschen nicht automatisch die deutsche Staatsbürgerschaft; sie kann sie jedoch nach fünfjährigem Aufenthalt in der Bundesrepublik beantragen. Dem Mann wird im allgemeinen eine unbefristete Aufenthaltsgenehmigung im Herkunftsland seiner Gattin eingeräumt, falls er Interesse hat, sich dort niederzulassen und falls ihn die Hetzjagd durch die Bürokratie, die in diesem Zusammenhang fällig ist, nicht vorzeitig angewidert aufgeben läßt. Kinder folgen der Nationalität des Vaters, können sich bei Volljährigkeit jedoch in den meisten Fällen für diejenige der Mutter entscheiden. Eine doppelte Staatsbürgerschaft ist normalerweise nicht möglich.

Letzten Endes muß auch wohl die besorgte Frage beantwortet

werden, „ob es wahr sei, daß die Frauen in den Tropen mit 25 ihre **Mit 25 „alt"?**
besten Jahre hinter sich haben...".

Nun, das trifft relativiert wohl auf die gesamte Menschheit zu; auf jeden Fall jedoch nicht grundsätzlich auf die Frauen der Dritten Welt. Freilich: Die unglückselige Kreatur, die tagaus, tagein unter einer erbarmungslosen Sonne und inmitten der dürftigsten hygienischen Verhältnisse, hungernd und krank, schwere körperliche Arbeit verrichtet, ist mit 25 „geschafft". Desgleichen die frühreife Lolita, die vom dreizehnten Lebensjahr an alle Jahre wieder mit dumpfer Regelmäßigkeit zur Mutter wird. Desgleichen die Frauen in den Slums, in den Palmblatthütten, in der Wildnis und im Schmutz der Armut. An ihnen gehen die Realitäten tropischer Misere kaum vorüber.

Rousseaus „edle Wilde" können wir uns daher getrost aus dem Kopf schlagen (obwohl es mich immer wieder erstaunt, wie viele westliche Männer gerade auf diesen Idealtyp aus sind, ihren „eingeborenen" Frauen Lippenstift und Makeup versagen, ja sie scheinbar am liebsten „à la sauvage" präsentieren würden!). Die moderne Frau in den tropischen Städten hält nicht viel von dieser Zurück-zur-Natur-Bewegung. Sie kam vor nicht allzu langer Zeit gerade dorther und drängt mit Macht in die andere Richtung. Ein erhöhter Lebensstandard, gesündere Ernährungsgewohnheiten, bessere medizinische Versorgung und die moderne Kosmetik lassen diese Frau heutzutage genauso graziös altern wie ihre westlichen Artgenossinnen, die sich ihrer Fraulichkeit bewußt sind und sie so lange wie möglich zu erhalten versuchen.

Begegnungen mit unseresgleichen

Die Story von den zwei schiffbrüchigen Engländern, die auf einer kleinen Insel jahrelang allein nebeneinander herlebten, ohne ein Wort zu wechseln, weil sie einander nicht formell vorgestellt worden waren, entbehrt nicht eines gewissen Wahrheitsgehalts - die Steifheit von Europäern auf Reisen in den Gefilden der Dritten Welt muß man erst einmal miterlebt haben, um daran zu glauben.

Dabei ist der Engländer und der ihm nahestehende Common- **Die lockeren** wealth-Weiße, einmal aufgetaut, überhaupt der freundlichsten und **und die steifen** zugänglichsten einer, der an ungezwungener Herzlichkeit seines- **Reisenden** gleichen sucht und in dieser Beziehung Skandinavier und Amerikaner in dichtem Gefolge hat, während andere Artgenossen (mit Ausnahme der jüngeren Generation) in weitem Abstand zurückgelassen werden. Irgendwo bei „ferner liefen" rangiert der Deutsche, dem allenfalls nur der Franzose an Muffigkeit das Wasser reichen kann. Was wir einmal „Minoritäten" nennen wollen, kapselt sich noch mehr ab. Auf einer meiner Bergtouren auf dem Mayon-Vulkan auf den Philippinen stieß ich einmal in tiefster Canyonwildnis auf eine kleine Gruppe von Mitsteigern, die sich auf einem schmalen Pfad wortlos an mir vorbeigedrückt hätten, wenn ich nicht das Wort an sie gerichtet hätte. Es waren Schweizer, die deutsche und französische Elemente auf liebe Art in sich vereinigten. (Freunde, die Ihr anders wart, verzeiht mir!).

Es sind noch andere unterwegs...

Im Zeichen des Massentourismus ist uns die Begegnung mit unseresgleichen sogar in den entlegensten Regionen der Welt inzwischen dermaßen zur Selbstverständlichkeit geworden, daß wir allenfalls weh aufseufzen, wenn ein Landsmann unseren Weg kreuzt: „Schon wieder ein Berliner, Bremer, Kölner..." Dabei ist diese Einstellung so neu nicht. Aus Zeiten, als es noch keinen Tourismus gab, stammt der Seemannsschnack, der diese heimlichen Haßgefühle sehr treffend wiedergibt: „Gott schütze uns vor Sturm und Wind und Deutschen, die im Ausland sind." Denn man hielt von jeher stramm auf sich und seine Gruppe und betrachtete den Outsider, den doch wohl nur fragwürdige Umstände so weit vom Kurs verschlagen hatten, als ikonoklastischen Eindringling in etablierte Verhältnisse. Man hatte es unter Strapazen so weit gebracht und sah sich bei Ankunft mit einem „Ik bünn al dor!" konfrontiert. Gefühle dieser Art sind im Tourismuszeitalter erhalten geblieben, haben sogar Vertiefung erfahren: Nur wer auf den Riffen von Kapingamarangi überraschend auf seinen Nachbarn stößt, weiß, was Scott am Südpol empfunden haben muß...

Scott war auch nur Nr. 2

Trotz dieses „Konkurrenzdrucks" gilt angesichts einer Umwelt, die den weißen Besucher nicht immer und überall schätzt und liebt, auch für den Touristen die von Europäern in den Tropen als selbstverständlich akzeptierte Devise, einem Landsmann in Bedrängnis – wann immer mit der eigenen Sicherheit vereinbar – aktiv zu Hilfe zu kommen. Wer an einem verzweifelt am Straßenrand winkenden Weißen stolz vorbeirauscht, weil er es daheim auch tun würde, bleibe lieber gleich ganz dort!

Im außereuropäischen Ausland ansässige Deutsche sind oft relativ rechtsradikaler Gesinnung, zumindest aber konservativ oder „altmodisch" orientiert. Eine solche Einstellung ist nicht immer ein Überbleibsel aus bösen alten Zeiten, sondern oft ein Ergebnis von Umwelteinflüssen und Faktoren, die uns bei einem kurzen Besuch in den betreffenden Ländern nicht auffallen werden. Wer bei solchen Leuten zu Gast ist, unterstreiche nicht sein Unverständnis andersartiger Verhältnisse, indem er unter allen Umständen heimische Maßstäbe anzulegen versucht, sondern bemühe sich, der Singularität anderer Menschen und anderer Regionen Gerechtigkeit angedeihen zu lassen.

Schlüssel zu anderen Welten: Sprachkenntnisse

Vielleicht ist es billig, von der etwas ungewöhnlichen Warte eines Globetrotterlebens aus, das verschiedene Sprachkenntnisse einfach notwendig macht, Kritik zu üben. Ich war jedoch immer wieder entsetzt, in den fernsten Winkeln der Welt auf reisende Landsleute zu stoßen, die, oft sogar solo unterwegs, kein Wort einer fremden Sprache kannten, ja mitunter nicht einmal ein verständliches, halbwegs akzentfreies Deutsch produzierten. Auf den Philippinen nahm ich einmal einen solchen „Weltstreicher" ein Stück im Auto mit, der mehr einem Waldschrat als einem Jetsetter glich und seit Jahren ruhelos die Kontinente durchstreifte. Er kannte die ganze Welt, hatte aber Mühe, mir seine Erlebnisse zu schildern, und einem Nichtlandsmann hätte er allenfalls geographische Stichworte geben können: Er sprach kaum ein Wort Englisch. Aber er wollte weiter, immer nur irgendwo hin. Kommunikation interessierte ihn nicht.

Schade. Denn erst ein Volk, dessen Sprache wir sprechen und verstehen, erschließt sich uns mit allen seinen Eigenheiten und durch oberflächliches Hinsehen verwischten Liebenswürdigkeiten. Sprachen sind das Salz in der Völkersuppe; sie betonen Identitäten und machen die Welt somit bunter. Und sie schaffen für diejenigen, die sie zu meistern wissen, neue Dimensionen und Einblicke. Es gibt kaum einen Platz auf der Erde, wo selbst die Beherrschung einiger weniger Brocken einer fremden Sprache von den Einheimischen nicht als Sympathiekundgebung für ihr Identitätsbewußtsein anerkannt würde und wo jede kleinste diesbezügliche Bemühung nicht Beifall erregte.

Sprachen machen die Welt bunter

Zwar sagt Kishons Eule Lipschitz, im Prinzip richtig: „Laß andere stottern." Unsere knapp bemessene Freizeit, unsere Ferien, die wir mit Erlebnissen und nicht mit langweiligen Studien ausfüllen wollen, lassen uns oft gar keine Wahl. Außerdem möchten wir im Urlaub auch einmal Boß spielen und andere für uns arbeiten (d.h. sprechen) lassen. Sympathien erringen wir uns ja auch mühelos, indem wir sie erkaufen: Wir erhöhen halt das Trinkgeld oder welch immer verlangte Taxe und nehmen die deutschsprachige Dankeskundgebung befriedigt entgegen.

Dieserart kam der Begriff des „häßlichen Amerikaners" auf, den wir sinngemäß inzwischen zu übernehmen im Begriff sind. Das ganze urlaubsorientierte Südeuropa spricht unsere Sprache und läßt sich das Entgegenkommen entsprechend honorieren. Die Tendenz setzt sich in Übersee fort. „Du bumsen?" gehört zum Standardrepertoire von bestimmten Thailänderinnen, in deren eigener Sprache es nicht einmal ein Äquivalent für das Dahergesagte gibt.

„Spie-gel-ei-er!" wütete man bei der Fußballweltmeisterschaft in Mexiko und griff sich ob solcher barbarischen Begriffsstutzigkeit an den Kopf, wenn das Gewünschte nicht sofort geliefert wurde. Denn wir, wir sind in jedem Fall Gesittete, Kulturmenschen, der Maßstab des Wertes der anderen. Die anderen sind Fremde, Barbaren, Wilde. Im Grunde erregt es Erstaunen, daß es sie überhaupt gibt – dem Staunen folgt die Aggression.

Wir, das waren und sind beileibe nicht nur die Bewohner des westlichen Zivilisationskreises. Auch andere hielten sich allein für

**Fremde,
Stumme,
Stammler**

Menschen, für richtige Menschen. „Innuit" nannten sich die Eskimos — „Menschen". Die andern, die Fremden, waren für die Griechen, zumindest einige Zeit, „barbaroi", Stammler, weil sie keine vernünftige Sprache, die griechische nämlich, sprachen. Oder es konnte von einer Sprache überhaupt nicht die Rede sein, wie bei den „nemtsy", den Stummen, wie man in Rußland germanische Völker nannte.

*Spiel
„Menschen essen
Menschen"

Solche barbarischen Brandmarkungen finden sich noch mitten in unserem Jahrhundert. 1933, im Taumel eines fremdenfeindlichen Aufbruchs, belehrte ein gewisser Hermann Gauch seine deutschen Volksgenossen: „Die nordische Rasse allein kann Laute von ungetrübter Klarheit hervorbringen, während bei den nichtnordischen Menschen die Aussprache unrein, die einzelnen Laute verwischt und tierischen Lauten ähnlich sind."* Die offensichtlich auf slawische Zischlaute abzielende Polemik des trüben Braunen legt einen beschränkten Horizont bloß. Ganz offensichtlich hatte dieser Mann niemals breiiges Dänisch vernommen und mit Sicherheit auch nicht Worte auf Tahitisch, einer Sprache so klar und rein wie eine polynesische Lagune.

**Die Bildung der
Kulturkreise**

*Eibl-Eibesfeldt
„Liebe und Haß"

Fremdenfeindlichkeit scheint ein der Menschheit anhaftendes Urphänomen zu sein. Und willst du nicht mein Bruder sein, d.h. die gleiche Sprache sprechen, so schlag' ich dir den Schädel ein. Rassenhaß, Haß auf den anderen, Krieg, Unterdrückung, Unterwerfung sind die nächsten Stufen. Zwar muß man sich vor Augen halten, daß dieses zwiespältige Bedürfnis nach Abgrenzung gegen andere und Geborgenheit unter Gleichartigen unstreitig auch sein Gutes hatte. Es führte im Lauf der menschlichen Entwicklungsgeschichte nämlich zu nichts Geringerem als zur Bildung unserer heutigen Kulturkreise. „Diese Differenziertheit", wie ein namhafter Sozialforscher kommentiert, „ist sicher ein Wert, und keiner möchte auf die kulturelle Buntheit der Menschen verzichten."* Aber diese Buntheit in allen Ehren — mancher hätte doch wohl lieber auf die weniger positiven Folgen des Urphänomens verzichtet.

**„Wer eine neue
Sprache erlernt,
bekommt eine
neue Seele."**
Tschechisches
Sprichwort

Dabei ist es so leicht, einen Beitrag zum „Brudersein" zu leisten. „Basic English" zum Beispiel besteht aus 850 Wörtern, mit denen sich alles Grundsätzliche sagen läßt. Das sind ungefähr zwei Seiten dieses Buches. In weniger komplexen Sprachen reichen etwa 200 Wörter, mit denen man sich in jedem respektiven Land verständlich machen kann, indem man seinen Lernprozeß auf die wesentlichen Bestandteile des täglichen Lebens (essen, trinken, schlafen, Mann-/Frau-Beziehung, Fortbewegung, usw.) beschränkt, ungewohnte grammatikalische Regeln völlig außeracht läßt und die korrekte Aussprache erst vor Ort studiert. Unter den einfachen Leuten, die den größten Prozentsatz der Bevölkerung der Dritten Welt ausmachen, lockert eine aus einem einzigen freundlichen Wort bestehende Lerninvestition jede Beziehung umgehend auf.

Natürlich liegt es nicht jedem, vor seiner Abreise in die tropischen Ferien selbst dieses Minimum von 200 Wörtern einer völlig unverwandten Sprache wie Samoanisch oder Kisuaheli auswendig zu lernen. Und man tut manchmal in der Tat besser daran, seine Bemühungen auf Perfektion in den großen Weltsprachen zu konzentrieren. Der Grund hierfür ist, daß in den meisten Ländern der Dritten Welt ein wahrhaft babylonisches Sprachgestrüpp wuchert, in dem stellenweise sich die Einheimischen nicht einmal von einer Stadt zur anderen verstehen. Vielerorts bemüht man sich, innerhalb einer erst seit Ende der Kolonialzeit existierenden politischen Einheit, die in Wirklichkeit von den unterschiedlichsten Stammes- oder Inseldialekten (auf den Philippinen z.B. rund 80!) zerrissen ist, eine Art Nationalsprache herauszuschälen, wobei man zwar viel Eifer an den Tag legt, aber gewöhnlich nicht den Erfordernissen des 20. Jahrhunderts gerecht wird. Unter den avancierteren Einwohnern dieser Länder herrscht ein stillschweigendes Einverständnis, daß die Sprache der einstigen Kolonialherren durchaus ein verbindendes Element sein kann, und wer bei einem Besuch entsprechender Länder einige Brocken englisch, französisch oder spanisch spricht, wird mitunter bessere Kommunikationsmöglichkeiten haben als ein Einheimischer, der eine Reise über die Grenzen seiner Heimatprovinz hinweg unternimmt. Ein entsprechendes Wörterbuch gehört deshalb in jedes Gepäck. Sind Lehr- und Wörterbücher nicht erhältlich, gibt das Studium von einheimischen Comic-Heften oft einen guten Einblick in die grammatikalische Grundstruktur einer Sprache. Außerdem strotzt gerade diese Art von Literatur von umgangssprachlichem Vokabular, das sich im Alltagsgebrauch vorzüglich einsetzen läßt.

Auf Weltsprachen konzentrieren

Die großen europäischen Verkehrssprachen, zu denen sich, wie eingangs gesagt, inzwischen auch Deutsch gesellt hat, sind in der überseeischen Welt in etwa folgendermaßen verteilt:

Englisch, die Interlingua überhaupt, ist Amtssprache in Nordamerika, Südafrika, Australien und Neuseeland. Es wird außerdem von großen Bevölkerungsteilen im gesamten einstigen Kolonialbereich Großbritanniens, auf den Philippinen, Puerto Rico und auf den meisten pazifischen Inseln gesprochen und verstanden. Ein primitiver Ableger, Pidgin-Englisch, hat in Papua-Neuguinea offiziellen Charakter.

Französisch wird, z.T. „kreolisiert", noch im gesamten Einflußbereich Frankreichs auf der Welt gesprochen, insbesondere in den einstigen Kolonien Afrikas und Indochinas, in vielen Mittelmeerländern und auf den französisch verwalteten Inseln der tropischen Weltmeere.

Spanisch ist die offizielle Sprache der meisten Länder Lateinamerikas; es wird auch in Brasilien, den einstigen portugiesischen Kolonien und in kleinen Teilen der Philippinen verstanden.

Wer viel und weit reist, sollte zumindest einige seinem Reiseziel angepaßte Grundkenntnisse einer dieser drei Sprachen haben. Der Aufwand mag den Dickfelligeren unter uns vielleicht überflüssig erscheinen – bis wir einmal in einer Klemme stecken, aus der nur noch das direkte Wort hilft!

Souvenirs, Souvenirs!

Jeder möchte von seiner Reise möglichst eindrucksvolle, möglichst „echte" oder „antike" Souvenirs mit nach Hause bringen und sich möglichst auch eines niedrigen Preises erfreuen. Leider wird das an den Zielorten vorgefundene Angebot nicht immer diesen Wünschen gerecht, und oft warten gar herbe Enttäuschungen auf uns: Im heimischen Kaufhaus sieht es oft weitaus exotischer aus...

Mancher Tourist wird nicht selten feststellen, daß sich billiger Kitsch nicht nur im Bereich der kommerziell orientierten Pseudozivilisation angehäuft findet, sondern daß auch das wenige „Echte", ethnologisch Wertvolle und antiquarisch Interessante, das er, „Geheimtips" folgend, im Hinterland noch zu lokalisieren hofft, meist ebenfalls übler Ramsch ist. Der Grund hierfür ist in erster Linie das erwachte Nationalitäts- und Traditionsbewußtsein der Völker der Dritten Welt, die sich ihre Kulturgüter, wie fragwürdig diejenigen auch manchmal sein mögen, nicht von jedem hergelaufenen Neureichen abkaufen lassen wollen. Stattdessen sind sie bemüht, das kulturelle Vermächtnis und die glorreiche Vergangenheit in eigenen Museen und Kulturzentren einer entfremdeten Bevölkerung wieder näher zu bringen. So gedeiht bei diesen Bemühungen gelegentlich auch Groteskes, indem einfach alles vor der Kolonialepoche im Lande Hergestellte museumsreif wird, oder, in Ermangelung von Historischem, Hemd und Hose des letzten Diktators zu Schauzwecken herangezogen werden müssen.

Die Ausfuhr solcherart zu Nationalsymbolen gewordenen Objekte ist mithin vielerorts entweder kurzerhand verboten, oder von Genehmigungen und Papierkriegsführung abhängig und damit für den durchschnittlichen Käufer wenig attraktiv. (Paradebeispiel ist Thailand, wo der Export aller religiösen Objekte mit Einschluß von Plastikkruzifixen und Gipsbuddhas – jedoch nicht deren Verkauf! – streng untersagt ist). Wirklich wertvolle Gegenstände außerhalb der Museen befinden sich ohnehin fast gänzlich in den Händen einer kulturell oder spekulativ engagierten Oberschicht; selbst in den ärmsten Ländern findet ein schwungvoller interner Schwarzhandel mit Prestigeobjekten dieser Art statt, der entweder ganz an den touristischen Karawansereien vorbeigeht oder sie – nach Aufschlag entsprechender Profitspannen – zum Endziel hat. Gelegentlich wird dem Käufer das wertvolle Objekt – mit Wissen des Verkäufers – am Flugplatz wieder abgenommen und „rezirkuliert". Manche vielleicht günstig erstandenen Souvenirs lassen sich auch nicht in die Bundesrepublik einführen. Hierzu gehören neuerdings vor allem lebende und präparierte Tiere, Felle, Kakteen, Orchideen und andere Pflanzen.

Vergleiche auch „Washingtoner Artenschutzübereinkommen"

Wer sich in seinen Kauferwartungen enttäuscht sieht, sollte nicht der Versuchung nachgeben, auf Banales umzusteigen, nur um unbedingt irgend ein Reiseandenken mit nach Hause zu bringen. Er sollte besser prüfen, ob er mit dem Gegenstand überhaupt das geringste anfangen kann und nicht unter Umständen daheim für den gleichen Preis etwas durchaus Vergleichbares erstehen könnte. Ich habe Touristen erlebt, die im starräugigen Einkaufsrausch zu Madonnen griffen, die sie später verschämt im Hotel liegen ließen, die Spielzeug kauften, das schon auf der Straße auseinanderfiel, und die Stadtführer erstanden, aus denen ihnen zuhause finnisches Wortgewürm entgegensprang. Und nur, weil alles zollfrei, authentisch und stark verbilligt zu sein versprach, darunter auch die „echt indianische Basttasche für nur 12 Dollar".

In Wahrheit sieht die Situation, gerade was die Basttasche anbetrifft, ein wenig differenzierter aus. Natürlich herrscht für eigene Produkte des Landes Zollfreiheit, natürlich sind eigene Produkte authentisch, und natürlich ist alles verbilligt, was vorweg erst einmal verteuert war. Zudem gibt es inzwischen keinen Erdteil mehr, in dem nicht Repräsentanten deutscher Importhäuser und Großhandelsfirmen beschäftigt wären, um z.B. den Herstellern der echt indianischen Basttaschen die Präferenzen der Bundesverbraucherschaft vorzuexerzieren. Und die Chance, daß das Muster Ihrer Dschungeltasche zum Zeichenbrett eines Designers in Düsseldorf stammt, ist unverhältnismäßig groß. Schlimmer noch: Die kleinen Mängel, die Ihnen nicht entgehen und die Sie für entzückende Beispiele der Urwüchsigkeit primitiver Handwerker ansehen mögen – eine schiefe Naht, ein leichtes Angeschmuddeltsein – sind durchweg Hinweise darauf, daß Sie es mit „rejects" zu tun haben. Mit Ausschußware also, die von scharfäugigen westlichen Aufkäufern ausgemustert wurde und schließlich im lokalen Einzelhandel landete, um dort als „einmalige Gelegenheit" auf einen ahnungslosen Touristen zu warten. Die Überlegung, daß die gleiche Tasche – qualitativ einwandfrei und vielleicht sogar billiger – in einem heimischen Kaufhaus erstanden werden kann, sollte Interessenten stets von einer voreiligen Transaktion abzuhalten vermögen.

„Einmalige Gelegenheiten"

Allerdings stoßen wir manchmal auf Objekte, die wir haben müssen, die in die leere Wohnzimmerecke passen, als wenn sie hineingewachsen wären. Wir sollten bedenken, daß unser offensichtliches Interesse an diesen Gegenständen vom Verkäufer nicht unbemerkt bleiben wird. Er wird es flink dem Preisgefüge zuordnen. Automatisch verteuernde Faktoren sind:

● Weiße Hautfarbe, insbesondere die ganz weiße, die darauf hindeutet, daß der Besucher gerade im Land angekommen ist und sich mit den Gebräuchen noch nicht auskennt.

● Sichtlicher Touristenstatus, denn „Touristen kaufen alles".

● Identifikation als Bundesbürger („Deutsche sind Festpreise gewöhnt und handeln nicht").

● Hilfestellung eines auf der Straße aufgesammelten „Reiseführers", der, „weil Sie es sind", einen scheinbar unwiderstehlichen Preis für Sie herausschindet...

Manchem ist die Handelei peinlich und unethisch, doch kein Händler in der Dritten Welt würde auf dieses Spiel verzichten wollen, das mit dem verdoppelten oder verdreifachten Preis beginnt und mit Freundschaftsbeteuerungen und Glück- und Segenswünschen endet. Oft genug sogar ehrlich gemeint. Man hat seinen kleinen Spaß und Profit gehabt und erweist dem fremden Handelspartner jene Sympathie, die man für den achtlos hingeworfenen Geldschein kaum aufzubringen bereit ist. Der Besucher sollte mitmachen: Es lohnt sich!

Was sich manchmal Straße nennt...

Strömender Monsunregen − seit zwei Monaten ohne Unterbrechung − hielt mich vor ein paar Jahren einmal in A fest. Und ich mußte dringend nach B. Der Flugverkehr war, wie üblich, wenn der Monsun beginnt, zusammengebrochen. Und Busse, die die über 500 km lange Strecke regulär bedienten, waren auf Wochen ausgebucht; kein Schmiergeld half. Ein Zug fuhr auch seit langem nicht mehr, denn die Gleise waren stellenweise unterspült worden, außerdem sollten einige Brücken nicht mehr existieren.

Blieb eine Straße, von der ich nichts Gutes gehört hatte, aber ich hatte keine Wahl. Es gelang mir − glückliche Fügung − einen VW-Bus zu mieten, den ich mehr aus Routine als ahnungsvoll bis zum Platzen mit Treibstoff, Proviant und Wasser belud, und zuversichtlich brauste ich los.

Das heißt: Noch konnte ich brausen, denn ich rollte auf glattem Citybeton dahin. Und wenn ich einmal ein paar Schlaglöcher umkurven mußte, lächelte ich milde über die Warnungen, die man mir mit auf den Weg gegeben hatte: „Die Straße ist nicht besonders gut...", denn ich glaubte zu wissen, wie eine „nicht besonders gute" Straße auszusehen hätte: Löcher, mieses Pflaster, keine Beschilderung und dergleichen.

Zwölf Stunden später wußte ich es besser. Was sich offiziell „Highway" nannte, glich einer Panzertrasse im Herbstmanöver: Es gab nur Schlamm, Schlamm, Schlamm, durch den sich allenfalls schwere LKWs wälzten und Baumaschinen („die Straße war im Bau"), die sich für einen Obolus vor einen PKW spannten und selbigen wie einen Lastkahn aus dem Sumpf zogen, wenn das unglückliche Fahrzeug schließlich jeden Bodenkontakt verlor.

An einer besonders tückischen Delle in der Trasse warteten Hunderte von Wagen auf die Möglichkeit einer Passage. Manchmal wagte sich ein Todesmutiger in den Dreck und blieb wie ein zappelnder Käfer liegen, während ein fluchender und völlig überflüssiger Polizist Raupenschlepper dirigierte und dem Chaos Herr zu werden versuchte. Links und rechts des fatalen Engpasses hatte sich eine riesige Schar von Einheimischen angesammelt, die das Geschehen laut johlend verfolgten. Falls jeder einen Felsbrocken in das Schlammloch geworfen hätte, wäre das Problem gelöst gewesen, aber so hatte man seinen Spaß: Der Dauerregen machte alle Feldarbeit nutzlos; was hatte das Leben sonst noch zu bieten?

Ich faßte mir ein Herz, zog aus der Kolonne heraus und − braver VW! − mit einem Satz durch die Falle hindurch, triumphierend unter dem Beifall des Publikums und, jenseits des Erfolges, aufs Neue verzweifelnd. Ein Bus stand dort, besser gesagt, lag dort mit schwerer Schlagseite, eine entsprechende Kolonne aus der Gegenrichtung anführend und anzuschauen wie ein Schlachtschiff nach der Schlacht. Der Fahrer schnarchte weit offenen Mundes hinter dem Steuer, und jemand pinkelte aus dem Fenster: Da wußte ich, daß der Weg noch lang und schwer sein würde...

In der Tat benötigte ich insgesamt zwei Tage für die Strecke; manches weniger angepaßte Gefährt schaffte es nie. Ein Wort der Warnung deshalb: Wenn eine tropische Straße auf Ihrer Landkarte in einer Strichelung endet; wenn es im Reiseführer heißt, „die Verbindung sei gelegentlich unterbrochen" oder „im Bau"; wenn Regen, der große Veränderungsfaktor tropischer Topographie, seinen Zahn an die Landschaft gelegt hat; wenn Politikern und nicht Ingenieuren der Straßenbau obliegt − dann seien Sie auf gewisse Schwierigkeiten vorbereitet! „Cäsars Alpenstraßen sind noch heute besser!" heißt es in einem Reisebericht aus dem karibischen Raum.

Wer eine unsichere Route vor sich hat, nehme folgende Grundausrüstung mit auf den Weg:

Grundausrüstung für unsichere Routen

● Reichliche Treibstoff- und Ölreserve.
● Wasser für den Wagen, falls erforderlich, und persönlichen Verbrauch (bei Wüstenreisenden mindestens 10 l pro Tag und Person).
● Proviant, Streichhölzer, Zigaretten für Helfer
● Geeignete Kleidung und Übernachtungserleichterung (Wolldecke usw.).
● Schaufel, möglichst Sandrost (der „Trick", einen festgefahrenen Wagen mittels halbentleerter Reifen aus dem Dreck zu ziehen, wird von den Reifenfirmen übrigens als Nonsens beschrieben).
● Wesentliche Ersatzteile, Reservereifen und Werkzeug.
● Kenntnisse des Wagens und seiner Macken (hier zählt in der Tat jeder kleine Trick!) und ein ganzes Faß voll Optimismus.

Bei sorgsamer Vorbereitung wird Ihnen dann trotz allem Dreck und allem Fluchen jede Strapaze später als großartiges Abenteuer in Erinnerung bleiben!

Krampf im Bein: Die öffentlichen Dienste

Sie nehmen den Telefonhörer auf, lauschen: Nichts. Sie hämmern auf die Gabel; schließlich: Ein Ton. Sie wählen. Auf halbem Wege ertönt das Besetztzeichen. Sie wählen erneut. Vergebens. Noch einmal. Dieses Mal dringen Sie irgend wohin durch, aber es klingelt am anderen Ende nicht. Sie beginnen von Neuem. Es meldet sich jemand, anscheinend unendlich weit entfernt, und teilt Ihnen in einer unverständlichen Sprache mit, daß Sie falsch verbunden sind. Und wieder nichts, und wieder nichts. Trotz Klimaanlage perlt Ihnen der Schweiß; eine „tropische Neurasthenie" ist im Werden. Der Vorgang: Ein Ortsgespräch.

Nach Übersee geht es mitunter schneller und besser. Es müssen nur erst einmal die lokalen Hürden zur transkontinentalen Kabel- oder Satellitenverbindung aus dem Wege geräumt werden. Und das kann dauern. Sie bitten Ihr Hotel um eine Fernvermittlung. Sie warten stundenlang. Nichts. Die „Zentrale" kann nicht erreicht werden. Sie begeben sich persönlich zur Zentrale. Leer, außer einem abgegriffenen Schild: „Keine Verbindung". Sie finden heraus, daß es noch eine andere gibt. Dort sitzen 50 Leute, die telefonieren wollen. „Sie müssen warten!" In der Dritten Welt muß man ständig auf irgend etwas warten (das manchmal nie kommt). Man hat anscheinend unendlich mehr Zeit als wir. „Wird es heute noch etwas?" fragen Sie vorsichtig. „Vielleicht." In jeder Drittweltsprache gibt es ein Wort oder mehrere für „vielleicht".

Sie bringen jedoch schließlich Ihr Gespräch zustande und finden dabei heraus, daß Ihr kürzlich aufgegebenes Telegramm nicht angekommen ist. Dagegen müßte der Brief, der vor zwei Wochen an Sie abgegangen ist, längst eingetroffen sein.

Der Brief, der Ihren wichtigen Reisefundus enthält, ist nicht da. Auf dem Postamt bedauert man: „Vielleicht morgen". Sie begeben sich zu einer Bank, um Ihr restliches Geld in Landeswährung umzutauschen. Um sicher zu gehen, wählen Sie eine Filiale der National-bank. Dort hat man Deutsche Mark noch nie gesehen: Vielleicht läßt sich aber in der (zwei Tagesreisen entfernten) Hauptstadt etwas machen. Der Schalterbeamte zwinkert jedoch vertraulich: Er wäre nach Dienstschluß zu einer kleinen Privattransaktion bereit. Sie haben soeben Ihren ersten Kontakt mit dem gigantischen Währungs-schwarzmarkt der Dritten Welt gemacht.

Wider Erwarten ist inzwischen auch Ihre Post angekommen. Jemand, ein Philatelist vermutlich, hat die Briefmarke abgepellt, aber ansonsten ist der Brief unversehrt. Sie haben Glück gehabt; selbst Schecks werden auf dem Schwarzen Markt „verarbeitet". Zurück zur

Bank. Der Scheck muß „geprüft" werden. Dauer: Mindestens 2 Wochen. So werden Terroristen geboren. Und Schwarzhändler. Der illegale Währungsmarkt hat mit Ihnen jetzt einen Stammkunden dazugewonnen...

Die Liste ließe sich beliebig fortsetzen, hier erheblich abgeschwächt, dort verstärkt zutreffend. Einige Anhaltspunkte mögen einem allgemeinen Überblick förderlich sein:

Geld: In vielen Ländern besteht noch eine sehr einseitige Bindung an das Währungssystem der früheren Kolonialmacht, und besonders etwas abseits der größten Städte und international engagierten Banken sind Exotika wie D-Mark oder Reiseschecks auch heute noch mitunter völlig unbekannt. Es ist zu empfehlen, die für die Reisedauer erforderlichen Mittel in Landeswährung deshalb bereits in den Metropolen zu erstehen oder sie direkt von zuhause mitzubringen – was nicht überall gestattet ist. Einen Kontakt mit dem vergleichsweise sehr lukrativen Schwarzmarkt sollten nur Materiekenner versuchen. Auch „guten Freunden" in diesem Milieu sollte man nicht vertrauen.

Post: Das Postsystem spottet vielerorts jeglicher Beschreibung. Individuelle Reisende sollten ihre Pläne auf alle Fälle so gestalten, um nicht in „schwachen" Ländern auf nachgesandte Post angewiesen zu sein. Niemals sollte man sich Bargeld im Brief schicken lassen; ein ausländischer Brief veranlaßt manchen beamteten Langfinger zu einer „offiziellen" Einsichtnahme! Bei eigenem Postversand ist in gewissen Ländern persönlich auf das Abstempeln der Briefmarken zu achten.

Telefonieren und Telegrafieren: Die eingangs geschilderte Szene gibt die Situation in vielen in der Entwicklung hinterherhinkenden Ländern und Städten der Dritten Welt wieder. Staatlich betriebene Anlagen sind häufig trotz modernster importierter Geräte außer Betrieb oder auf Sparflamme gesetzt, weil die Mittel für ihre Erhaltung und Wartung zweckentfremdet wurden. Privat betriebene Systeme werden nicht selten mit einem Minimum an Funktionalität unterhalten. Zu maximalen Preisen, versteht sich. Der richtige politische Kontakt macht's möglich. Auf alle Fälle ist eine telefonische Direktverbindung einem Telegramm vorzuziehen, das mancherorts, wie es scheint, direkt in den Papierkorb wandert.

Transportsysteme: Drittweltler sind aufgrund ihrer starken familiären Bindungen äußerst reiselustige Leute. Und Verkehrsnetze sind in allen halbwegs bewohnten Regionen in erstaunlicher Vielfalt präsent – wenn es unter der schieren Bevölkerungszahl auch vielfach zu erschreckenden Überfüllungen der Verkehrsmittel kommt. Obwohl auf vielen – gewöhnlich schlechten – Wegstrecken hoffnungslos überalterte Fahrzeuge im Einsatz sind, in denen es mitunter abenteuerlich aussieht und zugeht, ist in großen Teilen der tropischen Welt zu jeder Tages- und Nachtzeit die Möglichkeit einer Verbindung von einem Punkt zu anderen gegeben. Sei es im Bus über weite Entfernungen oder mit der Fahrradrikscha bis zum nächsten Straßenblock. Eigentlich sollte kein Tropenreisender auf eine Überlandbusfahrt verzichten, die ihm zwischen den Extremen einer halbstündigen Fahrtpause (weil jemand am Straßenrand einen Bekannten entdeckt hat) bis zum herzbeklemmenden Hineinstürzen in den dunklen Tunnel einer nächtlichen Urwaldstraße (weil der Fahrer ein Macho ist) ein wahres Kaleidoskop von Reiseeindrücken vermitteln wird.

Fluglinien sind Prestigeunternehmen

Zahmer geht es hingegen, vielleicht manchem unerwartet, in den Lüften vieler Drittweltländer zu. Die nationalen Fluglinien sind gewöhnlich Prestigeunternehmen, die Flugzeuge und Flieger la crème de la crème. Bruchkisten und -piloten will sich kein touristisch engagiertes Land leisten, dessen junge Fremdenverkehrsindustrie durch einen einzigen Großunfall auf die Stunde Null zurückversetzt werden könnte. Wenn auch gelegentlich das Motto: „Besser spät als nie" zuzutreffen scheint, ist man in der Regel in den Flugzeugen eines großen Teils jener Länder, die vorrangig auf ein internes Flugnetz angewiesen sind, genauso relativ sicher aufgehoben wie in denen avancierterer Nationen.

Trouble: Ärger in einer fremden Welt

Unter dem englischen Wort „trouble", das allen Globetrottern und Reiseprofis genügsam bekannt sein dürfte, faßt man alle möglichen Schwierigkeiten, Ärgernisse und Probleme zusammen, die uns unterwegs einmal begegnen können. Greifen wir einmal ein paar unangenehme heraus:

Diebstahl: Um von mir selbst zu sprechen: Ich bin im Verlauf meiner Reisen durch die Dritte Welt gelegentlich schon einmal „gerupft" worden − wenn auch nie besonders empfindlich − und ich muß im Rückblick auf die Verluste eingestehen, daß sie samt und sonders meiner höchsteigenen Nachlässigkeit zu verdanken waren. In der Bundesrepublik wird die durch Leichtsinn ausgelöste Verführung zu einer Straftat mit Recht geahndet: Nur auf diese unbequeme Weise lernen wir unseren Mitmenschen zu mißtrauen. Leider.

„Geklaut wird überall"

„Gelegenheit macht Diebe", sagt man, und: „Geklaut wird überall". Eigentumsdelikte werden jedoch nicht überall aus den gleichen Motiven begangen. Nicht immer handelt es sich nur um Habgier, wirtschaftliche Not, Abenteuerlust oder Psychopathisches, wie wir es vorauszusetzen gewohnt sind. Im Zeichen mangelnder Entwicklung „edlerer Züge" wird auch aus Naivität, Bosheit, Neid, Rache und Eifersucht gestohlen.

Zweifellos spielt das offensichtliche Einkommensgefälle zwischen Besuchern und Besuchten eine wesentliche Rolle, und die nackte Not wird einen Menschen zu Taten Zuflucht nehmen lassen, deren er unter „normalen" Umständen gar nicht fähig wäre. Diebstahl von Nahrungsmitteln, Brennmaterial und anderen Lebensnotwendigkeiten galt in grimmen Nachkriegszeiten auch bei uns als Kavaliersdelikt. Und Schmuggel wird immer noch als zwar nicht besonders feine, so doch akzeptable Manier angesehen, den allmächtigen Staat elegant übers Ohr zu hauen. Entsprechende Gesinnungsarten sind in einer Welt, die vielerorts noch an unsere Nachkriegsverhältnisse erinnert, durchaus als selbstverständlich zu erwarten, und das Moment einer Bedrohung läßt sich aufgrund seiner Voraussehbarkeit minimalisieren.

Wir brauchen auf einem Stadtbummel folglich nicht alle fünf Minuten nach unserer Börse zu tasten oder mit weißen Knöcheln die Handtasche umkrallen, da wir uns von „finsteren Gestalten" umgeben wähnen. Touristen dieser Art geben sich nur der Lächerlichkeit preis. Viel mehr Eindruck auf Konsorten wie Taschendiebe und Trickartisten macht eine Zurschaustellung lässiger Wachsamkeit und eines gelegentlichen Blickes von Pupille zu Pupille. Wer öfteren Umgang mit leichten Mädchen pflegt, sollte sich einen respektiven leichten Schlaf angewöhnen: Ein großer Teil von Eigentumsdelikten findet im Zusammenhang mit einer Nacht der gekauften Liebe statt.

Was tun wir, wenn man uns trotz aller Aufmerksamkeit einmal „erleichtert" hat? Wir rufen natürlich die Ordnungsorgane auf den Plan, die mancherorts zwar eng mit den Spitzbuben zusammenarbeiten mögen, andernorts jedoch bei an Ausländern verübten Vergehen mit großer Effizienz reagieren. Oft weiß man sofort, „wer es wieder einmal war". Einem Bekannten von mir, dem in einem Land am Indischen Ozean die Armbanduhr entrissen worden war, wurde das Beutestück schon wenig später auf der Polizeiwache ausgehändigt. Auch die Bestrafung wollte man kurz und bündig abtun: Man drückte ihm einen Gummiknüppel in die Hand und forderte ihn auf, den Sünder kräftig durchzuwalken. Er verzichtete, aber die Polizisten ließen sich den Spaß sicherlich nicht nehmen...

Was tun, wenn man uns „erleichtert" hat?

Vergleichbar geringfügige Delikte dieser Beschreibung werden in vielen Ländern der Dritten Welt mit unnachsichtiger Grausamkeit bestraft. Wer ein weiches Herz hat, biete die Gelegenheit, die Diebe macht, deshalb nicht an.

Kampfhandlungen: Hier und dort gibt es in der Dritten Welt ständig Reibereien um irgend etwas. Oder der Kampf um den ersten Platz im Staate wird mit Kanonen ausgetragen. Der Normaltourist, der sich den jeweiligen „Frontstaaten" fernhält, läuft kaum Gefahr, in diesem Zusammenhang einmal in eine bedrohliche Situation zu geraten, sollte sich bei unerwartetem Ausbruch eines Konfliktes jedoch beeilen, das Land zu verlassen.

Kleine Reibereien und Kämpfe mit Kanonen

Wer das Pech hat, von Truppen aufgegriffen zu werden, sollte möglichst umgehenden Kontakt mit dem ranghöchsten Offizier oder Anführer herstellen, denn in diesen Situationen kann es um Kopf und Kragen gehen, und Bundespaß und Touristenstatus nützen herzlich wenig! Gehen Sie auf den Anführer zu und schütteln Sie ihm die Hand. Nervöser Soldateska flößt man durch diese uralte Geste der Verständigung ein wenig Vertrauen ein. Im übrigen kann ein händeschüttelnder Gewehrträger nicht schießen. Appellieren Sie auch an Nationalgefühle, Mannesstolz und Führungsqualitäten. Fahren Sie notfalls schweres Geschütz auf: „Wie kann Ihre Gruppe erwarten, dieses Land zu regieren, wenn Sie nicht einmal Ihre Soldaten unter Kontrolle halten können!" Oder: „ In den Augen der Welt werden Sie sich mit einem derart undisziplinierten Haufen nur lächerlich machen!" Vorwürfe dieser Art sind ein nach der Substanz greifendes Risiko, das man in einer hoffnungslosen Situation wahrscheinlich ohne Zögern auf sich nehmen dürfte. (An dieser Stelle darf auch noch einmal an die Nützlichkeit von Sprachkenntnissen erinnert werden...)!

Konfrontation mit dem Gesetz: Die vielgeschmähten „Bullen" mögen zwar bei uns ein humorloser Haufen sein, aber wenn wir sie einmal benötigen, wissen wir in etwa, was wir an ihnen haben. Dies ist in der Dritten Welt nicht immer der Fall. Mitunter hat unser uniformiertes Gegenüber, minder humorig ohnehin, sogar Arglistiges mit uns im Sinn oder steckt mit seinen Brüdern auf der anderen Seite des Gesetzes unter einer Decke. Ein gesundes Mißtrauen ist vor allem in solchen Entwicklungsländern angebracht, in denen oligarchische Machtverhältnisse der Polizei annähernd unbeschränkte Befugnisse einräumen und in denen jeder Dorfsheriff ein kleiner König ist. In den meisten Ländern hat die Polizei jedoch strikteste Anordnung, die devisenbringenden Touristen − falls überhaupt − mit Samthandschuhen anzufassen. Eine schnelle Vorausidentifizierung durch den Ruf „tourist" oder „turista" kann also oft eine zuvorkommende Behandlung bedeuten.

Ein gesundes Mißtrauen ist angebracht

Diese Klarstellung ist besonders empfehlenswert bei Razzien durch Militärpolizisten, die bei der kleinsten Widerstandserwartung erst einmal sicherheitshalber mit dem Knüppel zulangen. Und sie sollte auf jeden Fall dem leicht mißzuverstehenden Griff nach den Papieren vorweggenommen werden. Vor allem im Bereich ausländischer Militärbasen ist die Stimmung oft außerordentlich ungemütlich.

Maßnahmen bei Festnahmen

Wenn Sie etwas angestellt haben (oder auch nicht) und in „polizeilichen Gewahrsam" genommen werden, so ist die wohl beste Adresse für einen Hilferuf die nächste deutsche Auslandsvertretung. Falls Sie überzeugend zu argumentieren verstehen, wird diese mehr oder weniger enthusiastische Bemühungen anstellen, um Sie herauszupauken. Die Botschaften und Konsulate sind jedoch nicht zu aktivem Eingreifen verpflichtet, können auch keinen unmittelbaren rechtlichen Beistand geben und beschränken sich gewöhnlich auf die Klärung der Sachlage − wodurch sich ein Problem vielfach von selbst auflöst. Hilfe in diesem Sinne kann einem in Not geratenen Reisenden auch von Seemanns- und anderen Missionen sowie in gelegentlichen Fällen von am Ort ansässigen Landsleuten zuteil werden.

Falls es zu einer Gerichtsverhandlung kommt, sollten Sie nicht den starken Mann spielen, nur weil Sie annehmen, das Gewicht einer mächtigen Nation hinter sich zu haben. Mimen Sie besser den zerknirschten, armseligen Sünder. Drittweltrechtsprechung ist nicht immer die objektivste.

Paß weg – was nun?: Auf ostasiatischen Schwarzmärkten wird ein abhandengekommener bundesdeutscher Reisepaß mit 3 000 Mark gehandelt. Das Papier ist begehrt, denn mit ihm läßt sich visumzwanglos in fast alle Länder der Erde reisen, und der Inhaber kann mit relativer Leichtigkeit unerkannt im Gewimmel der riesigen deutschen Touristenströme untertauchen und mit seiner neuerworbenen Identität den finstersten Mißbrauch treiben.

Paßverlust bringt bürokratischen Ärger, Laufereien und Schereien sowie Geld- und Zeitverlust. Nicht zuletzt kann es auch zu einem schockierenden Identitätsverlust kommen: wir existieren in einem fremden Land plötzlich überhaupt nicht mehr... Unter dem Einfluß dieser Panikstimmung erstürmen wir alsdann die nächste deutsche Auslandsvertretung und fordern energisch Ersatz, sehen uns kühlen Bürokratentums gegenüber („da kann ja jeder kommen!") und schlagen schließlich resigniert den Dienstweg ein, wird ein Polizeiprotokoll über die Verlustumstände und 2. die Vorlage eines anderen amtlichen Dokuments mit Lichtbild (z.B. Führerschein) für Identifikationszwecke verlangt. Liegen diese Unterlagen vor, wird ein provisorisches Reisedokument ausgestellt, das die Rückkehr zu Ihrem Heimatort gewährleistet. Andernfalls muß zunächst eine Bestätigung hinsichtlich Ihrer Identität von Ihrer Meldebehörde abgewartet werden, was meist nicht über Nacht erledigt ist.

Plötzlich existieren wir nicht mehr

Nützlich und hilfreich ist eine beglaubigte Fotokopie von der 2. und 3. Seite Ihres Reisepasses.

Randale in der Kneipe: Gehen Sie im Ausland jeglichen Konfrontationen mit Einheimischen aus dem Weg, die besonders an Plätzen, wo ein wenig über den Durst getrunken wird, im Handumdrehen entstehen können. Mancher ledernackige ausländische Gast hat auch zu seinem Leidwesen erfahren müssen, daß das schmächtige Bürschchen, dem er es im Bewußtsein seiner wohlgenährten Überlegenheit einmal zeigen wollte, sich als explosives Muskel- und Sehnenpaket entpuppte. Wer tagaus, tagein ein Kanu paddelt oder Kokosnüsse aufschlägt, mag im ärmlichen Hemd nicht besonders beeindruckend aussehen – darunter schon.

Schmächtige Burschen mit Muskeln unterm Hemd

Bei massivem Krawall spiele man notfalls den völlig Betrunkenen, bei „dicker Luft" – wenn Waffen im Spiel sind – den absolut Unbeteiligten. Bei Streit um ein Barmädchen lassen Sie die Kleine in Gottes

Namen unritterlich sausen. Wenn Polizei auf dem Plan erscheint, Hände flach auf den Tisch, leerer Gesichtsausdruck, keine plötzlichen Bewegungen. Politisieren Sie nicht oder tun Sie Ihr Unbehagen mit der Regierungsform Ihres Gastlandes auch an der Theke nicht lautstark kund. In vielen Ländern wird der politische Status quo nur mit Hilfe eines allumfassenden Spitzelnetzes aufrechterhalten. Warum sollten Sie sich völlig sinnlos und unnötigerweise darin verstricken?

Vorher fragen, was der Drink kostet

Fragen Sie vorher, wieviel ein Drink kostet und bezahlen Sie jedes Getränk einzeln. Erfahrene nennen auch die Höhe des überreichten Geldbetrages und lassen sich diesen bestätigen. Hinterher ist ein Streit um den Fünfziger, der Ihrer Meinung nach ein Hunderter war, ein fruchtloses Bemühen. Vergessen Sie nicht, daß Sie „im Milieu" annähernd dasselbe Klischee nicht eben der edelsten menschlichen Charaktereigenschaften vorfinden werden. Egal ob in Hamburg oder in Hong Kong.

Raubüberfall: In jüngster Zeit machen Raubüberfälle auf deutsche Touristen, gelegentlich mit tragischem Ausgang, bei uns in zunehmendem Maße Schlagzeilen. Man sollte sich nach einem ersten Schock vor Augen halten, daß es sich in vielen Fällen bei den Opfern um Personen handelt, die sich auf ihre „touristische Immunität" verließen oder glaubten, bei bewußtem Erlebenwollen brenzlicher Situationen hinter Völkerfreundschaftsduselei oder dem grünen Bundespaß Zuflucht nehmen zu können. Überführte Täter im Ausland machen dagegen gerne — auf ebenso listige wie primitive Weise — „politische Motive" geltend.

Die Opfer sind meistens sehr naiv

Die Opfer sind in erster Linie Naive, die in finsteren Gassen „auf Abenteuersuche gehen", „einmal so richtig sumpfen", „auch die andere Seite kennenlernen" wollen. Das können sie haben. Es gibt kaum ein Land, in dem nicht ein entsprechendes Potential gegeben wäre.

Selbst dort, wo man als offensichtlicher Ausländer aus seiner Umgebung herausragt, ist es immer hilfreich, den Eindruck eines mit allen Wassern gewaschenen Oldtimers zu erwecken. Scheinbare Vertrautheit mit den Landesbräuchen gibt prospektiven Räubern zu denken. Dies gilt insbesondere für einen Nachtbummel, der fast überall auf der Welt durch potentiell gefährliches Revier führen kann, und für die Zufallsbekanntschaften, die man dabei anknüpfen mag. Geben Sie sich Leuten gegenüber, denen Sie nicht so recht trauen möchten, nicht als Textilfabrikant aus (selbst wenn Sie einer sind), sondern besser als urlaubender Polizist. Das schreckt ab.

Argumente nützen nichts

Spielen Sie angesichts einer vorgehaltenen Waffe und erdrückender Überlegenheit nicht den Helden. Versuchen Sie auch nicht, sich mit smarten Argumenten aus der Situation herauszureden. Händigen Sie schweigend oder allenfalls händeringend Ihre prall mit Lirescheinen im Werte von 10 Mark gefüllte Brieftasche aus und machen Sie, daß Sie mit dem „richtigen" Geld im aufgerollten Hemdärmel von der Stelle verschwinden.

Abenteuerlust und Risikobereitschaft schließen gerade im Bereich von Konfrontierungen mit unseren Artgenossen eine solide Kenntnis des Gefahrenspektrums ein, die sich in erster Linie auf Informationen in- und ausländischer Landeskenner stützt. Nur ein Narr wird Warnungen, ein Off-Limits-Gebiet nicht zu betreten, den finsteren Straßenschluchten bestimmter Stadtteile fernzubleiben oder keine Vorstöße in notorisch unruhige Regionen zu unternehmen, auf fahrlässige Weise bagatellisieren. Wer sein Glück und seine Kräfte am Unberechenbaren messen will, wähle sich lieber die menschenleere Natur zum Gegner.

Verkehrsunfall: Ich saß gerade beim Abendessen, als auf der Straße vor meinem Haus Reifen quietschten, gefolgt von einem dumpfen Kollisionsgeräusch und einem aufheulenden Motor. Ich stürzte vor die Tür. Ein Junge lag dort im Gras und hielt sich jammernd den Kopf. Neben ihm ein zusammengestauchtes Fahrrad. Von einem Auto weit und breit keine Spur.

Ich war nicht der erste, der den Jungen, dem nebenbei gesagt nichts Ernsthaftes geschehen war, erreichte. Mindestens ein Dutzend Leute war bereits da, die sprungbereit in ihren Türen gesessen haben mußten. Und im Nu wurden es mehr und mehr, die die Straße verstopften, zum Teil Macheten schwangen und erregt diskutierten. In Minutenschnelle änderte sich die Atmosphäre in seltsamem, bedrohlichem Maße; es überkam die Menschenmenge wie ein Rausch, der sich mir fast plastisch mitteilte, und ich verstand schließlich, wonach sie riefen: nach dem Blut des Autofahrers...

Zur näheren Erläuterung sei eingeflochten, daß von einem technischen Standpunkt aus der Autofahrer wahrscheinlich völlig unschuldig war. Es war eine stockdunkle Nacht, der radelnde Knabe fuhr unbeleuchtet und, wie ich annehmen möchte, in den landesüblichen Schlangenlinien durch die Gegend. Außerdem ereignete sich der Zwischenfall an einer Stelle, an der eine überhöhte Geschwindigkeit des Autos unmöglich war. Eher war wohl richtig, daß der Junge in den Wagen hineingefahren war und dabei den Kürzeren gezogen hatte.

Doch solche Überlegungen scherten den Mob nicht, der seine Lynchlust in Ermangelung eines geeigneten Objekts mit lautem Spektakel abreagierte, das noch lange bis in die Nacht andauerte. **Der Mob will lynchen** Das war auf den Philippinen, aber die grundsätzliche Situation unterscheidet sich nirgendwo in der Dritten Welt wesentlich von der geschilderten, die einen eher noch milden Verlauf nahm, weil der Schaden gering und keine unmittelbaren Verwandten zugegen waren. **Die Antwort auf die Frage, was ein europäischer Autofahrer in einer solchen Situation tun sollte, kann nur folgende sein: nichts wie weg!** Sie haben bei aller Unschuld, allem Anstand und gutem Willen, aller Hilfsbereitschaft für Ihr „Opfer", nicht die geringste Chance, es mit einer fanatischen Menge aufzunehmen. Ob es ratsam ist, sich bei nächster Gelegenheit „der Polizei zu stellen", hängt von den individuellen Gegebenheiten des Landes und der Versicherungslage ab. Geschriebene und ungeschriebene Gesetzgebung in der Dritten Welt läuft vielfach darauf hinaus, dem Autofahrer als wirtschaftlich Stärkerem alle verursachten Kosten aufzubürden. Jeder Unfall fällt somit automatisch unter ein Äquivalent des Gummiparagraphen Nr. 1 unserer Straßenverkehrsordnung, der „jeden Verkehrsteilnehmer zur jederzeitigen Rücksicht auf den anderen" verpflichtet. „Vorsicht vor dem anderen" wäre zutreffender. Im chaotischen Verkehrsgeschehen mancher Drittweltländer rufe man sich dies immer wieder in Erinnerung.

„Chaotisch", wenn man so will, wird es übrigens bereits an den Gestaden des Mittelmeeres, wo man sich nur höchst ungern von einem dummen Rotlicht dirigieren läßt. Wo — laut Kishon — ein Polizist einen Kollegen heranpfeift, wenn eine Frau sich auf der Straße auszuziehen beginnt, „damit auch er das Schauspiel genießt". Wo das Auto emotionell gefahren, doch nicht emotionell besessen wird.

Der Besucher aus dem Norden steht dieser lockeren Gesinnung und dem regellosen Treiben meist ohne Verständnis gegenüber. Die Angst um die eigene blitzende Karosse äußert sich als Aggressivität. Hier möchte er „mal richtig aufräumen". Ich lernte Leute kennen, die einen bei Rot über die Kreuzung schlendernden Levantiner am liebsten standrechtlich erschossen hätten, die von einer Busfahrt durch eine grandiose Landschaft nichts hatten, weil sie mit laufenden Kommentaren zum Verkehrsgeschehen in Anspruch genommen waren („Da! Über die weiße Linie! Un-glaub-lich!"), die nach einer Schramme im Lack die Ferien erbittert abbrachen.

Und wer kennt sie nicht, jene treuen Typen, die vor einem defekten Rotlicht verhungern würden? Den aufrechten Radwanderer, der in tiefer Waldwildnis seinen Arm hinausschnellen läßt, um seine Richtungsänderung zu bekunden? In einem tropischen Land würde dergleichen wohldiszipliniertes Verhalten größte Heiterkeit erregen, gleich den antrainierten Possen eines amüsanten Haustieres...

„Das Recht, auf die Spitze getrieben, wird zum größten Unrecht."
Cäsar

ERHALTUNG UND PFLEGE DER GESUNDHEIT IN DEN TROPEN

Ärztliche Versorgung in Entwicklungsländern

Die Furcht, auf Reisen einmal ernsthaft krank zu werden und den nächsten Arzt des Vertrauens tausende von Kilometern fern zu wissen, hängt wie ein Damoklesschwert über mancher ansonsten recht lockeren Tour in die Tropen. Schlimme Statistiken geben dieser Besorgnis einen zusätzlichen realistischen Anstrich: Man weiß von grassierenden Seuchen, hoher Kindersterblichkeit, von riesigen Scharen hohläugiger Hilfsbedürftiger, für die – falls überhaupt – oft nur eine Handvoll mangelhaft ausgebildeter und ausgerüsteter Doktoren da ist.

Dieses Bild mag stellenweise den Tatsachen entsprechen, und sicherlich trifft es für große Gebiete außerhalb der Ballungszentren und wirtschaftlich aktiveren Regionen generell zu. Solange wir uns jedoch nicht allzu weit über die Randzonen dieser „erschlossenen" Territorien hinausbewegen bzw. eine relative Erreichbarkeit zu ihnen aufrechtzuerhalten verstehen, können wir medizinischer Hilfe fast überall gewiß sein. Wer daran Anstoß nimmt, daß der hippokratische Helfer schwarz oder braun ist, hat selbst schuld. **Auch ein farbiger Arzt ist ein Arzt.**

Während es zweifellos richtig ist, daß das theoretische und insbesondere das praktische Rüstzeug der Mediziner in Entwicklungsländern kaum immer und überall auf dem gleichen Stand wie dasjenige ihrer avancierteren Kollegen der industriellen Welt ist, fehlt es ebenso zweifellos nirgendwo an Motivierung und Fähigkeit. An Arzneien ohnehin nicht: Dank aggressiver Vertriebspolitik der westlichen Pharmaindustrien gibt es in den Apotheken und Drugstores der Dritten Welt praktisch alles, was auch in gutbestückten heimischen Häusern zu finden ist. Oft eher mehr – und nach einem Rezept wird nicht immer gefragt...

Kein Mangel an Arzneien

Ein großer Prozentsatz der Ärzteschaft der Dritten Welt hat sein Handwerk direkt durch Studium und Tätigkeit im außertropischen Ausland erlernt. Jeder Arzt in tropischen Ländern spricht eine oder mehrere Fremdsprachen, viele auch deutsch. Bezeichnenderweise finden sich gerade hier zahlreiche hochspezialisierte Fachleute, die eine gutbezahlte Karriere im Ausland zugunsten einer idealistisch und nationalistisch motivierten Praxis in ihrer Heimat vorgezogen haben, wenn auch mitunter erst als Heimkehrer im Pensionsalter. Was die meisten Tropenmediziner notwendigerweise gemeinsam haben, ist eine überdurchschnittliche Kenntnis jener Krankheiten, die uns auf Reisen in tropische Regionen einmal befallen können. Wir wenden uns bei Gesundheitsproblemen also gewöhnlich an einen mit seinem Revier vertrauten Facharzt.

In manchen Ländern geben von der Regierung unterhaltene Hospitäler kostenlose Hilfe. Sie sind jedoch häufig miserabel ausgerüstet. Vorzuziehen ist, wenn die Not es erfordert, ein Besuch bei einem selbständig praktizierenden Arzt (was im wahrsten Sinne des Wortes ein heilsames Erlebnis sein kann, das Vorurteile abbauen helfen und zu einer zwischenmenschlichen Beziehung gedeihen mag, die wir zuhause kaum noch kennen). Nicht nur kann es dem hilfesuchenden Besucher geschehen, mit höchster Priorität durch einen überfüllten Warteraum geschleust zu werden – was von den wartenden Patienten mit größter Selbstverständlichkeit akzeptiert wird –, um ihm eine VIP-Behandlung angedeihen zu lassen. Er kann sich auch verarztet und von himmelnden Praxishelferinnen umlagert sehen, nach der Rechnung fragen und eröffnet bekommen: „Sie sind mein Gast!"

Ich selbst bin innerhalb von rund fünfzehn Jahren Aufenthalt und Reisetätigkeit in den Tropen, oft aufs Ärgste strapaziert, nicht ein einziges Mal auch nur halbwegs ernsthaft krank gewesen. Nur einmal mußte ich mir einen immer dicker werdenden Furunkel behandeln lassen. Ich wurde sorgfältig untersucht, bekam dann meine Injektion und wurde zur Kasse gebeten. Der geforderte Betrag belief sich auf umgerechnet DM 1,25.

„Volksmedizin" und „Wunderheiler"

Angesichts der so offen zutagetretenden gesundheitlichen Probleme ganzer Völkerscharen der Dritten Welt wird man sich unwillkürlich fragen, ob hier nicht durch eine symbolische Prokopfspende von DM 1,25 drastische Abhilfe geschaffen werden könnte. Zumindest ließen sich vielleicht etliche der üblen Tropengeschwüre beseitigen, an denen viele Bewohner heißer Länder so sichtlich leiden.

Derartiger guter Wille dürfte vielerorts an der Mentalität der Betroffenen selbst scheitern. Um dies zu verstehen, müssen wir uns ein Phänomen vergegenwärtigen, an dem die Dritte Welt an der Basis scheinbar eher krankt als an den eigentlichen zur Debatte stehenden Gesundheitsproblemen. Verstrickt in einem Dickicht von Aberglauben und Tradition sieht sich der Drittweltler oft außerstande, mit einer stürmischen Neuorientierung seiner Umwelt fertig zu werden. „Neumodisches", insbesondere staatlich Organisiertes ist ihm nicht geheuer. Und vor der tiefen intellektuellen Kluft, die ihn von seinem akademisch gebildeten Landsmann oder dem missionarisch engagierten Europäer trennt, weicht er instinktiv zurück, um sich lieber auf seine vermeintlich bewährten, eigenen Hausmittelchen und Kräuterweiblein zu verlassen. Meine eigenen Beobachtungen zu diesem Thema decken sich weitgehend mit denen philippinischer Soziologen hinsichtlich der Verhältnisse im eigenen Land* und einem Bericht des schwedischen Ethnologen Bengt Danielsson, der vor rund

Ein Dickicht von Aberglauben und Tradition

*Mendez/ Landa-Jocano „The Filipino Family in its Rural and Urban Orientation"

25 Jahren folgendes – und auch heute noch unverändert zutreffen-
des – dazu schrieb:*

*Danielsson
„Vergessene Inseln
der Südsee"

„Man hat des langen und breiten über die unfehlbaren Arzneimit-
tel der Eingeborenen geschrieben. Sogar Europäer in (hier:) Französisch-Ozeanien sind von ihrem Wert überzeugt, obgleich sie natürlich lieber ins Krankenhaus von Papeete gehen, wenn sie ernstlich
erkranken. Jedenfalls gab es vor Ankunft der Weißen in ganz Polynesien eine hochentwickelte ärztliche Tradition. Vor allem auf großen
und verhältnismäßig fruchtbaren Inseln wuchsen hunderte Pflanzen,
die von den Medizinmännern zu in- und auswendigem Gebrauch
verschrieben wurden."

Danielsson bestreitet zwar nicht den therapeutischen Wert etli-
cher dieser Pflanzen, stellt aber fest, daß es eigentlich nur sehr wenige wirklich wirksame einheimische Mittel gibt. Meistens wird mit
Kräutern und Wässerchen behandelt, die dem Patienten lediglich
das Gefühl vermitteln, etwas Heilsames unternommen zu haben.
Und obwohl auf jedes dieser Mittel mindestens ein halbes Dutzend
Arzneien in Apotheken erhältlich sind, die garantiert besser sind, verlassen sich die Insulaner lieber auf ihre alten, authentischen Rezepte. Dabei wird völlig vergessen, daß die meisten der heute in Französisch-Ozeanien grassierenden Krankheiten vor erst gar nicht so langer Zeit von den Weißen eingeschleppt worden sind. Alte Rezepte
dagegen kann es also gar nicht geben. So versuchte ein Medizin-
mann z.B. mit dem uralten Heilmittel „rakau maori" eine Infektion zu
kurieren. Unter dem Siegel der Verschwiegenheit und nachdem er
sich vorsichtig nach eventuellen Zuhörern umgesehen hatte, ver-
traute dieser Mann Danielsson an, daß die Wunderdroge zu gleichen Teilen aus Zitronensaft, Kondensmilch und „rakau kurakura"
bestünde. Ein altes Heilmittel also mit Ingredienzien recht neuzeitli-
cher Art: Kondensmilch ist keine Erfindung der Südsee; die Zier-
pflanze „rakau kurakura" wurde erst vor etwa 20 Jahren von einem
amerikanischen Botaniker in Französisch-Ozeanien eingeführt; den
Zitronenbaum brachte Cook mit.

Andere Wehwehchen, die ohnehin von selbst nach kurzer Zeit
nachlassen, wurden voller Vertrauen mit Hausmitteln zu bekämpfen
versucht. Gegen periodische Kopfschmerzen luetischen Ursprungs
legten sich Männer und Frauen in ein Handtuch eingewickelte,
abgekochte Kräuter um die Stirn. Ein anderes bekanntes Heilverfah-
ren besteht darin, ein Gemisch aus Kokoswasser und dem Saft bestimmter Pflanzen zu trinken.

Eine große Heilkraft wird auch Eiern zugeschrieben. So werden
schmerzhafte Stellen damit eingerieben oder man versucht, durch
das Einsaugen eines rohen Eies eine Linderung herbeizuführen.
Nach Meinung der Polynesier kann man mit Eiern so ziemlich alle
Krankheiten angefangen bei den Masern bis hin zur Schizophrenie
bekämpfen.

Glücklicherweise sind diese beschriebenen Heilmittel allesamt harmlos. Allerdings weiß Danielsson auch von verhängnisvollen Praktiken mit geheimnisvollen Tinkturen zu berichten, die eingeborene Heilpraktiker anwenden:

„Einer der traurigsten Fälle, die mir unterkamen, betraf einen hochfiebrigen Säugling. Der Heilkünstler erklärte, das Kind sei vom Teufel besessen, und versuchte, diesen mit einer Mixtur aus Schnaps, Asche, zerstapften Korallen und diversen ähnlichen Ingredienzien zu vertreiben. Das Resultat kann man sich vorstellen. Der Teufel hielt es aus, das Kind starb." –

Naturheilkunde ist wieder ein aktuelles Thema

Naturheilkunde und „organische Therapeutik" sind bekanntlich auch bei uns wieder hochaktuelle Themen, und mancher Anhänger gängiger Richtungen wird in tropischen Ländern seine Theorien zu seiner Genugtuung im Ansatz bestätigt finden. Tausende strömten zum Beispiel in den letzten Jahren dem philippinischen „Wunderheiler" Antonio Agpaoa zu, der durch allerlei spektakuläre Scharlatanerien weltweit von sich reden machte. Der Andrang ließ allerdings etwas nach, nachdem „der unblutige Chirurg" sich später unter falschem Namen in ein ganz profanes Krankenhaus einliefern ließ, um sich eine Blinddarmentzündung kurieren zu lassen...

Insbesondere auch die Mittelchen, mit denen sich eine geplagte Menschheit seit Urzeiten von einem ihrer elementarsten Übel, dem Kopfschmerz, zu befreien versucht hat, sind unzählbar. Manches half tatsächlich ein wenig, die physiologische Störung direkt anzugehen - so die Salizylsäure der Weidenrinde –, doch in den meisten Fällen war die Wirkung, falls sich überhaupt eine einstellte, ausschließlich psychologisch bedingt oder ergab sich durch vertuschende Nebeneffekte.

Ein repräsentatives Beispiel hierzu ist eine von den australischen Ureinwohnern praktizierte Behandlungsmethode, bei der der Heilungssuchende ein paar tiefe Atemzüge von den zerriebenen Blättern der Ranke Clematis glycinoides nimmt und dabei das Gefühl vermittelt erhält, als werde ihm der Schädeldecke weggesprengt. Der profane Kopfschmerz ist angesichts dieses großartigen Effekts natürlich prompt vergessen!

Im Bereich der natürlichen Pharmakologie sieht es hingegen sehr nüchtern und wissenschaftlich aus. Tatsächlich durchschwärmen auch heute noch Abgesandte der etablierten Pharmaindustrie die Wildnisregionen der Erde auf der Suche nach neuen medizinischen Pflanzen und Erkenntnissen. Sie folgen dabei einer Tradition, der wir die großen Durchbrüche und Erfolge auf diesem Gebiet im wesentlichen verdanken. Selbst in jüngster Zeit wird auf Kenntnisse zurückgegriffen, die unter manchen Naturvölkern seit Generationen Selbstverständlichkeit sind. Und die Schritte der Forscher auf der Suche nach uralten Rezepten sind von Eile beflügelt: Die moderne Medizin ist in die tiefsten Dschungel vorgedrungen und läßt die traditionellen Künste rasch in Vergessenheit geraten. Mit Kenntnissen aus der Naturheilkunde haben wir seit Bestehen unserer modernen Wissenschaft jedoch oft Krankheiten konfrontieren können, denen alles von Menschenhand Geschaffene hilflos gegenüberstand. Und die letzte große Schlacht, nämlich die gegen den Krebs, wird mit voller Anerkennung und Einbeziehung dieser Faktoren ausgetragen: Wie schon lange nicht mehr wird die Natur wieder für Beiträge zu unserer Gesundheit heranbemüht.

Also doch gut? Unter der Voraussetzung, daß die Spreu vom Weizen getrennt wird, selbstverständlich. Wir, als Nutznießer dieser wissenschaftlichen Erfolge, sollten aber auch mit Traditionen einhergehen – und uns an den Weizen halten. Ein paar wenige Naturrezepte sind in diesem Buch aufgeführt. Und zwar dann, wenn es um erprobte Maßnahmen in Notfällen geht. Sie alle beruhen auf internationaler Anerkennung oder eigenen positiven Langzeiterfahrungen und zeichnen sich zudem durch die Abwesenheit jeglicher schädlicher Nebeneffekte aus.

Wie man mit der Akklimatisierung fertig wird

Obwohl wir auch innerhalb der Tropen von Region zu Region völlig unterschiedliche klimatische Verhältnisse vorfinden können, ist der Wechsel aus unseren gemäßigten Zonen, vor allem im Winter und bei der Anreise mit dem Flugzeug, zumeist sehr abrupt. Der in Mitteleuropa lebende Mensch ist jedoch von Geburt an auf jahreszeitliche Klima- und Temperaturschwankungen eingestellt und die aus diesem ständigen Wechsel hervorgegangene Anpassungsfähigkeit erleichtert die tropische Akklimatisierung erheblich. Nur daß sich der eine im Handumdrehen in der neuen Umwelt zuhause fühlt, während es bei dem anderen etwas länger dauert.

Ein gesunder Organismus verfügt über alle Regulationsmechanismen, um auch mit jähen Klima- und Temperaturänderungen schnell zurechtzukommen. Leicht in Schweiß geratende, nicht allzu beleibte Europäer werden die Umstellung unproblematisch finden. Dicke oder nervöse Menschen passen sich dagegen schlechter an. Auch ältere Menschen, sofern sie ansonsten gesund sind, haben keine besondere Veranlassung, tropische Gebiete zu meiden. Im Gegenteil: Es hat sich gezeigt, daß der Mensch in vorgerückten Jahren oftmals weniger anfällig für die hitzebedingten Beschwerden ist als ein jüngerer. Kinder und Jugendliche haben die wenigsten Schwierigkeiten, und auch Säuglinge akklimatisieren sich sehr leicht. Dies läßt sich wahrscheinlich damit erklären, daß Kinder keine durch äußere Umstände, wie Beruf, Zeitdruck, Verantwortung usw. verursachte Überforderung kennen, sondern ihrem Körper Ruhe gönnen, wenn es ihnen gerade paßt, und sich andererseits unentwegt genügend Bewegung verschaffen. Von diesen Gesichtspunk-

Keine Probleme für einen gesunden Organismus

ten aus sollten wir auch unsere Ferien organisieren. Die Bereitschaft, einem Abenteuer unter ungewohnten Verhältnissen mit freudigem Optimismus entgegenzusehen, den Urlaub als Erfolgserlebnis zu betrachten, und die Fähigkeit, einer fremden Umwelt mit Geduld, Toleranz, Takt und Verständnis für ihre Andersartigkeit zu begegnen, schaffen die besten Voraussetzungen für eine Anpassung, die unter diesen Umständen so rasch vor sich gehen wird, daß wir uns besonderer Schwierigkeiten kaum bewußt werden!

Dessen ungeachtet sollten wir es vorsichtig angehen lassen. Die totale Anpassung an das tropische Klima nimmt bei einem aus Europa kommenden Reisenden mindestens zwei Wochen in Anspruch, um Blutdruck, Pulsfrequenz, Herzschlag, Wasserhaushalt und die Funktionen der Haut einigermaßen an die neuen Verhältnisse zu gewöhnen. Während der ersten Tage in den Tropen wird man das unvermeidliche starke Schwitzen weniger als gutes Zeichen denn als Belastung empfinden. Eventuell leidet man unter Kopfschmerzen, Appetitlosigkeit und Schlafstörungen. An letzteren insbesondere bei erheblicher Zeitverschiebung: Ein Maximum von 180 Längengraden weiter, also z.B. auf den zentralpazifischen Inseln, spielt sich unser Tagesablauf um 12 Stunden versetzt ab, d.h. bei Anbruch unserer gewohnten Bettzeit weckt uns dort gerade die Morgensonne. Trotzdem findet die Anpassung an die neue Ortszeit selbst bei Leuten, die ihr ganzes Leben in einer einzigen Zeitzone zugebracht haben, erstaunlich schnell statt. Und eine zweckmäßige Ernährung tut ihr übriges, die zeitliche Verschiebung der Mahlzeiten unproblematisch zu machen.

Siehe auch
Seite 81

Fehleinschätzungen des eigenen Potentials führen am ehesten zu Schwierigkeiten. Da man in der ersten Zeit des Tropenaufenthalts oft noch über größere körperliche Reserven verfügt, unterschätzt man leicht die mit der Umstellung verbundenen Probleme. Und Personen auf Urlaubsreisen, in die „alles hineingepackt" ist, setzen sich mitunter schwereren Beanspruchungen aus als zu Beginn erkennbar sein mag. Der „Leistungsknick" zeigt sich dann manchmal erst bei Ferienende: Man kehrt abgeschlaffter denn je aus dem Urlaub heim. Kranke Menschen mit einem gestörten Regulationsmechanismus im Kreislauf und Stoffwechsel (vegetativ nervöse oder seelisch belastete Personen, Lungen- und Herzkranke, Patienten mit sehr hohem Blutdruck, usw.) zeigen in den Tropen sehr rasch an, daß sie die „Belastungen" durch das Klima nicht verkraften können. Nicht selten sind solche Versagenssymptome in den Tropen die ersten Hinweise auf eine Erkrankung von Herz und Kreislauf, die bei einer Untersuchung in gemäßigtem Klima nicht zu entdecken war. Das Tropenklima macht keineswegs krank, kann aber durch die ungewohnten Anforderungen, mit denen unser Körper konfrontiert wird, Erkrankungen von Herz, Kreislauf und Stoffwechselorganen sichtbar machen. Besonders gründlich wird eine Anpassung an die

**Nach
dem Urlaub
abgeschlafft**

neue Umwelt durch psychische Fehleinstellung verhindert: Wer vor den Tropen und ihren Bewohnern Angst hat, sollte lieber gleich zuhause bleiben!

Probleme, die Sonne und Hitze mit sich bringen

Eingeborene Tropenbewohner gehen der von uns „lieb" genannten Sonne mit größter Beflissenheit aus dem Weg oder schützen sich — manchmal auf grotesk anmutende Weise — vor ihrer Einwirkung. Man versucht nicht nur auf diese Art der vermeintlichen Peinlichkeit eines noch „farbigeren" Aussehens zu entfliehen, sondern sieht vielerorts in der Sonne auch die Quelle allen tropischen Übels und macht den Wärmespender für alle Leiden von Kopfläusen bis zu Fußpilzen verantwortlich. Nur ein Weißer kann so närrisch sein, sich ohne besondere Veranlassung — dazu noch ohne Kopfbedeckung! — in der Mittagszeit in glühender Hitze zu tummeln und — Gipfel der Idiotie! — es auch noch herrlich zu finden...

Dabei ist die Tropensonne so übel gar nicht, und zur Mittagszeit ist die von ihr bestrahlte Körperoberfläche im Grunde am geringsten. Störungen der Gesundheit durch unmittelbare Sonneneinwirkung werden bei Besuchern der Tropen auch in der Tat seltener beobachtet als in gemäßigteren Regionen. Ein Sonnenstich ist keineswegs ein Ereignis typischer südländischer Tagesordnung, und selbst ein Sonnenbrand läßt sich in den Tropen gewöhnlich eher vermeiden als an einem Sommertag in heimischen Breiten, an dem die Haut ungewollt überstrapaziert wird. Besonders als Neuankömmling sollte man sich trotzdem vor ausgedehnten Sonnenbädern an tropischen Stränden hüten. Und der intensiven Höhenstrahlung in äquatornahen Gebirgslagen begegne man mit größter Zurückhaltung. Wer nur ums Braunwerden in die Tropen reist, kann trotz dünner Sonne im heimatlichen „Balkonesien" mit einiger Geduld schon bald den gleichen Effekt erzielen! Tatsächlich trifft es im Widerspruch zu landläufigen Annahmen durchaus zu, daß eine Bräunung der Haut selbst unter einem wolkenlosen tropischen Himmel langsamer vor sich geht als zum Beispiel an einem mäßig besonnten Nordseestrand und daß die erzielte Farbnuance auch weniger lange anhält. Hier wie dort hat die Sonne jedoch die gleichen nützlichen oder schädlichen Auswirkungen.

Zum Nutzen gereicht uns an erster Stelle einmal die allgemeine Anregung unseres motorischen Systems, die das Sonnenlicht bewirkt und die zweifelsohne ein fest einprogrammierter Teil unseres Lebensablaufs ist. Jeder Mensch, insbesondere der sonnenentwöhnte, kennt wohl dieses Gefühl eines innerlichen und äußerlichen „Glühens und Blühens" im Gefolge eines intensiv durchlebten Sonnentages und die ungeahnten Höchstwerte körperlicher Funktionen — Appetit-, Energie- und Libidoentfaltung nehmen mitunter er-

Nützliche und schädliche Sonne

schreckende, im Endeffekt jedoch beglückende Dimensionen an. Der Schlaf, der .sich zuvor nur zögernd einstellte, ist einer der gerechtesten. Zudem erzeugt das ultraviolette Licht der Sonne in unserem Körper lebenswichtiges Vitamin D und sorgt durch die Reduzierung der sogenannten Sulfhydrilkörper in der Haut für die Stabilisierung der Vitamine A, B_2, C, D und E, von denen die Leistungsfähigkeit des Menschen abhängt. Es greift hier und dort schon aufgrund seiner thermischen Effekte lindernd ein, fördert die Heilung von Haut- und Knochentuberkulose und hält überhaupt unsere Haut gesund, so als derzeit einzig bekanntes Mittel gegen Schuppenflechte, an der Millionen von Menschen leiden.

Diesen hochwillkommenen Eingriffen der Sonne in unser körperliches Wohlbefinden folgt in engem Abstand eine Anzahl negativer Aspekte. Sie beginnen mit der schlichten Tatsache, daß ein Zuviel des Guten dem Übereifrigen eine kosmetisch unerwünschte fleckige Pigmentierung, vornehmlich des Gesichts, bescheren kann. Gefährdet sind hauptsächlich die Unkonditionierten, darunter vor allem die sehr Weißhäutigen, die Blonden, die Rothaarigen, die Glatzköpfigen und kleine Kinder. Nicht zuletzt haben die Einheimischen in den Tropen auch einen sehr guten Grund, der Sonne trotz aller ihrer gesundheitsfördernden Eigenschaften und trotz der neuesten modischen Trends der „weißen" Welt fernzubleiben: Sie läßt, auf Dauer und im Überfluß genossen — sowohl in den Tropen als auch überall sonst — die Haut altern und schließlich schrumpeln. Und kein kosmetisches Mittelchen ist in der Lage, sie wieder zu verjüngen. Wer

Faltige Haut durch zuviel Sonne

Sonnenbraun gern hat, wird sich auf lange Sicht an die faltige Form gewöhnen müssen. Außerdem weist ein zunehmendes Auftreten von Hautkrebs unter Sonnenurlaubern auf ein allgemeines Übertreiben des Tuns hin. Hautkrebs ist zwar nicht eine der gefährlichsten Krebsarten — wenn auch eine der häufigsten und im fortgeschrittenen Stadium nicht selten tödlich —, auf jeden Fall jedoch eine der vermeidbarsten.

Wenn auch die Möglichkeit, durch zu intensive Sonnenbestrahlung an Hautkrebs zu erkranken, für keinen Menschen völlig ausgeräumt werden kann, besteht keine Veranlassung, der Sonne aus entsprechender Furcht gänzlich aus dem Weg zu gehen. Selbst bei relativ Empfindlichen entwickelt sich bei allmählicher Gewöhnung genügend Hautpigment, um eine Anzahl von Schutzfunktionen wahrnehmen zu können. Und sogenannte Lichtschutzmittel tun ein hilfreiches Übriges, um die schädlichsten Bestandteile des Sonnenlichts „auszufiltern". Sie sollten auch von Konditionierten stets großzügig angewendet werden, insbesondere wenn nach dem Baden im Seewasser die Haut mit tausenden kleinen „Brennprismen" aus Salz angereichert ist. Öle und Salben vermeiden zudem eine schnelle Austrocknung, die Abtötung nützlicher Mikroben und mithin eine zusätzliche Gefährdung der Haut. Die Benutzung des einen oder anderen dieser Stoffe stellt daher die elementarste Vorsichtsmaßnahme dar, die selbst der permanent Sonnengewöhnte nicht außerachtlassen sollte. Anstatt mit Erzeugnissen der kosmetischen Industrie kann man sich auch mit Kokosöl behelfen, das in allen tropischen Küstenregionen erhältlich ist und einen erstklassigen Bräunungseffekt schafft. Es darf einem nur nichts ausmachen, vorübergehend wie eine Kokosmakrone zu riechen (der „satte", eigentlich nicht unangenehme Geruch verfliegt jedoch nach einer halben Stunde weitgehend). Kokosöl bleibt auch im Wasser haften. Gegen eine Überalterung der sonnenstrapazierten Haut wirken die oben beschriebenen Mittel allesamt allerdings nur bedingt. Ein vielfach übersehener Gefahrenfaktor ist auch die von einer gleißenden Wasseroberfläche zurückgeworfene UV-Strahlung, die mitunter weitaus intensiver als die direkte Sonneneinwirkung von oben sein kann. Schutz in dieser Richtung ist also auch wichtig. Siehe auch Seite 198

Kommt es trotz aller Vorsicht zu einem Sonnenbrand, so helfen auch alle Schutzmittel nicht mehr. Zur Behandlung genügt in leichten Fällen bereits ein Einpudern mit Talcum. Ein mittelschweres Problem kann durch Aufstreichen von reizlosen Ölen (Olivenöl) oder milden Salben (Nivea) weitgehend gebessert werden. Weit abseits aller Zivilisation führt eine Paste aus den zerdrückten Samen der Papaya Linderung herbei. Sind bereits Blasen vorhanden, so empfiehlt es sich, die Blasendecke als Schutz gegen Infektionen zu belassen oder allenfalls Bor- oder Zinksalbe aufzutragen. Salben dieser Art sollten möglichst keine Vaseline als Grundlage haben. **Was tun bei Sonnenbrand?**

Ein Sonnenstich äußert sich an hochroter Gesichtsfarbe, kühler Körperhaut, Unruhe, Kopfschmerz, Übelkeit und Schwindelgefühl, eventuell auch Erbrechen und Bewußtseinsschwund. Eine Notmaßnahme besteht in schattiger Unterbringung des Betroffenen sowie erhöhter Lagerung und kühlender Behandlung seines Kopfes.

Ernstere Probleme kann die Hitze als solche, auch ohne direkte Sonneneinstrahlung, mit sich bringen. Unsere Körpertemperatur wird durch das Verhältnis von Wärmeproduktion und -verlust bestimmt. Bei der Abgabe von Wärme sind physischer Kontakt, Luftströmung und vor allem Strahlung von Bedeutung, denn durch Erweiterung der in der Haut liegenden Blutgefäße wird der Vorgang begünstigt. Steigt die Temperatur wesentlich an, so vollzieht sich die Wärmeabgabe durch Schweißbildung und Verdunstung von Wasser an der Hautoberfläche. **Zeichen einer guten Gewöhnung an die Hitze in den Tropen ist das frühzeitig einsetzende Schwitzen schon bei mäßiger Erhöhung der Lufttemperatur.**

Vermehrtes Schwitzen erfordert auch eine erhöhte Flüssigkeitszufuhr. Ist diese ungenügend, kann es rasch zu einem sogenannten Austrocknungssyndrom kommen, das durch sehr starken Durst, Müdigkeit, Schwindelgefühl, ansteigenden Puls und Fieber gekennzeichnet ist. Dabei nimmt die Menge des Urins ab, und es kann

Siehe auch
Seite 94

**Salzverlust
durch starkes
Schwitzen**

schließlich zu einem richtigen Delirium und möglicherweise zum Tod kommen. Eine ausreichende Flüssigkeitszufuhr ist in solchen fortgeschrittenen Fällen lebensnotwendig, doch auch generell sollte in den Tropen viel getrunken werden.

Außer Wasser verliert der Körper bei intensivem Schwitzen Kochsalz, wodurch das chemische Gleichgewicht des Organismus in entscheidendem Maße beeinflußt wird. Symptome, die sich hieraus ergeben können, sind Kopfschmerzen, Appetitlosigkeit, Schwindel, Brechreiz, Muskelkrämpfe („Hitzekrämpfe"), Augenflimmern, Ohrensausen und Durstgefühle, obwohl die Schweißbildung ungehindert bleibt und eine normale Körpertemperatur besteht. Wenn in diesem Stadium nur reichlich Wasser getrunken wird, verschlimmert sich der Zustand bis zu unstillbarem Erbrechen – und dadurch weiterem Salzverlust –, und schließlich eventuell zu Bewußtlosigkeit und Kreislaufschock. In diesen Fällen besteht akute Lebensgefahr, und die erste Maßnahme einer Behandlung muß die Verabreichung von Salzwasser sein, um die Urinproduktion wieder in Gang zu bringen und das Erbrechen zu stillen. Gelingt dies nicht, sind dringend ärztliche Hilfe und Infusionstherapie notwendig.

Normalerweise bedürfen Tropenreisende keiner besonderen Kochsalzzufuhr: Es genügt, wenn alle Speisen ausreichend gesalzen sind. Wer zudem viel im Meer badet, nimmt soviel Seesalz beim Schwimmen auf, daß er auf scharf gesalzenes Essen sehr wohl verzichten kann. Ein Mangel tritt jedoch sehr rasch ein, wenn durch hohe körperliche Aktivität literweise Schweiß vergossen wird. Wer unter glühender Sonne einen Reifen wechselt, ist bereits in einer entsprechenden Situation! Bei längerem intensivem Schwitzen kann es zu einem Salzverlust von 30-50 g innerhalb von 24 Stunden kommen – das ist ein Drittel der Gesamtmenge! –, wodurch unsere Körperchemie drastisch verändert wird. Die zusätzliche Einnahme von Salz in direkter oder Tablettenform ist unter diesen Umständen deshalb von größter Bedeutung, wenn auch die Zufuhr sorgfältig reguliert werden muß (Einnahme auf keinen Fall als vorbeugende Maßnahme; Zurückhaltung mit Salztabletten, auf deren konzentrierte Form der Magen mitunter heftig reagiert). Meine persönliche Erfahrung hat mir gezeigt, daß mein Körper nach einer zusätzlichen Dosis verlangt, wenn mir Salz angenehm, also nicht mehr „salzig" zu schmecken beginnt. Grobes Meersalz schmeckt im übrigen weitaus besser als das Tafelprodukt.

Bei Krankheiten mit hohem Fieber, schwerer Arbeit in engen Räumen, bei ungenügender Ventilation und extremer Hitze können wir uns eine sogenannte Schwülekrankheit („Hitzschlag") durch angestaute Wärme zuziehen. Die mildeste Form ist ein mit starkem Schweißausbruch verbundenes Schlappwerden in Form einer leichten Ohnmacht. Ernstere Erscheinungen mit Temperaturerhöhungen auf 39-43° können folgen, begleitet von einer Unterbrechung der Schweißproduktion, heißer, trockener Haut, heftigem Durst und Erbrechen. Im ernsten Stadium können Halluzinationen, Krämpfe und Angstzustände dazutreten.

Man muß in Fällen dieser Beschreibung dringend die Körpertemperatur senken und den Wärmeaustausch fördern. Der Patient sollte in eine schattige ruhige Umgebung gebracht werden, wo man den Körper mit kühlem Wasser abwäscht, um die Wärmeabgabe zu erhöhen. Am besten deckt man den Patienten mit einem feuchten (nicht zu nassen) Tuch zu und sorgt für kräftige Luftbewegung. Fällt die Körpertemperatur allerdings zu rasch, besteht die Gefahr eines Kreislaufkollapses. Häufige Temperaturprüfungen während der Behandlung werden deshalb empfohlen. Bei sehr hohem Fieber über 40,6° sind Sofortmaßnahmen zur Senkung der Temperatur aus diesen potentiell tödlichen Regionen vorzunehmen. Man verwende in reichlichem Maße kaltes Wasser und/oder Eispackungen und überwache laufend die Temperatur. Auf jeden Fall ist ärztliche Hilfe herbeizurufen.

Bei Hitzschlag die Körpertemperatur senken

Nicht zuletzt wird die schwitzende, erhitzte Haut leicht in Mitleidenschaft gezogen; unser größtes Organ hat in feuchtheißen Tropengebieten besonders intensiv zu tun. Vor allem wo sich feuchte Hautpartien aneinanderreiben oder in ständiger Berührung mit Kleidung sind, kommt es leicht zu Entzündungen: Es entsteht der sogenannte „Rote Hund" (engl. nicht etwa „red dog", sondern „prickly heat"), eine allmählich zunehmende, schmerzhafte Entzündung der feuchten Haut, die aufweicht und eine unregelmäßige Körnelung annimmt. Roter Hund beginnt meist unter den Achseln und an den Innenseiten der Oberschenkel; besonders schmerzhafte Entwicklungen können einen Betroffenen eine Zeitlang bewegungsunfähig machen. Eine Behandlung erfolgt mit Zinkpräparaten; in der Wildnis können die zerstampften Blätter der Guava Besserung herbeiführen.

Viel Arbeit für unser größtes Organ

Siehe auch Seite 257

Auch in den Tropen kann man frieren!

Ob der Schnee auf der Zugspitze liegt oder auf dem Kilimandscharo: er ist kalt. In Höhen ab 3000 m wird es auch in äquatorialen Regionen zunehmend frisch; bei richtiger Konstellation von Wind und Jahreszeit noch wesentlich eher. In Baguio zum Beispiel, einem beliebten, ca. 1 500 m hoch gelegenen Ausflugsort auf den Philippinen, bedecken sich im Januar, wenn der kalte Nordostmonsun weit aus einem Sibirienhoch herüberbläst, die Kiefernwälder der umgebenden Berge mit Rauhreif, während in Manila, nur ein paar Autostunden entfernt, Temperaturen um 30° herrschen.

Wer eine Reise in die Tropen plant, sollte mit diesen Umständen vertraut sein und sich bei seinen Vorbereitungen entsprechend darauf einstellen. Nicht jede verlockend bebilderte touristische Broschüre gibt Aufschluß über Wind und Wetter, und ein Badeurlaub kann bei Fehleinschätzung der wirklichen Konditionen buchstäblich ins Wasser fallen. Reiseunternehmen, zweifellos grundsätzlich um das beste ihrer Klientenschaft bemüht, sind keine meteorologischen Institute. Und die Komplexität klimatischer Verhältnisse kann selbst innerhalb einer relativ begrenzten Region derart unüberschaubar sein, daß sich kaum hundertprozentige Urlaubswetterprognosen aufstellen lassen können. Außerdem leben wir anscheinend in der Anbruchsphase eines Zeitalters höchst unregelmäßigen Wettergeschehens. Man tut auf jeden Fall gut daran, sein Traumziel über alle verfügbaren Informationen möglichst gründlich selbst auszuchecken, wobei Interessenten Literatur in öffentlichen Büchereien mit Schwerpunkten wie Seefahrt (Seehandbücher), Meteorologie und tropische Landwirtschaft am weitesten (und aufrichtigsten) entgegenkommt. Das mag trockener Stoff sein, aber Sie werden auf Ihren Reisen nicht nutzlos naß!

Es sind besonders Temperaturunterschiede, die uns in den Tropen trotz aller Gewöhnung an jahreszeitliche Schwankungen zu schaffen machen können, und in Wüstengegenden ergeben sich hier mitunter enorme Differenzen zwischen Tag und Nacht. Den plötzlichen Temperaturabfall kurz vor Sonnenaufgang werden wir jedoch überall in den Tropen merken, und ein Schutz dagegen ist empfehlenswert. Wer sich, von tropischer Wärme berauscht, auf einem kühlen Rasen oder in einer winddurchzogenen Hängematte zur Nachtruhe niederläßt, wird am Morgen mit knirschenden Gelenken erwachen, (die die rasch steigende Sonne jedoch alsbald wieder „entrosten" mag).

Wasser führt zu Wärmeverlust

Wasser, selbst tropisch warmes von 27° und mehr, führt besonders rasch zu Wärmeverlust. Ich selbst habe einmal nach einer Wahnsinnstour von 72 Stunden Unterwassertätigkeit, die nur von wenigen Schlaf- und noch wenigeren Essenspausen unterbrochen war, auf einem sonnendurchglühten Deck gelegen und mit blauen Lippen und klappernden Zähnen gefroren wie ein Schneider. Ich hatte wahrhaftig keinen Funken Wärme mehr im Leib. Aber alles ist relativ: Wenn ein Taifun die mikronesischen Atolle peitscht und der rasende Wind und der unterkühlte Regen die Lufttemperatur rapide fallen lassen, sucht und findet ein ansonsten schutzloser Insulaner ein vergleichsweise behagliches Plätzchen im weitaus wärmeren Wasser der Lagune. Tropisches Meerwasser bleibt – im Gegensatz zur Luft – bei Tag und Nacht in seiner Temperatur annähernd konstant. Regen kann jedoch, vor allem wenn man ihm länger ausgesetzt ist, auch in den Tropen bitterlich kalt sein.

Nicht zuletzt kann sich auch der Mensch selbst mittels seiner Maschinen ein fast unerträgliches Kunstklima zusammenmixen. Air conditioning – künstliche Klimatisierung – ist dafür vorgesehen, uns das Leben in heißen Ländern angenehm zu gestalten, stellt aber keineswegs eine unverzichtbare Einrichtung dar. Vielerorts in der tropi-

Auf künstliche Kälte kann man verzichten

schen Welt herrscht der Irrglaube vor, dem schwitzenden Besucher aus dem Norden könne es gar nicht kühl genug sein. Hotels, Restaurants und Beförderungsmittel werden deshalb in wahre Eiskeller verwandelt, in denen der leichtbekleidete Gast erbärmlich friert. Reisende in den Tropen sollten individuell dazu beitragen, daß mit dieser (überdies höchst gesundheitsschädlichen) Unsitte aufgeräumt wird. Überhaupt sollte man jederzeit, sowie es die Verhältnisse nur irgend zulassen, die Alternative „richtiger" Luft, selbst wenn dieselbe heiß und feucht sein mag, dem maschinengefilterten Kunstprodukt vorziehen!

Gesünder leben und reisen mit richtiger Bekleidung

Auf einen einfachen Nenner gebracht, sollte die Kleidung dem Aufenthaltsort und der Tätigkeit in den Tropen entsprechen. Glücklicherweise sind gegenwärtige Modetrends den Erfordernissen eines heißen Klimas gerecht geworden, und „leicht, luftig und locker" ist gerade für die Tropen die richtige Devise. Mit einer sinnvollen Bekleidung dieser Beschreibung verschwinden auch die meisten sogenannten „klimatischen Schädigungen".

„Enge Unterkleidung nimmt mancher Seele die Erleuchtung."
Japanisches Sprichwort

Was wir für eine Reise in die Tropen an Kleidung benötigen, finden wir ohne Schwierigkeiten in heimischen Geschäften. Allerdings, wie sich beobachten läßt, selten genug im Winter. (Als ich anläßlich eines Deutschlandbesuches im Dezember einmal eine Badehose zu kaufen versuchte, blickte man sich bedeutungsvoll an und bat mich schonend, es doch einige Monate später nochmals zu versuchen). Man decke sich angesichts einer geplanten Reise also vorzeitig ein. Im tropischen Ausland kann es mitunter dafür zu spät sein; denn nicht immer finden sich zweckmäßige Kleidungsstücke, die dazu noch unserem Geschmack und besonders unserer Größe entsprechen. Wer etwas stabiler gebaut ist, findet in Ländern relativer Kleinwüchsigkeit, etwa in Ostasien, häufig überhaupt nichts Passendes.

Synthetikstoffe sind in den Tropen fehl am Platz; man schwitzt zu sehr in ihnen. Baumwolle ist Trumpf, denn die Saug- und Atmungsfähigkeit dieses Gewebes ist auch im heißen Klima unübertroffen. Glücklicherweise ist unsere heimische Bekleidungsindustrie diesen Tatsachen auch endlich gerecht geworden. Zudem haben sich die Geschmäcker der Käuferschaft zum Praktischen hin geändert: Man trägt jetzt auch T-Shirts, schlabbrige amerikanische Untershorts und weiße Baumwollsocken, (wenn sich der deutsche Mann anscheinend auch weiterhin in geblümten „Unaussprechlichen" unmännlich vorkommt).

Baumwolle ist Trumpf

In den Tropen können wir solche Schamgefühle getrost vergessen. Wenn dort jemand über den weißen Mann lacht, dann gewiß nicht wegen seiner Unterhosen. Es sei denn, er begibt sich in ihnen, wie ich mir schon angeschaut habe, auf einen Stadtbummel. Mit einem T-Shirt und einem Paar kurzer oder langer Leinenhosen plus

Sandalen an den Füßen sind wir jedoch – zumindest außerhalb der elegantesten Cityzentren – überall komplett angezogen. Man sollte soviele Garnituren im Gepäck haben, daß man mindestens einmal täglich einen Wäschewechsel vornehmen kann. Saubere Kleidung, selbst lediglich durchgespülte, begünstigt die Luftzirkulation und damit unser Wohlbefinden weitaus mehr als schmutzige. Außerdem trägt sie in erheblichem Maße zur Erhöhung unseres persönlichen Kredits und Ansehens bei. Für die ärmsten Menschen der Dritten Welt ist ein sauberes Hemd, selbst wenn es Löcher aufweist, ein Aushängeschild für nicht völlig hoffnungslose Verhältnisse, und ein verdreckter, heruntergekommener Europäer erntet gerümpfte Nasen, Verachtung oder Spott, mitunter auch Feindseligkeit, weil man im bewußt „gammligen" Auftreten des Fremden eine Verächtlichmachung der eigenen Armut sieht. Der fromme Wunsch manchen Besuchers, auf diese Weise ein „Seht-ich-bin-einer-von-euch" zu propagieren, kann – mit Recht – als schwere Beleidigung interpretiert werden. Man nehme bei der Wahl seiner Kleidung auch Rücksicht auf religiöse und moralische Sentimente der einheimischen Bevölkerung, die vor allem im islamischen Raum stark ausgeprägt sind. Es ist im Grunde nirgendwo empfehlenswert, den Outsider allzu sehr herauszukehren.

Wer sich viel auf Wanderschaft befindet, sollte entsprechende, dem Gelände angepaßte Schuhe tragen. Sandalen sind in der Stadt, am Strand und im flachen Land sicherlich zweckmäßig. Beim Klettern oder auf Touren durch den Dschungel und andere Wildnisgebiete sind sie jedoch eher gefährlich. Wanderschuhe, Dschungelstiefel, überhaupt alle Fußbekleidung sollte beim Einkauf daheim lose und bequem sitzen. Man kaufe sie eine halbe Nummer zu groß ein, da die Füße im feuchtwarmen Klima etwas anschwellen (harmlos!). Dicke Baumwollsocken, von denen man auch im heißesten Klima einige Paar mitführen sollte, füllen verbleibende Hohlräume.

Dschungelstiefel eine halbe Nummer zu groß kaufen

Als Kopfbedeckung diente früher der Tropenhelm aus Kork; heute trägt man das unpraktische Unikum allenfalls noch aus Jokus. In der Tat hat sich herausgestellt, daß man, solange man noch ein paar Haare sein eigen nennt, in den Tropen überhaupt ganz gut ohne Kopfbedeckung auskommt, wenn auch ein Schlapphut auf Reisen durch die Wildnis als Regenschutz und Wasserschöpfgerät von Nutzen sein mag. Auf jeden Fall sollte man jedoch Kleinkinder durch einen leichten Leinenhut vor der Sonne schützen.

In herkömmlicher Regenkleidung gerät man in den Tropen trotz mit dem Regen einhergehendem Temperaturabfalls alsbald fürchterlich ins Schwitzen. Neuerdings sind Stoffe auf Teflonbasis entwickelt worden, mit denen eine perfekte Luftzirkulation auch im Regen aufrechterhalten wird. Erzeugnisse aus diesem Material sind aber alles andere als billig. Notfalls tut es auch ein Regenschirm. Gegen einen tropischen Wolkenbruch, der seinem Namen alle Ehre macht, ist allerdings außer voller Deckung ohnehin kein Kraut gewachsen. Nasse, auch verschwitzte Kleidung ist so bald wie möglich zu wechseln! In jedes Tropengepäck gehört auch ein Pullover, der einen Durchgeregneten und Durchgefrorenen warm hält. Insbesondere langes Schwimmen und Tauchen, wie schon im letzten Abschnitt erwähnt, entzieht dem Körper selbst in wohltemperiertem Wasser schließlich jegliche Wärme.

Ein Pullover für die Tropen

Wo förmliche Kleidung nötig ist, existiert auch meist eine Klimaanlage, so daß man keine Sorge haben sollte, im durchweichten Smoking eine traurige Figur abzugeben. Vielerorts kann man auch kluge lokale Gebräuche annehmen: Auf den Philippinen wird zum Beispiel der Barong, ein besticktes, langärmliges Hemd, das auch Weißen sehr gut steht, selbst zu den feierlichsten Anlässen getragen. Frauen haben in dieser Beziehung natürlich die wenigsten Probleme.

An einer ganz informellen Stätte – im Bett – kann jeder seinen eigenen Modevorstellungen folgen. Manch einer mag erst anläßlich einer Reise in warme Länder die Vorzüge des Adamskostüms entdecken. Wer kühle Nächte fürchtet, der nehme halt seine gewohnten Pyjamas mit.

Das A und O: Körperhygiene

Dem aufmerksamen Beobachter wird in den Tropen sicherlich nicht entgehen, wie oft und gründlich die Einheimischen ihre Körperpflege betreiben – vorausgesetzt allerdings, daß die örtlichen Gegebenheiten entsprechende Maßnahmen zulassen. Nicht jeder Drittweltler ist, wie wir wissen, im Besitz eines großzügig ausstaffierten Badezimmers, und oft muß eher ein nicht sehr vertrauenswekkender Wasserlauf, ein erbärmlicher Tümpel oder ein Regenschauer herhalten. Begegnet uns einmal ein unglücklicher Schmutzfink (der dann fälschlicherweise oft stellvertretend für seine ganze Rasse angesehen wird), so mangelt es gewöhnlich selbst an diesen bescheidenen Annehmlichkeiten.

„Uns bleibt ein Erdenrest zu tragen peinlich, und er wär von Asbest, er ist nicht reinlich."
Goethe: Faust

Ein Minus an Sauberkeit beeinträchtigt gerade in heißen Klimazonen unser Wohlbefinden außerordentlich. Die Hautatmung funktioniert nicht mehr richtig, weil Dreck und Schweiß die Poren verstopfen, die Wärmeabgabe ist behindert. Man sieht nicht nur schmutzig aus, sondern fühlt sich auch so. Mit größter Schnelligkeit umgibt gerade den ungewaschenen Europäer eine gewisse „reife" Aura, die die oft penibleren einheimischen Gemüter peinlich berührt zurückweichen läßt. Schon oft habe ich im überseeischen Ausland beobachten können, wie ein ungepflegter Weißer ein Kielwasser gerümpfter Nasen hinter sich herzog! Und schlimmer noch jene Typen, die derartige hygienische Unzulänglichkeiten hinter einem Nebelvorhang von Deodorants zu verbergen suchten und auf diese Weise

Stinkende Europäer

eine Art Verwesungsgeruch um sich verbreiteten, der selbst Fischweiber zu entsetztem Zurückfahren veranlaßte...

Notgedrungenermaßen sind unsere heimischen klimatischen Verhältnisse einer ganzjährigen Wasch- und Badetätigkeit nicht sehr förderlich, und Zeit- und Leistungsdruck tun ihr übriges. Wer nimmt denn schon nach orientalischer Manier nach jedem größeren Gang zur Toilette ein Sitzbad, wer im eiskalten Badezimmer eine ausgedehnte morgendliche Dusche, bevor er sich auf den 6-Uhr-Vorortzug schwingt? Kaum jemand, wie die Statistik erweist. Viele Bundesrepublikaner haben überhaupt keine Dusche oder auch nur ein halbwegs komfortables Badezimmer. In heißeren Gegenden würden wir uns bei diesem Lebenswandel jedoch alsbald sehr unangenehm fühlen und versuchen, die klebrige Körperbelastung so schnell wie möglich loszuwerden. Die meisten von uns tun es ja Gottseidank auch. **Ein Wasserscheuer hat in den Tropen nichts zu suchen!**

Trotzdem sollten wir nur so oft wie nötig und nicht so oft wie möglich ein (vorzugsweises Dusch-) Bad nehmen, weil jedes Bad die Haut auflockert und sie bei einem Zuviel des Guten schließlich überempfindlich machen kann. Dies gilt auch ganz besonders für das Einseifen, und man sollte es sich zur Angewohnheit machen, mit der Seife recht sparsam umzugehen: Eine komplette Einseifung pro Tag ist mehr als genug. Natürlich ist auch darauf zu achten, nach jedem Bad im Meer das Seesalz vom Körper abzuwaschen, da sich gerade bei Empfindlicheren bei zu langem „Einsalzen" leicht Entzündungen der Haut einstellen. Wichtig ist auf jeden Fall, nach jedem Bad den Körper sorgfältig und gründlich abzutrocknen, und auch Männer sollten zumindest von Körperpuder freizügig Gebrauch machen: Eine trockene und ein angenehmes Frischegefühl vermittelnde Haut ist durchaus kein feminines Merkmal oder Privileg.

Kosmetika und Hygiene

Kosmetika für die Frau sind in allen Ländern der Erde vorhanden, in denen ein offensichtlicher Unterschied zwischen Mann und Frau besteht. Allerdings entspricht das einheimische Angebot nicht immer unseren Qualitätsvorstellungen, und manche Mittel mögen auch von der Haut westlicher Frauen schlecht vertragen werden. Unsere Damen sollten sich für die Reisedauer deshalb besser einen ausreichenden (aber gesundgeschrumpften) Vorrat der gewohnten Kosmetika mitnehmen oder auf importierte Präparate zurückgreifen, die sich überall größter Popularität erfreuen (und entsprechend teuer sind). Ansonsten kann die europäische Frau und Mutter einem Tropenaufenthalt unbesorgt entgegensehen: Ihre biologischen Funktionen wie Menstruation, Schwangerschaft, Geburt und Stilltätigkeit vollziehen sich auf die gleiche, normale Art wie daheim.

Trotz vieler Unkenrufe ist es nirgendwo wirklich notwendig, wahrhaft klinikartige Hygieneverhältnisse zu etablieren. Es würde letzten

Endes ja auch auf Kosten unserer Lebens- und Ferienqualität gehen, denn in einer völlig antiseptischen Umwelt fühlen sich sicherlich die wenigsten Menschen auf die Dauer wohl. Tests mit Labortieren haben gezeigt, daß die Versuchskaninchen in einer klinisch sauberen Umgebung schon nach kurzer Frist miserabel eingingen. Übermäßige Bazillenangst macht manch einen kränker als die Bazillen selbst vermögen. Angst vor Schmutz jeder Art schließt streng genommen alle Kontakte mit der Natur aus. Was man jedoch mit striktester Konsequenz in allen Entwicklungsländern zu vermeiden wissen sollte, sind hustende Betthäschen, mehr oder weniger sanitäre öffentliche Einrichtungen, „malerische" Slums, Strände, die den Einheimischen als Freilufttoilette dienen, und Badewasser, ob in der See, im Fluß, oder in der Wanne, das nicht ganz „astrein" ist. Ich habe in manchen hygienisch rückständigen Ländern ein Brauchtum beobachten können, das ich pervers zu nennen geneigt bin, nämlich die Lust am Baden in Süßwasser, wie unsagbar verschmutzt dasselbe auch sein mochte, während man herrliches klares Seewasser, vielleicht nur ein paar Minuten weiter, aus unerfindlichen Gründen verschmähte. Sicherlich entfernt Salzwasser nur sehr unvollständig unseren Körperschmutz und -schweiß, aber keinem Tropenreisenden sollte es auch bei größter Hitze einfallen, sich an örtlichen Unsitten dieser Art ein böses Beispiel zu nehmen!

Die richtige Einstellung und Lebensführung

Es liefe dem generell sachlichen Konzept dieses Buches zuwider, wenn unter dieser Überschrift ein Versuch gemacht werden sollte, eine Basis für Philosophien und Wertmaßstäbe zu entwickeln und diese dem Reisenden zur Abrundung seines Weltbildes mit auf den Weg zu geben. Unsere Reiseziele und die Menschen, die wir dort vorfinden werden, sind derart vielgestaltig, daß es jedem einzelnen überlassen bleiben muß, sich seine Reisephilosophie nach höchst eigenen Vorstellungen und Eindrücken zurechtzuschmieden. Trotz gelegentlicher negativer Impakte beim Zusammentreffen mit anderen Völkern sollten wir nicht außeracht lassen, daß wir gerade von den „Primitiven" (falls wir mit solchen einmal zusammentreffen) mitunter noch viel lernen können. Denn jeder Stamm, auf wie tiefer Stufe er sich auch befindet, hat die Entwicklung und Erfahrung unzähliger Generationen hinter sich.* Wir müssen es aber nicht. Umgekehrt haben wir auch keine Berechtigung, uns immer und überall als Besserwisser und Lehrmeister aufzuspielen oder lauthals die Wunschvorstellung zu verkünden, „hier mal kräftig aufräumen zu dürfen". Wer Patentrezepte hat, kann sie gewöhnlich an Ort und Stelle in die Praxis umsetzen: Die meisten Entwicklungsländer stehen Deutschen, die sich permanent in ihnen niederlassen wollten, unter gewissen Bedingungen weit offen. Manch einer, der andererseits Sympathien für eine Lebenseinstellung empfinden mag, die sich nicht an

*Birket-Smith
„Geschichte
der Kultur"

**Besserwisser
und
Lehrmeister**

„bürgerliche Werte" wie Leistungs-, Erfolgs-, Konsum- und Termin-
zwang zu ketten scheint, sondern sich an Idealen wie Naturver-
bundenheit, Simplizität, Ruhe und Ausgeglichenheit orientiert und
uns manchmal den Unterschied zwischen Wissen und Weisheit demonstrieren wird, sollte jedoch realistischerweise zu erkennen vermögen, daß uns der Weg zu diesen erhabenen Zielen eben durch
die Gewohnheiten unserer eigenen Zivilisation fast immer verbaut
ist.

Wer es sich nicht abgewöhnen kann, die verschiedenen Kulturen,
die ihm auf Reisen begegnen, nach heimischen Leistungsprinzipien
oder nach ihren Besitzverhältnissen zu beurteilen, mag auf Ver-
gleichsebene vielleicht stellenweise persönliche Befriedigung empfinden − Freude machen wird ihm sein Urlaub oder Aufenthalt hingegen nicht. Wenn der Zug „so gegen 3 Uhr" abfahren soll und sich
gegen 6 Uhr zögernd in Bewegung setzt, wenn das Flugzeug wegen
einer technischen Panne „erst morgen" kommt, das Boot überhaupt
nicht, weil es umgekippt ist, sind wir vorläufig nicht in der Lage, das
Geschehen von einem objektiven Standpunkt aus zu verarbeiten,
weil unser Sinn für Ordnung und Dimensionen gestört ist: Wir ärgern
uns schwarz, und manche ärgern sich krank. **Kein tropisches
Land ohne seine schwitzenden, fluchenden, ungeduldigen,
entnervten Europäer!**

Erscheinungsbilder dieser Art sind als „tropische Neurasthenie"
bekannt. Klinisch versteht man darunter allgemeine Beschwerden
wie Reizbarkeit − in der Tat vor allem diese −, Kopfschmerzen,
Abgeschlagenheit, Appetitlosigkeit, Herzklopfen und Konzentra-
tionsschwäche. Bezeichnenderweise hat dieser Symptomenkom-
plex mit den Tropen spezifisch jedoch nichts zu tun, sondern er entspringt einer langdauernden Überbelastung durch die Umwelt, insbesondere in den zwischenmenschlichen Beziehungen und in der
Arbeitswelt, die uns unter dem modischeren Wort Streß besser bekannt ist. Ähnliche Erscheinungen finden sich auch bei Europäern in
ganz anderen Teilen der Erde, aber auch bei farbigen Gastarbeitern
in Europa. Man kann die Neurasthenie deshalb als Ausdruck der
modernen psychosozialen Spannungen in aller Welt ansehen und
nicht als „tropenbedingte Erkrankung"! Auf unseren Reisen ist sie
deshalb sicherlich das vermeidbarste Problem.

Wer länger in den Tropen lebt oder sie häufig bereist, sollte es sich
zur Angewohnheit machen, die Dinge, die oft unerwartet auf ihn zukommen (oder es trotz dringender Erwartung niemals tun), von einer
kishonesken Warte aus zu sehen. Durchaus zu empfehlen ist eine
Bemühung, sich klaglos in gewisse Unabänderlichkeiten zu fügen
und manche Schwachpunkte liebenswürdig oder zumindest bela-
chenswert zu finden, ohne sich unbedingt mit ihnen zu identifizieren
oder sie gar zur eigenen Gewohnheit zu machen.

Ein afghanisches Sprichwort ist repräsentativ für manche Un-
erklärlichkeit, auf die wir unterwegs stoßen mögen: „Was soll die Eile, wenn das Glück dir lacht; was nützt sie, wenn es dir nicht zur
Seite steht...?"

Was soll die Eile, wenn das Glück dir lacht...

Tropisches Haushaltsmanagement

Während man in den tropischen Großstädten moderne Wohnun-
gen mit Klimaanlagen und allem anderen Komfort vorfindet und das
Leben weitgehend dem in der Heimat gleicht, trifft man außerhalb
der Städte häufig noch hygienisch recht primitive Verhältnisse an.
Wer unter solchen Bedingungen seinen Hausstand etablieren will
oder muß, kommt nicht darum herum, selbst mit Hand anzulegen
oder von Einheimischen unter seiner Anleitung seine Wünsche verwirklichen zu lassen.

Eine Wohnung in den Tropen sollte möglichst hoch, günstig zur
vorherrschenden Windrichtung und trocken liegen. Vor allem ist
auch für ungehinderten und ausreichenden Luftzutritt zu den Wohn-
und Schlafräumen zu sorgen. Wer nur einen befristeten Aufenthalt
vorsieht, wird sich in einer simplen, gut durchlüfteten Eingeborenen-
hütte wahrscheinlich wohler fühlen als in einem dumpfen Gemäuer
mit der tropenüblichen Wellblechabdeckung. Sofern nicht das ganze Haus oder zumindest die Schlafzimmer durch Drahtgaze mük-
kensicher gemacht sind, sollte man wenigstens die Betten durch
Moskitonetze vor fliegendem Ungeziefer schützen. Der Vorteil, nicht
ständig von Insekten belästigt oder gefährdet zu sein, wiegt den
Nachteil etwas weniger guter Durchlüftung bei weitem auf.

Siehe auch
Seite 273

Das Mobilar sollte sich leicht reinigen und bewegen lassen;
schwere Polstermöbel sind unzweckmäßig und geben schon vom
Aussehen her den Eindruck, fehl am Platze zu sein. Desgleichen
verzichte man auf Tapeten, die allenfalls Insekten willkommene
Schlupfwinkel bieten. Warum sollte auch alles unbedingt wie daheim aussehen! Die einheimischen Hauseinrichtungen in der tropischen Welt sind oftmals an subtiler Eleganz nicht zu überbieten, billig, praktisch und bequem! Man sollte es sich überhaupt zur Angewohnheit machen, seinen einheimischen Nachbarn interessante
Details im Haushalt abzugucken — was einem davon nicht verwertbar erscheint, läßt man halt beiseite. Mit etwas gesundem Men-
schenverstand wird man sich jedoch manche brauchbare Anregung holen können, die der praktischen Erfahrung der mit ihrem Terrain vertrauten Bevölkerung entstammt.

Die rasche Verderblichkeit von Nahrungsmitteln in den Tropen
macht Konservierungsmaßnahmen dringend notwendig, und als
komfortgewohnter Mitteleuropäer kommt man bei längerem Aufenthalt wohl kaum ohne Kühlschrank aus. In Gegenden ohne Elektrizität kann man sich mit einem gasbetriebenen Kühlschrank behelfen.

Nahrungsmittel verderben schnell

Ein solches Gerät ist recht ökonomisch, strahlt aber erhebliche Wärme ab und muß deshalb an einer gut ventilierten Stelle untergebracht werden. Grundsätzlich verzichte man aber auf diese Art der „Romantik" und gebe einem Standort mit ausreichender Elektrizitätsversorgung (die in tropischen Ländern keineswegs so selbstverständlich ist wie bei uns) den Vorzug.

Ansonsten gelten für die Tropen natürlich in verstärktem Maße die gleichen allgemeinhygienischen Benimmregeln, die uns auch von daheim geläufig sind, und die vor allem in Küche und Bad sorgfältig befolgt werden müssen. Hauspersonal, das uns vielfach in Entwicklungsländern zur Verfügung steht, muß manchmal in einem schwierigen Lernprozeß in das komplexe Gefüge des westlichen Haushalts eingewiesen werden, und ständige Kontrolle ist immer ratsam.

Wie man das Personal behandelt

Ah, das „Küchenpersonal", für das schon Wilhelm Busch eine Schwäche bekundete! Um wieviel schwerer wäre das Leben in den Tropen ohne diese erbärmlich vergüteten, auf der untersten Sprosse der sozialen Leiter stehenden Helfer und Helferinnen, die wie zu Kaisers Zeiten klaglos die gesamte Dreckarbeit im Haushalt erledigen...

Sollten wir mit diesem Halbsklaventum, wenn uns die Gelegenheit gegeben wird, nicht energisch aufräumen oder zumindest eine der Arbeitsleistung angemessene und unserem Standard entsprechende Vergütung einführen? Lieber nicht. Wir würden uns nicht nur eines unberechtigten und unerwünschten Eingriffes in das feinnervige Sozialgefüge einer uns völlig unähnlichen Gesellschaft schuldig machen, sondern der oder die allso freundlich Bedachte würde uns auch für nicht ganz richtig im Kopf halten und sich auf der Stelle davonmachen. Außerdem kann man mit einem plötzlich auf Ministerialniveau aufgerückten Gehalt natürlich keine manuelle Hausarbeit mehr verrichten!

Mit etwas Einfühlungsvermögen in besondere nationale Mentalitäten und Rücksichtnahme auf Empfindlichkeiten und Tabus (Vermeidung von Direktheit oder Situationen, die – so in Asien – zu „Gesichtsverlust" führen können) wird sich leicht ein alle Beteiligten befriedigendes Verhältnis erreichen lassen. Seit ich mich permanent in tropischen Gefilden aufhalte, haben „Perlen" verschiedenster Beschreibung meinem Hausstand angehört, deren Bezahlung und Versorgung dem jeweils gültigen nationalen Standard angepaßt waren und die alles Geld der Erde nicht bewegt hätte, einen Job außerhalb der Grenzen ihrer Heimatprovinz oder gar im Ausland zu akzeptieren. Sie alle arbeiteten nur auf ein einziges Endziel hin: Heirat und die Gründung eines eigenen Hausstandes sowie der damit verbundenen Verfügungsgewalt über eine (sehr unsozial vergütete) Haushaltshilfe...

Kinderpflege

Wie an früherer Stelle bereits erwähnt, vertragen europäische Kinder das Tropenklima ausgezeichnet, solange für genügenden Schutz vor übermäßiger Sonne und den regional üblichen sowie auch von daheim bekannten Kinderkrankheiten gesorgt wird. Unter den speziell für die Tropen zutreffenden Pflegemaßnahmen sollte man besonders den folgenden Beachtung widmen:

●Ein gesunder Säugling hat in den Tropen einen großen Flüssigkeitsbedarf. Die Mutter kann davon ausgehen, daß ein Baby mindestens sechsmal am Tag nasse Windeln haben muß, und entsprechende Flüssigkeitszufuhr ist in Form von Fenchel- oder Hibiskustee, abgekochtem Wasser oder verdünnten Fruchtsäften zu gewähren. Wenn Milch zugefüttert werden soll, verwendet man am besten Milchpulver, das überall erhältlich ist. Kuhmilch darf nur im Notfall und sorgfältig abgekocht verabreicht werden, Ziegenmilch überhaupt nicht. Man sollte auch rechtzeitig mit Gemüsebeigaben beginnen (die durchaus nicht importiert sein müssen!).

●Säuglingswindeln müssen etwa zwölfmal am Tag gewechselt werden; tunlichst sollte man Papierwindeln benutzen. Man verwende auch stets reichlich Babypuder, das es selbst im kleinsten Dschungelweiler gibt. Kommt es zu kleinen Bläschen mit rotem Hof am Unterbauch und an den Oberschenkeln, so behandle man dieselben mit 70%igem Alkohol oder Kölnisch Wasser, anschließend mit Puder. Dieserart befallene Hautpartien sollte man nicht in Wasser baden, da sonst leicht eitrige Infektionen auftreten.

●Bei künstlicher Ernährung muß ganz besonders auf die Sauberkeit der Flasche und des Saugers geachtet werden: Die Flasche darf nie offen stehen gelassen werden, und der Sauger ist stets auszukochen. Die Nahrungszubereitung und Fütterung sollte die Mutter selbst erledigen oder nur von einwandfrei bewährten einheimischen Helfern vornehmen lassen.

●Säuglinge sollten tunlichst nicht auf längere Überlandreisen mitgenommen werden. Staub, Hitze, Infektionsgefahr, holprige Straßen und der ständige Ortswechsel machen die Kinder unzufrieden und schließlich krank, bestenfalls aber zu einer Last für ihre Mütter. Wenn eine Reise schon gemacht werden muß und man kehrt zum Ausgangsort zurück, sollte man sich überlegen, einen Säugling in der Zwischenzeit in einer guten Kinderklinik versorgen zu lassen (wo man ihn als einzigem Nichteinheimischen mitunter zum Hahn im Korbe päppeln wird).

●Kleinkinder müssen in malariaverseuchten Gebieten vom 6. Monat ab nach ärztlicher Anweisung regelmäßig Antimalariamittel nehmen. Es darf auch nicht vergessen werden, die Malariaprophylaxe bei Säuglingen und Kleinkindern bei Rückkehr aus den Tropen noch 4 Wochen lang konsequent fortzuführen, um einen verspäteten

Ausbruch zu verhüten. Eltern sollten sich vor der Ausreise auch rechtzeitig hinsichtlich eines durchzuführenden Gesamtimpfprogramms mit einem Kinderarzt verständigen. Vor Ort ist Schutz vor Insekten wie Moskitos und Ameisen eine der vordringlichsten Maßnahmen. Man achte auch darauf, Kleinkinder vom Fußboden fernzuhalten und lasse sie nicht überall barfuß laufen. Haustiere jeglicher Art sind für Kinder keine geeigneten Spielgefährten, von der Unsitte, sich in den Tropen wilde Tiere als Statussymbol zu halten, ganz zu schweigen.

●Bei vorhandenen Schulmöglichkeiten (deutsche Auslandsschulen oder gute fremdsprachliche Institutionen) wird allerseits empfohlen, die Ausbildung Jugendlicher im Lande selbst vornehmen zu lassen und gegebenenfalls durch Fernkurse zu ergänzen. Einem Kind wird gewiß kein großer Gefallen getan, wenn man es von seinen Eltern trennt, um es im Heimatland zur Erziehung zu schicken.

RICHTIG ESSEN UND TRINKEN IM HEISSEN KLIMA

Was man über die Ernährung wissen sollte

Der menschliche Organismus setzt sich aus rund 40 Billionen Körperzellen zusammen – nun, ein paar Millionen mehr oder weniger. Jede dieser Zellen kann man sich als winzige chemische Fabrik vorstellen, die Nährstoffe in Substanzen umwandelt, welche der Körper für seine unzähligen Funktionen benötigt. Abgesehen von Luft und Wasser ist es nur unsere Nahrung, die uns am Leben hält.

Die Ernährungswissenschaften haben in den letzten Dekaden enorme Fortschritte gemacht. Doch viele der glänzenden neuen Entdeckungen haben die breite Öffentlichkeit überhaupt nicht erreicht, oder sie wurden einfach nicht akzeptiert. Manche Doktrinen, so die Kalorienlehre, stellten sich auch als fehlerhaft heraus, andere – richtige – fielen industriellen Interessen und dem damit verbundenen Druck auf den Verbraucher zum Opfer. Kaum ein Segment unseres täglichen Lebens ist derart mit Unwissen und Widerspruch durchsetzt wie das Thema Ernährung.

Viel mehr als in den sogenannten fortschrittlichen Ländern lassen sich unter den vorindustriellen Bevölkerungen der Tropen Einsichten gewinnen, was gesunde Ernährung ist, und was nicht. Alt – sehr alt – zu werden und dabei im Vollbesitz der körperlichen und geistigen Kräfte zu bleiben: das kann man, allen Statistiken zuwider, vielerorts in tropischen Ländern noch beobachten, in denen „traditionelle" Ernährungsmethoden bis auf den heutigen Tag beibehalten wurden. Der Besucher staunt dann, denn seine Medien hatten ihm suggeriert, daß überall in den Tropen Hunger und Elend herrschten, und die 70jährige Oma mit kompletten eigenen Zähnen läßt ihn sich fassungslos an den Kopf greifen.

Proteine

Der immer wieder heraufbeschworene Schwarze Peter ist der böse Eiweißmangel. Natürlich braucht unser Körper Proteine (= Eiweißsubstanzen) zum Überleben; sie sind seine Baustoffe. Grundsätzlich nimmt der menschliche Organismus alle Proteine an, gleich ob pflanzlicher oder tierischer Herkunft. Er verarbeitet diese im Verdauungstrakt zu Aminosäureverbindungen, welche den Zellen zugeführt werden, die aus ihnen wiederum neue, jeweils erforderliche Proteine machen. Es gibt unendlich viele verschiedene Proteine, doch lediglich acht Aminosäuren, simple chemische Verbindungen von C, H, N, O und mitunter S, sind für den Umbau von Nahrungs- zu Körperproteinen nötig. Man hat es sich in Ländern mit relativ hohem Fleischkonsum wie etwa Deutschland zur Angewohnheit gemacht, und diesen Usus fast zum Dogma erhoben, die in Fleisch, Milch und Eiern enthaltenen Aminosäuren gegenüber anderen als „biologisch wertvoller" zu bezeichnen. Diese Ansicht entspricht nicht den Tatsachen, obwohl sie auf der – korrekten – Voraussetzung beruht, daß pflanzliche Proteine in weitaus geringerem Maß zur Verfügung stehen und daß vegetarische Nahrung folglich oft essentieller Elemente, darunter wiederum Proteine, entbehrt.

Dies mag auf Länder zutreffen, in denen die Versorgung mit vielseitiger pflanzlicher Nahrung nicht ganzjährig gewährleistet ist. Doch in den Tropen – zumindest dort, wo sich eine üppige Flora ausbreitet – läßt sich dieses „Dogma" nicht halten. Wertvolle Proteine gibt es in Sojabohnen, Erdnüssen, Kartoffeln und anderen Knollengewächsen, in den meisten (unverarbeiteten) Getreiden, in Nüssen und in Hülsenfrüchten. Millionen von Menschen leben nur von dieser Pflanzenkost, und es geht ihnen durchaus gut dabei. Einige Stämme auf Neuguinea ernähren sich gar nur von Süßkartoffeln und deren Blättern. Offenbar enthält diese Nahrung alles Lebensnotwendige, denn die Stämme sind bei bester Gesundheit, wie Forscher herausfanden. Es hat sich in den letzten Jahren auch immer mehr herausgestellt, daß der menschliche Proteinbedarf weit überschätzt worden ist. Moderne Ernährungswissenschaftler sprechen Kohlehydraten und Fetten weit wichtigere Rollen zu und kommen darin überein, daß 30 g Protein am Tag eine komfortable Obergrenze darstellen. Allerdings muß diese Portion alle acht essentiellen Aminosäuren enthalten, um voll zur Wirkung zu kommen; die restliche Energie für die Zellen liefern dann die Kohlehydrate und Fette. Die ersteren stellen die reinste und unmittelbarste Energiequelle dar, und sie werden vom Organismus auch ganz deutlich bevorzugt. Dies äußert sich insofern, als Kohlehydrate säuberlich „verbrannt" werden und dabei nur zwei Nebenprodukte anfallen, derer sich der Körper leicht entledigt: Wasser und Kohlendioxyd. Fette und Aminosäuren erzeugen hingegen relativ komplexe Abfälle, die das körpereigene Entsorgungssystem unnötig und übermäßig belasten können.

Kohlehydrate   Kohlehydrate sind das Warenzeichen der Pflanzenwelt. Über die Hälfte des Trockengewichts der meisten Pflanzenarten setzt sich aus diesen Substanzen zusammen, die wir mit Früchten, Gemüsen, Getreiden und sonstiger vegetabiler Nahrung zu uns nehmen. In ihrer Grundform bestehen Kohlehydrate aus Kombinationen von Zuckermolekülen, die in langen Ketten „Stärke" bilden – nomen est omen. Kohlehydrate geben Power. Sie sind keine „leeren Kalorien", die uns lediglich „voll" und letztlich dick machen – solange wir uns an die „richtigen" Kohlehydrate halten. Reiner Tafelzucker zum Beispiel, der uns seit ewig und immerdar als großartiger und wertvoller Energiespender angepriesen wird, taugt überhaupt nichts. Unser

Organismus scheint seit Urzeiten darauf programmiert zu sein, komplexe Zuckerverbindungen, wie sie in Pflanzen vorkommen, in ihre Komponenten zu zerlegen und diese dann für die Energieumwandlung zu verwenden. Werden diese Komponenten bereits in ihrer isolierten Form angeliefert, vermag der Körper nichts mit ihnen anzufangen. Es ist so, als wolle man einen Dieselmotor mit Benzin betreiben, oder ein Radio mit Schallwellen: die finalen Extrakte haben keine Wirkung. Über einen Push hinaus, vergleichbar mit einem Strohfeuer, liefern sie keine dauernde Energie. Sie können von den Verdauungsenzymen nicht abgebaut werden und bewirken letzten Endes genau das Gegenteil von dem, wofür sie ursprünglich vorgesehen waren: Einen rapiden Abfall des Blutzuckerspiegels, mit einhergehender Müdigkeit und Abgeschlagenheit. Konträr hierzu hält ein „lebendes" Kohlehydrat den Organismus lange beschäftigt und führt ihm ständig Energie zu – abgesehen von Vitaminen und Mineralstoffen, die der menschengemachten Süßigkeit völlig abgehen. Isolierte Zucker, haben Fachleute erkannt, hemmen die Verdauung. Man verwende sie am besten nicht.

Fette Fette sind konzentrierte Energiereservoire, Katalysatoren, chemische Binder und Konservierer und als solche in unserem Speiseplan unverzichtbar. Solange wir Fetten die Gelegenheit geben, sich auf ihre elementaren Rollen zu beschränken, machen sie uns – einer landläufigen Annahme entgegen – auch nicht fett. Wer ganz ohne sie auszukommen glaubt, wird bald feststellen, daß er sich und seiner Küche eine unnötige Mühseligkeit aufgehalst hat.

Ballaststoffe sorgen dafür, daß der Verdauungstrakt mit seinem meterlangen Darmschlauch und seiner ganzen komplexen Apparatur etwas Handfestes zu tun hat; denn er ist seit Urzeiten, als es auf unseren Speisezetteln noch rauh zuging, auf Arbeit eingerichtet und benötigt wahrscheinlich noch Jahrhunderte, um sich an eine runde Mahlzeit in Pillenform zu gewöhnen! Ballastreiche Nahrung, auf einen Nenner gebracht, ist unverfeinerte Nahrung: Vollkorn, Knackiges wie Sellerie und Obst mit der Schale; fast alles, was sich nur mit einigem Aufwand kauen, schlucken und verdauen läßt.

Doch erst Vitamine und Mineralstoffe bringen die bis hierher beschriebene Maschinerie zum Ticken. Ohne sie kommt es zu Störungen und Stockungen im Getriebe, und erst das Wissen, was diese Stoffe für uns tun können, beschert uns optimale Gesundheit – solange wir es in die Praxis umsetzen können. Auf Reisen und unter erschwerten Bedingungen mag es sich mitunter als schwierig erweisen, den Anforderungen unseres Körpers gerecht zu werden. Die folgenden zwei Abschnitte vergleichen deswegen unter anderem nichttropische und tropische Verhältnisse aus der Sicht dieser Notwendigkeiten.

Quellen elementarer Ernährung in den Tropen

Proteinmangel, das große Dilemma der Dritten Welt, kann natürlich auch für den reisenden Europäer zur ernsten Dimension werden, wenn er sich mit schmaler einheimischer Kost über die Runden bringt. Möglicherweise freut er sich über seinen eintretenden Gewichtsverlust, ohne zu ahnen, daß seine Leber und vor allem sein Kreislauf, im heißen Klima ohnehin oft schon auf Hochtouren, die Überforderung schließlich mit unmutigen Reaktionen beantworten mögen. Der Zivilisationsüberdrüssige sollte die „dekadenten" Proteine der westlichen Luxusgesellschaften aus diesen Überlegungen heraus dann doch lieber nicht von seinem Speisezettel verbannen, sondern im eigenen Interesse die Tradition aufrechterhalten.

Das ist selbst bei gutem Willen nicht immer einfach. Zwar decken zwei Gläser Milch unseren Proteinbedarf für 24 Stunden, aber es gibt Länder, in denen Frischmilch so gut wie überhaupt nicht existiert.

Eier und Fleisch sind vielfach Luxusartikel, letzteres trotzdem oft von miserabler Qualität. Wer die roh behauenen, von Fliegen umschwärmten und von Straßenkötern beschnüffelten Fleischbrocken auf dem tropischen Markt einmal gesehen hat, dürfte für den Rest seines Lebens von Gelüsten auf Waren dieser Art in tropischen Ländern befreit sein. Zwar lassen sich fast überall importierte Fleischkonserven auftreiben (Corned Beef ist annähernd allgegenwärtig),

Proteinquelle Seegetier

aber es muß ja nicht immer Fleisch sein! Alles Seegetier, von dem tropische Küstenstriche gelegentlich überquellen, stellt eine erstklassige Proteinquelle dar, die sich mit Eiweißprodukten pflanzlicher Herkunft wie Erdnüssen, Sojabohnen, Algensalaten und Kokosfleisch vorzüglich ergänzen läßt. Nur wer sich weit im tropischen Inland bewegt, sollte besser daran denken, einen unverderblichen Vorrat proteinhaltiger Kost mitzuführen, um nicht unversehens in eine Notlage zu geraten.

Kein Mangel an Kohlehydraten

An kohlehydrathaltiger Nahrung herrscht in den Tropen gewöhnlich kein Mangel. Wie zu Eingang dieses Kapitels vermerkt, müssen wir jedoch sorgfältig differenzieren, auf welche Lebensmittel dieses Prädikat anwendbar ist. Der Unfug, statt Brot, Kartoffeln oder Obst Kohlehydrat zu sagen, nur weil diese Nahrungsmittel u.a. Kohlehydrate enthalten, stammt aus der überholten Denkart der alten Kalo-

*Bruker „Unsere Nahrung – unser Schicksal"

rienlehre.* Wir haben uns deshalb in der Praxis im Einzelnen mit dem Wert der jeweiligen Nahrungsstoffe zu befassen. Ganz zuunterst auf der Skala steht der zuvor erwähnte Raffineriezucker in allen Formen, dann Auszugsmehle, geschälter Reis und der größte Teil industriell verarbeiteter Nahrungsmittel. Zuoberst stehen unbehandelte Getreide, Gemüse, Obst und Früchte. Dort, wo die Tropen grün sind, fehlt es vor allem an den letzten drei Kategorien kaum einmal. Im Gegenteil: Der Umstand, daß Anbau und Ernte keinen grundsätzlichen jahreszeitlichen Einschränkungen unterworfen sind, macht zahlreiche landwirtschaftliche Produkte, nicht zuletzt auch wilde Pflanzen, ganzjährig verfügbar. Früchte und Gemüse sind jedoch nicht überall in einem Umfang zu haben, den man vielleicht unwissentlich als gegeben voraussetzt. In manchen Orten ist eine schlichte Banane sogar teurer als in einem deutschen Kaufhaus. Geographische Gegebenheiten, klimatische Bedingungen und Bevölkerungsdichte spielen hier eine wesentliche Rolle, und der unternehmungslustige Reisende sollte diese Faktoren in seine Planungen einbeziehen.

Überall wo man kocht und brät, findet man Fette zum Kochen und zum Braten. Ihre Beschaffung ist deshalb recht unproblematisch. **Hochwertige Pflanzenfette** Hochwertige natürliche Pflanzenfette sind die Kaltextrakte von Früchten der Öl- und Kokospalme, Erdnüsse, Sojabohnen, Avocados und Oliven, um ein paar tropische und subtropische Quellen aufzuzählen. Butter ist durchweg rar, wenn sie auch hier und dort als aufbereitetes, ziemlich unschmackhaftes Kunstprodukt oder als salzige Dosenmasse in Erscheinung tritt. Margarine und mehr oder weniger hochwertiges Speiseöl sind dagegen in jeder besseren tropischen Küche zu finden. Vielfach wird sogar, sehr zum Leidwesen ausländischer Besucher, nur mit Öl gewirtschaftet.

Was Vitamine und Mineralstoffe für uns tun und wo wir sie in den Tropen finden

Wer durch tropische Regionen reist, in denen es mit der Volksgesundheit anscheinend nicht zum besten bestellt ist, wird zu dem Ergebnis kommen, daß es mit der Vitaminversorgung hapert. Vielfach ist reine Ignoranz oder das Festhalten an überholten Traditionen schuld, oft leider auch ein Umstieg auf die vermeintlich feine westliche Lebensart und ihre wahrlich verfeinerten Produkte. Sind wir selbst auf diesem Sektor hinreichend aufgeklärt? **Die Vitaminversorgung stimmt oft nicht**

Wenn man beobachtet, was manche Leute hierzulande klaglos in sich hineinschaufeln, erübrigt sich die Antwort. Die Verindustrialisierung unserer Nahrung nimmt unaufhaltsam zu. In John Steinbecks epischem Werk „Früchte des Zorns" aus dem Jahre 1939 wird „ein Stück Kuchen, das gleich einem Maschinenteil mit einem Warenzeichen versehen war", noch mit Abscheu erwähnt. Heute ist ein Produkt dieser Beschreibung Selbstverständlichkeit auf unseren Tischen. Nicht umsonst haben die Amerikaner, von industriellem Futter überschüttet wie kein anderes Volk der Erde, den Ausdruck „junk food" geprägt (und trotzdem herzlich wenig gelernt). Viele Menschen setzen vitaminreiche Kost gleich mit einem deftigen Essen. Dabei haben Vitamine mit Kalorien nichts zu tun. Sie stehen auch keineswegs auf der Vorrechtsliste von Reformhauswunderlingen. Wir alle benötigen sie, um unsere Gesundheit zu erhalten und fit zu bleiben. Nach Möglichkeit in ihrer natürlichsten Form und zusammen mit Mineralstoffen. Was tun diese Wunderstoffe für uns?

Vitamin A hält Augen, Zähne, Knochen, Haut und Schleimhäute optimal gesund und funktionell. Es gibt uns bessere Nachtsicht und schützt unsere Haut vor Infektionen und Überalterung. Quellen sind Leber, Eigelb, Vollmilch, Butter und Käse. Karotin, eine Vorstufe, die vom Körper metabolisiert wird, kommt in den meisten dunkelgrünen Blattpflanzen vor, ferner in gelben Früchten wie Mango, Papaya, Persimmone und Melone sowie in grünen und gelben Gemüsearten wie Squash, Karotten, Tomaten, Avocados, grünen Bohnen, Süßkartoffeln, Mais, Farnen und Algen. Bei aller Nützlichkeit darf die tägliche Einnahme dieses Vitamins keinesfalls 50 000 Einheiten überschreiten; von diesem Wert an stellen sich rasch eher schädliche Wirkungen ein.

Vitamine werden in der Regel nach Internationalen Einheiten (IE) bemessen. 1 IE entspricht 1,5 Milligramm.

Die B-Vitamine: Der aus mindestens neun Vitaminen bestehende B-Komplex unterstützt die Umsetzung von Nahrung in Energie, erhöht unsere Widerstandsfähigkeit gegen Krankheiten, schützt unsere Haut, Schleimhaut und Augen und hält Nerven, Magen, Darm und Muskulatur intakt. Ohne Vitamine dieser Gruppe werden Haut, Haar und Auge alsbald stumpf, und wir ermüden rasch.

Der gesamte B-Komplex ist in Fleisch, Fisch, Geflügel, Milch und Eiern enthalten, insbesondere jedoch in Leber und anderen Innereien. B_1 und B_2, an denen wir auch zu Hause leicht Mangel leiden, finden wir inSchweinefleisch, Leber und Nieren, Vollkornprodukten, Haferflocken, Nüssen, Melonen- und Kürbiskernen und in Melasse und Zuckerrohr, letzteres ein überaus häufiges tropisches Produkt. Auch rohes oder gekochtes grünes Blattgemüse gibt eine wertvolle Quelle ab.

Es ist bisher noch nicht gelungen, den gesamten natürlichen B-Komplex zu synthetisieren, und die regelmäßige Einnahme entsprechender Nahrung ist daher von größter Bedeutung für unsere Gesundheit. Die einen oder anderen in diesem Absatz aufgeführten Nahrungsmittel sollten deshalb mit einiger Permanenz, gleich wo auf der Welt, Teil unseres täglichen Speiseplans sein.

Vitamin C: Dieses sicherlich bekannteste Vitamin erhält die Gesundheit von Knochen, Zähnen und Zahnfleisch, Haut, Nägeln und Blutgefäßen; es fördert die Wundheilung, regt den Stoffwechsel an und erhöht wahrscheinlich unsere Widerstandskraft gegenüber Erkältungen und anderen Infektionen sowie Allergien und Vergiftungen. Vitamin C ist wasserlöslich und kommt reichlich in allen Zitrusfrüchten und den meisten anderen tropischen Obstarten, in Gemüsen wie Tomaten, Paprikaschoten, Rettich, Kohl und Süßkartoffeln sowie in zahlreichen grünen Salatpflanzen vor. Gerade dieses Vitamin ist besonders empfindlich gegen Luft-, Licht- und Hitzeeinwirkungen. Es kann folglich sehr leicht „verwaschen" und „zerkocht" werden, und entsprechende Sorgfalt ist bei der Zubereitung vitaminreicher Speisen geboten: Früchte werden vorzugsweise roh verzehrt, Gemüse wird – nach asiatischer Sitte – nur kurz angekocht, und alle Produkte werden möglichst umgehend verzehrt.

Vitamin D: Eine chemische Vorstufe dieses hochwichtigen Vitamins sitzt uns in Form eines Stoffes namens 7-Dehydrochloresterin buchstäblich unter der Haut und wird durch Sonneneinwirkung in Vitamin D umgewandelt, das vor allem zum Aufbau der Knochen notwendig ist. Mangelt es dem Körper daran, kann es zu Rachitis und Knochenerweichung kommen. Zuviel davon beschert ihm Abmagerung, Verstopfung, Nierensteine und/oder hohen Blutdruck. Der dunkle Farbstoff Melanin schirmt die tieferen Hautschichten gegen UV-Strahlung ab und bewahrt den Körper gleichzeitig vor einer schädlichen Überproduktion von Vitamin D. Somit sind unsere diesbezüglichen Erfordernisse in den sonnenreichen Tropen gut ausbalanciert. Menschen, die von Natur aus eine dunkle Haut haben, sind dagegen insofern benachteiligt, als ihr Körper weniger Vitamin D produziert. Ein Grund, weshalb farbige Völker eine größere Anfälligkeit für Rachitis und Skelettdeformierungen besitzen. Wer genauer hinschaut, wird feststellen, daß es in den Tropen weit häufiger krumme Beine gibt als bei uns.

Vitamin E: Gesundheitsfans haben in letzter Zeit alle möglichen wundersamen Eigenschaften in dieses Vitamin hineininterpretiert. Nicht zuletzt wohl deshalb, weil es hilfreich bei der Produktion von Sexualhormonen zu sein verspricht. Gesichert ist, daß es allen frommen Glaubens und den Sprüchen der Werber zuwider keine Wirkung gegenüber Potenzproblemen, Herzanfällen und den Auswirkungen der Umweltverschmutzung hat. Vitamin E existiert in einem derart breiten Spektrum in unserer Kost, daß Mangelerscheinungen so gut wie unmöglich sind. Zweifler seien nichtsdestoweniger auf Pflanzenfette, Vollkorn, Sojaprodukte und grüne Blattgemüse hingewiesen.

Vitamin K übt eine Kontrollfunktion bei der Blutgerinnung aus und verhindert somit, daß wir zuviel von dem kostbaren Saft verlieren, wenn wir einmal „leckschlagen". Es wird von den körpereigenen Darmbakterien erzeugt und benötigt gewöhnlich keine externe Zufuhr. Ausnahme: Eine Behandlung mit Antibiotika kann den K-produzierenden Bakterien ungewollt den Garaus machen. Joghurt, Alfalfa oder Meeresalgen auf dem Speiseplan stellen sie wieder her.

Kalzium baut zusammen mit Phosphor Knochen und Zähne auf, beeinflußt die Funktion von Muskeln und Nerven, beschleunigt die Wundheilung und die Absorbierung von Eisen. Wir finden Kalzium in Milch und assoziierten Produkten, zahlreichen grünen Blattgemüsearten, Eierschalen, Melasse, in Fischgräten und in den Knochen von Wild und Geflügel.

Kalziummangel ist auch bei uns daheim weit verbreitet, obwohl drei Glas Milch oder 50 g Käse am Tag jeden Mangel bereits ausschalten würden.

Eisen gehört zu den Bestandteilen unseres Blutfarbstoffes. Ohne Eisen auch keine Energie. Eine ausreichende Tagesration dieses Elements läßt sich ohne komplizierte Berechnungen in den Körper aufnehmen, wenn man seine Nahrung, wie vielerorts in Ostasien, in einer chinesischen Gußeisenpfanne („wok") zubereitet. Als gebundener Bestandteil findet sich Eisen in Leber, Nieren, Eigelb, magerem Fleisch, Aprikosen, Austern, Schnittlauch, rohen dunkelgrünen Blattgemüsen (Spinat, Petersilie), Vollkorn, Erbsen, Rosinen, Dörrpflaumen und Melasse, um nur einige Quellen zu nennen. Vor allem Frauen sollten es sich zur Gewohnheit machen, eine stark mit diesem Element angereicherte Nahrung zu sich zu nehmen.

Magnesium wirkt zusammen mit B_6 und Kalzium als natürliches Beruhigungsmittel. Es ist außerdem für Knochen, Zähne und Energieumsetzung verantwortlich. Wir finden Magnesium in fast allen eisenhaltigen Nahrungsmitteln.

Jod steuert die Funktion der Schilddrüse und verhindert Kropfbildung. Es existiert in praktisch allem, was das Meer uns bietet.

Natrium, Kalium und Chloride kontrollieren den Wasserhaushalt unseres Körpers NaCl, Kochsalz, findet sich auf jedem Tisch, Kalium ist in grünen Blattgemüsen, Vollkorn, Nüssen, Fleisch und Fisch, Erbsen, Milch, Gemüse und vor allem Bananen enthalten.

Phosphor geht in weiter Hinsicht Hand in Hand mit Kalzium.

Spurenelemente erfüllen hier und dort in unserem Organismus kleine, aber hochwichtige Funktionen. Sie sorgen unter anderem für gesunde Haut und Haare, geben unserem Blut die richtige Zusammensetzung und halten unsere Widerstandskraft gegenüber Infektionen aufrecht. Zu finden sind sie insbesondere in Meeresfrüchten, Fleisch und Innereien, Eigelb, Vollkorn, grünen Kräutern (vor allem Petersilie und Brunnenkresse) und in hartem oder „alkalischem" Wasser.

Zusammenfassend läßt sich zu dem Ergebnis kommen, daß wir mit einiger Sorgfalt bei der Vor- und Zubereitung (bzw. bei der Bestellung) unserer Speisen annähernd überall in den Tropen gesund und ohne Mangelerscheinungen leben können, oftmals sicherlich gesünder als unter dem Dauerbeschuß durch chemische und andere industriell aufgearbeitete Stoffe in „zivilisierten" Regionen. Aus diesem Grunde ist auch die zusätzliche Einnahme von Vitaminpräparaten unter normalen Umständen keineswegs vonnöten. Ungewollte Überdosierungen können sogar gefährlich sein: Von Vitamin A und D weiß man es, von C nimmt man es an. Unsinnig ist es ebenfalls, mittels Vitamintabletten Wohlergehen herbeizaubern zu wollen, wenn man — freiwillig oder unfreiwillig — auf das Essen verzichtet, denn der größte Teil aller Vitamine kann nur zusammen mit

Detaillierte Angaben für tropische Wildpflanzen siehe Seite 238 ff.

Vitamintabletten sind meistens unnötig

Nahrung aufgeschlossen werden. Nur wer gezwungen ist, sich für längere Zeit sehr einseitig zu ernähren, sollte auf diese Präparate zurückgreifen und ihre Mitnahme einplanen.

Wo essen, wo nicht? Was essen, was nicht?

Grundsätzlich gilt für die unterentwickelte Welt, daß die Nahrungsversorgung nach einem unseren Vorstellungen halbwegs entsprechenden Standard von der Stadt zum Land hin rapide primitiver wird. Auf dem Lande läßt sich mitunter überhaupt nichts Eßbares finden. Im Gegensatz dazu mangelt es in den großen, international (oft deutsch oder schweizerisch) geführten Hotels durchweg an nichts. Wenn Ihnen danach ist, können Sie an den unmöglichsten Plätzen der Welt mit westfälischem Schinken, Wiener Würstchen und bayerischem Bier ein Heimatessen einlegen. Das setzt natürlich Ihre Bereitschaft voraus, für diese Exotika etwas tiefer in die Tasche zu greifen. Was in Ordnung ist, denn Artikel dieser Art sind gewöhnlich unter großem Aufwand herangeschafft worden, die sich der Gastgeber bezahlen läßt. Ärgerlich ist es dagegen, sich erwartungsvoll „Fruit Tropical Suprême" für $ 1,25 zu bestellen und eine Banane serviert zu bekommen, die auf dem Markt nebenan nur ein paar Pfennige kostet.

Was man in tropischer Wildnis essen kann, steht auf Seite 238ff.

Der Reisende, den solche Erfahrungen verärgert aus der relativen Sicherheit des Hotelspeiseplans auf die Straße treiben, sieht sich an Plätzen mit mehr Volksverbundenheit häufig einem neuen Problem gegenüber: Er versteht die Speisekarte nicht, sofern es überhaupt eine gibt. Und den Kellner erst recht nicht. Man radebrecht herum, kommt aber schließlich doch auf einen Nenner — und erhält etwas ganz anderes als das einheimische Gericht, mit dem man am Nebentisch geliebäugelt hatte. Im Bemühen, es dem ausländischen Besucher möglichst recht zu machen, hat man nämlich eine pseudo-europäische Mahlzeit komponiert, die weder Fleisch noch Fisch ist und entsprechend schmeckt.

Daß in anderen Ländern andere Sitten herrschen, macht sich gewiß zu allererst am Eßtisch bemerkbar. Hier werden wir feststellen, daß andere Völker sogar ganz andere Geschmackspapillen auf der Zunge zu haben scheinen. Wenn wir folglich auch etwas Familiäres auf der Speisekarte entdecken, können wir noch lange nicht damit rechnen, daß die Mahlzeit in ihrer Zusammensetzung, in ihrem Aussehen, vom Geschmack ganz zu schweigen, unseren Vorstellungen von gewohnter Hausmannskost entspricht. Das kann schon beim simplen Spiegelei beginnen, das man z.B. auf den Philippinen morgens erst einmal unbekümmert kalt werden läßt, bevor man es verspeist. In den meisten Fällen ungesalzen. Dafür streut man Salz auf den Apfel. Meinem einheimischen Hauspersonal, das eine ausgesprochene Vorliebe für Gepfeffertes hat, wollte ich einmal mit sehr teurem importierten Pfefferkuchen eine weihnachtliche Freude be-

Andere Länder andere Sitten

reiten. Zwar hatte ich schon Abweisungssymptome aller Art gesehen, aber auf dieses Würgen und Spucken war ich dann doch nicht vorbereitet...(Ein guter Happen Margarine beruhigte jedoch schließlich die verstörten Gemüter wieder!)

Das beste, was man in unbekannten Lokalitäten tun kann, ist, sich an den Nebentischen, ja selbst in der Küche, persönlich nach etwas ansprechendem Eßbaren umzusehen. Wenn man sich nicht zu plump dabei anstellt, wird einem die Topfguckerei nirgendwo übelgenommen.

Ruhig mal in die Töpfe schauen

Über das Kernproblem mangelnder Sauberkeit und Hygiene bei der Essenszubereitung in tropischen Gefilden ließen sich Bände schreiben, und viele sind in der Tat geschrieben worden. Manche ernst mahnend, andere bagatellisierend. Hier Gevatter Tod im Kopfsalat, dort gottgegebener „organischer" Schmutz.

Die Erwähnung des Kopfsalats erfolgt nicht von ungefähr. Bei uns heimische Pflanzen, die auch in den Tropen angebaut werden, sind dort weitaus anfälliger für Krankheits- und Schädlingsbefall und müssen deshalb besonders intensiv gedüngt und mit Insektiziden behandelt werden. Da Kunstdünger für den tropischen Kleinbauern oft unerschwinglich ist, wird die kostbare Pflanze auf natürliche Art gedüngt. Das mag ihr guttun, uns aber nicht. Anders als seine Kollegen in den Industrieländern, deren Tun zumindest einem Minimum an Kontrollen unterliegt, ist der tropische Bauer auch hemmungsloser im Umgang mit Chemikalien. Sei es aus Ignoranz oder aus Bequemlichkeit. Und schließlich verleitet die Notwendigkeit intensiver Konservierungsmaßnahmen die Großproduzenten von Nahrungsmitteln zu brutalen Methoden – manches Tropensandwich würde einen Geigerzähler zum Ticken bringen. Auf Nahrungsmittel dieser Art, die zudem oft einen langen Weg aus kühleren Hochlandregionen hinter sich haben und dadurch nicht sauberer geworden sind, verzichten wir am besten völlig. Aber auch einheimische Früchte und Gemüse, auf öffentlichen Märkten eingekauft, bedürfen besonderer Sorgfalt bei der Zubereitung für die Ernährung, denn „Bitte nichts berühren" kennt man auf einem tropischen Markt nicht. Da wird betastet, befummelt, ge- und erwogen, aufgenommen und liegengelassen. Und die Schicht der Fingerabdrücke wird dabei immer dicker. Obst sollte man vor dem Verzehr sorgfältig reinigen, rohes Gemüse nach der Säuberung kurz in kochendes Wasser tauchen, auch wenn ein paar Vitamine dabei verloren gehen.

Natürlicher und chemischer Dünger

Auf tropischen Märkten wird viel befummelt

Mehr als 90% der Erdbevölkerung bezieht ihre Stärkeversorgung aus Weizen, Reis und Mais; tropische Völker vornehmlich aus den beiden letzteren Grundnahrungsmitteln. Die Gefahr einer allzu einseitigen Ernährung und des damit verbundenen Auftretens von Mangelkrankheiten ist dadurch ständig gegeben – und gewöhnlich völlig unnötigerweise.

Das ausschließliche Essen von Reis, allenfalls mit einem kleinen Fisch oder Schnipsel Fleisch dazu, wird vielerorts in den Tropen, besonders in Asien, mit größter Unabbringlichkeit praktiziert. Und Anregungen besorgter Regierungen, besserwissender Ernährungsfachleute und wohlmeinender Ausländer, es doch einmal mit einer ausgewogeneren Kost zu versuchen, werden verächtlich in den Wind geschlagen. Reis im Bauch, das weiß man aus eigener Erfahrung, macht stark. So war es schon immer. Und obendrein schmeckt es vorzüglich, selbst ohne die kleine teure Beilage.

Das zähe Festhalten an solchem diätetischen Brauchtum hat schon seine guten Gründe. Obwohl Reis fast völlig aus reiner Stärke besteht, setzt sich sein kleiner Proteinanteil aus allen acht essentiellen Aminosäuren zusammen. Ungeschälter Reis, fast schon eine Kostbarkeit, enthält zudem das hochwichtige erste B-Vitamin Thiamin, zudem Ballaststoffe und vegetabile Öle. Eine Schale Reis stellt also fraglos eine komplette und gute Mahlzeit dar. Das wirkliche Dilemma der tropischen Welt – viel ernster zu nehmen als das „Proteinproblem" – ist das „Polieren" der Reiskörner im modernen Mahlprozeß, resultierend in einem völligen Verlust des Thiamins und, in nächster Instanz, einer massiven allgemeinen Vitamindefizienz, die wiederum zu jenen vielen degenerativen Leiden führt, die den Bewohnern industrialisierter Länder nur allzu bekannt sind. Tropenreisende sollten immer ungeschälten Reis verlangen.

Apropos Brot. Die Suche nach eßbarem Brot kann in vielen tropischen Ländern zum argen Frust werden, das wenige Aufgefundene bitter enttäuschen. Wer nicht auf Liebgewordenes verzichten will, wende sich an die Bäckereien der großen Hotels und nehme einige Laibe, die selbst teuer und vertrocknet den pappigen Produkten vieler einheimischer Backstuben vorzuziehen sind, mit auf die Weiterreise.

Obwohl in den meisten Städten der tropischen Welt so etwas wie eine Fleischbeschau stattfindet, ist beim Einkauf und Verzehr von Fleisch grundsätzlich Vorsicht geboten. Niemals esse man in den Tropen das bei uns so beliebte Tatar oder rohes Fleisch überhaupt. Und auch wer fertiges Gehacktes ersteht, um sich seine eigenen Buletten zu bereiten, sei hiermit gewarnt: Das Produkt mag zwar gut aussehen, kann aber Beimischungen enthalten, die nicht vom Rind oder Schwein stammen. Das gleiche gilt für Fleischgerichte in den Restaurants geschäftstüchtiger ethnischer Minderheiten, die im ganzen Tropenbereich zu finden sind. Dort wo man mit Fleisch umzugehen versteht, lasse man sich jedoch ruhig nieder: Ich wüßte nicht, was sich gegen ein saftiges argentinisches Steak oder knuspriges polynesisches Spanferkel einwenden ließe. **Vorsicht bei Fleisch**

Auch Fisch will mit Sachverstand gekauft werden, denn selbst am Kai erhält man nicht immer die frischeste Ware. Mitunter ist der Fi- **Fisch ist nicht immer frisch** scher stundenlang mit seinem Fang unter einer glühenden Sonne unterwegs gewesen. Und von der Sonne hält Fisch überhaupt nichts. Frischer Geruch und gesundes Aussehen, natürliche Farben, glänzende, nicht eingesunkene Augen und dunkelrote, unverschleimte Kiemen sind Hinweise auf einwandfreie Qualität. Ein Druck mit dem Daumen auf die Haut darf keine Delle hinterlassen. Übrigens: Auf dem Markt drückt natürlich jeder mit dem Daumen, und gerade Fisch erfordert deswegen einen sorgfältigen Reinigungsvorgang.

Welche tropischen Fische man essen kann und wie man sie am besten zubereitet steht auf Seite 204

Besonders auf längeren Reisen außerhalb des Komforts der Städte wird man wohl oder übel einen Großteil seiner Ernährung aus Konservendosen bestreiten müssen, bei deren Einkauf man allerdings eine sorgfältige Auswahl treffen sollte. Manchmal befindet sich nämlich in der Dose weitaus Befremdlicheres als im bunten Durcheinander einer exotischen Markthalle. Auf den Philippinen versuchte man vor einigen Jahren einmal, das Proteinmangelproblem in den Griff zu bekommen, indem man ein reichlich zur Verfügung stehendes Schlachtvieh zu knackigen Dosenwürstchen verarbeitete. Nur wenige Eingeweihte wußten, daß der appetitliche Markenname STAR, rückwärts gelesen auf englisch den unappetitlichen Inhalt der Dose beschrieb: Ratten! Man kann aber in fast allen tropischen Läden auch bekannte importierte Produkte wie portugiesische Sardinen, amerikanische Haferflocken, australisches Rindfleisch und dergleichen mehr finden. Dafür müssen wir zwar etwas mehr bezahlen, können aber einwandfreier Qualität gewiß sein. Gelegentlich geraten wir aber auch an Konserven, die uns irgendwie fehl am Platze erscheinen mögen: Was macht feine Leberpastete, billig dazu, inmitten eines ansonsten eher ärmlichen Angebots? Die Erklärung dafür ist, daß mitunter Waren zweifelhafter Herkunft in der Dritten Welt abgeladen werden, weil sie den westlichen Gesundheitsbestimmungen nicht entsprechen. Und in den Tropen ist man diesbezüglich nicht überall so zimperlich. Finger davon! (Dies trifft übrigens oft auch auf die Erzeugnisse der multinationalen pharmazeutischen Industrien zu, die die Dritte Welt vielfach für eine Art Testgelände und Müllkippe anzusehen scheinen).

Ernährung aus Konserven

Zu Gast am Tisch fremder Völker

Wer heutzutage Europa bereist, wird kaum irgendwo die spontane, uneigennützige Gastfreundschaft erleben, die uns noch vielerorts in der Dritten Welt entgegengebracht wird. „Altmodische" Empfindungen dieser Sorte sind längst, wo immer sie hier noch existieren, von Touristenströmen in den Boden getrampelt worden, und wir haben Wichtigeres zu tun, als unsere Zeit mit einem hergelaufenen Besucher zu vergeuden. Was hat er uns auch schon zu bieten? Reiseerzählungen vielleicht? Dafür gibt es Literatur und den Fernseher. Außerdem ist man selbst „bereist" und ärgert sich allenfalls, wenn der Gast es weiter gebracht hat. „Sie müssen uns unbedingt einmal besuchen!"... diese herzliche Aufforderung aus alten Zeiten ist fast überall in der westlichen Welt zu einer leer dahingesagten Floskel geworden, die man nicht befolgt, wenn man weiß, was sich gehört.

Wie beschämend anders sieht es da vielerorts in der tropischen Welt aus! Gewiß, auch hier erfolgt eine Einladung nicht immer völlig ohne Eigennutz: man hat vielleicht einen geschäftlichen Hintergedanken; man möchte zeigen, was man hat; vielleicht möchte man sich selbst, Verwandten und Nachbarn demonstrieren, daß man sich den Luxus eines gastlichen Hauses mit „teuren" Gästen aus dem Ausland leisten kann; oder man möchte sich einmal interessant unterhalten lassen, denn das wird vom Besucher erwartet. An vielen Stellen bestehen auch noch die traditionellen Gesetze der Gastfreundschaft, in die sich allzu freigebige Drittweltler manchmal bis an den Rand des Ruins verstricken.

Allerdings kann sich auch der ausländische Gast in Problematischem verstricken. Dramatisches kommt mitunter auf uns zu, wenn wir am Tisch unserer Gastgeber mit fremdartigen Genüssen und seltsamen Eßgewohnheiten konfrontiert werden und es kein Zurück mehr gibt. In einem Land, dessen Küche unseren Vorstellungen von gutem Essen absolut nicht entspricht, kann ein solches Gastmahl zu einer kulinarischen Strapaze ersten Ranges werden, die wir mit guter Miene und Haltung lächelnd und lobend durchstehen müssen, um unseren Wirt nicht tödlich zu beleidigen. Man kann in solchen Fällen versuchen, sein Schicksal etwas zu erleichtern, indem man bei besonders schlimmen Gaben religiöse oder gesundheitliche Alibis heranbemüht: „...Die Vorschriften meiner Sekte... allergisches Problem... Magenoperation...Leberschaden, usw." Ich habe auf Tropenreisen bereits mehrere Male von dieser Praxis Gebrauch machen müssen, weil das Gebotene einfach nicht akzeptabel war. (Einmal wurde mir der halbverdaute Mageninhalt eines seegrasfressenden Fisches als besondere Delikatesse angeboten – nicht nur höchst unappetitlich, sondern auch eine nachgewiesene Quelle von Botulismuserregern!). Ich stieß aber immer wieder auf das wohlwollende Verständnis meiner Gastgeber, deren Arglosigkeit mir manchmal sogar sehr unangenehm war.

Die kulinarische Strapaze

Nicht minder peinlich berührte es mich andererseits immer wieder, deutsche Touristen zum Beispiel mit einer Hundekeule in der Hand von den Höhen ihrer Eßkultur in die Niederungen biereifriger Gefälligkeit absteigen zu sehen („schmeckt gar nicht so übel!"), weil man sich partout „exotisch" geben wollte, um zuhause mit dem Abenteuer zu prahlen: „Hund gefressen, stellense sich das vor!" Wenn man auch nicht gerade missionarisch tätig zu werden braucht, so kann man doch immerhin höflich dankend ablehnen und wie empfohlen darauf hinweisen, daß man aus diesen oder jenen Gründen „leider, leider" auf den angebotenen Genuß verzichten müsse.

Hund „schmeckt gar nicht so übel!"

Situationen dieser Art sind jedoch nicht die Regel. Man ist im Gegenteil bemüht, dem Gast alles besonders angenehm zu machen. Und die Fremd- und Neuartigkeit des dargereichten Essens, das freundliche Drängen der Gastgeber, die Selbstverständlichkeit, mit der dem Besucher ein Ehrenplatz eingeräumt wird, schaffen eine behagliche, fast heimische Atmosphäre, in der ein Haar in der Suppe schnell an Bedeutung verliert.

Leider ist es wohl bald aus mit dem althergebrachten Brauchtum. Der Massentourist und der Einheimische stehen sich als absolut Fremde nichtssagend oder allenfalls durch kommerzielle Interessen verbunden gegenüber, und eine besondere Gruppe von Leuten hat ebenfalls wesentlich dazu beigetragen, die letzten Festungen der Tradition zu unterminieren und langsam abzubauen. Viele Reisende mit schmaler Kasse haben es sich zur Angewohnheit gemacht, die **Ausgenützte Gastfreundschaft** Gesetze der Gastfreundschaft in der Dritten Welt mit schönstem Selbstverständnis für ihre Zwecke auszunutzen und den gedeckten Tisch als gegeben hinzunehmen. Gelegentlich erschien es mir bei Beobachtung dieses Treibens, daß der Gast am Ende noch Dank erwartete für die Freundlichkeit, eine niedere Hütte mit seiner illustren Gegenwart beehrt zu haben. Immerhin „revanchierten" sich manche jedoch mit einer eher ironischen Gegeneinladung, wohl wissend, daß der Gastgeber sich die weltweite Vergnügungsreise nicht leisten kann. Nicht jetzt, und auch wohl nicht in hundert Jahren. Gastfreundschaft setzt die Bereitschaft voraus, gegebenenfalls Gleiches mit Gleichem zu vergelten. Wer dazu nicht bereit ist, sollte sie nicht in Anspruch nehmen.

Was trinkt man in den Tropen?

Die richtige Antwort ist zunächst einmal: Viel. Man schwitzt oft stark, und der Körper verlangt das Verlorene zurück, um seinen Wasserhaushalt im Gleichgewicht zu halten. Geben wir heftigen Durstgefühlen konsequent nicht nach, weil wir dieserart die lästige Transpiration einzudämmen versuchen, handeln wir uns nur Nachteile ein: Wir leiden unnötige Durstqualen und belasten erheblich unseren Kreislauf und die Nierenfunktion. Dauerdürstende haben leicht Nierensteinprobleme. Europäern wird deshalb geraten, genügend Flüssigkeit zu sich zu nehmen, um mindestens fünfmal am Tag zur Toilette gehen zu müssen.

Wasser! Was wird in den Tropen am meisten getrunken? Wasser! Fast alle Bewohner der tropischen Welt trinken zu ihren Mahlzeiten erhebliche Mengen blanken Wassers und reagieren erstaunt, wenn der Besucher mit dem Stoff nichts Rechtes anzufangen weiß. Man kann den Wasserkonsum mit Logik begründen: Essen und Verdauen sind schweißtreibende Aktivitäten, die Flüssigkeitszufuhr erfordern. Und nach dem Genuß scharfer Speisen werden die Geschmacksorgane mittels einer Waschung wieder auf Nullempfindung zurückgestellt, was sicher nicht das schlechteste ist. Auch ernährungswissenschaftlich hat sich dies als empfehlenswerte Maßnahme erwiesen. Auf den Philippinen, um ein ganz besonders wasserliebendeś Land zu nennen, reicht man sogar ein Glas Wasser zur Cola.

Ich war daher wenig überrascht, von diesen H_2O-Spezis den Kommentar zu hören, daß ich, ah ja, aus Deutschland stamme, „wo man das Wasser nicht trinken könne". Philippinische Heimkehrer hatten diese Kunde wohl verbreitet. Und sie hatten so unrecht nicht, denn Wasser frisch vom Hahn ist sicher nicht überall in der Bundesrepublik ein Genuß. Ob nun die Erreger im Glas uns krank machen, oder schon der bloße Gedanke an die Herkunft des Getränks: man kann sich wohl darauf einigen, daß es heutzutage vielerorts auf der Welt, ob Tropen oder nicht, überhaupt kein Vergnügen mehr ist, Wasser zu trinken.

Führt kein Weg am Wasser vorbei, so beherzige man folgendes:

● Gechlortes Wasser in großen Städten ist durchweg trinkbar, was man sich allerdings vorzugsweise von verantwortungsvollen Personen vor Ort bestätigen lassen sollte. In kleineren Orten und auf dem Lande ist Mißtrauen angebracht; selbst an und für sich einwandfreies Wasser kann hier leicht durch unsachgemäße Behandlung verseucht sein.

● Wasser aus Seen, Teichen und Flüssen ist grundsätzlich als unrein anzusehen, selbst wenn es kristallklar erscheint und den Einheimischen offensichtlich gut bekommt. Das gleiche gilt weitgehend auch für Brunnenwasser, weil Brunnen in den Tropen nicht immer tief genug angelegt sind und weil eine Verseuchung leicht von der Oberfläche aus erfolgen kann. Ein großer Teil der Tropenbevölkerung bestreitet seine Wasserversorgung auf diesem direkten Wege und ist gegen schädliche Wirkungen annähernd immun. Der Besucher aus dem Ausland sollte an Orten dieser Beschreibung jedoch möglichst kein Wasser ohne vorherige Desinfizierung genießen.

● Einwandfreies Wasser erhält man, wenn man es mindestens 15 Minuten (besser 20) abkocht. Dazu benötigt man allerdings viel Brennmaterial. Die Kohlensäure, die das Wasser hierbei verliert und es recht fade werden läßt, kann man durch mehrfaches Umschütten von einem Gefäß ins andere wieder ersetzen. Eine Geschmacksverbesserung läßt sich durch Holzasche erzielen (einstreuen und absetzen lassen). Annähernd keimfreies Wasser kann man auch mit Hilfe von Desinfektionsmitteln wie Halazone, Chlorina, Globaline u.a. herstellen. Notfalls tut es auch ein Tropfen Jod pro Liter (Einwirkzeit: mindestens 1 Stunde). Empfehlenswerte chemische Wasserdesinfektionsmittel sind Micropur-Tabletten und -Pulver der Firma Deutsche Katadyn GmbH, München. Es handelt sich um Präparate, denen die bakteriziden Eigenschaften des Silbers unterliegen. Hiermit können Sie ohne große Mühe unreines Wasser keimfrei machen

**So stellt man
keimfreies
Wasser her**

(Einwirkzeit: 1-2 Stunden). Dieselbe Firma bietet auch verschiedene Wasserfilter an, darunter der für Reisen sehr praktische Taschenfilter, der nur 650 g wiegt und 25 cm lang ist.

Man gebe sich nicht der irrigen Auffassung hin, daß ein Kühlschrank eine Art Desinfektionsapparat sei! In Eiswürfeln überleben Gesundheitsschädlinge wie Amöbenzysten, Wurmeier, Typhusbazillen und Gelbsuchtviren.

● Gegen direkt aufgefangenes Tau- oder Regenwasser ist natürlich auch in den Tropen nichts einzuwenden. Vorsicht jedoch vor vermeintlich reinem Quellwasser. Solches ist immer Oberflächenwasser, das sich unterirdisch sammelt und wieder zutagetritt. Trotz aller natürlichen Filterung können Verschmutzungen von der Oberfläche mitgeführt werden. Eine Behandlung des Wassers ist also auch in diesem Fall angeraten.

Was existiert an Alternativen?

● Ein perfektes durst- und durchfallhemmendes Getränk auf Reisen durch die Tropen ist ungezuckerter schwarzer Tee – heiß oder kalt –, der sich auch aus minderwertigem Wasser zubereiten läßt, indem man es nur genügend lange abkocht. Achtung: Tee ist durchaus nicht überall erhältlich und sollte bereits vom Ausgangspunkt einer Reise mitgenommen werden!

● Kaffee ist nicht überall das, was die deutsche Hausfrau sich darunter vorstellt – nicht einmal in den klassischen Anbauländern. Oft wird er aus einem billigen Pulverprodukt und ohne Sachkenntnisse (lauwarm) zubereitet. Notfalls bemühe man sich selbst (aber mit Feingefühl), wenn einem eine üble Mixtur dieser Art angeboten wird: „Jetzt zeigen wir Ihnen auch einmal die deutsche Art der Zubereitung; das wird Sie sicherlich interessieren!"

● Milch ist in den Tropen rar und muß, wo immer sie als nicht industriell aufgearbeitetes Produkt angetroffen wird, als potentiell infektiöse Substanz angesehen werden, die nur abgekocht genossen werden darf. Nebenprodukte wie Kondensmilch, Milchpulver oder Speiseeis renommierter Firmen sind gewöhnlich über jeden Verdacht erhaben, bleiben es bei unsachgemäßer Handhabung jedoch nicht! (Der „Milchpulverkontroverse" liegt der Sachverhalt zugrunde, daß das einwandfreie Industrieerzeugnis durch Mischung mit verkeimtem Wasser, von unwissenden Drittweltlern vorgenommen, zu einer gefährlichen Substanz werden kann).

● Mit alkoholischen Getränken versuche man einigermaßen sparsam umzugehen; Hochprozentiges und tropische Hitze vertragen einander nicht, und außerdem ist Alkohol in Konzentration ein eher dursterregender Stoff. Wer sich als Getränkekenner einstuft, kann dies in manchen tropischen Ländern unter Beweis stellen: Gelegentlich werden selbstgebrannte Erzeugnisse in den Originalflaschen bekannter internationaler Marken dargeboten – eine nicht immer gesunde Praxis. Tropisches Bier, zwar selten höchsten deutschen Reinheitsforderungen entsprechend, ist vielfach gut, hier und dort sogar vorzüglich. Aufgrund eines meist etwas niedriger gehaltenen Alkoholgehalts ist es in größeren Mengen auch verträglicher als viele importierte Marken. Bauchgrimmen hin und her: Bier schmeckt in den Tropen nur sehr kalt. Warmes Bier, vielleicht noch unter praller Sonne genossen, führt rasch zu Ermüdung und dickem Kopf. Und ein Wort der Warnung für Wettbewerbslustige: Manch schmächtiger Tropenbewohner kann nicht nur enorme Wassermengen verkraften...

● Softdrinks wie Coca-Cola finden sich (sehr zum Verdruß von Naturfreunden) auf den entlegensten tropischen Inseln. An der Qualität der multinationalen Produkte ist kaum zu rütteln (wenn auch manche ihrer Vorteile dahingestellt sein mögen), denn die fast in jedem Land der Erde vertretene Großindustrie wird es nirgendwo auf einen Lapsus ankommen lassen. Das billigste Erzeugnis der Branche ist übrigens das Tropengetränk schlechthin: Sodawasser pur! Ein erstklassiges alkoholfreies Mixgetränk ist „African Shandy": 50:50 Sodawasser und Zitronensprudel mit einem Schuß Angostura — schlicht, schmackhaft und erfrischend!

Angostura — im Handel erhältlicher Bitterstoff zum Mixen (karibischer Herkunft)

Überall auf der Welt haben Völker sich ihre eigenen charakteristischen Getränke komponiert. Ein abenteuerliches Sortiment von Tees, Fruchtextrakten und allen erdenklichen Drinks wartet gerade in den durstigen tropischen Ländern auf den Neugierigen. Wenn auch hier und dort Zurückhaltung am Platze sein mag, gelte doch die allgemeine Parole, nichts unversucht zu lassen.

Gesundheitsstörungen durch falsche Ernährung in einer fremden Umwelt

Um unsere Verdauungsorgane gesund zu erhalten, sollten wir in heißen Klimazonen jede Überfüllung vermeiden; der Genuß von zu viel Fleisch und vor allem zu viel Fett ist völlig unzweckmäßig. Überernährung und ein Zuviel an Alkohol führen bei Europäern in den Tropen vielfach zu schädlichen Folgen an Herz, Kreislauf und Leber.

Auf Reisen gerät unser allen erdenklichen ungewohnten Belastungen ausgesetztes Verdauungssystem schnell einmal außer Takt und reagiert mißlaunig. Die erste Manifestation ist meist ein Durchfall, von dem kaum ein Tropenreisender jemals völlig verschont geblieben ist. Eingeweihte nennen das Kind nicht beim Namen; das Leiden taucht im Vokabular reisender Oldtimer u.a. als „Montezumas Rache", „traveller's itch", „Delhi-Belly" und „turista" auf.

„Montezumas Rache"

Reisedurchfall kann durch eine Vielzahl von auslösenden Momenten auftreten: Wechsel der allgemeinen Lebensgewohnheiten, Zeitverschiebung, Reisestreß usw., doch vor allem durch ungewohnte oder unsaubere Nahrung, zu kalte Getränke und verunreinigtes Wasser. Hat es einen einmal gepackt, so geht man das Problem am besten mit Fasten an und trinkt nur schlückchenweise schwarzen Tee, um Flüssigkeit zu ersetzen. Auch heißgemachte Coca-Cola ist ein annähernd überall verfügbares Gegenmittel, auf dessen sichere Wirkung so mancher tropenerfahrene Reisende schwört. In ernsteren Fällen wird man zu Kohletabletten greifen und letztlich, wenn die Durchfälle schleimig oder gar blutig werden, eine Behandlung mit Sulfonamiden ansetzen. Spätestens in diesem Stadium sollte man auch einen Arzt zu Hilfe rufen.

Vergleiche auch „Tropische Krankheiten" auf Seite 113

„Montezumas Rache" läßt sich langfristig mittels einer Joghurtkur vorbeugen, die man am besten schon mehrere Wochen vor einer Reise in die Tropen beginnt. Joghurtbakterien wirken der Entstehung von Krankheitserregern im Darmtrakt entgegen. (Wobei allerdings zu bedenken ist, daß Joghurt gegen eine einmal in Gang geratene Infektion nicht das Geringste auszurichten vermag!) Darüber hinaus gibt es heute hochpotente und nebenwirkungsfreie Vorbeugemittel aus der Apotheke. Vieler Aufwand läßt sich jedoch durch die simple Einhaltung einer hygienischen Lebensweise, wo immer möglich, gänzlich vermeiden.

Der „Klemmer"

Fast so häufig wie der Durchfall ist eine Verstopfung. Der „Klemmer" stammt wahrscheinlich noch aus prähistorischen Zeiten, als unsere Vorfahren mit Hilfe von Duftmarken ihr Revier absteckten, und in fremdem, von „Rivalen" beherrschtem Gebiet macht uns ein

Papayas

Grenzfrevel immer noch Schwierigkeiten. Natürliches Essen, Auflockerung und einige körperliche Bewegung sind hier am hilfreichsten. (Motto: „Wie die Verpflegung, so die Bewegung!"). Oder: „Ist die Klappe hinten offen, hat der Doktor nichts zu hoffen", wie ein wackerer Germane namens Karl Müller einmal dichtete (und nach dieser Devise immerhin 99 Jahre alt wurde). Und in der Tat: Gestreßte Verdauung und resultierende Schäden der allgemeinen Gesundheit sind das große Dilemma unserer zivilisierten Gesellschaften.

Was einem Zulu-Neger in acht Stunden durchrutscht, lagert bis zu mehrere Tage lang im Körper des Industriemenschen und wird dabei immer giftiger.

Ballaststoffe in der Nahrung, dazu ausreichend Flüssigkeit, bringen den Verstopften dem gewünschten Ziel näher. Halbreife Papayas sind ein ausgezeichnetes Mittel: Die Enzyme der Frucht werden auf milde Art auch mit hartnäckigen Fällen fertig. Frisches Kokoswasser in Quantität hat eine ähnliche Wirkung.

Vitaminmangel äußert sich unter anderem durch Zahnfleischbluten, Hautjucken oder anhaltende Erkältungen (Mangel an Vitamin C) und die diversen Symptome, die dieses Kapitel an früherer Stelle im einzelnen schildert. Mit ernsten, epidemieartigen Mangelkrankheiten wie Pellagra, von der maisessende Bevölkerungen befallen werden, oder Beri-Beri der Reisregionen mit seinen Herzmuskelschäden sowie der Proteinmangelerkrankung Kwashiorkor kommt jemand, der sich nicht auf Dauer fehlernährt, nicht in Berührung. Diese Krankheiten sind übrigens nicht ansteckend. **Vitaminmangel**

Daß wir uns durch den Genuß verdorbener oder verschimmelter Nahrungsmittel – in den Tropen gewiß keine Rarität – eine Anzahl überaus ernster Gesundheitsprobleme einhandeln können, muß wohl nicht besonders erwähnt werden. Aber gerade hier ereignet sich eine Menge entsprechend einzuordnender Zwischenfälle, denen Leute zum Opfer fallen, die es angesichts dürftiger Verhältnisse offenbar nicht übers Herz bringen, sich von einer teuren, importierten Spezialität zu trennen. Ein bißchen Schimmel wird abgekratzt, die leicht geschwollene Konservendose wird bedenkenlos geöffnet. **Verdorbene Nahrungsmittel**

Diese Küchenpraxis ist gefährlich und kann mit dem gefürchteten Botulismus, einer durch bakterielle Gifte hervorgerufenen Krankheit, einen tödlichen Höhepunkt finden. Im Essen, das nicht sofort nach der Zubereitung verzehrt wird, können sich manchmal bestimmte Bakterien entwickeln, die zu dieser Krankheit führen. Erneutes Kochen vernichtet diese Bakterien. Nahrungsmittel, die man einige Zeit stehengelassen hat, sollten also entsprechend wiederaufbereitet werden. „Gebombte" Dosen rühre man nicht an, selbst wenn der Hunger nagt. Sie können Erreger enthalten, gegen die selbst Kochen nichts ausrichtet.

Bestimmte Pilze, die auf allen möglichen Nahrungsmitteln wachsen, können gewisse, Mycotoxine genannte Gifte absetzen. Einer der gefährlichsten dieser Stoffe ist das Aflatoxin. Es wird von einem Pilz produziert, der sehr oft die Verschimmelung von Brot, Getreide- und Kokoserzeugnissen, Reis, Erdnüssen, Kartoffeln sowie Fleisch- und Milchprodukten verursacht. Das Gift befindet sich oft nicht nur an der Stelle, wo der Pilz sprießt, sondern dringt auch in das Innere der Nahrungsmittel ein und bleibt auch erhalten, nachdem man die an der Oberfläche wuchernden Pilze weggeschnitten hat. Auch Kochen vernichtet Aflatoxine nicht, ganz abgesehen davon, daß man Mehr zum Thema „Nahrungsmittelvergiftung" auf Seite 146

Nahrungsmittel wie Brot und Marmelade, auf denen die Pilze am gefährlichsten zur Wirkung kommen, wohl selten gekocht verzehrt. Das Risiko ist groß, hier durch falsche Sparsamkeit die Gesundheit ernsthaft zu gefährden. Aflatoxine sind u.a. eine der Ursachen von Leberkrebs, der in Afrika und Asien weitaus häufiger vorkommt als in Europa.

Nahrungsallergische Probleme sind in den Tropen genau so selten (oder häufig) wie daheim. Gewöhnlich werden sie bei Tropenreisenden jedoch durch ungewohnte Kost, vor allem aus dem Meer, ausgelöst. Wer gegen Seegetier wissentlich allergisch ist, sollte maritime Regionen, in denen es kaum andere Gerichte gibt, meiden.

Ein Wort der Vorsicht noch zu Erdnüssen. Ihr hoher Eiweißgehalt und ihre leichte Mitführbarkeit macht sie zu beliebter Rucksacknahrung unter Travellern. Dagegen ist nichts einzuwenden; man sollte sie nur nicht ständig essen. Sie enthalten Substanzen, die unter bestimmten Bedingungen die Aufnahme von Jod in den Blutkreislauf verhindern. Wer viel Erdnüsse ißt, muß deswegen für ausreichende Jodzufuhr sorgen (Seesalz).

„Jod" siehe
Seite 88

**Was ich selbst
esse...mit
freundlichen
Empfehlungen**

Mein tropischer Speisefahrplan

Wie kommen ein Deutscher und eine „Drittweltfrau" auf einen gemeinsamen kulinarischen Nenner?

Vor dieser Frage stand ich nach meiner Eheschließung (wohlgemerkt danach). Und obwohl beide Partner redlich bemüht waren, es einander recht zu machen, kam es nicht selten zu direkten Konfrontationen zwischen westlichen und östlichen Anschauungen.

Das ist lange her. Inzwischen haben wir längst gelernt, daß der verkrampfte Versuch, dem Partner die eigenen Vorstellungen und Wünsche schmackhaft zu machen oder gar aufdrängen zu wollen, notwendigerweise Verzerrungen nach sich ziehen muß. Wir hielten deshalb Kriegsrat und kamen zu einer Übereinstimmung: Nationalistisches wurde aus der Küche gefegt, und Einzug hielt eine neue Richtung, die insbesondere die Elemente eines durch lange Reisepraxis geprägten Erfahrungsspektrums zur Grundlage hatte. Wir begannen, nicht Gemeinsames auszufiltern, Einfaches zu betonen und Internationalität zur Tugend zu erheben. Heute sind uns chinesische, deutsche, japanische, philippinische, polynesische und spanische Beiträge zu einem harmonischen Ganzen gediehen, dem wir auf Reisen gelegentlich in seiner Entität nachhungern und dessen Nachahmung ich jedem mit ähnlichen Anfangsschwierigkeiten konfrontierten Ehepaar nur empfehlen kann.

Während dieses Buch entstand, änderten sich unsere Eßgewohnheiten noch weiter. Zu dieser Entwicklung führte die Gewinnung ständig neuer Erkenntnisse auf dem Gebiet der Ernährungswissenschaften und die Entdeckung bisher übersehener oder für recht uninteressant gehaltener Früchte, Gemüse- und Wildpflanzen für unsere Kochtöpfe. Unser „Bruttoküchenprodukt" wurde vielfältiger, abwechslungsreicher und wohlschmeckender. Genau betrachtet sogar exotischer, weil wir zunehmend auf Importiertes verzichteten. Der Anteil vegetarischer Nahrung in unserem Essen erhöhte sich um ein Erhebliches, während unsere Ausgaben (und Gewicht) in willkommenem Maße sanken.

Ein typischer Tag in unserem Haushalt beginnt mit einem relativ umfangreichen Frühstück, gewöhnlich zusammengesetzt aus einem Sortiment von Tropenfrüchten, einem phantasievollen „Müsli à la tropicana" und einer chinesischen klaren Suppe, in der sich Eier, Muscheln, Pilze und mitunter ausgefallene Beigaben wie Trepang (Seegurke) finden. Wer Lust hat, kann zu rohem Gemüse greifen. Bleibt es liegen, wandert es ins Mittagessen. **Frühstück**

Wie in den Tropen üblich, beziehen wir annähernd unsere gesamten Küchenerfordernisse von einem ganz- und alltägig geöffneten Großmarkt, und alles hier Eingekaufte ist innerhalb von 24 Stunden verarbeitet und verzehrt. Durchweg wird das Mittagessen mit einem Sortiment von Meeresfrüchten eingeleitet: Gekochte Garnelen, Tintenfische „in der Tinte", Algensalat mit Limone, mitunter auch die farbige Beute eines Unterwasserjagdtages. Zu diesen Appetitanregern passen vorzüglich „scharfe Sachen", die wir uns selbst zubereiten. So zum Beispiel „tropisches Sauerkraut": In Kokosessig eingelegte grüne Papayaschnitzel unter Zufügung von Ingwerstreifen, Perlzwiebeln, Knoblauch, Pfefferkörnern und -schoten, Seesalz und Zuckerrohrsaft. Kräftiges Würzen macht auch bei großer Hitze Appetit und regt die Verdauung an. Deshalb stehen kleine „heiße" Beigaben dieser und ähnlicher Zusammensetzung für den, der sie mag, immer bereit. Die regulären Mahlzeiten selbst sind normal gewürzt, denn Kinder mögen scharfes Essen nicht besonders gerne. **Mittagessen**

Wenn die Hauptmahlzeit „solide" ist, gibt es gewöhnlich vorweg eine Suppe, die auf Fisch- oder Muschelbasis aufgebaut ist und verschiedene, oft wilde, Blattgemüse und Kräuter enthält. Nicht selten artet diese Suppe bereits zu einem substantiellen, bouillabaisseartigen Erzeugnis aus und stellt dann selbst den Hauptgang dar. Sowieso kann der Hauptgang alles oder jedes sein. In Anlehnung an deutsche Gewohnheiten steht auch mehrmals im Monat ein Gemüseeintopf auf dem Plan, der einen Markknochen zur Basis hat und Süßkartoffeln, Taro (beide mit Blättern) Chinakohl, Auberginen, Kochbananen und andere tropische Gartenprodukte in sich vereinigt und ständig in seiner Zusammensetzung variiert. Die hauptsächlichen Stärkelieferanten wie Reis, Kartoffeln und Brot treten zwar, wo immer passend, regelmäßig in Erscheinung, stellen jedoch keine unverzichtbaren Bestandteile unserer täglichen Ernährung dar. Ebenfalls regelmäßigen Eingang in unseren Speiseplan finden die typischen Survivalgewächse der Tropen wie die Kokosnuß und ihre zahlreichen Nebenprodukte, Farne, eßbare Wildgetreide, Brotfrucht, Yams,

Mehr über Survival-Nahrung auf Seite 238ff.

Ipomoea, Amarant und zahlreiche andere, regional im Vorkommen beschränkte Pflanzenarten sowie mehrere, gewöhnlich auf dem Markt erhältliche Spezies von Seewasseralgen. Diese Pflanzen werden oft auf der Basis erprobter Rezepte verarbeitet, erfordern gelegentlich jedoch einiges Herumexperimentieren, denn nicht immer entspricht ein Neuling auf der Zutatenliste dem etablierten Geschmack. Interessant sind sie jedoch alle.

Abendessen

Unser Abendessen unterscheidet sich nur insofern von der Mittagsmahlzeit, als es um einige Kalorien leichter ist. Typisch wären Garnelen mit Chilipfeffer, dazu ein Gemüsesalat und geröstete junge Maiskolben oder gebackene Bananen. Die letzteren schmecken insbesondere Kindern jederzeit und sind auch bei den Erwachsenen in unserem Haushalt sehr beliebt, nachdem ein – wahrscheinlich von der Bananenlobby ausgestreuter – Forschungsbericht verkündet hatte, daß sie vorzeitiges Ergrauen verhindern...

Die beschriebenen Menüumrisse entsprechen weder dem Standard eines betuchten Lebemannes, noch reflektieren sie die charakteristische Durchschnittskost meiner tropischen Nachbarn. Sie stellen ausschließlich einen Querschnitt durch meinen persönlichen und mit großer Sorgfalt zusammengestellten Küchenzettel dar, der hier in seiner einfachsten Form wiedergegeben ist. Guten Appetit!

TROPISCHE KRANKHEITEN*

*Stand: 1986

Früherkenntnis und Selbstdiagnose

Der moderne Tourismus ermöglicht es heute jedem, mit Leichtigkeit alle Länder dieser Erde zu erreichen. Leider verführt diese Freizügigkeit zu der Annahme, daß die veränderten Lebensbedingungen ebenso leicht zu bewältigen seien. Tatsache ist jedoch, daß die radikale Umstellung auf Klima, andersartige Ernährung und neue Lebensgewohnheiten den Körper für Infektionskrankheiten (nicht unbedingt „Tropenkrankheiten", um diesen einengenden und abschreckenden Begriff einmal beiseite zu lassen) besonders anfällig machen. Dies gilt nicht nur für Länder mit extrem feuchtwarmem oder trockenheißem Klima, sondern auch für subtropische Gebiete und warme Länder der gemäßigten Zone südlich der Alpen und am Mittelmeer.

Sollten wir in anbetracht dieser Umstände lieber zuhause bleiben oder unseren für tropische Regionen geplanten Urlaub in deutsche Mittelgebirge verlegen?

Keineswegs. Erstens klingt die nachstehende Aufzählung möglicher tropischer Erkrankungen erschreckender als sie in Wahrheit ist, und zweitens machen uns moderne medizinische Vorbeugemaßnahmen heute praktisch gegen alles gefeit, was selbst die finstersten Seuchenherde der tropischen Welt noch eventuell gegen uns aufzubieten haben. Erst einmal konditioniert, leben wir in manchen tropischen Ländern sicherlich gesünder und angenehmer als daheim. Auch an medizinischer Betreuung muß es durchaus nicht fehlen. Was gibt es unter diesen Umständen denn überaupt noch zu erkennen und zu diagnostizieren, von selbstbehandelnden Maßnahmen ganz zu schweigen?

Der folgende Text soll aufzeigen, mit welchen unsichtbaren Feinden wir es zu tun haben können, wenn wir trotz aller Vorsichtsmaßnahmen unterwegs einmal krank werden. Er wendet sich ganz besonders an Einzelreisende und kleine Gruppen, die sich weit weg von ausgetretenen Touristenpfaden bewegen, sowie an Menschen, die ihres Berufes oder des Abenteuers wegen für längere Zeit ohne ärztliche Versorgung auskommen müssen. Es sollen Anhaltspunkte vermittelt werden, die Entscheidungshilfen geben können, ob ein Vorhaben, eine Weiterreise oder ein im Gang befindliches Unternehmen abgebrochen werden sollte oder nicht. Vor allem den Leitern von Expeditionen und Reisegruppen obliegt in dieser Hinsicht ein hohes Maß an Verantwortung, das sie befähigen sollte, Erkrankungen frühzeitig zu erkennen und entsprechende Schritte vorzunehmen.

Letzten Endes wird es uns auch dringend interessieren, woran wir nicht leiden, wenn wir unterwegs einmal unpäßlich sind, und worauf besonders zu achten ist, um bei etwaigen Gesundheitsproblemen nach Rückkehr aus den Tropen dem behandelnden Arzt gezielte Hinweise geben zu können, die seine Diagnosearbeit erleichtern. Daß jede hier beschriebene Krankheit der sachverständigen Hand des Mediziners bedarf, steht eigentlich außer Frage. Alle empfohlenen Behandlungsmaßnahmen beziehen sich aber auf Notsituationen, in denen diese Hand nicht zur Verfügung steht. Das Bewußtsein, in einer medizinischen Notlage jedoch überhaupt etwas unternehmen zu können, dürfte von manchem Kranken als erster Schritt in Richtung Besserung empfunden werden!

Die wichtigsten Schutzimpfungen für Tropenreisende

Pocken: Diese Krankheit gilt als ausgerottet. Es existieren jedoch noch einige latente Infektionsgebiete, und vor Reisen ins Ausland sollte man mit Gesundheitsbehörden oder Konsulaten Rücksprache halten, um sich über den jüngsten Stand der Dinge zu informieren.

Gelbfieber: In manchen tropischen Ländern ist diese Krankheit noch ein gefürchteter Faktor, und Behörden im „Gelbfiebergürtel" verlangen bei der Einreise ein gültiges Impfzertifikat. Die Impfung wird nur von besonders autorisierten Impfstellen vorgenommen und besteht aus einer gut verträglichen Injektion, die mindestens 10 Tage vor der Abreise dokumentiert sein muß und danach 10 Jahre Gültigkeit behält. Generell sehr zu empfehlen.

Cholera: Die Cholera-Impfpflicht wurde in den letzten Jahren von vielen Ländern aufgehoben. Man erkundige sich individuell, für welche verbleibenden Länder eine Impfung noch in Betracht gezogen werden muß. Ein Cholera-Zertifikat ist 6 Tage nach der Injektion für eine Dauer von 6 Monaten gültig. (Keine absolute Sicherheit).

Polio: In vielen Ländern, auch Südeuropas, ist die Kinderlähmung noch weit verbreitet. Selbst bei uns kann man noch nicht von absoluter Ausrottung sprechen. Viele Erwachsene sind gar nicht geimpft, und eine große Anzahl Jugendlicher hat zwar als Kind die Grundimmunisierung erhalten, folgte dann aber den Aufforderungen zu den Auffrischimpfungen nicht mehr.

Überprüfen Sie den Stand der Polioschutzimpfung Ihrer Familie, bevor Sie sich auf eine Reise begeben! Zwei Schluckimpfungen im Abstand von 6-8 Wochen und eine weitere ca. 1 Jahr später bilden eine abgeschlossene Impfserie. Auffrischimpfungen alle 5-10 Jahre geben einen lebenslangen Schutz.

Tetanus: Für die Tetanus-Schutzimpfung gilt das gleiche wie für Polio: Säuglinge und Kleinkinder erhalten ganz selbstverständlich in den ersten Lebensjahren durch Vielfachimpfstoff den notwendigen Schutz. Später werden Auffrischimpfungen meist aus Gleichgültigkeit unterlassen, so daß viele Erwachsene latent gefährdet sind.

Die große Gefahr des Wundstarrkrampfes (Tetanus) liegt darin, daß kleinste, unbeachtete Wunden bereits als Eintrittspforte für den Erreger ausreichen, Verletzungen also, bei denen kein Arzt aufgesucht wird. Zudem ist das Tetanusrisiko in südlichen Ländern größer.

Eine abgeschlossene Impfserie (Grundimmunisierung) von 3 Injektionen (die ersten beiden im Abstand von 4-8 Wochen, die dritte 6-12 Monate später) bietet sicheren Schutz. Durch regelmäßige Auffrischimpfungen alle 10 Jahre kann eine optimale Sicherheit erreicht werden.

Tuberkulose: Es wird dringend empfohlen, Neugeborene in den ersten Lebenstagen durch eine BCG-Impfung (die u.a. auch gegen Lepra wirksam ist) vor dieser Krankheit zu schützen.

Typhus/Paratyphus: Eine Impfpflicht besteht gegenwärtig nicht. Bei Reisen in wärmere Länder, insbesondere wenn primitive hygienische Verhältnisse zu erwarten sind und deshalb eine echte Gefährdung befürchtet werden muß, empfiehlt sich eine Schutzimpfung. Diese (als Schluckimpfung mit Typhoral L vorgenommene) Maßnahme stellt den Aufbau einer genügenden Immunität gegen die vielen körperfeindlichen Darmkeime sicher, die in den Tropen auf uns lauern.

Hepatitis A: Vor Reisen in südliche Länder, wo infektiöse Gelbsucht noch häufiger ist als in unseren Breiten, empfiehlt sich eine Vorbeugung mit Gammaglobulin. Im Gegensatz zu Impfstoffen, die im Körper die Bildung von Abwehrstoffen (Antikörpern) gegen eine bestimmte Krankheit auslösen, werden mit Gammaglobulin direkt durch Injektion Antikörper zugeführt, die gegen Virus- und Bakterieninfektionen wirksam sind. Diese vom Körper nicht selbst produzierten Abwehrstoffe werden vom Organismus wieder abgebaut, so daß bei mehrmonatigem Aufenthalt in gefährdeten Gebieten der Vorgang wiederholt werden muß.

Die Vorbeugung gegen Hepatitis A mit Gammaglobulin wird am besten im Anschluß an die regulären Impfungen vorgenommen.

Ein wirksamer Immunschutz durch Impfung kann neuerdings gegen die gefürchtete B-Form erreicht werden. Der Einsatz des erst in jüngster Zeit entwickelten Serums wird jedoch vorläufig auf ausgesprochene Risikopersonen wie Krankenhauspersonal oder Dialysepatienten beschränkt bleiben.

Erkältung

Die erste „Tropenkrankheit" – und normalerweise die einzige – ist oft eine sogenannte Sommererkältung. Sie kann ein Ferienkiller ersten Ranges sein. Erstaunlicherweise sind die meisten Menschen der Ansicht, daß man sich in den „ständig warmen" Tropen kaum erkälten könne und vermuten Schlimmeres, wenn der Schädel brummt und die Nase zu laufen beginnt.

Eine Woche kommt sie – Eine Woche bleibt sie – Eine Woche geht sie

Wenn auch die Tropen gewiß nicht gerade gleichbedeutend mit Erkältungen sind, so ist es ein leichtes, sich in selbst den heißesten Regionen eine Infektion zuzuziehen, weil man ganz neue Virenstämme „kennenlernen" kann und auch gewöhnlich unvorsichtiger mit sich selbst ist. Familie S., die mich einmal in der Monsunzeit auf den Philippinen besuchte, lachte mich aus, als ich solche Warnungen auf sie losließ und hielt mich für durch langes Tropenleben verweichlicht. Man tummelte sich frohen Mutes im Meer und im Swimmingpool und fand Wind und Monsunregen herrlich erfrischend. Zwei Tage später war die ganze Familie bis aufs Mark erkältet und sterbenskrank, die Ferien verpatzt.

Die relative Beständigkeit der Luft- und Wassertemperatur in den Tropen macht den Menschen bereits für Schwankungen von wenigen Grad empfindlich (ohne daß er deshalb „verweichlichen" würde). Dem aufmerksamen Beobachter wird nicht entgehen, daß bei einem tropischen Platzregen, den ein kühler Lufthauch einleitet, alles in panischer Hast flüchtet und daß man besonders darauf achtet, den Kopf bedeckt zu halten, selbst wenn man barfuß durch knietiefes Wasser stapft. Selten wird man auch einmal sehen, daß sich Kinder und Erwachsene unter dieser natürlichen Dusche vergnügen – obwohl tropischer Regen fast körperwarm sein kann!

Wir tun gut daran, uns diese Praxis anzueignen und uns vor Wind und Wetter in den Tropen genauso sorgfältig zu schützen wie zu Hause. Wichtig ist vor allen Dingen, ängstliche Distanz zu solchen „Erregern" wie Ventilatoren und Klimaanlagen zu bewahren, besonders wenn man verschwitzt, überhitzt oder durchgeregnet ist. Ventilatoren sollen nur die Zimmerluft umwälzen, also nicht direkt auf den Körper strahlen. Klimaanlagen stelle man auf ein erträgliches Minimum ein, wenn man schon nicht ohne sie auszukommen glaubt.

Gesunde Ernährung und allgemeine körperliche Widerstandskraft wirken unserer Anfälligkeit für Erkältungen in hohem Maße entgegen. Eine allgemeine Impfprophylaxe ist aufgrund des breiten Erregerspektrums gegenwärtig (noch) nicht erwägenswert, und die Kontroverse um das mehr oder weniger erkältungsverhütende Vitamin C bleibt auch weiterhin ungeklärt. Wir können uns jedoch, während sich die Fachwelt dieser Problematik widmet, ungestraft dem Genuß der herrlichen Früchte hingeben, die die Tropen uns anbieten, und auf diese Weise unsere eigenen Experimente anstellen. Falsch machen wir damit nichts.

Bei der Behandlung einer Erkältung gehe man nach einer (natürlich auch umstrittenen) englischen Regel aus Großmutters Zeiten vor, die melodisch ins Ohr dringt: „Feed a cold and starve a fever". Eine Erkältung also wegfüttern, indem man seinem Appetit keinen Zwang antut, und ein Fieber aushungern, indem man sich nicht zwangsernährt, wenn einem ohnehin nichts schmeckt. Es gibt keine Wunderkur! Man behält am besten die Einnahme von Vitamin C in

„Feed a cold and starve a fever"

der Nahrung bei – der Glaube versetzt Berge! –, nimmt viel Flüssigkeit zu sich und schluckt aspirinhaltige Mittel, wenn Kopf und Glieder schmerzen. Schwitzkuren sind sinnlos, bei hohen Umgebungstemperaturen sogar gefährlich. Man lasse (außer bei bakteriellen Sekundärinfektionen) keine Antibiotika an sich heran, mit denen man in der Dritten Welt schnell zur Hand ist, sondern lasse sich lieber einen einheimischen Masseur (keine prostituierte Pseudomasseuse!) kommen und nehme keinen Anstoß an Wunderdoktorengehabe und geheimer Einreibemedizin: Mit großer Wahrscheinlichkeit wird man sich nach einer geschickten Durchwalkung um vieles besser fühlen!

Fieberkrankheiten

Malaria: Weitere Bezeichnungen sind Wechselfieber und Sumpffieber. Diese sicherlich bekannteste, gefürchtetste und auch heute noch (bzw. wieder) weit verbreitete Infektionskrankheit kommt in den tropischen und subtropischen Regionen West- und Ostafrikas, Mittel- und Südamerikas, in Indien, Vorder- und Südostasien vor. Auf der ganzen Welt gibt es etwa 300 Millionen Malariakranke; jährlich sterben mehrere Millionen.

Man unterscheidet drei verschiedene Krankheitsformen, die durch verschiedene Erreger hervorgerufen werden:

Malaria tertiana, die vorwiegend in gemäßigten Klimazonen auftritt und damit nicht in den Rahmen dieses Kapitels fällt.

Malaria quartana, die nicht sehr weit verbreitet ist und überwiegend herdförmig in den Tropen auftritt (Krankheitsbild: Zögernder Fieberbeginn, Fieberschübe an jedem dritten Tag, eventuell auch öfter, oder Dauerfieber).

Malaria tropicana, die durch die schwersten Verlaufsformen gekennzeichnet ist und auf die 95% aller Malariatodesfälle zurückgehen. Wie der Name sagt, überwiegt die Krankheit in den Tropen und Subtropen.

Periodische Anfälle von Fieber und Schüttelfrösten deuten immer auf eine Malaria hin. Das Krankheitsbild der Malaria tropicana äußert sich jedoch häufig auch uncharakteristisch und kann leicht mit Grippesymptomen verwechselt und (daheim vielleicht manchmal eher als im tropischen Ausland) entsprechend falsch diagnostiziert und behandelt werden. Typische Frühsymptome sind Kopf-, Glieder- und Oberbauchschmerzen, Nackensteifigkeit, Erbrechen, eventuell auch Durchfall; allgemeine Abgeschlagenheit und unregelmäßiges Fieber, jedoch nicht unbedingt mit Schüttelfrösten. Weiterentwicklung zu sehr hohem Fieber, Schläfrigkeit, Bewußtseinstrübung und komatösen Zustandsbildern.

Malariaerreger (Plasmodien) werden durch Mücken der Gattung Anopheles, die als Zwischenwirt dienen, von plasmodientragenden Menschen auf gesunde übertragen; ohne die Moskito-Zwischen-

Überträger ist die weibliche Anopheles-Mücke

station können wir uns die Krankheit nicht zuziehen. Der Kampf der Menschheit gegen die Malaria hat sich folglich darauf konzentriert, das Übel an seiner Wurzel auszurotten, und in den letzten 20 Jahren hat ein chemischer Feldzug ohnegleichen gegen die Anopheles-mücke stattgefunden. Obwohl in diesem Krieg stellenweise glänzende Teilerfolge errungen wurden, ist das jüngste Fazit jedoch ein eher deprimierendes: Die Krankheit wütet am schlimmsten wieder dort, wo man am kräftigsten mit der Insektizidkeule zugeschlagen hatte. 43 Unterarten der Anopheles sind mittlerweilen gegen die Insektengifte BHC und Dieldrin resistent; 24 weitere Spezies widerstehen außerdem noch DDT. Bessere Erfolge verspricht man sich von BTI, einem neuen, organischen Insektizid.

Zunehmend resistent gegen klassische Malariamittel wie Chinin, mit dem alles begann, aber auch gegen die modernsten Pharmazeutika, sind die Erreger inzwischen selbst geworden. Chloroqin bleibt weiterhin das Mittel der Wahl. Zur Prophylaxe wird von vielen Experten eine Erstgabe von 600 mg Chloroquin empfohlen, dann 300 mg pro Woche. Sollte es trotz Prophylaxe zu Infektionsausbrüchen kommen und ist kein Arzt erreichbar, so empfiehlt sich die Einnahme (laut Anleitung) von mehreren Dosen Sulfadoxin/Pyrimethamin oder Sulfalen/Pyrimethamin oder Mefloquin (Lariam). Da die Prophylaxe noch sechs Wochen nach dem Aufenthalt in gefährdeten Gebieten fortgesetzt werden muß, sollten die Behandlungsdosen für den Notfall auch in dieser Zeit mitgeführt werden. In folgenden Ländern und Gebieten muß man mit einer hohen Chloroquin-Resistenz rechnen: Südostasien, Lateinamerika, Kenia, Tansania und zunehmend auch Westafrika.

Das neue Mefloquin kann auch zur Prophylaxe eingesetzt werden, wobei jedoch zu bedenken ist, daß ein solcher allgemeiner Einsatz die Resistenzwirkung gegen dieses Medikament beschleunigen dürfte. Es wird daher empfohlen, Mefloquin prophylaktisch nur bei Reisen bis zu drei Wochen in Gebieten mit multiresistenter Malaria zu verwenden. In weltweitem Maßstab wird deshalb zu gemischten prophylaktischen Strategien geraten. (Einzelheiten auf der nebenstehenden Karte).

Parallel zu Mefloquin wurde in den letzten Jahren noch ein weiteres hochwirksames Präparat namens Halofantrin entwickelt, das jedoch noch nicht generell erhältlich ist.

Bei Fieber immer an Malaria denken

Grundsätzlich sollte man in verdächtigen Regionen jede unklare fieberhafte Erkrankung als Malaria ansehen und entsprechend behandeln, und außerdem muß man bei Auftreten von Symptomen, die in dieses Bild passen, selbst Monate nach der Rückkehr aus den Tropen immer an Malaria denken und den behandelnden Arzt auf einen solchen Verdacht hinweisen. Wenn er Sie dann einen Besserwisser nennt, suchen Sie sich einen neuen.

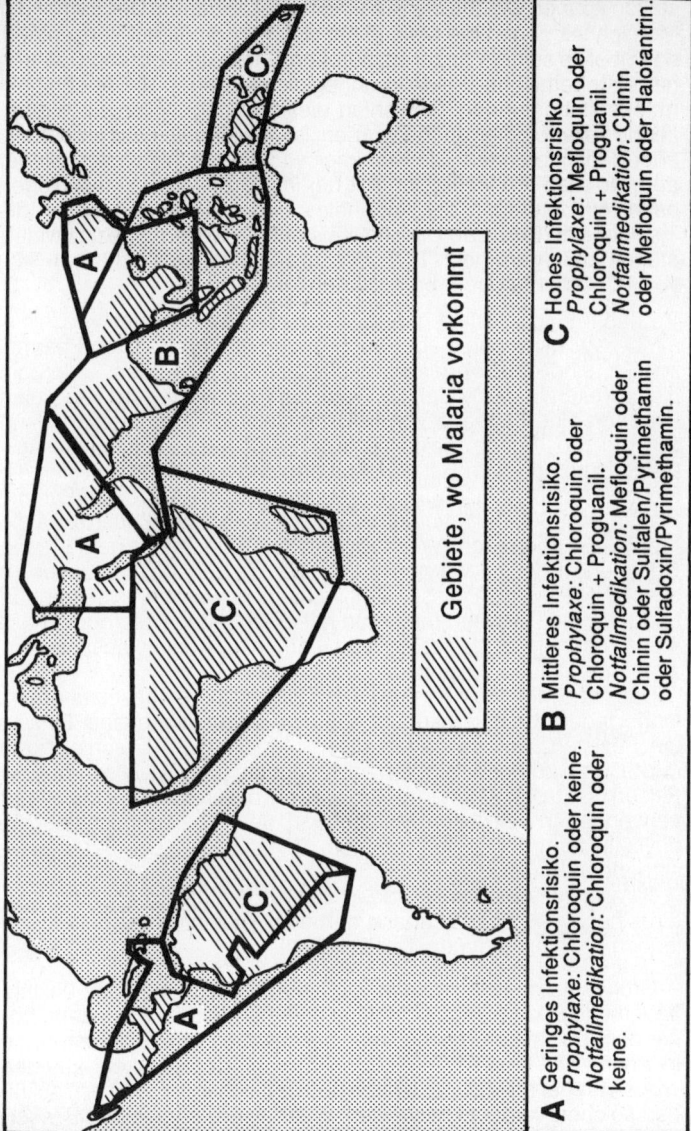

Gebiete, wo Malaria vorkommt

A Geringes Infektionsrisiko.
Prophylaxe: Chloroquin oder keine.
Notfallmedikation: Chloroquin oder keine.

B Mittleres Infektionsrisiko.
Prophylaxe: Chloroquin oder Chloroquin + Proguanil.
Notfallmedikation: Mefloquin oder Chinin oder Sulfalen/Pyrimethamin oder Sulfadoxin/Pyrimethamin.

C Hohes Infektionsrisiko.
Prophylaxe: Mefloquin oder Chloroquin + Proguanil.
Notfallmedikation: Chinin oder Mefloquin oder Halofantrin.

Wir wissen, daß das Tropenklima keineswegs uniform ist und selbst in einem kleinen Land von einer topographischen Zone zur anderen drastisch variieren kann. Entsprechend der klimatischen und ethologischen Verhältnisse kann auch der Lebensraum der Anophelesmücke innerhalb eines Landes erheblichen Variationen unterliegen. Und der Umstand, daß ein Land vielleicht auf der Malarialiste der Weltgesundheitsbehörde steht, besagt nichts über diese regionalen Eigenheiten. Auf den Philippinen zum Beispiel existieren in isolierten Gebieten im westlichen Teil des Landes chloroquinresistente Erregerstämme; an der nicht unfern gelegenen Ostküste hingegen ist Malaria praktisch überall etwas Unerhörtes. Manche Moskitoarten treten auch nur in der Regenzeit auf. Es wäre deshalb völlig verfehlt, wenn man seine Reisewünsche in Richtung Tropen einer Panikstimmung in Sachen Malaria hintanstellen wollte.

Übrigens: Eine chronische Malaria gibt es nur bei Patienten, die immer neu von infizierten Mücken gestochen werden. Nach Verlassen eines befallenen Gebietes heilt eine überstandene Malaria (tropica und tertiana) nach etwa drei Jahren endgültig aus. Die Säuglings- und Kindersterblichkeit ist in Malariagebieten groß. Dagegen nimmt bei Einheimischen die Empfänglichkeit für eine Infektion mit fortschreitendem Alter ab. In stark mit der Krankheit durchseuchten Gebieten sind ältere Jugendliche und Erwachsene praktisch immun, was jedoch nicht dahingehend interpretiert werden darf, daß man auch als Neuling in einer solchen Region vor Befall sicher ist. Eine Impfprophylaxe gibt es bislang nicht, und sie ist nach hoffnungsvollen Ansätzen auch wieder außer Sicht geraten. Die meisten Erwartungen werden jetzt an die Gentechnologie geknüpft, doch Durchbrüche gibt es bislang nicht.

Schutzmaßnahmen gegen Moskitos stehen auf Seite 278ff.

Gelbfieber: Diese schwere Viruskrankheit wird von der Aedesmücke in Zentral- und Westafrika und in gewissen Gegenden des tropischen Süd- und Mittelamerika auf Tiere und Menschen übertragen. Der Erregereintritt in den Wirt erfolgt beim Stich der Moskitoweibchen, die besonders in den frühen Morgenstunden tätig sind.

Leichte Gelbfiebererkrankungen sind von anderen fieberhaften Infekten kaum zu unterscheiden. Ein ausgeprägterer Krankheitsverlauf beginnt mit einer drei- bis viertägigen Fieberphase, deren Symptome in heftigen Kopf- und Gliederschmerzen, Übelkeit, Nasenbluten und Erbrechen von Blut bestehen, gefolgt von einer fieberfreien Pause von 1-2 Tagen und anschließendem erneuten Fieber als Zeichen für beginnenden Organbefall. Je nach Schwere des Krankheitsverlaufs kann die Sterblichkeit bei manchen Epidemien bis zu 95% betragen. Befallen werden kann jede Altersstufe, bevorzugt Kinder. Allerdings ist die Sterblichkeit bis zum 14. Lebensjahr gering; am größten ist sie bei der Altersgruppe zwischen dem 20. und 30. Lebensjahr. Eine überstandene Infektion, auch ohne klinische Symptome, hinterläßt eine sehr lange bis lebenslange Immunität.

Die Behandlung beschränkt sich auf allgemeine Maßnahmen bei akuten Infektionskrankheiten. Eine spezifische Behandlung gibt es nicht! Bei Einreise in Gelbfiebergebiete deshalb unbedingt eine Schutzimpfung verabreichen lassen!

Außer Malaria und Gelbfieber tritt in heißen Regionen weltweit noch eine Fülle anderer durch Insekten übertragener, zumeist fiebrig verlaufender Viruskrankheiten auf, die es jedoch an Schwere – von einigen isolierten Ausnahmen einmal abgesehen – mit den beiden klassischen Fieberseuchen nicht aufnehmen können:

Pappataci-Fieber: Kann durch den Stich der Sandfliege hervorgerufen werden. Es zieht 3-5tägiges hohes Fieber mit heftigen Kopfschmerzen nach sich, dem man am besten mit Aspirin begegnet. Ein Befall hat keine Nachwirkungen zur Folge.

Dengue-Fieber, Waldfieber und einige weitere Krankheiten dieser Beschreibung verlaufen ähnlich.

Rift-Valley-Fieber: Diese bereits seit einem halben Jahrhundert bekannte und bis in die jüngste Gegenwart für relativ gutartig gehaltene Fieberkrankheit, die in großen Teilen Afrikas vorkommt, fordert in jüngster Zeit eine zunehmende Zahl von (eingeborenen) Todesopfern, wahrscheinlich aufgrund gefährlicher genetischer Veränderungen des auslösenden Virus. Rift-Valley-Fieber wird durch Moskitos, vielfach aber auch durch das Berühren erkrankter Haustiere übertragen und äußert sich zunächst mit grippeartigen Symptomen, zu denen sich im fortgeschrittenen Stadium Erblindung und Leberschäden einstellen können. Bei Reisen in gefährdete Gebiete sollte mit den heimischen Gesundheitsbehörden wegen einer eventuellen Schutzimpfung Rücksprache gehalten werden.

Rückfallfieber (febris recurrens), das durch Zecken und Läuse übertragen werden kann, ist eine ernste Angelegenheit. Die Krankheit beginnt mit akutem Fieberanstieg auf 40-41° und Schüttelfrösten, meist 5-7 Tage anhaltend, dann abfallend und ein allgemeines kritisches Stadium einleitend. Nach fieberfreiem Intervall von 3-8, gelegentlich mehr Tagen, erfolgt ein Rückfall, der sich 2-3mal oder öfter wiederholen kann. Die Abstände der Fieberschübe vergrößern sich, und die Fieberhöhe wird geringer, bis die Erkrankung schließlich abklingt. Rückfallfieber wird mit Tetracyclin behandelt; eine Prophylaxe existiert (außerhalb der üblichen Hygienemaßnahmen) nicht. Die Krankheit ist jedoch auf einige einzelne Herde in Afrika eingeengt.

„Mañana-Fieber": Mañana heißt auf spanisch „morgen", und als Mañana-Fieber bezeichnet man die überall in den Tropen grassierende Einstellung, alles und jedes auf morgen zu verschieben, von wo es dann wieder auf den nächsten Tag verschoben wird, bis es dann schließlich vollends in Vergessenheit gerät.

Obwohl Mañana-Fieber natürlich keine Krankheit im Sinne dieses Kapitels ist und eher als ironischer Beitrag aufgefaßt werden soll, ist diese Manifestation tropischen Phlegmas indirekt für viele Leiden der unterentwickelten Welt verantwortlich und letzten Endes deshalb auch oft für „echte" Krankheiten. Kein Tropenreisender wird wohl dem Kontakt mit der Krankheit entgehen können – er lasse sich aber tunlichst nicht anstecken!

Die Möglichkeit, mit einer der unheimlichen, sporadisch in Erscheinung tretenden und oft nach ihrem Entstehungsherd benannten Erkrankungen durch einen unbekannten Virus wie Lassa- oder Ebola-Fieber in Berührung zu kommen, ist gering. Immerhin kamen aber bösartige Seuchen wie die gefürchtete Aids-Krankheit ursprünglich aus dem afrikanischen Busch, was zu denken geben sollte. Der kluge Tropenreisende wird bei Kunde von schwer definierbaren Krankheitsausbrüchen um die befallenen Gebiete einen großen Bogen machen!

Hepatitis A (Infektiöse Gelbsucht: Virus-Hepatitis)

Die Virus-Hepatitis A (VHA) ist eine der häufigsten Infektionskrankheiten. Ein großer Teil der Infektionen, besonders bei Kindern und Jugendlichen, verläuft unerkannt. Die Durchseuchungsraten zeigen ein ausgeprägtes Nord-Süd-Gefälle: Während im Mittelmeerraum bei etwa 80% der Bevölkerung HA-Antikörper gefunden werden, sind es in Norwegen unter 20%; wir im Norden sind also weitaus gefährdeter.

Die Krankheit wird meist durch Schmierinfektion übertragen. Ihre Verbreitung steht in engem Zusammenhang mit hygienischen und sanitären Verhältnissen, wie sie in großen Wohn- und Arbeitsgemeinschaften sowie auf Reisen, so auch vor allem beim Camping, herrschen. Unsaubere Toiletten sind eine primäre Infektionsquelle, aber auch der Genuß von rohem Obst und Gemüse oder nicht abgekochtem Wasser kann zur Gefahr werden. Ursache für Epidemien sind häufig Verseuchungen von Lebensmitteln durch Virusausscheider, natürliche Düngung von Salatpflanzen und Gemüsen für den rohen Verzehr, fäkale Verunreinigung von Muscheln sowie von Trink- und Badewasser.

Das Krankheitsbild kann sich tage- oder gar wochenlang uncharakteristisch äußern: Unklare Bauchschmerzen, grippeähnliche Symptome, Gelenk- und Gliederschmerzen, Widerwille gegen fette und gebratene Speisen, Erbrechen, dauernde Übelkeit. Später kann sich eine deutliche Gelbfärbung der Haut einstellen, auch erneuter Fieberanstieg, hellfarbiger Stuhl und bierbrauner Urin.

Eine Infektion wird symptomatisch behandelt; wichtig ist strenge Bettruhe, kalorienreiche, reizlose Diät mit hohen Vitamin-B-Anteilen, feuchtwarme Leberwickel und möglichst strenge Isolation von anderen Mitgliedern der Wohngemeinschaft.

Infektiöse Darmerkrankungen

Durchfall: Maßnahmen bei Reisedurchfall mit unterschiedlichen Ursachen (Streß, falsche oder ungewohnte Ernährung, „Unterleibserkältung", usw.) schildert das vorhergehende Kapitel. Bei den nachstehend aufgeführten Infektionskrankheiten geht Durchfall zumeist symptomatisch einher.

Amöbenruhr (Amoebiasis): Furchtsame Tropenreisende vermuten Amöben in jedem Getränk und in jeder Nahrung, die nicht hundertprozentig ihren hygienischen Vorstellungen entspricht. Diese Sorge, sich eine derartige Infektion zuzuziehen und „das ganze Leben lang an Amöben zu leiden", ist mit dem Wort „Amoebophobie" sogar psycho-terminologisch erfaßt...

In Wirklichkeit ist die Erkrankung, obwohl in den Tropen außerordentlich weit verbreitet, unter dort anwesenden oder reisenden Europäern verhältnismäßig selten. Genau genommen handelt es sich um eine geschwürige Dickdarmentzündung, die durch einzellige, mikroskopisch kleine Lebewesen (Entamoeba hystolytica) verursacht wird. In vielen Fällen bleibt die Darminfektion latent und ohne klinische Symptome. Bei anderen treten allmählich leichte Temperaturen und schleimig-blutige Durchfälle auf, die oft schmerzhaft sind. Komplikationen können sich bei fortschreitender Infektion durch Verschleppung von Amöben in die Leber und andere Organe ergeben.

Wer auch in den Tropen gewohnte hygienische Lebensbedingungen aufrechtzuerhalten versteht, braucht sich keiner Amoebophobie hinzugeben. Und selbst wer von der Krankheit befallen wird, kann das Problem mit einer konsequenten Tablettenkur unter ärztlicher Aufsicht heutzutage leicht aus der Welt schaffen. Eine medikamentöse Prophylaxe kommt nur bei besonders großer Gefährdung durch die Umgebung von Fall zu Fall in Frage. An fünf hintereinanderliegenden Tagen werden dann je 2 Tabletten Arilin, Simplotan oder ein ähnliches Mittel eingenommen. Vor einer oberflächlichen Behandlung einer Amöbenruhr sei gewarnt!

Wenn trotz mehrfacher Behandlung mit amöbenspezifischen Präparaten keine Besserung der Magen/Darm-Beschwerden eintritt, muß an der Diagnose „Amöbenruhr" gezweifelt werden. In solchen Fällen sollte man sich nicht auf eine „Labordiagnose" beschränken, sondern einen erfahrenen Tropenarzt um Untersuchung bitten.

Bazillenruhr (Bakterielle Ruhr, Shigella-Dysenterie): Wie die meisten weltweit in tropischen und anderen warmen Ländern auftretenden infektiösen Darmerkrankungen wird auch die Bazillenruhr vorwiegend durch verseuchtes Wasser, Milch, Nahrung, Fliegen oder einfach Schmutz übertragen. Sie beginnt charakteristisch mit hohem, jedoch unregelmäßigem Fieber, Übelkeit, Erbrechen, kolikartigen Bauchschmerzen und Durchfall, letzterer zunächst schleimig-wäßrig, später blutig. Als Folge von 15- bis 20maliger Entleerung am Tag setzt alsbald rapide Erschöpfung des Patienten ein. Auch heute noch sind Todesfälle nicht selten, und Säuglinge und Kleinkinder sind besonders gefährdet. In den Tropen können Wetterstürze, wie das Einsetzen der Regenzeit und die damit verbundene Verschlechterung allgemeinhygienischer Verhältnisse (merken!) zu explosiven Epidemien führen.

Siehe auch „Cholera"

Peinliche Körper- und Nahrungshygiene und normaler Magensäuregehalt stellen die besten prophylaktischen Möglichkeiten dar. Eine aktive Immunisierung ist zur Zeit nicht erwägenswert und eine Sulfonamidprophylaxe in ihrem Wert umstritten. Eine Erkrankung wird spezifisch mit Antibiotika und/oder Sulfonamiden behandelt. Sulfonamidtabletten wie Enterocura, Ruocid und Supronal, von denen man an den ersten beiden Tagen je 8 und danach noch 2-3 Tage lang je 6 nimmt, helfen im allgemeinen schnell und sicher. „Teepause" und Bettruhe unterstützen die Behandlung erheblich. Die Zufuhr von Getränken ist aufgrund des rapiden Flüssigkeitsverlustes besonders wichtig. Kinder erhalten eine geringere Dosis. Bei ihnen muß man in speziellem Maße auf die Austrocknung durch die Durchfälle achten, auf die sie sehr rasch ungünstig reagieren, und deshalb reichlich und schluckweise Tee verabreichen.

Tritt nach 3 Tagen keine wesentliche Besserung der Durchfälle ein, empfiehlt es sich, auf ein stärkeres Mittel wie Bactrim überzugehen, von dem man täglich 2 x 2 Tabletten über mehrere Tage hinweg nimmt. Läßt sich die Durchfallerkrankung selbst hiermit nicht innerhalb von 4-5 Tagen beseitigen, ist als Notmaßnahme eine Behandlung mit Tetracyclinen angezeigt. Stellen sich dazu im Verlauf der Erkrankung hohe Fieber ein, wird der Patient benommen und sein Bewußtsein gestört, muß an eine typhöse Infektion gedacht werden, die nur ärztlich behandelt werden kann!

Cholera: Diese in Asien – besonders in Indien, Pakistan, Bangla Desh, Burma und Indonesien – endemische Seuche wird durch den Massentourismus gelegentlich auch in unsere Breiten verschleppt. Periodische Vorstöße erfolgen besonders in den Ländern des Nahen Ostens, Afrikas und des Mittelmeerraumes. Epidemien dieser Art werden durch die sogenannten El-Tor-Vibrionen verursacht, die für Europäer oft weniger ansteckend sind. El-Tor-Infektionen bleiben vielfach latent, und entsprechend groß ist die Zahl gesunder Überträger, die schwächere Naturen infizieren können.

Auch hier ist peinliche Reinlichkeit bei der persönlichen Hygiene und beim Essen die beste generelle Prophylaxe. Bei Reisen in Choleragebiete ist eine mehrfache Schutzimpfung notwendig, die je nach Seuchenlage von den Einreiseländern verlangt wird. Da der heute zur Verfügung stehende Impfstoff jedoch keinen hundertprozentigen Schutz gegen eine Erkrankung (wenn auch bei infizierten Geimpften einen milden Verlauf) garantiert, wird sie von den hiesigen Behörden nicht mehr zur Pflicht gemacht, sondern nur zusätzlich zu allgemeinen Hygienemaßnahmen empfohlen. An einem neuen Impfstoff gegen die Cholera und ähnlich gefährliche infektiöse Darmerkrankungen wird intensiv gearbeitet.

Die Cholera erkennt man an den unstillbaren Brechdurchfällen, die durch Wasserverlust (bis zu 20 l am Tag) rasch zu Kreislaufkollaps und Tod führen können. Als Infektionsquelle dienen Cholerakranke oder -genesende und verseuchte Nahrungsmittel, insbesondere Milch und Trinkwasser. Die Inkubationszeit beträgt 2-5 Tage, mitunter jedoch nur wenige Stunden! Sterblichkeitsrate: 50% bei der klassischen Form; 10-30% bei El Tor, jeweils bei unbehandelten Fällen. Leichte Verlaufsformen sind möglich.

Die unspezifische Behandlung schreibt Bettruhe und die Verabreichung symptomatischer Mittel gegen Kreislaufstörungen vor. Die spezifische kann nur ärztlich vorgenommen werden; wichtigste Maßnahmen sind dabei die intravenöse Rehydrierung und anschließende Antibiotika-Therapie.

Keine Angst vor der Cholera! Selbst in den abgelegensten Weltwinkeln stehen Gesundheitsbehörden einem Ausbruch nicht wehr- und tatenlos gegenüber, und jedes tropische Kleinkrankenhaus ist in der Lage, selbst einen schweren Fall zu behandeln. Gerade Angst macht anfällig: Kleinkinder, die sich keiner Gefahr bewußt sind, und alte, gebrechliche Menschen, die sich nichts mehr aus ihr machen, bleiben gewöhnlich von der Krankheit verschont. Der Grund ist, daß bei ihnen die Sekretion der Magensäure, die normalerweise eine unbezwingbare Barriere für das Choleravibrio darstellt, nicht emotionell unterbrochen wird, wie es bei völlig gesunden und robusten Personen aus Angst vor einer Infektion geschehen kann.

Wie viele Volksweisheiten hat auch „Juppheidi, juppheida, Schnaps ist gut für Cholera" so unrecht mit ihrer Aussage nicht...!

Juppheidi, juppheida, Schnaps ist gut für Cholera!

Salmonella-Gastroenteritis: Diese zumeist durch infizierte tierische Nahrungsprodukte (Eier, Eipulver, Milch), verseuchtes Wasser oder verdorbene Speisen und Konserven hervorgerufene Krankheit ist weltweit verbreitet. Allein in der Bundesrepublik rechnet man mit über 300 000 jährlichen Fällen.

Eine Erkrankung nimmt zumeist einen stürmischen Anfangsverlauf mit Leibschmerzen und Fieber (unter 39°) sowie Durchfällen, die „reiswasserartig" erscheinen und blutige Schleimbeimischungen enthalten können. Dieses Erscheinungsbild kann tagelang anhalten.

Eine unspezifische Behandlung der Krankheit beschränkt sich auf Bettruhe, Wärmezufuhr, Diät und Ausgleich der Flüssigkeitsverluste. Spezifisch wird bei leichteren Fällen zum Beispiel Metifex gegeben, bei schwereren Verlaufsformen Antibiotika. Eine Impfprophylaxe gibt es (noch) nicht.

Salmonellen können unter anderem durch tierische Kinderspielgefährten wie Schildkröten übertragen werden, die man deshalb als tropische Haustiere nicht in Betracht ziehen sollte.

Typhus (abdominalis) **und Paratyphus A und B:** Infektionskrankheiten wie diese sind in den Tropen in Abhängigkeit von den jeweiligen allgemeinhygienischen Verhältnissen oft anzutreffen. Gehäuft mitunter in den dichtbesiedelten Gebieten Asiens und Südamerikas, weniger in Afrika. Ganze Teile des vorderen Orients sind jedoch permanent durchseucht. Offensichtliche Gehirnschädigungen, die man in warmen Ländern vielfach beobachten kann, sind nicht selten auf meningitische Komplikationen einer typhösen Infektion zurückzuführen.

Typhus beginnt mit Mattigkeit, Kopfschmerzen und langsamem, „treppenförmigem" Fieberanstieg. Nach 8 Tagen stellt sich für diese Krankheiten charakteristisches Dauerfieber ein, das recht hoch (40-41°) sein und mitunter wochenlang anhalten kann. Bei Paratyphus ist die Fieberperiode und -anstiegszeit etwas kürzer. Der Verdacht auf Typhus verstärkt sich, wenn die Pulszahl, die normalerweise rund 80 Schläge pro Minute beträgt, sich trotz bedeutender Steigung der Temperatur nicht wesentlich erhöht. Typhöse Krankheiten sind insbesondere wegen der Komplikationen gefürchtet, die das hohe Dauerfieber und die Schwächung des Organismus bewirken können.

Auch hier ist die beste Prophylaxe Sauberkeit bei der persönlichen Hygiene und beim Essen sowie eine furchtlose Einstellung gegenüber diesen Krankheiten. Infektionsquellen sind der erkrankte Mensch oder Dauerausscheider über direkten Kontakt oder verkeimte Gegenstände. Hunde, Ratten und Fliegen dienen als Überträger. Eine Infektion erfolgt jedoch gewöhnlich über verseuchtes Trinkwasser, Milch, Fleisch und andere Nahrungsmittel, bei Paratyphus auch über Enteneier.

Eine unspezifische Behandlung entspricht in etwa der, die unter „Cholera" beschrieben ist. Spezifisch werden im Verlauf einer eventuell langwierigen Therapie vor allem Antibiotika angesetzt. Bei Reisen in gefährdete Gebiete kann man sich mittels einer Schluckimpfung (Typhoral L) etwa 2 Jahre lang wirksam gegen beide Krankheiten schützen.

Kontaktkrankheiten

„Lustseuchen"
Syphilis
Tripper
Pilze

Geschlechtskrankheiten: Die „Lustseuchen" sind heutzutage wieder mehr denn je auf dem Vormarsch und vor allem in den Tropen weit verbreitet. Zu dieser Problematik gesellt sich der unglückliche Umstand, daß die gefährlichste aller Geschlechtskrankheiten, die Syphilis oder Lues, in zunehmendem Maße in ihrer Frühphase völlig symptomlos verläuft und Ärzten keinen Anhaltspunkt auf eine Infektion gibt, solange kein Hinweis darauf gegeben wird, daß eine Erkrankung überhaupt vorliegen könnte. Für die Zukunft wird deshalb von manchen Medizinern ein neuerliches Auftreten der gefürchteten luetischen Spätformen vorausgesagt. Die Krankheit kann jedoch bei einer routinemäßigen Untersuchung entdeckt und mittels massiver Antibiotika-Dosen aus der Welt geschafft werden. (Eine vollständige Heilung ist heutzutage innerhalb von drei Wochen sichergestellt, wenn innerhalb dieser Zeit – auch samstags und sonntags – Depot-Penicillin in genügend hoher Dosis verabreicht wird). Eine Impfprophylaxe ist (noch) nicht möglich.

Gonorrhoe (Tripper), weitaus häufiger in weltweiter Verbreitung, gibt der Medizin ebenfalls neue Probleme in Gestalt zunehmend widerstandsfähiger Erregerkulturen auf. Neue Mittel werden mit diesem Hauptsorgenkind unternehmungslustiger Reisender jedoch fertig. Die schreckenerregende Vision der „unheilbaren Gonorrhoe", die unter verschiedenen regionalen Benennungen ("Vietnam-Rose") immer wieder in Männergesprächen heraufbeschworen wird, existiert in der Realität nicht. Gerüchte entlang dieser Linie wurden von allem während des Vietnamkrieges bewußt gefördert, um US-Soldaten den Sport zu verleiden und die weitere Verbreitung hochresistenter Erregerstämme, die hier in der Tat ihren Ursprung hatten, einzudämmen.

Stark im Kommen sind außer der Gonorrhoe ähnliche und mitunter schwierig zu behandelnde Virus- und Pilzinfektionen, die ebenfalls durch geschlechtlichen Kontakt übertragen werden, darunter der gefürchtete Herpes. Auch hier muß der Facharzt herangezogen werden. Notmaßnahme bei Herpesverdacht: Beim ersten Anzeichen (z.B. Kribbeln) die betroffenen Stellen mit Seife einschmieren. Das alkalische Milieu vertragen die Viren nicht.

Dies gilt für alle Geschlechtskrankheiten: Vor „Vorbeugemaßnahmen" und dilettantischer Selbstbehandlung sei hiermit ausdrücklich gewarnt. Kondome bieten den besten, wenn auch keinen hundertprozentigen Schutz. Infektionen können auch durch orale Kontakte übertragen werden. Der leiseste Verdacht auf eine Geschlechtskrankheit sollte genügen, sich ohne Scheu zum nächsten Arzt zu begeben. Ein Kommentar noch zu AIDS, das weltweit immer größere Dimensionen annimmt, ganz besonders in Afrika: Use it (Kondom) or lose it (Leben). Andere Alternativen existieren bis auf weiteres nicht.

Tinea pedis: (Pilzinfektion der Füße, Zwischenzehenerkrankung, „Hongkongfuß", „Singapurfuß", „jungle rot", „athlete's foot"). Tinea-Erkrankungen kommen in allen Ländern vor. In tropischen und anderen warmen Regionen haben wir es jedoch häufiger mit diesem Problem zu tun, weil Klima und mangelhafte hygienische Verhältnisse die Ansiedlung der Erreger begünstigen.

Tinea pedis erkennt man an Rötungen, Quaddeln, Bläschen oder größeren Hautabschürfungen zwischen den Zehen, auch an Fußkanten und -sohlen. Ein Befall kann zu einem erheblichen Krankheitsprozeß führen, dessen Verlauf sehr schmerzhaft und dessen Behandlung langwierig sein kann. Das Leiden wird durch schmutziges, pilzverseuchtes Wasser an Badestellen und Duschgelegenheiten und feuchten Böden verbreitet. Generell findet eine Auslösung durch feuchte Füße in schlechtbelüfteten, nassen Schuhen statt. Es ist ratsam, in den Tropen möglichst viel barfuß zu laufen. Natürlich nur dort, wo die Umgebung einwandfrei sauber ist (wie z.B. an einem Korallenstrand). In zweifelhaftem Terrain sollte man die Füße mit dicken Baumwollsocken vor Schweiß und Schmutz schützen. Ein Verzicht auf Kunstfasersocken ist ratsam. Wichtig ist, daß die Füße möglichst immer trocken sind, insbesondere zwischen den Zehen.

Wichtig sind trockene Füße

Eine Erkrankung wird unspezifisch mit genereller Austrocknung, Kaliumpermanganatbädern, antimykotischen Salben, Lösungen und Pudern behandelt. Spezifische Medikamente sind u.a. Dermofongin und Griseofulvin.

Eine Impfprophylaxe existiert nicht; Infektionen dieser Beschreibung hinterlassen jedoch eine zelluläre Immunität, d.h. befallene Hautstellen erkranken nicht zum zweiten Mal.

Lepra: Kaum eine Krankheit flößt uns wohl mehr Grauen ein als die Lepra (Aussatz) und ihre schrecklichen Verstümmelungen. Diese Angst ist völlig unbegründet.

Lepra ist eine Krankheit, die generell nur Personen unter 20 Jahren bei intensivem und längerem Körperkontakt mit Leprösen gefährdet. Infektionen sind selbst in Endemiegebieten bei kurzfristigem Aufenthalt außerordentlich unwahrscheinlich. Auch in der Dritten Welt sind Lepröse gesundheitsbehördlich erfaßt und isoliert. Potentiell als gefährdet betrachtete Kinder sind durch die normale BCG-Impfung hinreichend geschützt.

Tropengeschwüre: Die „Schwären" klingen dramatischer als sie es bei Einhaltung einer einigermaßen hygienischen Lebensweise tatsächlich sind, aber gelegentlicher Schmutz oder Insektenstiche machen sie nicht völlig vermeidbar. Am häufigsten sind Furunkel, die als kleine, juckende Pickel beginnen und sich rasch zu einer schmerzhaften Eiterbeule vergrößern. Dieses Stadium läßt sich mittels einer frühzeitigen Penicillininjektion leicht und mit großer Sicherheit unterdrücken. Solange eine antibiotische Maßnahme noch nicht stattfinden kann, vermeide man ein Ausdrücken oder Aufstechen. Gegen weitere Verbreitung durch Schmutz- und Schmierinfektion kann man sich durch das Anlegen sauberer Verbände schützen. Kein Leukoplast verwenden, das die umgebende Haut zu stark reizt und zu neuen Geschwürbildungen führen kann! Bei Kindern, die besonders gefährdet sind, lassen sich beginnende Furunkel durch Auftragen eines Sulfonamid-Gels günstig beeinflussen. Auch bei anderen furunkelähnlichen Geschwüren verfahre man in Ermangelung ärztlicher Hilfe nach dieser generellen Anleitung.

Die sich vorwiegend an der Haut abspielende Spirochäten-Infektion Frambösie (engl. yaws) kommt praktisch nur bei Einheimischen vor und ist durch Penicillin sehr erfolgreich zu bekämpfen. Auch das sogenannte tropische Unterschenkelgeschwür, das bei Bewohnern heißer Länder häufig zu beobachten ist und wahrscheinlich durch Ernährungsfehler hervorgerufen wird, ist bei Weißen selten.

Meningitiden (bakterielle Gehirnhautentzündungen)

Grundsätzlich kann jedes Land mit unterentwickelter Hygiene als potentielles Meningitis-Gebiet gelten. In den Tropen (Brasilien, Afrika, Indien) ist die Krankheit in besonderem Maße verbreitet und gefährlich; in Europa werden meist nur sporadische Fälle beobachtet.

Meningitiden werden nach Art von Erkältungen durch Tröpfcheninfektion von Mensch zu Mensch oder durch direkten Kontakt übertragen. Je nach Erregerspezies äußert sich ein Befall in verschiedenen Krankheitsbildern, gemeinsam ist jedoch gewöhnlich ein akuter Beginn mit hohem Fieber, Erbrechen, starken Kopfschmerzen und ausgeprägter Nackensteifheit. Jede Meningitis ist ein medizinischer Notfall, der hochspezifischer ärztlicher Behandlung bedarf!

Eine Impfprophylaxe bei Reisen in gefährdete Gebiete ist neuerdings möglich; zur passiven Immunisierung kann bei besonderer Indikation auch Gammaglobulin verabreicht werden.

Pest

Als mir zum ersten Mal (in Vietnam) eine Pestschutzimpfung angetragen wurde, glaubte ich meinen Ohren nicht zu trauen. Ich glaubte, der „Schwarze Tod" sei eine Angelegenheit des Mittelalters...

Weit gefehlt. Tatsächlich existiert die Seuche als Beulen- und Lungenpest noch in mehreren endemischen Gebieten der tropischen Welt, so in Südostasien (besonders Vietnam und Burma), im Iran und Kongo, in Indien, Madagaskar und Tansania und in mehreren lateinamerikanischen Ländern. In der Regel wird bei Einreise in befallene Gebiete eine Schutzimpfung zur Bedingung gemacht. **Wir lagen vor Madagaskar...**

Beulen- oder Bubonenpest gibt es vor allem dort, wo sie von Rattenflöhen auf den Menschen übertragen werden kann. Vor rund 600 Jahren raffte eine aus dem Orient importierte Epidemie in Europa 25 Millionen Menschen dahin. Daß die Seuche auch heute noch sehr wohl in westlichen Ländern mit Einschluß der USA wieder ausbrechen kann, steht nach Ansicht von Fachleuten außer Frage.

Die Krankheit kann schlagartig mit Schüttelfrost, hohem Fieber und schweren Allgemeinerscheinungen einsetzen oder aber auch relativ symptomarm bleiben. Typisch ist das gefürchtete spätere Anschwellen der Lymphknoten („Bubos"), die der bubonischen Variante ihren Namen verleihen. In schweren Fällen verläuft diese Krankheit zu 50-90% tödlich.

Gefährlicher noch ist die Lungenpest, die durch Tröpfcheninfektion weitergegeben werden kann. Diese Form der Krankheit, die gewöhnlich mit bronchitisartigen Beschwerden beginnt, hat unbehandelt eine annähernd hundertprozentige Sterblichkeitsrate.

Das Wort Pest wird wie durchweg mit dem übelsten Schmutz identifiziert. Mit Recht: Allgemeine hygienische Maßnahmen, Sauberhaltung und Desinfektion von Wohnstätten sowie die Fernhaltung von Ungeziefer aller Art sind der beste Schutz gegen diese archaische Krankheit. Wo immer gesundheitsbehördlich angeraten, lasse man eine Schutzimpfung vornehmen. Ersatzweise kann eine ärztlich kontrollierte Chemoprophylaxe mit Sulfonamiden oder Tetracyclin von Wirksamkeit sein.

Pocken

Diese Krankheit gilt als (bedingt) ausgerottet.

Rabies (Lyssa, Tollwut)

In Übereinstimmung mit der lose gehandhabten Thematik dieses Kapitels ist natürlich auch die Tollwut keine charakteristische Tropenkrankheit: 80% aller deutschen Füchse und selbst 10% der mildäugigen Rehe sollen tollwütig sein. Sie ist jedoch hier aufgeführt, weil in manchen tropischen Ländern bis zu 70% des Haustierbestandes mit der Krankheit infiziert sind. In diesem Falle ist die Gefahr eines Kontaktes mit kranken Tieren natürlich erheblich größer als in freier deutscher Wildbahn.

Hände weg von Tropentieren

Eine Infektion findet gewöhnlich über Biß- oder Kratzverletzungen eines infizierten Tieres durch Speichelkontakt statt. Haushunde und -katzen sind dabei die bekanntesten Überträger. Die Krankheit kann jedoch auch durch wilde Tiere wie Affen, Raubkatzen oder Fledermäuse übertragen werden. Glücklicherweise ist der Mensch für die Infektion nicht sehr empfänglich, und die unverletzte Haut bietet einen sicheren Schutz. Selbst wenn die Haut bei einer Tierattacke verletzt worden ist, erweist sich das Auswaschen der frischen Wunde mit einer starken Seifenlauge als hochwirksame Sofortmaßnahme. Zu empfehlen ist auch ein gründliches Ausblutenlassen der Wunde (die nicht genäht werden sollte!).

Diese Notmaßnahmen überbrücken allerdings nur die Zeit, bis ärztliche Versorgung erreicht werden kann, wenn sie auch auf keinen Fall unterlassen bleiben sollten. Der einzig sichere Weg zur Ver-

hinderung einer möglichen Tollwuterkrankung ist jedoch die Impfung, die mit einem Minimum an Verzögerung vorgenommen werden muß. Obwohl nur nach etwa 10-12% aller Bisse tollwütiger Tiere
beim Menschen eine Infektion auftritt, kommen wir um die Impfung
nicht herum: Eine Erkrankung verläuft fast ausnahmslos tödlich.
Ebenfalls unumgänglich ist eine gleichzeitige Tetanusimpfung.

Der beste Schutz ist Distanz zu Tieren, selbst zum niedlichen
Haushündchen unseres tropischen Bekannten. Wünschenswert in
diesem Sinne ist sicherlich auch eine Aufgabe der heimischen
Angewohnheit, immer und überall einen vierbeinigen Gefährten dabei haben zu wollen. Eine Ausnahme kann jedoch gemacht werden,
wenn ausreichende tierärztliche Versorgung gewährleistet ist.

Schlafkrankheit

Diese nur sehr selten bei Europäern festzustellende Krankheit
wird in West-, Zentral- und Ostafrika durch den Biß der Tsetse-Fliege
übertragen. An der Bißstelle kann es nach einigen Tagen zu einer
schmerzhaften, umschriebenen Schwellung kommen. Es folgen
Drüsenschwellungen, Fieberanfälle und manchmal auch ein exten-
siver Hautausschlag. Später tritt eine Erkrankung des Zentralnerven-
systems, in dieser Verbindung auch Schlafsucht, in den Vorder-
grund.

Siehe auch
Seite 282

Es gibt keine prophylaktischen Maßnahmen gegen diese Krankheit. Eine Behandlung ist nur unter ärztlicher Kontrolle möglich!

Tetanus (Wundstarrkrampf)

Ich habe selten einen Tropenbewohner mit einiger Bildung getroffen, der sich nicht mit dem Wundstarrkrampf und seinen furchtbaren
Folgen auskannte – aber wenig Interesse an einer (gewöhnlich ko-
stenlosen) Immunisierung zeigte. Der bei uns gezeigte Mangel an
Anteilnahme am eigenen Wohlergehen verdoppelte sich hier fast
zwangsläufig.

Nach WHO-Angaben sterben in der Welt jährlich etwa 50 000
Menschen an Tetanus. Die Verbreitung der Krankheit ist von geolo-
gischen Bodenformationen abhängig. Es gibt sogenannte „Tetanus-
distrikte", wo die Erreger in Schmutz, Straßenstaub, menschlichen
und tierischen Fäkalien zu finden sind. Vorausbedingung für die
Infektion ist eine Verletzung der Haut oder Schleimhaut, die nur so
geringfügig zu sein braucht, daß sie beim ersten Auftreten von Teta-
nus-Symptomen bereits abgeheilt ist (Bagatellverletzung). Tetanus-
Sporen werden sowohl von den verletzenden Gegenständen (Nä-
gel, Holzsplitter, rostige Instrumente usw.) als auch von der Körperoberfläche selbst eingebracht. Sie sind außerdem häufig bei Sekundärinfektionen, Verbrennungen und bei Bißverletzungen durch Tiere
aller Art mit Einschluß von Schlangen. Das Krankheitsbild äußert sich

Jährlich
50 000 Tote

durch Krämpfe der sogenannten quergestreiften Muskulatur. Es folgen Atembeschwerden und eventueller Tod.

Alle, die ein wenig „rough" leben wollen, müssen auf Verletzungen mit möglicher Tetanusfolge gefaßt sein. Doch auch ein Schwimmer an einem unsauberen Küstenstrich des Mittelmeeres ist bereits erheblich gefährdet. Eine einmal erfolgte Tetanusinfektion kann auch heutzutage nicht ohne weiteres aus der Welt geschafft werden: Die Behandlung ist intensiv und komplex. Man beachte, daß sich durch eine vorbeugende Impfung vor dem Aufbruch in ein anderes, potentiell riskantes Milieu eine der ernstesten Bedrohungen unserer Gesundheit auf Reisen weitgehend entschärfen läßt!

Tuberkulose

Diese Geißel der Menschheit breitet sich trotz moderner Medizin in allen tropischen Ländern auch weiterhin aus. Die große Zahl von Befallenen mit offener Lungentuberkulose führt durch Tröpfchen- und Staubinfektion zu einer erhöhten Gefährdung aller Mitmenschen. Darüber hinaus ist auch der tropische Viehbestand vielerorts tuberkuloseverseucht.

Die Häufigkeit akuter Erkrankungen steht in direktem Verhältnis zu der Entwicklung des hygienischen Verständnisses und den Einsatzmöglichkeiten der Chemotherapie in einem Land. Noch um 1900 war in Deutschland nahezu die gesamte Bevölkerung vor dem 20. Lebensjahr tuberkulin-positiv, während die natürliche Infektionsquote in der Bundesrepublik heute bei 0,1% liegt.

Der menschliche Organismus besitzt im allgemeinen eine naturgegebene Resistenz gegenüber dem Tuberkulose-Bakterium. Darüber hinaus bietet die Einhaltung unserer aus der Hochzivilisation gewohnten Lebensformen selbst in Infektionsgebieten einen annähernd hundertprozentigen Schutz gegen die Krankheit. Sorgfältige Hygiene, gutes Essen und Vermeidung nicht abgekochter Vollmilch sowie der Kontakte mit offensichtlich tuberkulösen Personen sollten uns jegliche Besorgnis vor diesem Leiden nehmen. Kinder und Säuglinge, die erheblich anfälliger sind, werden durch die zu Eingang dieses Kapitels erwähnte BCG-Mehrfachimpfung zuverlässig geschützt.

Die Erscheinungsformen der Tuberkulose sind zu zahlreich, um hier einzeln aufgeführt zu werden. Bei Verdacht auf diese Krankheit ermöglichen jedoch unkomplizierte diagnostische Teste anläßlich einer Allgemeinuntersuchung eine sichere Feststellung eines Befalls.

Wurmkrankheiten

Unter mangelhaften hygienischen Verhältnissen ist in den Tropen mit der Möglichkeit eines Wurmbefalls zu rechnen.

Hakenwurmerkrankungen („hookworm", Ancylostomiasis) sind bei Einwohnern tropischer und subtropischer Länder nicht selten. Aus Wurmeiern, die mit dem Kot erkrankter Menschen ausgeschieden werden, entwickeln sich Wurmlarven. Diese können durch die Fußhaut in den Körper eindringen und werden dort im Dünndarm schließlich zu blutsaugenden Würmern. Ein starker Befall ist durch Hautblässe (...Blutarmut) erkennbar. In verdächtiger Umgebung sollte man also besser nicht barfuß laufen.

Eine Behandlung ist unproblematisch. Mittel: Mebendazol (Vermox) 3 x täglich für 3 Tage.

Spulwurmbefall (Ascariasis) ist in den Tropen erheblich häufiger, da Wurmeier leicht mit Verschmutzungen jeglicher Art oral aufgenommen werden können. Bei leichtem Befall zeigt sich gewöhnlich ein symptomloser Verlauf; bei massiveren Konzentrationen kommt es hingegen zu kolikartigen Leibschmerzen, Appetitlosigkeit und Durchfall, außerdem oft zu auffälligen Ringen unter den Augen. Eine leicht vorzunehmende Wurmkur mit allenthalben in den Tropen erhältlichen Präparaten schafft hier umgehend Abhilfe: Mebendazol (Vermox) 3 x täglich für 3 Tage. Vorbeugend wirksam sind die in der Ananas und Papaya enthaltenen Enzyme.

Filariasis wird durch eine Anzahl blutsaugender Mücken und Fliegen ausgelöst, die verschiedene Arten von Fadenwürmern übertragen. Die eine Art (Wuchereria) führt über eine Erkrankung des Lymphsystems zu Elephantiasis, dem mitunter grotesken Anschwellen der betroffenen Körperteile, das man bei Einheimischen in den Tropen mancherorts beobachten kann, (darunter das berühmte „kürbisgroße Skrotum"). Eine andere durch die Chrysops-Fliege übertragene Art führt zu Loa-Loa mit ihren typischen, schmerzhaften und mehrtägig anhaltenden „Kalabar"-Schwellungen. In beiden Fällen hilft eine ärztlich zu überwachende Hetrazan-Kur.

Onchozerkosis wird durch Knotenbildungen und das Erscheinen von mikroskopisch kleinen Larven (Mikrofilarien) unter der Haut charakterisiert. Die Knoten enthalten ausgewachsene Würmer, und die Larven verursachen heftiges chronisches Hautjucken. Die Onchozerkosis wird von Kriebelmücken übertragen, die nur in Flußgebieten vorkommen (Ost- und Zentralafrika, Mittelamerika). Bei anhaltenden und schweren Erkrankungen kann es zu Augenschäden („Flußblindheit") kommen. Eine Behandlung erfolgt mit Hetrazan und eventuell Germanin unter ärztlicher Kontrolle; die Knoten müssen operativ entfernt werden.

Bilharziose (Schistosomiasis): An dieser Krankheit leiden Millionen von Menschen in Fluß- und Bewässerungsgebieten Afrikas, Asiens und Südamerikas. Es handelt sich um eine Wurmkrankheit der Blase oder des Darms, die durch Baden in Gewässern erworben

werden kann, in denen bestimmte als Zwischenwirte dienende Süß-
wasserschnecken ihr Leben fristen. Die Parasiten werden durch die
Haut, gewöhnlich der Füße, aufgenommen. Entsprechend des Vorkommens dieser Schnecken kommt die Krankheit nur strichweise
vor. Die Nähe und Ansiedlung von Menschen ist zur Weiterverbrei-
tung ebenfalls von Bedeutung.

Ein Eindringen der Larven in die Haut macht sich nach kurzer Zeit
durch ein beißendes Jucken bemerkbar; eventuell zeigen sich auch
rote Bläschen und Flecken. Mit Papayasaft kann man noch nicht eingedrungenen Larven den Garaus machen; diejenigen im Organismus wandern jedoch weiter und erzeugen nach 2—7 Wochen ein
Krankheitsbild mit Fieber und grippeartigen Symptomen; später, oft
nach mehreren Monaten, erfolgt auch eine Reaktion der befallenen
Organe, die sich durch blutigen Urin oder Stuhl, Schmerzen beim
Wasserlassen und der Gelbsucht ähnlichen Symptomen äußert.

Die beste Verhütung ist ein Minimum an Badeaktivität in tropischen Binnengewässern. Auch das Waten vermeiden, und kein
unbehandeltes Wasser trinken. Wer aus gefährdeten Gebieten
heimkehrt, sollte eine Stuhluntersuchung vornehmen lassen. Die
Behandlung ist schwierig, insbesondere weil die zu verwendenden
Mittel durchweg nicht nebenwirkungsfrei sind.

ERSTE HILFE
UNTER PRIMITIVEN BEDINGUNGEN*

*Stand: 1986

Hilfeleistung in der Dritten Welt

Weil Einmischung mitunter Ärger bedeuten kann, wird Hilfe in der Not auch bei uns nicht immer prompt geleistet. Und es hat bestimmt seinen Grund, warum unterlassene Hilfestellung nach unseren Gesetzen bestraft werden kann. Im großen und ganzen wird in unseren Breitengraden einem Menschen in Bedrängnis doch recht spontan und selbstlos geholfen.

Unter vergleichbaren Bedingungen ist das in der Dritten Welt nicht überall der Fall. Nicht einmal nach dem Motto, daß „eine Hand die andere wäscht". Wie oft habe ich schon mit meinem Wagen im Schlamm oder Hochwasser festgesessen, angefeuert, aber nicht angeschoben, von hunderten sonst ganz patenten Einheimischen, die sich sensationslüstern an Schwachpunkten der Landstraßen aufgebaut hatten, wo ich und andere Unglücksraben ihnen einen willkommenen Jokus boten. (In einigen Fällen hatte man „nur zum Spaß" auch etwas nachgeholfen, indem man an unübersichtlichen Stellen Hindernisse auf der Fahrbahn verteilte). Ungern erinnere ich mich auch an einen Freund und Tauchpartner, der während des Zurückschwimmens zum Strand gegen eine starke Strömung in Not geriet und ein nahes Fischerboot regelrecht um Hilfe anflehte, was die Fischer anscheinend so entwürdigend fanden, daß sie sein Rufen vollkommen ignorierten. Ja, sie blickten nicht einmal auf. Gemeinsam schafften wir es schließlich doch, aber das Abenteuer ließ einen üblen Nachgeschmack bei ihm zurück.

Es kann also leicht geschehen, daß die komische Figur, die der Fremde macht, wenn er im Schlamm auf der Nase liegt oder ertrinkend mit den Armen fuchtelt, lediglich zum Gegenstand allgemeiner Belustigung wird oder nur einen Anlaß zu unwilligem Wegsehen gibt. Wir sollten es daher möglichst gar nicht so weit kommen lassen, daß wir überhaupt Hilfe anfordern und in Anspruch nehmen müssen. **Wer sich selbst zu helfen weiß, braucht sich nicht helfen zu lassen.** Man muß sich vielleicht auch ein wenig in die Gedankenwelt des Gegenübers hineinversetzen: Der tropische Berufsfischer zum Beispiel, der sich täglich stundenlang im und unter Wasser aufhält, wird überhaupt kein Verständnis dafür aufbringen können, daß ein kräftiger, wohlgenährter, dazu noch großartig ausgerüsteter Erwachsener plötzlich zu ertrinken beginnen kann. Und der arme Kleinbauer, der nie ein Auto besessen hat, nie eines besitzen wird, mag Schadenfreude dabei empfinden, die Karosse des „reichen" Autofahrers im Dreck versinken zu sehen. Oft haben wir es auch mit reiner Gleichgültigkeit zu tun.

Lachen und wegsehen

Auch wenn es uns zutiefst widerstrebt, werden wir nicht umhin können, uns bei Besuchen in tropischen Ländern etwas von dieser Einstellung zu eigen zu machen, denn Samaritertum kann unter Umständen eine sehr undankbare Angelegenheit sein. Ich kann mich an einen Zwischenfall erinnern, der mir eine qualvolle Entscheidung abverlangte. Direkt unterhalb meiner Wohnung entstand ein großes Spektakel: Man diskutierte lautstark, was mit zwei kleinen Jungen zu geschehen sei, die im nahegelegenen Fluß ertrunken waren. Und man entschied sich schließlich, sie in ein (fernes) Hospital zu fahren. Während dieses ganzen Palavers, und bevor ich überhaupt erfaßte, um was es dabei ging, waren sicherlich zwanzig Minuten vergangen, und die Knaben waren tot wie Steine. Für einen Notbeatmungsversuch war es noch nicht zu spät und ich hätte vielleicht sogar Erfolg gehabt. Ich hätte aber bestenfalls zwei Idioten zurückgelassen. Die Folge wäre ein blutiger Racheschwur seitens der erbitterten Eltern gewesen. Wahrscheinlich auch sogar ein Prozeß, denn ich, nur ich, hätte den Kindern den vermeintlich einzigen Rettungsweg zum Krankenhaus mit meinen „unmedizinischen" Maßnahmen verbaut. Ich hatte schon bei weniger dramatischen Anlässen mit der Mentalität der Bevölkerung Bekanntschaft gemacht, und der sprungbereite Fuß sank wieder auf den Boden zurück: Das „menschliche Ermessen" hatte gesiegt; ich ließ die Hilfe bleiben.

Helfen und verhaftet werden

Hilf dir selbst, dann hilft dir Gott!

Mit Notfällen, die in tiefer tropischer Wildnis oder auf einer einsamen Insel auf uns zukommen können, müssen wir selbst fertig werden. Der nachstehende Text befaßt sich in alphabetischer Reihenfolge mit den wichtigsten theoretischen Notsituationen und gibt Empfehlungen, was wir ohne ärztliche Hilfe oder bis zum Eintreffen derselben tun können, um unsere Gesundheit zu schützen.

Auge

Bindehautentzündung: Sind keine speziellen Präparate vorhanden, behandelt man ein gerötetes, schmerzendes und tränendes Auge, das sich durch Hitze, Staub, Fliegenbefall oder Infektion entzündet hat, mit warmem, abgekochtem Wasser oder Kamillentee oder wäscht es mit verdünnter Borlösung aus. Es ist übrigens Unsinn, ein ermüdetes, aber ansonsten völlig gesundes Sehorgan mit teuren Augentropfen und raffinierten Wässerchen zu behandeln. Es gibt nichts Billigeres und Besseres als sauberes Seewasser!

Siehe auch „Schneeblindheit" und „Verblitzen"

Fremdkörper im Auge: Dieses Problem läßt sich am leichtesten im Wasser lösen. Man manipuliert in normaler Schwimmlage vorsichtig das offene Auge, bis der Fremdkörper hinausgewaschen wird. Notfalls tut es aber auch eine Waschschüssel, in die man das ganze Gesicht eintaucht. Ist kein (sauberes!) Wasser vorhanden, versuche man den Fremdkörper zu lokalisieren und mit feuchtem Taschentuch, Stoff oder Papier zu entfernen. Es geht auch, indem man Oberlid über Unterlid zieht. Manche Notanleitungen raten davon ab, überhaupt irgend etwas selbst zu tun; kein Mensch wird mit einem scharfen Sandkorn im Auge jedoch stillhalten, „bis der Doktor kommt".

Schneeblindheit: Wenn man sich mit ungeschützten Augen viel in Gebieten starker ultravioletter Sonnenreflexion tummelt, z.B. an weißen Sandstränden, auf einer unbewegten Wasseroberfläche, in einer Salz- oder sonstigen weißen Mineralienwüste, vor allem aber auf sonnenbestrahltem Eis und Schnee, so schmerzen und tränen diese bald. Und auch der Kopf tut weh. Das sind die Vorboten einer beginnenden Schneeblindheit, in deren Verlauf diese Symptome bis zur Unerträglichkeit weiter verstärkt werden. Tatsächliche Blindheit kann schließlich folgen.

Man wehre den Anfängen mit einer guten Sonnenbrille und improvisiere notfalls eine Schlitzmaske („Schneebrille") aus Pappe, Baumrinde oder ähnlichem Material, das man außen mit Ruß, Holzkohle oder Bleistift schwärzt. Eine Verhüllung des Kopfes mit dunklem Material oder auch nur langem Haar kann ebenfalls Erleichterung verschaffen. **Notfalls hilft eine Schlitzmaske**

Trachom: Diese in heißen Regionen nicht seltene Viruskrankheit kann heute rasch und sicher mit Sulfonamidpräparaten behandelt werden. Länger anhaltende „rote Augen" und Fremdkörpergefühl lassen insbesondere bei Kindern immer den Verdacht auf eine Trachom-Infektion aufkommen, die mitunter in den Städten epidemieartige Dimensionen annehmen kann.

Verblitzen: Entlang der Straßen tropischer Städte sieht man häufig viele kleine Werkstätten, in denen man unter offenem Himmel alles mögliche produziert und repariert und in denen gewöhnlich auch elektrisch geschweißt wird. Ein neugieriger Blick in eine solche Werkstatt kann sich leicht mit dem Lichtbogen eines plötzlich losbratenden Schweißers kreuzen. Man hat sich dann die Augen „verblitzt" – etwa einer verstärkten Schneeblindheit gleichwertig – und ist für mindestens 18 Stunden außer Aktion, weil man Bettruhe im Dunkeln, kalte Augenkompressen oder gar ärztlich verordnete, anästhetisierende Augentropfen benötigt. Ein vermeidbarer Unfall – geben Sie aber auch auf Ihre Kinder acht!

Biß- und Stichwunden

Ameisenbisse, Moskito- und Fliegenstiche, usw.: Desensibilisierung der Haut mit Eis, kaltem Wasser, Zahnpasta oder Schlamm, einer Bikarbonatlösung, Ammoniak oder konzentriertem Alkohol schafft Linderung; desgleichen sind juckreizmindernde Mittel aus der Apotheke zu empfehlen. Siehe auch Seite 273ff.

Ameisen-, Bienen-, Hornissen- und Wespenstiche: Normalerweise genügt es, einen steckengebliebenen Stachel zu entfernen und bei starken Schmerzen Eis oder andere kühlende Mittel aufzutragen. Stiche in die Luftpassagen können sehr gefährlich sein; man kann versuchen, durch Lutschen von Eis oder Gurgeln mit kaltem Wasser eine Schwellung in Grenzen zu halten, aber Umschau nach ärztlicher Hilfe ist unter diesen Umständen dringend notwendig.

Antihistamin-Präparate sind hilfreich gegen Reizreaktionen. Manche Menschen reagieren allerdings hochallergisch gegen Insektenstiche (konträr hierzu weniger gegen Bisse; man unterscheide). Allein in den USA fallen jährlich mindestens 50 Menschen Unfällen dieser Art zum Opfer. Wer immer sich einer anomalen Reaktion gegen Insektenstiche bewußt ist, sollte sich überhaupt nicht auf Reisen begeben, ohne auf das Problem hin untersucht worden zu sein. Besonders gefährdete Personen können – auch in außertropischen Breiten – mit Adrenalinspritzen und Antihistaminen für den Soforteinsatz ausgerüstet werden. Neuerdings ist auch ein prophylaktisches Impfprogramm möglich.

Siehe auch
Seite 277

**Einen Blutegel
niemals
abreißen**

Blutegelbefall: Durch Blutegel verursachte Wunden heilen oft schlecht und führen zu langwierigen Behandlungen. Einen festgesaugten Egel darf man deshalb niemals (auch im ersten Schreck nicht!) abreißen, sondern muß ihn durch Aufbringen von Jod, Salz oder heißer Asche (Zigarette) lösen und die Bißstelle waschen.

Quallen- oder Korallenkontakt: Siehe „Kontaktvergiftung".

Schlangenbiß: Schlangenbisse sind seltener als allgemein angenommen wird. Außerdem verlaufen höchstens nur 10-15% aller unbehandelten Bisse tödlich. In den Tropen gibt es trotzdem gerade auf diesem Gebiet eine Vielzahl von einheimischen Wunderheilmethoden, die allesamt nichts taugen, zum Teil sogar hochgefährlich sind. Man gebe sich auch in der Panikstimmung einer Notsituation nicht der Versuchung hin, eine von den nachstehenden Maßnahmen abweichende Behandlung zu akzeptieren.

Grundsätzlich sehe man alle Schlangenbisse als giftig an und behandele sie entsprechend, es sei denn, man kann das Reptil positiv als harmlos identifizieren. Man versuche, ruhig zu bleiben oder, je nach Veranlagung, durch Beten, Fluchen oder Weinen eine Neigung zur Panik zurückzuhalten. Nutzloses Herumrennen oder Alkoholgenuß beschleunigen die Verteilung des Giftes im Blutkreislauf und verzögern sinnvollere Maßnahmen auf unnötige Weise. Man sollte auch keine Zeit vergeuden, indem man die Schlange „für Identifizierungszwecke" zu fangen versucht – außerhalb unmittelbarer Krankenhausnähe ist dies ein völlig sinnloses Unternehmen!

Der Gebissene soll umgehend möglichst ruhig hingelegt und der betroffene Körperteil niedrig gelagert werden. Dann die Blutversorgung oberhalb der Bißstelle, d.h. zum Herzen hin, abbinden und mit einem möglichst desinfizierten Schneidinstrument einen H- oder

X-förmigen Einschnitt anbringen und die Wunde aussaugen. Ist ein Schlangenbiß-Set vorhanden, verfahre man nach Herstelleranleitung. **Der Wert des Einschneidens und Aussaugens ist übrigens sehr umstritten.** Falls sie nicht sofort erfolgen, sind diese Maßnahmen in der Tat nutzlos und können durch Laienhand ausge-

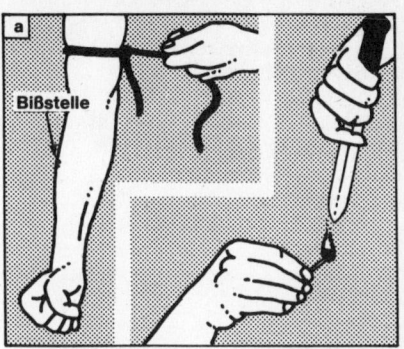

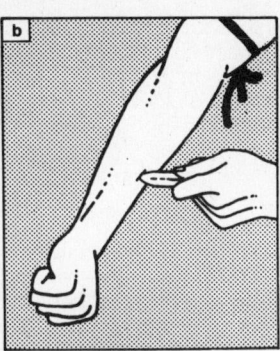

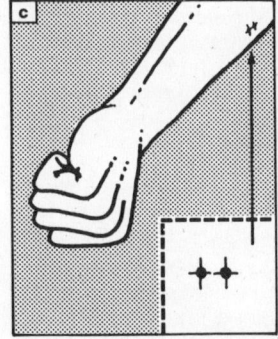

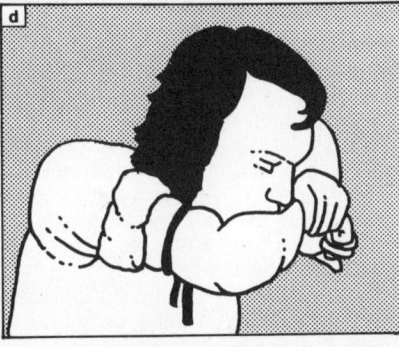

Schlangenbiß-behandlung:

a) Abbinden des betroffenen Körperteils und – sofern möglich – Desinfizierung des Schneid-instruments

b) Flacher Einschnitt (nicht mehr als 6 mm lang und 3 mm tief)

c) Form des Einschnitts (H bei zwei Einstichen, X bei einem)

d) Aussaugen (anschließend ausspucken)

Tropenärzte raten zur (sofortigen) Injektion eines cortisonhaltigen Mittels um die Bißstelle herum. Empfehlung: Solu-Decortin-H (1g), aufgelöst in 10ml Aqua dest. Das Mittel bedarf keiner Kühlung.

(In image a: Bißstelle)

führt sogar zu ernsthafteren Schäden führen, als der (vielleicht harmlose) Schlangenbiß ursprünglich vermocht hätte. In der Praxis muß hier von Fall zu Fall entschieden werden. Das Verfahren ist angeführt, um Betroffenen das Gefühl zu vermitteln, in einem Notfall zumindest irgend etwas tun zu können.

Falls sich während dieser Prozedur innerhalb von ca. 20 Minuten kein ungewöhnlicher Schmerz, Schwellungen, abnormes Gefühl der Trockenheit oder des Zusammenziehens im Mund und/oder eine generelle Beeinträchtigung des Wohlbefindens zeigt, kann der Biß als sehr wahrscheinlich nicht giftig angesehen und die Behandlung abgesetzt werden. Dies gilt jedoch nicht für die Seeschlange, deren Bißwirkung oft erst nach einer Stunde oder noch später in

Siehe auch „Emboliegefahr durch Blutgerinnsel" auf Seite 133

Siehe auch
Seite 191

Form der obigen und anderer Symptome wahrgenommen wird. Ein Seeschlangenbiß ist immer als giftig einzustufen und er ist möglichst noch im Wasser und vor Eintreten irgendwelcher Störungen zu behandeln!

Viele Schlangengifte (z.B. das der Kobra) können durch Hitze nicht unschädlich gemacht werden, doch eine Heißwasserbehandlung (siehe nächste Seite) mag von Fall zu Fall erwägenswert sein. Es gibt ebenfalls keine generelle Impfprophylaxe und kein Allheilmittel für Gebissene. Existierende Seren müssen kühl gelagert werden, was im Feldeinsatz nicht immer möglich ist. Nur wenige Ärzte in den Tropen haben außerhalb der größeren Gesundheitszentren entsprechende Impfstoffe zur sofortigen Verfügung bereit.

Medizinische Hilfe beschränkt sich deshalb meistens auf Kreislaufstützung und Eindämmung der Entzündungseffekte. Wo diese Behandlung möglich ist, sollte sie auf jeden Fall angewendet werden. Bei Nichtvorhandensein jeglicher Mittel kann starker Kaffee unter Umständen den ersten Giftschock überwinden helfen. Falls erforderlich, sind Schockbehandlung, künstliche Beatmung und/oder Herzmassagen anzusetzen.

Mehr über
Schlangen auf
Seite 232ff.

Seeigelstiche: Verletzungen dieser Art gehören zu den häufigsten Vorkommnissen unter Badenden und Tauchern in tropischen Meeren. Besonders die sehr langen und spitzen Stacheln der Gattung Diadema, die in die Haut wie in Butter eindringen und dann abbrechen, stellen eine erhebliche Gefahr für den unachtsamen Wassersportler dar.

Ein Kontakt mit Seeigelstacheln äußert sich in scharfem, brennendem Schmerz und anschließender Gefühllosigkeit der betroffenen Körperstellen. Ein Abwaschen mit Urin hilft über diese ersten Effekte hinweg. Aus der Haut hervorstehende Stachelfragmente sollte man vorsichtig zu entfernen versuchen, verbleibende Reste mit Essig oder Zitronensaft auflösen. Eine essiggetränkte Bandage und/oder ein mehrmaliges Baden der Wundstellen in einer entsprechenden Flüssigkeit ist vorteilhaft. Obwohl der Körper sich nach Kräften bemüht, die Splitter in seinem Fleische aufzulösen, können einige Fragmente anfangen zu „wandern" und eventuell erhebliche Schmerzen auslösen. Unter (seltenen) Umständen ist hier ein operativer Eingriff notwendig. Wundflächen sollten mit einer Corticosteroid-Creme bestrichen werden.

Manche (kurzstachligen) Arten können dem Menschen auch einen hochschmerzhaften, giftigen Stich versetzen. Behandeln wie eine Verletzung durch giftige Fische.

Siehe Seite 131

Skorpion-, Spinnen- und Tausendfüßlerbisse: Die Gefährlichkeit variiert je nach Art und Größe des Tieres; alle Bisse dieser Beschreibung sind jedoch gewöhnlich außerordentlich schmerzhaft. In Einzelfällen mögen Maßnahmen wie bei einem Schlangenbiß angebracht sein, doch Packungen aus Eis, kaltem Schlamm oder Kokosfleisch bringen normalerweise genügende Linderung. Anschließendes Eintauchen des betroffenen Körperteils in sehr heißes Wasser ist manchmal nützlich.

Tierbisse (allgemein): Kleinere Wunden sollten gut ausbluten und dann mit Seifenwasser gesäubert werden. Bei größeren Verletzungen ist zunächst die Stillung der Blutung vordringlich. Schwerwiegende Bißverletzungen durch Raubfische sollten noch im Wasser durch Sofortmaßnahmen behandelt werden (Druckpunktunterbrechung, Abbindung).

Siehe auch „Blutungen" Seite 133 und „Rabies (Tollwut)" Seite 120

Verletzungen durch giftige Fische, Kraken, Tintenfische, Dornenkronen-Seesterne und Kegelschnecken: Bisse oder Stiche dieser Tiergruppe sind gewöhnlich so schmerzhaft, daß mit dem Eintreten einer Ohnmacht gerechnet werden muß. Man versuche deshalb, umgehend das Wasser zu verlassen oder Auftriebsmaßnahmen vorzunehmen. Zudem sollte man die Wunde noch im Wasser wie Schlangenbiß behandeln und um Hilfe rufen.

Philippinische Fischer behandeln Verletzungen dieser Kategorie mit einer heißgemachten grünen Papaya und schlagen so zwei Fliegen mit einer Klappe: Die in Frage kommenden Gifte sind hitzeempfindliche, komplexe Eiweißenzyme, die bereits durch relativ geringe Temperaturen unschädlich gemacht werden können. Die Papaya bringt dazu ihr einweißzersetzendes Enzym Papain zur Wirkung, das noch nicht in den Kreislauf gelangtes Gift neutralisiert. Man hat auch durch 30-60minütiges Eintauchen des betroffenen Körperteils in gerade noch erträglich heißes Wasser oder durch Auflegen heißer Kompressen (Sand unter einem Feuer, in einen Socken gefüllt) Behandlungsmöglichkeiten, auf die nicht verzichtet werden sollte.

Heiße Papaya hilft

Die spezifische Behandlung von Verletzungen dieser Art ist derart komplex, daß ein riesiges Arsenal von Medikamenten mitgeführt werden müßte. Zudem sei sie selbst in Fachkreisen kaum bekannt. Sie sei deshalb an dieser Stelle einmal detailliert aufgeführt, um Interessenten eine greifbare Nachschlagemöglichkeit zu vermitteln: Unspez. Aludrin-Tabletten (20 mg) im Munde zergehen lassen. Bei Atemnot Inhalation mit 2%igem Aludrin. 6 Tabletten Prednison (5 mg); nach 30 Minuten noch einmal. Versuch mit Novadral oder Depot-Novadral i.m., Prednison 100 mg i.v., Calcistin 10,0 i.v. + 10 ml Giftschlangenserum polyvalent (vom South African Institute for Medical Research, P.O. Box 1038, Johannisburg, SAR). Bei bedenklicher Entwicklung Prednison 100 mg i.v. + 10,0 ml Calcistin i.v., Infusion von 500 ml Glukose + Arterenol 5 mg, sowie stundenweise alle 15 Minuten Giftschlangenserum 1:100, 1:10 und unverdünnt. Beim Fehlen dieser Mittel im Notfall Alkohol-Umschläge; Cortison-Injektion; Kalzium + Antihistamin i.v., Penicillin, Streptomycin i.m., Tetanus-Serum, Coramin und Coffein. (Ob das Schlangenserum wirklich angebracht ist, erscheint noch zweifelhaft, deshalb ist es wahrscheinlich besser, es nicht anzuwenden).*

Spezifische Behandlung

*Ladiges „Giftige Fische im Aquarium − für Liebhaber grober Leichtsinn" (TI Nr. 48, Dez. 79)

Bei Verletzungen durch Stachelrochen gehe man prinzipiell wie oben vor, benutze statt der Papaya jedoch ein säurehaltiges Element (Zitrone, Essig) und wasche damit die Wunde aus. Das verletzte Glied sollte nach Möglichkeit mehrere Tage lang hoch gelagert werden. Zur Kreislaufstärkung starken Kaffee trinken.

Ärztliche Soforthilfe ist in allen diesen Fällen meistens nur gelegentlich und mitunter nur mit speziellen Seren möglich, die selten genug gleich zur Hand sind. Man sollte deshalb keine Zeit auf Kosten der hier beschriebenen Maßnahmen mit langen Anreisen zum nächsten Arzt vergeuden. Eine Weiter- und Nachbehandlung ist aber auf jeden Fall erforderlich.

Zeckenbiß: Insekt nicht abreißen, sondern mit Öl (Motoren-, Sonnen-, Salat-, Babyöl) bedecken und so seine Atmungsorgane verstopfen. Auch Hitze (Zigarette), Benzin oder Alkohol sind wirksam. Reaktionen auf den Biß, die bei manchen Personen recht heftig sein können, müssen symptomatisch behandelt werden. Eine Kühlung der Bißwunde wirkt schmerzlindernd; Cortison-Präparate helfen über etwaige Vergiftungserscheinungen hinweg.

Blase am Fuß

Eine Blase oder wundgescheuerte Stelle am Fuß kann einem Wanderer das Leben zur Hölle machen und ihn eventuell zu völliger Unbeweglichkeit verdammen. Man kann sich einigermaßen helfen, indem man die betroffene Stelle mit einem Quadrat aus Heftpflastern umklebt (nicht überklebt!) oder einen Ring aus dickem Stoff (Filz) darüber anbringt. Eine „reife" Blase sollte mit einer desinfizierten Nadel geöffnet und anschließend überpflastert werden.

Es empfiehlt sich, auf Wanderreisen immer ein paar leichte Sandalen ohne Hacke dabei zu haben, auf die man notfalls „umsteigen" kann.

Blinddarmentzündung

Das Unternehmen jedes Weltumseglers, Dschungelreisenden oder sonstwie abenteuerlich Engagierten steht ständig im drohenden Schatten einer möglichen Blinddarmentzündung, die sich auch der Gesündeste und Widerstandsfähigste ohne besonderen auslösenden Anlaß zuziehen kann. Eine „Appendicitis" mit einiger Sicherheit von einem Magenkatarrh oder einer Verstopfung – um zwei naheliegende Beispiele zu nennen – unterscheiden zu können, gehört zu den vordringlichsten Fähigkeiten von Leuten dieses Schlages. Manch einer hat sich seinen Appendix vorsorglich schon vor Antritt einer größeren Unternehmung entfernen lassen. Und dann hört man auch noch von jenen knallharten Seefahrern, die von der Not getrieben das Problem selbst in die Hand nahmen. Die Mehrzahl von uns wird sich auf Reisen vielleicht zumindest einmal mit der Frage auseinandersetzen müssen, ob ein Ernstfall vorliegt und was in einem solchen Fall zu tun ist.

Eine akute Blinddarmentzündung beginnt meist plötzlich mit heftigen und andauernden Schmerzen erst um den Nabel, die dann auf **Schmerzen im**
den rechten Unterbauch übergreifen. Der Bauch ist etwas aufgetrie- **rechten**
ben und am Blinddarmschmerzpunkt (etwa handbreit über der **Unterbauch**
rechten Leistenbeuge) druckschmerzhaft. Bei Betasten dieser Stelle tritt eine ruckartige Abwehrspannung der Bauchdecke auf. Insbesondere weisen auch Schmerzen im rechten Unterbauch bei starkem Strecken des rechten Beines auf eine Blinddarmentzündung
hin. Gelegentlich können die Beschwerden und Symptome auch an
anderer Stelle des Bauchraumes auftreten.

Eine möglichst umgehende Operation ist notwendig. Bis dahin
muß Bettruhe eingehalten werden. Man bemühe sich dringend, die
Blinddarmregion möglichst kühl zu halten (Eisbeutel) und verabfol-
ge bei Vorhandensein starke Schmerzmittel (jedoch niemals Ab-
führmittel!), kalte Getränke (Milch) in kleinen Schlucken oder Eis-
stückchen zum Lutschen und Antibiotika in großen Dosen. Schon
bei Auftreten des leisesten Verdachts auf Blinddarmentzündung ist
ein Unternehmen abzubrechen, um nach ärztlicher Hilfe Ausschau
zu halten!

Blutungen

Offene Wunden: Betroffenen Körperteil hoch lagern und durch
direkten Druck auf die Wundstelle versuchen, den Blutstrom zu reduzieren. Falls die Blutung nicht zum Stillstand kommt, Blutversorgung verlangsamen, indem man Druck auf die jeweils in Frage kommenden „Druckpunkte" am Körper ausübt. Vom Abbinden eines
Gliedes sollte man nur im allerhöchsten Notfall – wenn es ein Leben
zu retten gilt – Gebrauch machen, indem man nach folgender Methode vorgeht:

1) Abbindevorrichtung aus Stoff (Taschentuch, Krawatte, Hemd- **Druckpunkte**
ärmel), Seil, Gürtel, Kabel, Liane oder was immer greifbar ist, anferti-
gen und mit einem Knebel zusammendrehen.

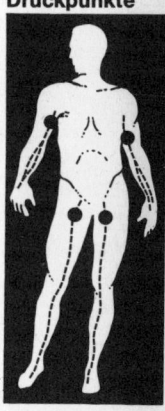

2) Oberhalb der Wunde anbringen und Druck langsam verstärken, bis die Blutung gerade eben aufhört.

3) Nach 15 Minuten die Abbindung lockern, um eine neuerliche
Durchblutung des betroffenen Gliedes zu gewährleisten. Nach wei-
teren 3 Minuten kann die Abbindung erneut angezogen werden. In
der Zwischenzeit ist direkter Druck auf die Wunde auszuüben.
Achtung: Emboliegefahr durch Blutgerinnsel! Bei naher ärztlicher
Hilfe immer auf den Abbindevorgang verzichten.

Von einer Abbindung in wirklich zwingenden Fällen einmal abgesehen, ist das Anlegen eines Verbandes die beste Maßnahme, um
eine Wunde zu verschließen. Dies braucht nicht unbedingt kunstvoll
zu geschehen. Sinn und Zweck des Verbandes ist das Aufsaugen
des austretenden Blutes und damit eine Beschleunigung der Gerin-
nung desselben. Falls kein Verbandsstoff zur Verfügung steht und

auch nicht improvisiert werden kann (z.b. am Strand), ist das Aufbringen natürlicher Gerinnungshilfen, die mit dem Kalzium im Blut eine Verbindung eingehen und an der Austrittsstelle eine Versiegelung bilden, in gewissen Situationen vielleicht von Nutzen. In erster Linie bieten sich hier die annähernd allgegenwärtigen Spinnweben an, die je frischer, umso effektiver sind. In Meeresnähe kann man auch eine Kompresse aus trockenen Algen und Tangen in Betracht ziehen, die nicht nur eine gewisse chemische Wirksamkeit besitzt, sondern auch den mechanischen Austrocknungsvorgang fördert. Blutstillende Effekte werden ebenfalls den haarartigen Fibern, mit denen die Stämme zahlreicher tropischer Farne behaftet sind, dem tanninreichen Saft der Bananen- und Taropflanze sowie dem schlichten Zigarrendeckblatt zugeschrieben.

Siehe auch „Schock" auf Seite 145

Nach gelungener Stillegung der Blutung ist auf alle Fälle der Wundschock zu behandeln und möglichst umgehend ein Arzt aufzusuchen, der die Wunden weiterbehandelt.

Blut aus Mund oder Nase nach dem Tauchen: Schaumiges Blut, blutiger Husten und eventuell damit verbundene Ohnmacht unmittelbar nach dem Austauchen deuten auf eine Gasembolie hin, die durch sofortige Rekompression behandelt werden muß. Reguläres Nasenbluten nach dem Tauchen ist ein Zeichen für unter Druck geplatzte Äderchen in den Sinushöhlen(„Squeeze") und läßt normalerweise nicht auf Gefährlicheres schließen.

Siehe auch „Kompressionsunfall" auf Seite 139

Brüche

Betroffenes Glied durch Schienen (Stöcke, Bretter, Wolldecke, Zeitschrift, usw.) immobilisieren; möglichst umgehend nach Fachhilfe Ausschau halten.

Sehr empfehlenswert für Personen mit hohem „Bruchpotential" ist das Mitführen von Schienen aus aufblasbarem Material.

Diabetes

Ein Diabetiker (Zuckerkranker), der seine Insulindosis nicht einnehmen konnte, der seine Diät grob vernachlässigt hat, an einer Infektion leidet oder von Fieber befallen ist, kann in einen ohnmachtähnlichen Dämmerzustand versinken, der von zusätzlichen Merkmalen wie trockener Haut, schnellem, fruchtig riechendem Atem, Unterleibsschmerzen und „weichen" Augäpfeln begleitet ist. Falls der Patient bei Bewußtsein ist, Salzwasser zu trinken geben und Zufuhr von Insulin von kundigen Personen vornehmen lassen.

Im Gegensatz hierzu kann ein Diabetiker auch einen Insulinschock erleiden, wenn er seine Injektion zu hoch dosiert hat oder im Anschluß daran nichts gegessen hat. Der Insulinschock äußert sich durch ein intensives Hungergefühl und allgemeine Schwäche. Abhilfe schafft die dosierte Einnahme von Zucker, vorzugsweise in Form von Orangensaft oder Limonade. Notfalls tut es auch ein Bonbon.

Ersticken

Maßnahmen bei verstopfter Luftpassage: Lebensbedrohliche Atemnot durch ein Hindernis im Bereich des Kehlkopfes und des Schlundes äußert sich darin, daß der Betroffene unverkennbar gegen einen Widerstand einatmet, wobei ein ziehendes oder pfeifendes Einatmungsgeräusch entsteht. Die Hals- und Zwischenrippenmuskeln spannen sich an, über dem Brustbein und in der Mitte des Oberbauches am unteren Rand der Rippen bildet sich bei Einatmen eine Grube. Der Patient bietet das Bild der Todesangst und panischer Unruhe; mitunter sind die Lippen bläulich verfärbt. **Maßnahmen bei verstopfter Luftpassage**

Allein in der Bundesrepublik sterben jährlich rund 550 Menschen den sogenannten Bolustod mit einem Klumpen (= Bolus) Speise „im falschen Hals". Bei einem Unfall dieser Art sind durch einen Helfer sofortige Maßnahmen zu ergreifen. Herumstochern in der Kehle ist nur von Wert, wenn die Verstopfung erkannt und ergriffen werden kann, was selten der Fall sein dürfte; gewöhnlich wird der Pfropfen dadurch nur in tiefere, todbringendere Regionen gestoßen.

Eine nach dem US-Arzt Heimlich genannte Methode hat sich als wirkungsvollste Maßnahme herausgestellt. Hierbei muß der Helfer dem sitzenden oder stehenden Bolus-Patienten von hinten beide Hände um die Taille schlingen, über dessen Bauch – zwischen Nabel und Rippenbogen – eine Hand zur Faust ballen, während die andere Hand die Faust umklammert. Der Helfer drückt nunmehr einige Male kurz und kräftig auf die Bauchdecke in Richtung auf das Zwerchfell. Die Folge ist ein abrupter Druckanstieg in der verstopften Luftröhre und ein sektkorkenartiges Herausstoßen des Speisepfrop-

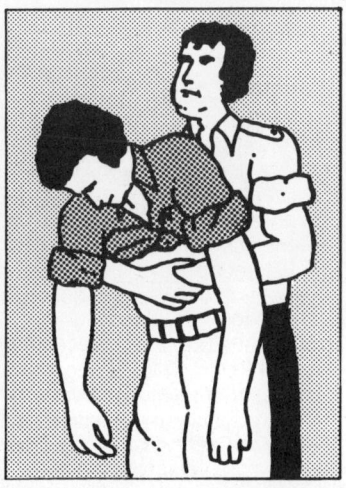

Der Heimlich-Griff

fens. Man kann notfalls diese Maßnahme auch an sich selbst prakti-zieren.

Falls der Heimlich-Griff in dieser bedrohlichen Situation allerdings keine Abhilfe schafft, ist ein sofortiger Luftröhrenschnitt erforderlich, der notfalls sogar mit der Rasierklinge oder dem Taschenmesser vorgenommen werden kann. Angesetzt wird er mitten in der wei-chen Grube der Kehle, 1½-2 cm unterhalb des Adamsapfels. Eine solche Operation ist bei aller gegebenen Unumgänglichkeit ein

Mund-zu-Mund-Beatmung:

a) Hand unter den Nacken

b) Kopf zurück-biegen, bis das Kinn senkrecht nach oben zeigt. Fremdkörper aus dem Mund entfernen

c) Nase zukneifen und von Mund zu Mund den eigenen Atem einpressen. Beachten, ob sich die Lunge füllt

d) Entleerung der Lunge überwachen und Vorgang wiederholen

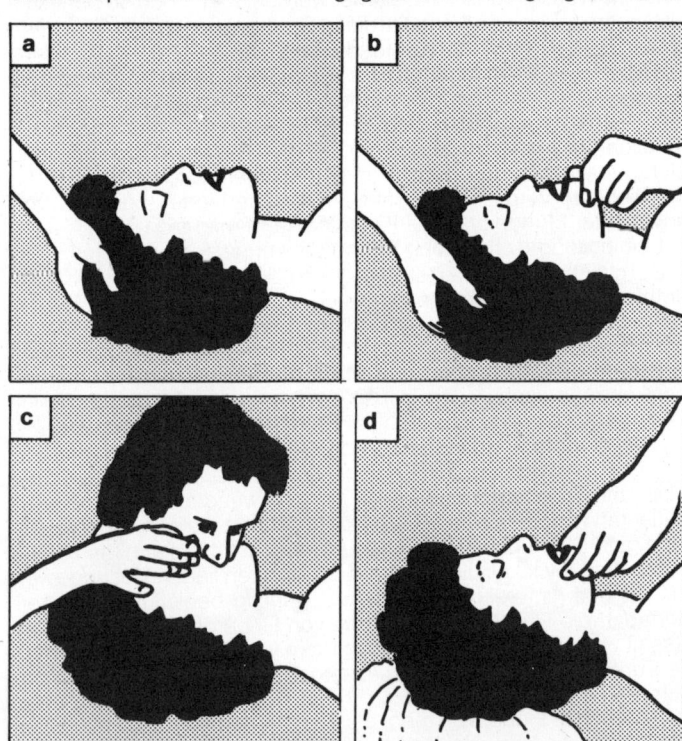

außerordentlich kritisches Manöver! Interessenten sei deshalb ge-raten, sich anhand von Fachliteratur* genauestens über die Vorgän-ge zu informieren.

*Killian/Dönhardt „Wiederbelebung"

Künstliche Beatmung

Künstliche Beatmung: Ein Mensch, dessen Atmung nicht mehr funktioniert (Ertrinken, Unfall, Schock, Rauch-, Kohlenmonoxid- oder andere Vergiftung usw.), muß unverzüglich künstlich beatmet wer-den, um die Versorgung des Gehirns mit Sauerstoff sicherzustellen.

Jede Sekunde zählt hierbei; nach 4 Minuten können sich bereits Symptome des klinischen Todes einstellen! (Diese Zeitangabe sollte jedoch keinen Grund bieten, zu einem späteren Zeitpunkt auf die Prozedur zu verzichten. So sind schon Menschen, die in sehr kaltem Wasser ertrunken sind, erheblich später und ohne nachteilige Folgen wieder zum Leben erweckt worden!)

Verunglückte Taucher und Schwimmer sollten nach Möglichkeit noch im Wasser künstlich beatmet werden. Kein noch so perfektes Hilfspotential an Land ersetzt diese Sofortmaßnahme!

Der Zyklus der Mund-zu-Mund-Beatmung sollte etwa 10-12mal pro Minute bei Erwachsenen und 20mal bei Kindern vorgenommen werden. Verstopfungen in den Luftpassagen sind zu beseitigen (ggf. per Heimlich-Griff). Eine Beatmung ist auch von Mund zu Nase möglich (vorzuziehen); in diesem Fall muß der Mund des Patienten dichtgehalten werden, damit keine Atemluft entweichen kann. Unter schwierigen Verhältnissen (z.B. im Wasser) oder bei übel verschmutzter Mundpartie des Patienten kann man sich notfalls auch mit einem abgeschnittenen Schnorchelmundstück behelfen.

Bei gleichzeitigem Herzstillstand sind die später in diesem Kapitel empfohlenen Maßnahmen zu treffen.

Siehe auch „Aussetzen der Herztätigkeit" auf Seite 138

Fieber

Allgemeine Ursachen und Maßnahmen: Als Ursache für Fieber kommen auch in den Tropen am häufigsten die gewöhnlichen internen Krankheiten wie Angina, Bronchitis, Grippe usw. vor.

Vergleiche auch „Fieberkrankheiten" auf Seite 107

Eine erhöhte Temperatur von ca. 38,8° läßt auf eine natürliche Reaktion des Körpers auf eine Infektion schließen, und besondere Maßnahmen sind normalerweise nicht notwendig. Abwaschen des Patienten mit einer Wasser-Alkohol-Mischung stellt im allgemeinen eine gute Nachtruhe sicher. Hohes Fieber um 40° kann man durch kühle Wadenwickel, die man etwa 10 Minuten liegen läßt und zwei- bis dreimal hintereinander erneuert, günstig beeinflussen. Außerdem darf die Flüssigkeitsaufnahme von Fiebernden nicht vernachlässigt werden: Der Patient muß in Form von Fruchtsäften, dünnem Tee und gelegentlichen Salzwassergaben reichlich zu trinken bekommen.

Sehr hohes Fieber von mehr als 40,6° kommt generell nur bei einer Wärmestauung oder bei Malaria vor und muß entsprechend behandelt werden.

Siehe auch Seite 69

Haut

Kleine Verletzungen, Schnitte, Ausschläge: In feuchtem Klima heilen selbst kleine Wunden mitunter schlecht. Sulfonamid-Gelees, von denen es mehrere Marken auf dem Markt gibt, sind einer schnellen Heilung im allgemeinen förderlich. Auch kleine Verletzungen sollte man in den Tropen sorgfältig verarzten und mit Pflastern ·

oder Verbänden schützen. Auf Antiseptika wie Jod oder Quecksilberchrom kann man ruhigen Gewissens verzichten: Die wissenschaftlich vertretbare Behandlung kleiner Hautwunden besteht darin, sie zu waschen und mit Gaze, die Luft durchläßt und Schmutz abweist, zu bedecken und trocken zu halten. Selbst wenn eine kleinere Wunde schmutzig und infiziert wird, wird die eindringende Mikrobe durch die Entzündung mit dem entstehenden Eiter abgesondert, und die Heilung folgt. Man kann den Vorgang beschleunigen, indem man die Stelle mit mäßig heißem Wasser befeuchtet.

Die vielen kleinen Schnitte, ohne die es beim Tauchen und Schwimmen in Korallenmeeren kaum abgeht, können zu problematischen Entzündungen führen, weil lebende Korallen gewöhnlich einen reichen bakteriellen Besatz aufweisen und weil das Salzwasser ohnehin die Wundheilung verzögert. Gründliches Waschen mit Süßwasser und Seife ist auch hier die wirkungsvollste Maßnahme. Zu empfehlen ist allenfalls ein anschließendes Auftragen von Actihaemyl-Salbe oder -Gelee. Diese Präparate stellen einen eiweißfreien Blutextrakt dar, der die Wundheilung beschleunigt.

Gegen Hautausschläge gibt es zahlreiche Puder und Salben. Unter primitiven Bedingungen kann das Auftragen einer dicken Paste aus Holzasche und Wasser von Nutzen sein, ebenso haben sich zerdrückte Samen der Papayafrucht oder Blätter des Guavabaums in vielen Fällen vorzüglich bewährt.

Siehe auch
Seite 66
und Seite 142
„Kontaktvergiftung"

Man bedenke auch, daß Hautausschläge durch die verschiedensten Allergien und selbst durch die Einnahme oder Injizierung von Medikamenten hervorgerufen werden können.

Herz

Aussetzen der Herztätigkeit: Normalerweise kommt mit dem Erliegen der Atemtätigkeit bald das Herz zum Stillstand. Eine primäre Auslösung kann auch durch einen traumatischen oder Elektroschock und andere Ursachen erfolgen. Sobald das Herz stillsteht, wird der Körper nicht mehr mit Sauerstoff versorgt, und innerhalb von 4 Minuten kann sich der Tod einstellen. Zeichen für einen Herzstillstand sind Bewußtlosigkeit, bläuliche Haut, kein Atem und keine Pulstätigkeit.

**Nach
4 Minuten
ist man tot**

Falls künstliche Beatmung nach 1 Minute kein Wiedereinsetzen der Herztätigkeit bewirkt, und der Patient kein Lebenszeichen von sich gibt, ist eine externe Herzmassage vorzunehmen. Zu diesem Zweck wird schneller, kräftiger Druck auf das Brustbein des Patienten ausgeübt, das man rund 60mal pro Minute 2-3 cm niederdrückt, um die Pumptätigkeit des Herzens anzuregen. Dies läßt sich bewerkstelligen, indem man neben dem am Boden liegenden Patienten niederkniet und mit dem Handballen, von der anderen Hand assistiert, kräftig den Aufsetzpunkt bearbeitet. Als effektivere und kräftesparendere Methode wird in neuerer Zeit auch eine Herzmassage mit dem Fuß empfohlen. Hierbei preßt der Retter den Fuß (Schuh ausziehen!) im beschriebenen Rhythmus gegen das Brustbein des Patienten, wodurch der Druck auf das Herz genauer plaziert und die Möglichkeit von Brüchen durch unausgewogene Druckverteilung vermindert wird. Der Helfer muß sich für die optimale Methode entscheiden. Trotz seiner Vorzüge mag das letztere Verfahren zum Beispiel auf einem schaukelnden Boot völlig unzweckmäßig sein.

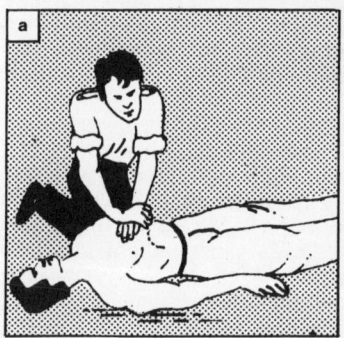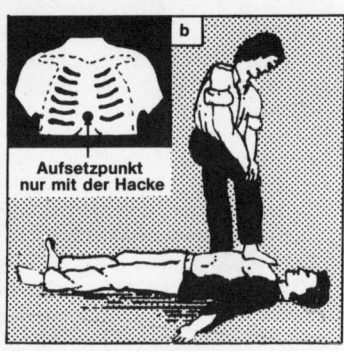

Herzmassage
a) mit der Hand
b) mit dem Fuß

Falls Herz- und Atemtätigkeit gleichzeitig stilliegen, sollte idealerweise durch zwei Helfer dafür gesorgt werden, beide wieder in Gang zu bringen. Steht nur eine Person für diese Maßnahme zur Verfügung, so muß folgendermaßen improvisiert werden: 1 x Herzanregung, 4 x schnelle Beatmung, 15 x Herzanregung, 2 x normale Beatmung und Fortsetzung im Verhältnis 15:2, bis Hilfe eintrifft oder der Patient sich belebt bzw. von einer kompetenten Person für tot erklärt wird.

Kater (engl.: „hangover")

Jeder hat sein eigenes Rezept für die Folgen einer durchfeierten Nacht, dessen Heiligkeit hier nicht angetastet werden soll. Ein tropengerechter Hinweis sei jedoch gestattet:

Papayas, Mehrzweckfrüchte par excellence, enthalten das bereits an früherer Stelle erwähnte Enzym Papain, das auf dem Weg über den Magen resolut mit überschüssiger Säure aufräumt und die Verdauung wieder anregt. Eine frische, kühle Papaya zum Frühstück bringt jeden verkorksten Magen wieder auf Vordermann; die „Nachbehandlung" bleibe dann jedermann selbst überlassen. Der B-Vitaminkomplex sowie Vitamin C tragen wahrscheinlich unmittelbar zur weiteren „Entgiftung" bei.

Siehe auch Seite 86

Kompressionsunfall

„Bends": Mit diesem englischen Wort bezeichnet man im Fachjargon die Dekompressions-, Taucher- oder Caissonkrankheit, die sich durch das Freiwerden gebundener Gase (insbesondere Stickstoff) im Körper beim Auftauchen aus größeren Tiefen entwickeln kann. Richtig ist dabei, daß das Wort „bends" lediglich die Symptome der Krankheit beschreibt; es wird im internationalen Sprachgebrauch jedoch lose für die Krankheit als solche benutzt.

Siehe auch
Seite 161 ff.

Nur durch einen planmäßigen Aufstieg aus der Tiefe unter Einhaltung aller Vorschriften hinsichtlich Druckentlastung können wir vermeiden, daß die Atemgase, mit denen unser Blutkreislauf und Gewebe beim Tauchen mit Druckluftgeräten angereichert ist, wie beim Öffnen einer Sprudelflasche Blasengestalt annehmen und sich unwiderruflich irgendwo in unserem von Flüssigkeit dominierten Organismus ansiedeln.

Symptome

Wer sich strikt an das relevante Zahlenmaterial hält, braucht normalerweise keine Angst vor den Bends zu haben, aber eine Vielzahl von Faktoren, beginnend mit simpler Besorgnis angesichts eines schwierigen Tauchgangs bis zum zu viel getrunkenen Whisky am Vorabend, können die Theorie über den Haufen werfen und einen Taucher dem Problem gegenüber empfänglicher machen. Außerdem spielen Körperbau, Alter, ja sogar – wie es scheint – Rasse und Geschlecht eine Rolle. Falls sich nach einem Tauchgang Symptome wie mehr oder weniger ausgeprägter örtlicher Schmerz, vornehmlich in den Armen und/oder Beinen, Schwindelgefühle, Lähmungserscheinungen, Atemnot, Hautausschlag oder Reaktionen wie bei Trunkenheit einstellen, insbesondere wenn mehr als eine Viertelstunde nach dem Austauchen vergangen ist, so sind die Erscheinungen als Bends zu diagnostizieren und entsprechend zu behandeln. Symptome der vorstehenden Beschreibung können sich bis zu 24 Stunden nach dem Tauchen einstellen.

Eine erfolgreiche Behandlung ist nur durch erneute Re- und Dekompression möglich, die in einer Dekompressionskammer vorgenommen wird, mit der Tauch- und Marinebasen ausgerüstet sind. Gerätetaucher sollten jederzeit den Standort der nächsten Kammer kennen und sich über die schnellste Anmarschroute im Klaren sein. Mit einigem Risiko verbundene Tauchgänge dürften im Grunde ohne diesen Sicherheitshintergrund überhaupt nicht geplant werden.

Behandlung unter Wasser

Tauchexpeditionen in sehr entlegene Gebiete haben durch Mitführen von Flaschen mit reinem Sauerstoff eine gewisse Handhabe, einen Taucher mit der Schmerzphase der Bends unter Wasser zu behandeln. Diese Methode ist nicht ungefährlich, mag jedoch von Tauchern, die den Aspekt permanenter Schmerzen oder einer unheilbaren Lähmung vor Augen haben, in Erwägung gezogen werden. Man geht dabei folgendermaßen vor:

Der betroffene Taucher steigt auf 18 m hinab und atmet in Übereinstimmung mit der nachstehenden Tabelle abwechselnd reinen Sauerstoff und Luft:

Tiefe (m)	Zeit (min)	Atemmedium	Gesamtzeit (min)
18	20	Sauerstoff	20
18	5	Luft	25
18	20	Sauerstoff	45
18-9*	30	Sauerstoff	75
9	5	Luft	80
9	20	Sauerstoff	100
9	5	Luft	105
9-0*	30	Sauerstoff	135

*) Langsamer Aufstieg von 30 cm/min

Das Verfahren läßt sich nach einer anderen Tabelle auch ohne Sauerstoff (nur mit Luft) nachvollziehen. Der Taucher und der (unverzichtbare) Partner müssen sich hierbei jedoch beide über 6 Stunden unter Wasser aufhalten, was in der Praxis kaum erwägenswert sein dürfte.

Eine spätere Nachbehandlung der Bends ist nicht möglich. Gerätetaucher tun also gut daran, eine erhebliche Sicherheitsreserve in ihre Unternehmungen einzubauen!

Gasembolie: Dieser überaus ernste Tauchunfall ist eine Folge des Luftanhaltens beim Aufsteigen aus der Tiefe oder eines zu schnellen Aufstiegs überhaupt. Im Gegensatz zu den Bends ist eine Embolie eine Frage von Leben und Tod und unmittelbare Ursache eines Großteils tödlich verlaufender Tauchunfälle. Unter einer Gasembolie versteht man das forcierte Eindringen von Atemgasen aus den geplatzten Lungenbläschen in den Blutkreislauf, wo sie Bläschen bilden und innerhalb kürzester Zeit zum Stillstand des gesamten Systems führen können, indem sie die Blutzufuhr zum Herzen oder Gehirn unterbrechen.

Emboliesymptome äußern sich innerhalb von 3-5 Minuten nach dem Austauchen in Gestalt von Schwäche- und Schwindelgefühl, Lähmungserscheinungen der Glieder, Atemnot und progressiv stärker werdendem Druck auf der Brust, Aushusten oder Ausfluß von schaumigem Blut, und Krämpfen. Charakteristischerweise tritt bereits an der Wasseroberfläche eine Ohnmacht ein. **Symptome**

Sofortmaßnahmen bestehen darin, den Kopf und die Brustpartie des Betroffenen niedrig zu lagern (15° Neigung), um weitere Luftblasen am Aufsteigen in Richtung Gehirn zu hindern. Falls verfügbar, reinen Sauerstoff verabreichen. In einer Dekompressionskammer umgehend auf 5 bar rekomprimieren und nach weiteren Betriebsanleitungen der Kammer vorgehen. Eine Behandlung unter Wasser nach dem Beispiel von Bends darf aufgrund ihrer Gefährlichkeit nicht vorgenommen werden! **Maßnahmen**

Ein Embolieunfall ist ein sehr vermeidbares Ereignis! Man denke immer daran, langsamer als die eigenen Luftblasen aufzusteigen und beim Aufstieg mehr aus- als einzuatmen; die expandierende Luft in der Lunge sorgt ohnehin automatisch dafür. Die größte Gefahr in Gestalt der explosivsten Luftexpansion liegt auf den letzten paar Metern, wenn man glaubt, „es geschafft zu haben". Gerade hier führe man sich die möglichen Folgen besonders eindringlich vor Augen!

Siehe auch
Seite 163 ff.

Kontaktvergiftung

Allgemeines; Verletzungen durch tierische oder pflanzliche Organismen: Spezielle Medikamente gegen Nesselgifte sind derzeit noch nicht bekannt, so daß ernsthafte Verletzungen der ärztlichen Fürsorge überlassen werden müssen. In Notfällen kann man durch Kreislauf- und Herzmittel das Allgemeinbefinden des Patienten stützen und durch Schmerzlinderungsmittel den größten Schmerz erträglich machen.

Eine gewisse günstige Wirkung wird in manchen Fällen den sogenannten Corticosteroiden zugeschrieben, und das Medikament Cortison, vor allem als Rheumamittel bekannt, wird gelegentlich in diesem Zusammenhang empfohlen. Der zugrundeliegende Wirkstoff, ein Hormon, wird beim Essen von Leber auch vom Körper selbst erzeugt. Er ist auch als Vorstufe in mehreren Arten von Yams enthalten.

Siehe auch
Seite 246

Die äußerlichen Effekte einer pflanzlichen Kontaktvergiftung lassen sich oft durch das Aufbringen von nasser Holzasche oder einer Tannin-Lösung erheblich mildern. Wie sich ein solches Präparat herstellen läßt, schildert der Abschnitt „Vergiftung".

„Vergiftung"
auf Seite 146

Vergiftungssymptome durch Kontakt mit Feuerkorallen und anderen Hydroiden oder Quallen sind auf komplexe Proteine zurückzuführen, die man mit Papayasaft oder einem kommerziellen Fleisch-„Weichmacher" inaktivieren kann. Eine gewisse Linderung ist auch von dem ausgepreßten Saft aus den Blättern der an tropischen Stränden häufigen Carpobrotus-Pflanzen zu erwarten, die zum Teil Mesembrin, einen kokainartigen Stoff mit leicht anästhetisierender Wirkung enthalten. Falls diese Mittel nicht zur Verfügung stehen, ist ein vorsichtiges Auftragen einer Salmiakgeistlösung oder Backpulverpaste zu empfehlen, um die in einem gewöhnlich zurückbleibenden Schleimfilm enthaltenen und noch nicht entladenen Nesselkapseln weitgehend zu „entschärfen". Nach 2-3 Minuten abwaschen, sorgfältig säubern und trocknen und entweder mit Cortisonsalbe oder einem speziellen antihistaminischen oder anästhetisierenden Präparat bestreichen. Notfalls kann man auf die betroffenen Stellen auch Äthylalkohol oder Olivenöl auftragen. Puder, Sand oder Mehl können durch Eintrocknen der Schleimschicht eine leichtere Entfernung begünstigen.

Siehe auch
Seite 256

Patienten im Schatten mit hochgelegenen Füßen ruhen lassen. Bei schweren Unfällen mit gefährlichen Quallenarten ist unter Umständen die umgehende Verabreichung eines speziellen Antivenins erforderlich; kreislaufstützende Mittel – notfalls starker Kaffee – und oral eingenommene Antihistaminika sind jedoch in den meisten Fällen auch bei vergleichsweise weniger gefährlichen Kontakten angebracht.

„Quallen" siehe auch Seite 181

Bei schweren Verletzungen ist die spätere Verabreichung von Antibiotika gegen Sekundärinfektionen notwendig.

Pfeilgifte: Wer leichtfertig in die Lebensräume der letzten „wilden" Menschen dieser Erde eindringt, kann u.U. noch in diesem Zeitalter Bekanntschaft mit Curare und ähnlichen hocheffektiven Kontaktgiften machen. Die geringste Verletzung durch einen vergifteten Pfeil kann innerhalb kürzester Zeit den Tod durch Atemlähmung herbeiführen.

Maßnahmen: Einen steckengebliebenen Pfeil herauszuziehen versuchen. Bei einem Giftpfeil bleibt die Spitze wegen eines Widerhakens im Fleisch sitzen. Wer mit Beschußmöglichkeit rechnet, sollte das Mittel Prostigmin mit sich führen, das in der Bundesrepublik leicht und billig (1 DM pro Ampulle) erhältlich ist und das nicht gekühlt werden braucht. Bei Verletzung ist sofort eine Ampulle zu spritzen. Wenn man einen Begleiter hat und nicht weiterhin beschossen wird, kann man den Verletzten auch durch Mund-zu-Mund-Beatmung über den Berg kriegen. Nach ca. 15 Minuten verliert sich die Wirkung des Giftes, und der zuvor gelähmte Atemimpuls stellt sich wieder ein.

Krampf beim Schwimmen

Ein Krampf kann ein oder mehrere Gliedmaßen eines Schwimmers annähernd lähmen. Verursacht wird er gewöhnlich durch Überanstrengung oder Auskühlung. Wer sich viel im Wasser aufhält, sollte lernen, bei einem Problem dieser Art den „toten Mann" zu spielen, indem er sich mit einem Minimum an Bewegung an der Oberfläche hält. Wenn das verkrampfte Glied nicht beansprucht wird, läßt der Krampf dann meist von selbst nach. Bei den am häufigsten auftretenden Wadenkrämpfen schafft ein Heraufziehen der großen Zehe bei ausgestrecktem Bein in vielen Fällen umgehende Abhilfe.

Gewöhnlich ist ein Krampf ein Zeichen dafür, daß man lange genug im Wasser gewesen ist. Man sollte es deshalb möglichst umgehend – jedoch nicht übereilt – verlassen. Die alte Theorie, daß ein voller Magen einem Schwimmer automatisch Krämpfe beschert, ist inzwischen als unzutreffend erkannt worden. Jede Art von Anstrengung nach einer Mahlzeit kann zwar Übelkeit hervorrufen, gegen leichte Bewegung im warmen tropischen Wasser ist jedoch kaum etwas einzuwenden.

Muskelzerrung

Zur Behandlung merke man: Erst kalt, später warm! (Nicht umgekehrt, obwohl warme Umschläge anfänglich Erleichterung bringen mögen). Betroffenen Körperteil umgehend mit Eispackung oder kaltem Wasser behandeln, und erst nach einigen Stunden auf warme Packungen überwechseln.

Ohnmacht

Ohnmächtige müssen immer seitlich gelagert werden. Um eine stabile Seitenlage zu erreichen, wird ein Bein angewinkelt. Der Kopf muß etwas tiefer als der übrige Körper liegen, damit das Gehirn besser durchblutet wird. Beengende Kleidung muß geöffnet werden; man sorge auch für reichliche Frischluftzufuhr. Auf keinen Fall darf versucht werden, einem Ohnmächtigen Flüssigkeit einzuflößen oder Medikamente in seinen Mund zu zwingen! Bei Versagen von Atem- und Herztätigkeit sind bereits beschriebene Maßnahmen zu treffen.

Seitenlage bei Ohnmacht

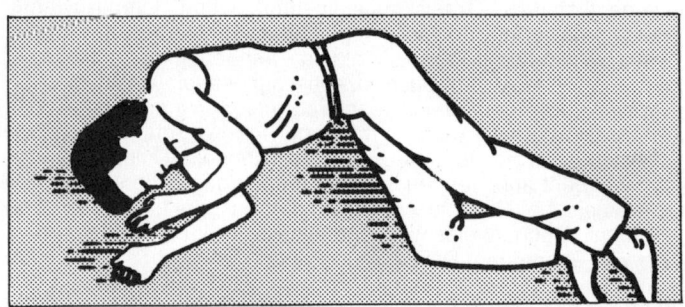

Ohrenschmerzen beim Tauchen

Insbesondere Neulinge des Tauchsports leiden oft an diesem Problem. Ohrenschmerzen bei Abtauchen sind oft eine Folge von mangelndem Druckausgleich zwischen innerem und äußerem Ohr, meist verursacht durch einen Schleimpfropfen in der Eustachischen Röhre. Nase zuhalten und mehrmals kräftig hineinschnauben, und die Verstopfung löst sich gewöhnlich mit einem merkbaren Knack. Ist dies nicht der Fall und der Druckschmerz läßt nicht nach, so muß der Tauchgang unbedingt abgebrochen werden. Ein forciertes weiteres Abtauchen, ob mit Atemgerät oder ohne, resultiert in geplatzten Trommelfellen!

Die Trommelfelle platzen

Eine Blockierung der Nasen-Ohr-Passage wird gewöhnlich durch eine Erkältung verursacht, die man erst abklingen lassen sollte, um wieder tauchfit zu sein. Ein schleimlösender Spray hilft nach. Niemals „Ohrenstöpsel" benutzen.

Reisekrankheiten

Höhenkrankheit: Verursacht durch die dünne Luft in Höhen ab ca. 3 000 m kann uns dieses Problem mit allgemeiner Abschlaffung, Übelkeit, Erbrechen und rasenden Kopfschmerzen ernstlich zu schaffen machen. Allmähliche Gewöhnung an die Höhe ist am hilfreichsten. Gegen die Kopfschmerzen nimmt man entsprechende Tabletten. Von entscheidender Wichtigkeit in großen Höhen ist auch eine konsequente Flüssigkeitszufuhr, um den durch die trockene Höhenluft verursachten Wasserverlust auszugleichen.

Luftkrankheit: Abgesehen von häufigeren, rasch vorübergehenden Unpäßlichkeiten bei Start und Landung klagen nur 0,6% aller Flugpassagiere über dieses Leiden. Empfindliche Personen sollten sich vor dem Flug gut ausruhen, auf den Topf gehen und eine halbe Stunde vor dem Start eventuell 1-2 Tabletten Novomina oder ein ähnliches Präparat einnehmen.

Seekrankheit: Gegen dieses Übel gibt es kein Allheilmittel. Selbst alte Seebären und schaukelgewohnte Astronauten packt es gelegentlich noch — meist auf kleineren Schiffen, deren Rhythmus sie nicht gewohnt sind. Viel frische Luft und entweder stramme Tätigkeit oder Bettruhe — kein Mittelding — können Abhilfe schaffen. Es gibt auch eine Anzahl pharmazeutischer Präparate, auf die Seekranke verschieden günstig reagieren. Viele von ihnen enthalten jedoch Antihistamine, die zu Ermüdung und Konzentrationsmangel führen. Dies ist auf einer Kreuzfahrt nicht unbedingt kritisch, kann einen per Boot anreisenden Taucher jedoch das Leben kosten. Die amerikanische „National Oceanic and Atmospheric Administration" empfiehlt Tauchern eine weitgehend nebenwirkungsfreie Kombination von Phenergan, Dexedrin und Scopolamin, um sich vor Seekrankheit zu schützen. Es gibt auch vergleichbare Mittel auf dem deutschen Pharmamarkt. Ein neues, sehr wirksames Mittel ist Cinnaricyn forte Ratiopharm (verschreibungspflichtig). Es gibt auch ein Scopolamin-Pflaster, das man sich schlicht hinters Ohr klebt, wo es ca. 72 Stunden lang wirkt. Wer gar nichts zur Hand hat oder wer ungern Pillen schluckt, sollte auf einem Stück Ingwerwurzel herumkauen, wenn es schlecht wird. Experimente in den USA haben gezeigt, daß die überall in den Tropen erhältliche Gewürzknolle bei vielen Menschen wirksamer ist als alle bekannten chemischen Präparate.

Selbst alte Seebären werden krank

Schock

Ein traumatischer Schock tritt bei allen ernsthafteren Verletzungen als Folge des Blutverlustes und resultierendem Abfall des Blutdrucks auf. Nicht die Verletzung als solche, sondern erst die Begleitumstände führen in vielen Fällen den Tod oder bleibende Schäden herbei.

Wundschock erfordert umgehende medizinische Hilfe. Bis diese eintrifft, halte man den Verletzten warm und in komfortabler Rük-kenlage mit um ca. 30 cm erhöhten Füßen und versuche, durch ruhiges Zureden seine Hilfserwartung und Hoffnung auf Besserung zu bestärken. Wenn der Patient bei Bewußtsein ist und schlucken kann, verabreiche man (vorzugsweise mit einem gestrichenen Teelöffel Salz pro Liter versetztes) Wasser, dem man, falls verfügbar, außerdem ½ Teelöffel Soda zusetzt.

Verbrennungen und Verbrühungen

Viel läßt sich bei Abwesenheit ärztlicher Hilfe nicht tun. Leichte bis mittelschwere Verletzungen reinigt man vorsichtig mit Wasser und Seife und spült sie anschließend mit einer schwachen Salzlösung ab. Falls Fachhilfe bald zu erwarten ist, läßt man die Wunde nur austrocknen – Anstrahlung mit einer einfachen Glühlampe mag dabei hilfreich sein – und nimmt ansonsten keine besonderen Schritte vor. Ist längerer Transport zum nächsten Krankenhaus oder Arzt zu erwarten, empfiehlt sich ein Verbinden der Wunde mit steriler Gaze, die man vorzugsweise mit einem dicken Polster aus dem gleichen Material bedeckt und anschließend fest bandagiert.

Aloe

Siehe auch
Seite 275

Nicht allzu schwere Wunden kann man auch mit dem klaren Saft behandeln, der in den fleischigen Blattständen der Aloe enthalten ist. Die Pflanze ist in tropischen Ziergärten häufig.

Schwer heilende Brandwunden sind auch erfolgreich (extern) mit Bienenhonig behandelt worden. Wichtig ist bei dieser Methode, das Lager des Patienten von Ameisen freizuhalten.

Bei schweren Verletzungen des 3. Grades unterläßt man am besten jegliche Behandlung der Wunde, bis ärztliche Hilfe eintrifft.

In fast allen ernsteren Fällen ist Schockbehandlung notwendig, und nach Möglichkeit sollte die unter „Schock" beschriebene Elektrolytflüssigkeit oral zugeführt werden. Zusätzliche Gaben von gesüßtem Tee oder Fruchtsäften sind ebenfalls empfehlenswert. Die Verabreichung von Antibiotika ist sinnlos; reichlich Vitamin C ist jedoch nützlich.

Vergiftung; intern

Vergiftung durch Pilze und andere giftige Pflanzen: Je nach ihrer Herkunft und Zusammensetzung variiert die Wirkung aufgenommener Giftstoffe auf verschiedene Organe und Funktionszentren unseres Körpers in erheblichem Maße, und entsprechend weichen auch die jeweiligen Reaktionen von vergifteten Personen stark voneinander ab. Wesentlich ist erklärlicherweise die Erkenntnis, daß auch bei anscheinender Abwesenheit eines auslösenden Elements tatsächlich eine Vergiftung vorliegt. Wer auf sich allein gestellt ist, wird deshalb gelegentlich auf die vage Vermutung angewiesen sein, trotz aller Vorsicht etwas Gesundheitsschädliches zu sich genommen zu haben, wenn sich Erscheinungsbilder entwickeln, die nicht in den Verlauf „üblicher" Krankheiten passen.

Normalerweise dürften Zeit- und Handlungsabläufe einen Zusammenhang erkennen lassen. Wem nach der Einnahme eines Essens übel wird, wird dies als Folge eines nicht einwandfreien Gerichts ansehen und nicht als Vorboten eines zufällig in der Luft liegenden Herzinfarkts. Vergiftungserscheinungen äußern sich in Form von Magen-, Unterleibs- und Kopfschmerzen, Krämpfen, Zuckungen und Lähmungen, Schwindelgefühlen und Orientierungsschwierigkeiten, normalerweise begleitet von Schweißausbrüchen, Übelkeit, Durchfall und/oder Erbrechen.

Bei pflanzlicher Vergiftung sollte man so schnell wie möglich

1. den Magen leeren: Zur Verdünnung der Giftstoffe trinke man rasch eine große Menge Wasser. Falls sich Erbrechen hierauf nicht von selbst einstellt, mit dem Finger nachhelfen und versuchen, möglichst viel der eingenommenen Flüssigkeit von sich zu geben. Vorgang nach Möglichkeit mit einer kleineren Wassermenge wiederholen;

2. die Verdauungsvorgänge verlangsamen: Die Einnahme von Tannin (Gerbsäure) wirkt zusammenziehend auf das Verdauungssystem, wodurch in gewissem Sinn der Verdauungsprozeß verzögert wird und verbleibende Giftstoffe weniger bereitwillig in den Organismus aufgenommen werden. Das beste Mittel zu diesem Zweck ist starker, schwarzer Tee, der bis zu 9,5% Tannin in Lösung enthält und im allgemeinen im Feld die greifbarste Substanz ist. Tannin in reichlichem Maße enthalten auch alle Teile des Guavabaumes, die in allen Brackwasserlagunen tropischer Meere anzufindende Mangrove, deren Rinde bis zu 33% Tanningehalt hat, und die Bananenpflanze, deren Saft direkt aus dem pulpigen Stamm herausgesogen oder abgezapft werden kann. Von einiger Effektivität ist auch schwarzer Pfeffer, aus dem man notfalls einen „Tee" bereiten kann;

Siehe auch Seite 257

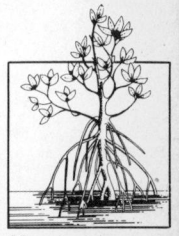

Mangrove (Rhizophora, sp.)
Nicht zu verwechseln mit einer nahen Verwandten, der Mangrove Excoecaria, die einen schwer kontaktgiftigen und zu Blindheit führenden Milchsaft ausscheidet

3. verbleibende Giftstoffe neutralisieren: Aktivierte Holzkohle hat die Eigenschaft, zahlreiche Gifte zu absorbieren und zu neutralisieren. Diese sogenannte Aktivkohle gibt es in Tablettenform und ist als solche auch als Durchfallbekämpfungsmittel oft gleich zur Hand. Man kann sie im Feld jedoch auch leicht selbst herstellen, indem man Holzkohle aus dem Lagerfeuer möglichst fein pulverisiert. Die meisten Bambusarten, die innere Schale der Kokosnuß und das Holz der Mangrove geben ein erstklassiges Produkt von Medizinalqualität ab. Einige Teelöffel dieses Präparats, mit einer Tasse „Tannintee" hinuntergespült, sind für einen Erwachsenen eine reichliche Dosierung.

Der Flüssigkeitsverlust durch Erbrechen, als solcher nicht ungefährlich, mag Maßnahmen wie unter „Schock" erfordern. Zu empfehlen im Anschluß an diese Sofortmaßnahmen ist ebenfalls eine kohlehydratreiche Diät und eine erhöhte Zufuhr von Vitamin C, von dem man annimmt, daß es Giftstoffe besonders effektiv aus dem Blutkreislauf hinausschwemmt.

Fischvergiftung (Ciguatera): Sogenannte Ciguatera-Symptome nach Verzehr eines giftigen Fisches treten gewöhnlich erst innerhalb von 30 Minuten bis 4 Stunden ein. Auf jeden Fall zu spät für den vorstehend empfohlenen Behandlungszyklus. Sie äußern sich in Form von Übelkeit, Gefühllosigkeit im Mund und in der Kehle, allgemeiner Abgeschlagenheit, Unterleibsschmerzen, Frösteln und Fieber. Charakteristisch ist auch eine Umkehrung der Temperaturempfindung: Kalt wird als heiß und heiß als kalt empfunden. Dieses Phänomen kann in schweren Fällen monatelang andauern.

Siehe auch
Seite 213

Der Genuß von virulent giftigen Fischen wie Plectognathen kann unter Umständen innerhalb von 10 Minuten zum Tod führen. Im aligemeinen ist aufgrund der verspätet auftretenden Vergiftungserscheinungen jedoch eine ärztliche Konsultation zum ersten sich bietenden Zeitpunkt dringend empfehlenswert, selbst wenn entsprechende Hilfe erst nach erheblicher Verzögerung erreicht werden kann.

Muschel- oder paralytische Algenvergiftung: Äußerungen ähnlich wie bei einer Fischvergiftung. Symptome treten jedoch im allgemeinen innerhalb von 30 Minuten nach Verzehr auf. Für diese Art der Vergiftung wie auch für die Fischvergiftung gilt, daß in schweren Fällen künstliche Beatmung und starke Herzstimulansmittel (Amphetamine, notfalls Kaffee) einem Patienten, der so durch die ersten 24 Stunden gebracht werden kann, gute Überlebensaussichten ohne bleibende Schäden bieten.

Siehe auch
Seite 258

Philippinische Fischer nehmen in Fällen dieser Art große Quantitäten von Zucker und/oder mehrere Schlucke Kokosöl zu sich – gewöhnlich erfolgreich. Ein ähnliches Verfahren wird auch stellenweise in Polynesien angewandt, nur fügt man dem Kokosöl drei möglichst milchsaftreiche, zerstampfte Blattknospen des Brotfruchtbaumes zu. (3 Knospen + 1 TL Öl pro Tag, bis die Vergiftungssymptome nachlassen.)

Beide Verfahren sind nicht klinisch getestet. Interessenten sei anheimgestellt, die Nützlichkeit derartiger Methoden anhand etablierter medizinischer Erkenntnisse zu überprüfen.

Kohlenmonoxidvergiftung: Geruchloses Kohlenmonoxid findet sich in Autoabgasen, in der Umgebung schlecht belüfteter Feuer oder – im schlimmsten Fall – in unsachgemäß behandelter Tauchatemluft. Symptome einer beginnenden CO-Vergiftung sind Benommenheit, Kopfschmerzen, Schwindelgefühle, allgemeine Schwäche und mitunter Übelkeit. Lippen, Haut und Nagelbetten nehmen im fortgeschrittenen Stadium eine bis zu kirschrote Farbe an, und eine Ohnmacht kann sich ohne Vorwarnung einstellen. Bei fortgesetzter Exponierung tritt rasch der Tod ein.

Einem Verunglückten ist umgehend reichlich frische Luft, möglichst Sauerstoff zuzuführen. Falls erforderlich, ist künstliche Beatmung vorzunehmen. Nach schweren Vergiftungen ist eine mindestens 48stündige Bettruhe empfehlenswert; Stimulansmittel sind zu vermeiden!

Verrenkung

Hat man eine Verrenkung als solche (also nicht als Bruch) erkannt, so ist so bald wie möglich die Einrenkung des betroffenen Gliedes vorzunehmen, d.h. das ausgetretene Knochenende ist wieder in die Gelenkhöhle und an die richtige Stelle zu bringen. Dieser Vorgang ist außerordentlich schmerzhaft und kann vom Patienten gewöhnlich nur nach Verabreichung starker Schmerzmittel ertragen werden. Bei manchem genügt vielleicht eine kräftige Dosis Alkohol.

Zur Einrenkung sind drei Helfer erforderlich. Der erste muß an dem Glied unterhalb des verrenkten Gelenkes, der zweite an den dem Rumpf am nächsten liegenden an der Verrenkung beteiligten Knochen zuerst gelinde, dann kräftig und gleichmäßig in Richtung der Längsachse des Gliedes ziehen. Der dritte versucht, mit Druck und Drehung den Gelenkkopf in das Gelenk zurückzubringen. Gelingt dieses Manöver, so kehrt der Gelenkkopf mit einem schnappenden Geräusch in die Gelenkhöhle zurück, wobei, abgesehen von einiger Schwellung, die ursprüngliche Form wiederhergestellt wird. Der heftige Schmerz vermindert sich bald und die Beweglichkeit des Gliedes im Gelenk kehrt zurück. Nachfolgende ärztliche Kontrolle ist unerläßlich. Bis dahin muß eine Schiene angelegt werden.

Merke: Je länger ein verrenktes Glied in seiner unnatürlichen Stellung bleibt, desto größer ist die Gefahr, daß die Einrenkung nicht mehr gelingt und Versteifung eintritt!

Verstauchung

Eine Verstauchung kommt häufig bei Wanderern, Bergsteigern, überhaupt allen Leuten, die viel zu Fuß unterwegs sind, vor. Abhilfe schaffen kalte Umschläge und weitgehende Ruhigstellung des betroffenen Körperteils durch festes Bandagieren. Spezialbinden guter Qualität kann man sich vor der Abreise in der Drogerie besorgen. Bei verstauchtem Fuß behält man am besten den (gelockerten) Schuh an und wickelt die gesamte Angelegenheit fest an.

Einheimische Laienchiropraktiker nehmen sich in manchen Ländern Problemen dieser Art mit großem Geschick an.

Verstopfung

Verstopfung als Folge von Reisestreß wurde bereits behandelt. Siehe Seite 98 Die Verdauung verstopft ebenfalls, wenn es mit der Nahrungs- und Wasserzufuhr hapert. In diesem Fall dürfen unter keinen Umständen

Mittel mit abführender Wirkung eingenommen werden, um dem Körper keine weiteren Nährstoffe sowie Wasser zu entziehen.

Verstümmelung

Bei jedem (gewöhnlich durch Straßenunfall) abgetrennten Körperteil lohnt sich ein Replantationsversuch. Manche Kliniken in der Dritten Welt sind mitunter besser als erwartet auf einen derartigen Fall vorbereitet, und man sollte die nachstehenden Maßnahmen selbst bei anscheinend hoffnungsloser Lage nicht vernachlässigen:

1. Der abgetrennte Körperteil muß gesucht und mitgenommen werden.

2. Die Wundflächen des Amputats sowie des Stumpfes dürfen weder gereinigt noch auf irgendeine andere Art behandelt werden. Nach Möglichkeit keine Adern abbinden; Blutstillung nur durch einen Druckverband.

Siehe auch „Blutungen" auf Seite 133

3. Der abgetrennte Teil ist in ein sauberes Tuch zu packen und möglichst in einem Plastikbeutel unterzubringen, den man seinerseits so kühl wie es irgend geht lagert. Falls verfügbar, den Beutel mit Eiswürfeln umgeben, jedoch das Gewebe selbst nicht in direkten Kontakt mit dem Eis oder Schmelzwasser bringen! Eine korrekt vorgenommene Maßnahme in diesem Sinne kann die Überlebenszeit eines abgetrennten Fingers zum Beispiel bis zu 24 Stunden verlängern...

Bei Kindern unter 12 Jahren sollte man im Falle einer bis zum ersten Glied abgetrennten Fingerspitze außer der herkömmlichen Wundbehandlung gar nichts unternehmen – so schwer es auch fällt. Der Finger wächst innerhalb von 11-12 Wochen von selbst wieder nach.

Zahnschmerzen

Zahnschmerzen sind gerade unterwegs eines der größten Übel. Also besser noch einmal vor der Abreise zum Zahnarzt gehen. Mit dem zahnmedizinischen Rüstzeug vieler Drittweltländer ist nämlich kein großer Staat zu machen.

Wenn schon ein Eingriff notwendig ist, so versuche man, eine möglichst große Stadt zu erreichen; je größer der Ort, desto besser

„Eispunktur" lindert Zahnschmerzen

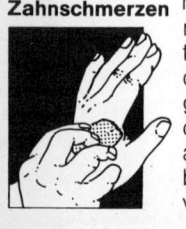

sind gewöhnlich auch die Ärzte und Gerätschaften. Bis dahin muß man sich halt mit Schmerztabletten über die Runden quälen. Eine neue Schmerzunterdrückungsmethode, auf die rund 80% von getesteten Patienten ansprechen, benutzt einen schlichten Eiswürfel, der auf den sogenannten Hoku-Punkt zwischen Daumen und Zeigefinger der linken Hand angesetzt wird. Das Verfahren entstammt der Akupunkturtechnik und stellt eine effektive Alternative zu allen anderen bekannten Methoden dar. Zahnschmerzen beim Tauchen beruhen auf Größenänderungen winziger Luftbläschen unterhalb von Zahnfüllungen und sind nur vorübergehender Natur.

SICHER BADEN, SCHWIMMEN UND TAUCHEN

Die Relativität des Begriffs „Sicherheit"

Viele von uns suchen – vielleicht manchmal unbewußt – die Gefahr und das berauschende Erlebnis ihrer Bewältigung. Aber mancher schielt auch heimlich nach dem Netz, das seinen kühnen Seilakt absichert. Ein solches Sicherheitsnetz ist uns bereits mit dem Wissen um die gefährlichsten Schwachpunkte in dem Programm gegeben, das wir uns vorgenommen haben: Wir können beispielsweise, wenn irgend etwas uns dazu treibt, mit dem Auto eine enge Serpentinenstraße in einer nächtlichen Wahnsinnsfahrt entlangjagen, wenn wir uns völlig sicher sind, keinem Gegenverkehr zu begegnen. Alles weitere hängt dann von uns selbst und der gewählten Hilfsmaschinerie ab. Selbstsicher sein heißt, sich auch der Materie sicher zu sein. Wenn wir in tropischen Gewässern baden, schwimmen und tauchen, sollten wir auch hier die Strecke kennen, denn nur so gelingt es uns, ein Minimum von Abstrichen an die tatsächliche Abenteuerlichkeit und potentielle Gefährlichkeit unseres Vorhabens zu machen.

Auch für eher gemäßigte Ansprüche gilt, daß man den Kuchen nicht gleichzeitig essen und behalten kann. Auf Reisen in die letzten unberührten Gefilde dieser Erde können wir nicht erwarten, unser Wohlbefinden inmitten der primitiven Herrlichkeiten, nach denen unsere Sinne so sehr lechzten, von Bademeister, Unfallarzt und Seenotkreuzer abgesichert zu sehen. Es gibt auch keinen Rettungshubschrauber, keine Ambulanz, nicht einmal ein Telefon. Es gibt, wenn wir den Ort unserer Träume finden, eigentlich überhaupt nichts, was uns an den Menschen und seine stolzen und dann doch wieder so fragwürdigen Fortschritte erinnern würde. Es gibt folglich auch nicht das Mäntelchen der Sicherheit, das uns an einem schönen Fleck daheim in Gestalt von Artgenossenscharen und eines weitgehend perfektionierten Aufsichtsapparats voraussehbar zur Verfügung stünde. Wir sind, selbst in der Gruppe, allein auf uns selbst gestellt und müssen unsere Sicherheit, wie man sagt, „selbst produzieren".

> An einsamen Stränden gibt es keinen Bademeister

Nachstehend einige Hinweise, wie wir unsere Ferien am und im Meer aufgrund von Materiekenntnis so gestalten können, daß wir uns zwar – wie ausdrücklich bejaht werden soll – in Gefahr begeben, aber nicht notwendigerweise darin umkommen.

Trügerische Tiefen

Schon im Vorschulalter las ich in „Köhlers Flottenkalendern" gern den Schwank von dem forschen Marineleutnant, der von seinem Boot aus mit trutzigem „Mir nach!" ins vermeintlich knietiefe Wasser des kolonialen Strandes sprang, um bis über die Ohren darin zu verschwinden...

So amüsant die Story sein mag: Die Fehleinschätzung einer Größe im Bereich potentieller Gefahren kann sich unter Umständen verhängnisvoll auswirken. Aufgrund der gedrängteren Lichtverhältnisse unter Wasser erscheint der Meeresboden um ungefähr ein Drittel näher als er tatsächlich ist. Und die Einbildungskraft, dazu vielleicht gleißende Reflexionen an der Oberfläche, produzieren schließlich ein um zwei Drittel reduziertes Tiefenprofil. Sorglosigkeit angesichts scheinbar sicherer Verhältnisse kann Kindern das Leben kosten, die man des „flachen" Wassers wegen vielleicht nur nachlässig beaufsichtigt. Und natürlich allen Nichtschwimmern, die sich von falschen Voraussetzungen aus in trügerischer Sicherheit wiegen.

Unfälle dieser Art mögen selten sein, aber Schaden kann auch in relativ glimpflicherer Ablaufsform auf uns warten. Ein Sprung ins zu tiefe Wasser kann wertvolles Gerät unbrauchbar machen. So zum Beispiel Kameras, Radios und ungeschützte Uhren, die Sie nach einem Salzwasserbad getrost auf dem Meeresboden liegen lassen können, denn eine Reparatur ist technisch unmöglich. Aber auch nicht minder wertvolles Prestige kann verlorengehen. Wer sich vor versammelter Mannschaft wie ein Greenhorn benimmt, erntet trotz vordergründig anteilnehmender Mienen nur Spott und wird als unerfahrener Landesneuling abklassifiziert, dem man den doppelten Preis für den Bootsausflug abverlangen kann.

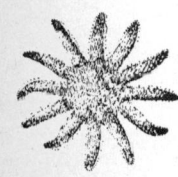

Wem es nun einfällt, eine derart erlittene Schmach mittels kühnem Kopfsprung in die Fluten wieder wettzumachen, kann leicht zu ernsthafterem Schaden als bloßem Naßwerden kommen. Natürlich ließe sich jetzt in umgekehrter Richtung argumentieren, daß dem Kopfspringer mehr Wassertiefe zur Verfügung steht, als es den Anschein hat. Diese Überlegung sollte jedoch keinen dazu verleiten, unter allen Umständen eine Schau abzuziehen, an deren Ende möglicherweise der Rollstuhl steht. Die Lichtbrechung des Wassers kann zur Fehleinschätzung der Position eines Hindernisses führen, eine Strömung die Abtauchgeschwindigkeit vervielfachen, ein Wellental urplötzlich die Tiefe reduzieren. Und obwohl wir mehrere hundert Meter Wassertiefe vor uns wissen, kann der Absprung von einem zurückgestoßenen Boot unseren Kurs so weit verändern, daß ein weitab vermutetes, hoch aufragendes Riffsegment plötzlich in unserer Sprungbahn liegt. Muß hinzugefügt werden, daß man auch niemals kopfüber in trübes Wasser eintaucht?

**Kopfüber
in den
Rollstuhl**

Die eingangs erwähnte Aufsichnahme von Risiken verleiht unseren Ferienabenteuern erst Würze; unser Sicherheitsbeitrag besteht lediglich darin, diese Risiken in einem kalkulierbaren Rahmen zu halten.

Strömungen und Gezeiten

Selten habe ich so um mein bißchen Leben gezittert wie in jener Nacht in der Rinne der Lagune von Prieto Diaz. Im Rahmen einer Bergungsaktion war ich mit dem letzten Licht des Abends in den engen Kanal hinausgeschwommen, um die Lage eines Ankers zu überprüfen. Während ich mich abmühte, das schwere Ding freitauchend in eine bessere Position zu bringen, war die Tide unmerklich gekentert, und beim letzten Auftauchen war der Ebbstrom bereits so stark angewachsen, daß ich das Ankertau nicht mehr erreichen konnte. Ich trieb annähernd hilflos auf ein schwarzes Loch zu, jenseits dessen eine monsungepeitschte See kochte und, wie ich wußte, die Strömung der gefürchteten San-Bernardino-Straße mich innerhalb kürzester Zeit in den offenen Pazifik tragen würde.

Was sagt das Lehrbuch in derartigen Fällen? „Nicht gegen die Strömung ankämpfen, sondern sich mittragen lassen und Gegenströmung ausnutzen, wo der Strom sich verflacht...". Solche Stellen gab es schon weiter draußen, wo die Brandung mächtig auf das scharfzähnige Saumriff donnerte, aber ich hatte wenig Lust, mit ihnen Bekanntschaft zu machen. Inzwischen war die Strömung jedoch noch weiter angewachsen, und vereinzelte Korallenäste, die ich gelegentlich bei meinem verzweifelten Umhergreifen zu fassen bekam, brachen mir wie Streichhölzer unter den Händen weg. Ich mußte mir etwas einfallen lassen, und zwar schnell.

Ich fand den Ausweg auf dem Boden der Rinne. In ein paar Metern Tiefe nahm die Strömung merklich ab, und auf dem Grund lagen feste Blöcke, an denen ich mich im schrägen Winkel seitwärts aus der Rinne ziehen konnte, bis ich schließlich ein solides Riffplateau in Schnorcheltiefe erreichte, das mir Halt verlieh. Ich war höchstens noch 50 m von der Riffkante entfernt, auf der die Brandung brüllte... Zwei Stunden hing ich an der Koralle, während der Strom zischend an mir vorbeischoß. Dann war das Schlimmste überstanden, und das Riff begann trockenzufallen.

Wer mediterrane Verhältnisse, also eine annähernd vollständige Gezeitenlosigkeit, auf die Tropen übertragen möchte, wird alsbald seinen Irrtum einsehen. Zwar sind die gewaltigen Tidenhübe, die wir von der Nordsee und anderen nördlichen Gewässern her kennen, außertropische Phänomene, aber auch in Äquatornähe können stellenweise ganz respektable 6 Meter erreicht werden. Dazu Gezeitenströme, die, wie in der genannten San-Bernardino-Passage zwischen den philippinischen Inseln Luzon und Samar, bis zu 8 Knoten Geschwindigkeit annehmen können. Genug, um ein kleines Boot an kurzer Ankerkette unter Wasser zu ziehen! In den Öffnungen von Atollen und Lagunen wird diese Ziffer oft noch weit überschritten.

Auch in den Tropen gibt es Ebbe und Flut

Ohne zwingende Gründe wird man Gefahrenstellen dieser Art natürlich fernzubleiben wissen (obwohl ein guter Grund für den Taucher oft gerade in der außergewöhnlichen Belebtheit der Unterwas-

Flüsse im Meer

serszene an eben diesen Stellen gegeben ist!). Eine weitaus subtilere Gefahr lauert jedoch mitunter an vermeintlich „zahmen" Badeständen, wo die Zusammenwirkung bestimmter Faktoren starke, wenn auch räumlich relativ begrenzte Strömungen entstehen lassen kann, die oft direkt vom Land weggerichtet sind und einen Badenden im Nu in tieferes Wasser hinausziehen können. Der kritische Beobachter eines prospektiven Badereviers erkennt solche Strömungen leicht an der kabbeligen Wasseroberfläche in ihrem Kurs, an Schaumstreifen oder an der Bewegung mitgeführter Objekte. Gewöhnlich trifft es für derartige „Flüsse im Meer" zu, daß man einem möglichen Gefahrenbereich durch seitliches Herausschwimmen ohne große Schwierigkeiten entkommen kann.

Der Kampf mit Strömungen, die uns in unerwünschte Richtungen zu tragen versuchen, unterstreicht für jeden Badelustigen die Notwendigkeit, nicht nur schwimmen zu können, sondern diese Kunst auch möglichst perfekt zu beherrschen!

Rein in die Brandung, raus aus der Brandung!

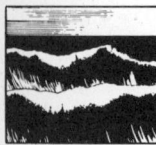

Es wird sich wohl niemand freiwillig in die tosende Brandung einer offenen Felsenküste begeben. Und wer sich ein solches Spektakulum einmal aus sicherer Warte angesehen und angehört hat, dürfte auch nie in Versuchung geraten, an solch gefährlicher Stelle jemals irgendeinen Wassersport zu betreiben.

Anders geht es am flachen Strand zu, wo gerade eine schöne Brandung Bewegung und Spaß in unsere Badeaktivitäten bringt. Wo zerstiebende Brecherkronen die Luft prickelnd mit Gischt und Salz anreichern und wo man, schaumumwoben, schlimmstenfalls eine Bauchlandung auf weicher Sandunterlage machen kann.

Keinem soll die Freude an dieser Aktionszone geschmälert werden. Hier fließen Sonne, Wind und Wasser annähernd fugenlos ineinander über, und gerade in den Tropen legt uns das buchstäbliche Einsaugen dieser drei Elemente kein Zeitlimit auf: Wir können stundenlang, ohne zu ermüden und ohne zu frieren, diese Herrlichkeiten genießen. Wenn aber die Brecher von weither anrollend im Sinne des Wortes über uns hinauszuwachsen beginnen, schalten wir besser auf Vorsicht, gleich dem Seemann, der sein Segel refft und die Fahrt vermindert, wenn die Perspektive zunehmend ominös erscheint. Eine hohe Brandung ist – wiederum im wahrsten Sinne des Wortes – atemraubend. Die Turbulenz einer zerplatzenden Zweimetersee kann uns für eine halbe Minute die Luft nehmen, die Badekleidung herabzerren, und uns ein außerordentlich unappetitliches Gemisch von Wasser und Sand in Nase und Stirnhöhlen drücken. Ein Dreimeterbrecher kann uns Ohrfeigen verpassen, auf die wir von Herzen gern verzichten können. Er kann uns bis zu einer Minute unter Wasser drücken und uns alles Verlierbare mit Einschluß von Tauchgerätschaften und lose sitzenden Zähnen abnehmen.

Atemraubende Brandung

Nachfolgende Brechergenerationen werden zunehmend ungemüt-
licher bis zum Gehtnichtmehr. Gemäß einer ungefähren Faustfor-
mel, nach der die Wellenhöhe geteilt durch drei die Minuten ergibt,
die ein Schwimmer im ungünstigsten Fall und unter Hinnahme
schlimmer Beutelung unter Wasser verbringen muß, beginnen wir
spätestens bei fünf Metern zu ertrinken. Tonnen wirbelnden und fal-
lenden Wassers können uns auch mittels ihrer puren kinetischen
Kraft die Knochen brechen, was selbst unter ansonsten günstigen
Umständen mit Sicherheit das Ende bedeutet.

Insbesondere an steil abfallenden Stränden findet der Rücklauf
des Wassers einer gebrochenen Welle mit rasender Geschwindigkeit statt. Dem ahnungslosen Badegast kann es hier passieren, daß
das eben noch knöcheltiefe Wasser durch Auswaschen des San-
des urplötzlich bei seinen Knien steht und daß eine saugende Strömung ihn von den Beinen reißt und machtvoll seewärts spült: Kata-
strophenkonstellation! Kinder und Nichtschwimmer haben in diesen
Bereichen nichts zu suchen. Und auch ein guter Schwimmer sollte
wissen, mit welchen Größen er es zu tun hat. Wichtig ist vor allem eine genaue Kenntnis des Wellenverhaltens. Es trifft nicht unbedingt
zu, daß besonders hohe Wellen sich in „Pulks" von dreien fortbewe- **„Pulks" und**
gen, obwohl ein solches Dreiergespann recht oft zu beobachten ist. **„Züge"**
Manchmal rollen besonders schwere Seen aber auch in „Zügen"
von weitaus mehr als dreien an. Und durchschnittlich alle drei Stunden kann sich auch ein Einzelgänger einstellen, der sich zur doppelten Höhe der normalen Wellen auftürmt. Wer durch eine Brandungs-
kette hindurch will oder muß, sollte das Wellenspektrum sorgfältig
beobachten. Eine Lücke findet sich immer!

Wenn man sich bei diesem Bemühen verschätzt hat und von der
Turbulenz erwischt wird, sollte man nicht einem Drang nachgeben,
wild strampelnd die Oberfläche erreichen zu wollen. Oben und
unten wird im „kochenden" Wasser ohnehin eins, und Schwimmbewegungen sind annähernd sinnlos. Wegen seines hohen Gehalts
an Luftblasen hat das Mischelement der Brandungszone nur geringe Tragkraft. Ein Grund, weshalb selbst relativ gute Schwimmer hier
nicht selten ertrinken. Die beste Maßnahme ist das Einnehmen einer
zusammengerollten Embryoposition, in der man sich recht gefahr-
los von der Welle hin- und herstoßen lassen kann, bis ihre Kraft ver-
rauscht ist.

Was ist angesichts dieser offensichtlichen Unannehmlichkeiten
nun am Brandungsreiten dran? Unter den richtigen Bedingungen,
die einen flach auslaufenden Strand, praktische Erfahrung und einen unseren physischen Möglichkeiten angepaßten Aktionsablauf
beinhalten, eine Menge Vergnügen. Überlassen Sie die „Whopper"
jedoch den Profis; jede Sportart hat ihre Nordwand und ihre sichere-
ren Alternativen.

FKK in den Tropen?

Verlockend, aber...

Vor nur drei- bis vierhundert Jahren stiegen unsere Vorväter, die glühende Tropensonne mißachtend, hochgeschlossen, gestiefelt und gespornt (mit Schlips und Kragen, würde es heute wohl heißen) an jungfräulichen Gestaden an Land, wo sie von wilden Menschen empfangen wurden, die ihren Mangel an Respekt vor den bleichen Eindringlingen und ihre Unkenntnis der einzig wahren Lehre mit barbarischer Nacktheit und schamloser Freizügigkeit demonstrierten. Sie wurden erfolgreich belehrt: Heute laufen selbst zweijährige kleine Mädchen in komplette Bademonturen gezwängt an tropischen Stränden herum!!

Inzwischen ist bei uns Zwanghaftes aus der Bibel aber mehr oder weniger unpopulär geworden, und Nacktheit ist nicht mehr barbarisch, sondern paradiesisch und gesund dazu. Und wieder steigen Propheten aus dem Norden, die glühende Tropensonne mißachtend, diesmal jedoch ohne überhaupt einen Faden am Leibe und vielfach nicht schön anzuschauen, an den mittlerweilen nicht mehr so jungfräulichen Gestaden an Land, um den nunmehr behosten Wilden ihre neue Heilslehre zu verkünden.

Daß es dabei zu grotesken Szenen kommen kann, bleibt kaum aus. Und mit Problemen, die sich möglicherweise in diesem Zusammenhang ergeben, muß sich jeder Nackte selbst auseinandersetzen. Ganz bestimmt wird jedoch keiner Gefallen daran finden, unbekleideter Mittelpunkt einer riesigen Schar staunender und weitgehend bekleideter Tropendörfler zu sein. Denn der einsame Strand wird sich aufgrund der nackten Tatsachen urplötzlich wie ein Ameisenhaufen beleben. Von religiösen Empfindsamkeiten ganz zu

Nackte Tatsachen beleben den einsamsten Strand

schweigen: Im Einflußbereich Allahs zum Beispiel kann bereits eine kurze Männerhose sittenzersetzend wirken und entsprechenden öffentlichen Anstoß erregen. Wer schon nicht auf die Entblößung verzichten kann und will, bemühe sich zumindest, niemandem auf die keuschen Füße zu treten, und vermeide tunlichst, durch allzu offensichtliche Kontraste mit seiner Umgebung eine komische Figur abzugeben.

Moralbedenken hin und her: In tropischen Korallenmeeren und erst recht unter den erschwerten Bedingungen, die eine survivalähnliche Situation mit sich bringt, sollte man aus ganz anderen Gründen auf das Nacktbaden verzichten, so verlockend die Gegebenheiten auch mitunter sein mögen. Wenn wir schon versuchen, Schultern und Rücken vor Sonnenbrand zu schützen sowie allerlei Maßnahmen gegen Stechendes, Kratzendes und Beißendes anstellen, dann sollten doch gerade unsere verletzlichsten Körperteile diesbezüglich nicht unbeachtet bleiben. Von scharfen Korallen, spitzigen Seeigeln, brennenden Quallenfäden und ähnlichen maritimen Widrigkeiten einmal abgesehen, läßt mir die Schilderung der Barrakuda-Attacke im nächsten Kapitel auch ohne das Wissen um

psychologische Begriffe wie „Penisangst" und „Kastrationskomplex"
eine kühle Gänsehaut über den Rücken laufen und das Objekt all
dieser Aufmerksamkeit furchtsam schrumpfen, wenn ich mir vergegenwärtige, wie gern der Angreifer seine Hundezähne vielleicht in
den so verlockend dargebotenen Wurm geschlagen hätte, statt mit
einem zähen Achselstück vorlieb zu nehmen...!

In tropischen Binnengewässern sollte man bekanntlich so wenig
wie möglich baden. Und schon gar nicht nackt. Zahlreiche Aggressoren bedrohen hier den Schwimmer. Es müssen nicht einmal
unbedingt gleich Krokodile sein: Der größte Teil der uns feindlich ge-
sonnenen Lebewesen in tropischem Süßwasser ist eher unschein-
bar und richtet als Auslöser einer ganzen Kette tückischer Krankheiten erst nachträglich bemerkbaren Schaden an. Und wer in Südamerikas Flüssen nicht auf sein tägliches Bad verzichten möchte,
sollte weniger den Piranha fürchten als den Candiru. Dieses eher
niedlich anzuschauende Fischchen siedelt sich als Schmarotzer
gern in den Kiemenöffnungen größerer Kollegen an, ist aber auch
den urogenitalen Öffnungen von Warmblütlern mit Einschluß des
Menschen nicht abgeneigt, von wo er nur über einen komplizierten
operativen Eingriff entfernt werden kann...

Zehn Gebote für den Gerätetaucher

Die Anhängerschaft des Gerätetauchsports vergrößert sich rapide und findet gerade in tropischen Gewässern ein ideales Betätigungsfeld. Ge- und Verbote für den Taucher finden sich in allen erdenklichen Formen; die nachstehenden zehn sind jedoch z.T. speziell für den Tropeneinsatz und relativ ungesicherte Verhältnisse zu-
geschnitten.

1. Tauche nicht ohne Ausbildung und Training! Gerätetauchen beginnt auf dem Papier. Wer die physikalischen Zusammenhänge und physiologischen Mechanismen des „Tauchens mit der
Maschine" schon in der Theorie nicht kennt oder versteht, ist mit seinem Atemgerät unter Wasser fehl am Platze. (Dies schließt auch insbesondere Kinder ein, die manche Eltern aus Prestigedenken „so
früh wie möglich" mit dem Sport vertraut machen möchten). Kein
Mensch setzt sich, analog hierzu, ohne sorgfältige theoretische Vorbereitung ans Steuer eines Kraftfahrzeugs, bevor er sich in die fremde, feindliche Umwelt des Verkehrsgeschehens begibt.

Praktisches Training – vorerst noch im „zahmen" Swimmingpool
– gibt den theoretischen Kenntnissen Hand und Fuß. Der Beitrag,
den die Poolpraxis unter sachkundiger Anleitung zum Erfahrungs-
spektrum des Tauchnovizen leistet, kann gar nicht zu hoch eingeschätzt werden: Genau wie unverzichtbare Fahr- oder Flugstunden
bereitet dieses Training den Schüler auf eine anschließende Praxis
vor, in der jeder Fehler und jedes Versagen fatale Folgen haben
kann. Prospektive Taucher, die über die theoretischen Hintergründe

leicht hinweglesen und sich eine solide Grundausbildung gänzlich ersparen, begehen mit ihrer Unterlassung bereits den ersten und kardinalen Fehler.

Die jährlich zunehmende Zahl tödlich verunglückter Taucher geht folglich auch in erster Linie auf das Konto „Mangel an Ausbildung und Erfahrung" und resultierendes Fehlen der „3K": Kondition, Kompetenz und Kooperation. Kondition (nachstehend separat behandelt) ist nicht nur unerläßlich, um mit den normalen physischen Beanspruchungen der Aktivität fertig zu werden, sondern auch, um genügend Reserven zur Bewältigung jeder Notlage zur Verfügung zu haben. Kompetenz, um Gerät und Materie souverän zu beherrschen und um in jeder Situation kühl-mechanisch zu reagieren. Kooperation, um Rücksicht auf die Fähigkeiten und Beschränkungen des Partners oder der anvertrauten Mittaucher zu nehmen und gemeinsame Planungen veranstalten zu können.

Kondition
Kompetenz
Kooperation

Training und Erfahrung unter Wasser ermöglichen uns nicht nur Einblicke in eine völlig andere Welt, die wir mit unbelasteten Sinnen genießen können, sondern auch das viel ursprünglichere, unvergleichliche Erlebnis eines simplen, sorg- und schwerelosen Hineinversinkens in die riesige, warme, blausamtige Gebärmutter des Meeres − Wahrwerden tiefsitzender, traumhafter Wunschvorstellungen des gehetzten, geängstigten Menschen...

2. Die eigenen körperlichen Fähigkeiten richtig einschätzen! In den Ferien ist die Versuchung besonders groß, alles in die wenigen Wochen hineinzupacken. Sitzberuf, ohnehin ein wenig übergewichtig und kurzatmig, vom heimischen Streß und langen Flug geschafft, dann abendliche Sumpfpartie, ungewohntes Essen, zu viele Drinks, Zeitverschiebung, Klimaveränderung, wenig Schlaf, Erwachen am nächsten Tag mit Kopfschmerzen und einem Scheuerlappen im Mund − und dann „mit Uli zum Muränenfüttern" auf 35 m am Saumriff: So flirtet man mit Katastrophen!

So flirtet
man mit
Katastrophen

Nach einer Untersuchung der U.S. Navy haben annähernd 90% aller Tauchunfälle eine gemeinsame Ursache, nämlich Überanstrengung, die schließlich zu Erschöpfung und einer Vielzahl fataler Entwicklungen führt: Krämpfe, Übelkeit und Erbrechen, rapide zunehmende Schwäche, Bewußtlosigkeit, Panik und Prioritätenverkennung als auslösendes Primärelement.

Was häufig übersehen wird, ist der Umstand, daß unsere glänzenden theoretischen und praktisch erworbenen Kenntnisse zwar bis ins Alter vorhalten mögen, unsere Körper- und Widerstandskräfte hingegen nicht. Lange Perioden körperlicher Inaktivität bauen unser Durchhaltevermögen rapide ab. Und ein bißchen Bewegung in den ersten Urlaubstagen stellt es nicht über Nacht wieder her! Von dem Augenblick an, da wir mit allen möglichen Apparaturen bewehrt und beschwert ins Wasser springen, werden Anforderungen an unsere

Körperkräfte gestellt, die korrekt eingeschätzt werden wollen: Annähernd verschwundene Muskeln müssen in Bewegung gesetzt werden, um uns in dem zähen Stoff, der Wasser nun einmal ist, von der Stelle zu bringen; Herz und Lunge arbeiten unter ungewohnter Volllast; alle Sinnesorgane sind aufs schärfste angespannt...

Dies alles erfordert Reserven, die wir vielleicht gar nicht besitzen. Wir tun deshalb gut daran, unser Unterwasserabenteuer so zu gestalten, daß es im Einklang mit unseren körperlichen Fähigkeiten liegt, und wir brauchen nicht die geringste Scham dabei zu empfinden. Beschämend – oder tragisch – wird es erst, wenn der Wunschathlet wie ein nasser Sack aus dem Wasser gezogen wird.

3. Tauche niemals allein! „Vier Augen sehen mehr als zwei", insbesondere unter Wasser, wo das Gesichtsfeld des einzelnen Tauchers durch die unumgängliche Maske auf Scheuklappenformat eingeengt ist. Das Gebot gilt jedoch in weitaus geringerem Umfang der Überwachung eines gefahrenträchtigen Umgebungsraumes, als fast ausschließlich der gegenseitigen Beobachtung der Tauchpartner: Jeder Taucher kann dem anderen in einer Notsituation sofort zu Hilfe kommen. Sicherheit unter Wasser wird in einem Zweierteam nicht schlicht verdoppelt, sondern aufgrund der Vielzahl möglicher Not- und Hilfskonstellationen mehrfach multipliziert. Größte Sorgfalt ist auch der Beaufsichtigung eines Tauchers oder einer Tauchergruppe von der Oberfläche aus zu widmen. Insbesondere in strömungsreichen Gewässern ist das Vorhandenseins eines bemannten Begleitbootes praktisch unumgänglich. Der Verzicht auf den Tender ist ein riskanter Leichtsinn.

Vier Augen sehen mehr als zwei

Es wäre allerdings verfehlt, diese „goldene, erste Regel des Tauchsports" mit bürokratischer Unerbittlichkeit bis in die letzte Instanz durchexerzieren zu wollen. Situationen, in denen wir einmal allein tauchen müssen, können jederzeit einmal eintreten, und sie setzen, wie jedes Abenteuer, einiges an Risikobereitschaft voraus. Wer wollte sich denn, wenn es vielleicht ein Leben zu retten gilt, hinter dem Alibi verschanzen, „er könne unter Wasser einmal ohnmächtig werden"? Doch wohl nur derjenige, der aus dem gleichen Grund ablehnen würde, sich jemals ans Steuer eines Autos zu setzen...

Erweitern wir die Regel deshalb auf folgenden Inhalt: „Tauche niemals allein – nur um des Tauchens willen!"

4. Auf einwandfreie Atemluft achten! Wenn wir unsere Preßluftflaschen in einen heimischen Diveshop oder eine fachgerecht geführte Taucherbasis zum Aufladen bringen, können wir einer professionell vorgenommenen Füllung mit dem richtigen Medium wohl einigermaßen sicher sein. Das ist im Ausland jedoch nicht immer und überall der Fall. Ich brachte meine Flaschen einmal zu einer Firma auf den Philippinen, wo man die nötigen Gerätschaften auch zur Verfügung hatte und sich freudig erbot, mein „Sauerstoffgerät mit erstklassigem Sauerstoff zu füllen". Ich dankte meinem Schöpfer für die Eingabe, persönlich vorgesprochen zu haben, und machte mich an die langwierige Aufgabe, einem begriffsstutzigen Kompressorenwart zu erklären, daß ich nur schlichte, billige, aber bitte saubere Luft benötigte, die ich nach langem Palaver schließlich auch bekam.

Jeder Taucher weiß (oder sollte es wissen), daß reiner Sauerstoff schon in Tiefen von 5-10 m, solange man ihn in undosierten Mengen als Atemmedium verwendet, pures Gift ist. Er sollte sich unbedingt selbst davon überzeugen, was man ihm in seine Flaschen füllt. (Wer versehentlich mit Sauerstoff taucht, wird als erstes Merkmal einer heranziehenden Vergiftung von Gesichtszucken befallen. In solchen Fällen ist das Wasser umgehend zu verlassen und in tiefen Zügen reine Luft zu atmen).

CO-Vergiftung
siehe Seite 148

Die Möglichkeit, in gefährlichem Maße mit Kohlenmonoxid angereicherte Atemluft geliefert zu bekommen, ist überall dort gegeben, wo man einen alten, klapprigen Kompressor benutzt oder die Aufladetätigkeit in einer abgasgesättigten Atmosphäre vornimmt. Sachgemäße Handhabung selbst überwachen!

Letzten Endes achte man auch auf den richtigen Enddruck und besonders darauf, daß beim Laden der Reservehebel in der richtigen Position (unten!) steht.

5. Nicht tiefer als 40 m tauchen! Allenfalls bis in diese Tiefe, darin stimmen Fachleute in etwa überein, taucht man noch zum Vergnügen oder zum „Sport". Von hier abwärts beginnen die Regionen, in denen die Chancen des Tauchers, einen Fehler wiedergutzumachen, sich rapide verringern und die Möglichkeiten, einen Fehler zu begehen, rapide zunehmen. Hier beginnt das Reich des Profis mit seiner speziellen Ausrüstung, dem es technisch an nichts mangelt, wenn er seinen Job verrichtet.

Hier beginnt das Reich des Profis

Es sind nicht nur die immer größer werdenden vertikalen Distanzen, sondern vor allem die drastisch anwachsenden Dekompressionszeiten, die dem Taucher in diesen Sphären das Leben schwer machen. Die fragwürdigen Freuden eines halbstündigen Aufenthalts in 60 m Tiefe müssen mit zusätzlichen 70 Minuten auf verschiedenen Druckentlastungsstationen bezahlt werden, auf denen der Taucher mitunter wie der Wurm an der Angel hängt und selbst in einer prekären Situation seinen Posten nicht verlassen darf.

Der Tiefenrausch

Die größte Gefahr in zunehmenden Tiefen besteht jedoch in der immer stärkeren Narkotisierung des Tauchers durch den natürlichen Stickstoffanteil in seiner Atemluft, der bei hohem partiellen Druck anästhesierende Eigenschaften annimmt. Die Wirkungen dieser Beeinflussung ähneln stark denen des Alkohols und variieren entsprechend von einem Menschen zum anderen. Der eine spürt einen Effekt schon bei 30 m, der andere ist auf 50 m noch völlig „nüchtern". Ab 60 m packt es fast jeden.

Es versteht sich von selbst, daß ein narkotisierter Taucher, der nicht mehr Herr seiner Sinne ist, eine Gefahr ersten Ranges für sich und seine Umgebung darstellt. Wie bei manchen anderen physiologischen Problemen in der Welt komprimierter Gase und hoher Umgebungsdrücke existiert dazu auch in diesem Fall eine Tendenz, daß ein einmal ausgelöster Vorgang lawinenartig Schlimmeres nach sich zieht: Der Taucher, den der Rausch einmal gepackt hat, entzieht sich durchaus nicht immer durch möglichst raschen Aufstieg der Gefahrenzone, sondern stößt von Euphorie und Tollkühnheit bemächtigt in immer tiefere und tödlichere Regionen hinab, aus denen es schließlich keine Rückkehr mehr gibt. Zuletzt weiß er nicht einmal mehr, wo oben und unten ist.

Eine Stickstoffnarkotisierung läßt sich, wie auch ein Alkoholrausch, zu einem gewissen Grad mit eiserner Disziplin bekämpfen, indem man sich absolut auf die Ziele und die Durchführung eines Tauchunternehmens konzentriert und sich selbst und den Partner ständig scharf beobachtet. Es ist sicherlich einzusehen, daß Spaß, Sport und „Sightseeing" unter diesen Umständen aufhören. Ich muß bei einem Rückblick in die eigene Praxis feststellen, daß meine Tauchpartner und ich bei Unternehmungen in geringen Tiefen immer einiges an Albernheiten anstellten, daß die „Abgründe" jedoch in einer Atmosphäre von Ehrfurcht und kalter Berechnung angegangen wurden, in der jedes clownhafte Benehmen sofort aufgefallen wäre und zu einem kalkulierten Abbruch des Tauchgangs geführt hätte. Halten Sie es auch so, wenn Sie in größere Tiefen vordringen. Nur eine handfeste Aufgabe und nicht leerer persönlicher Ehrgeiz und Selbstbestätigungsdrang sollten Tauchmotiv für diese Bereiche sein!

Mit eiserner Disziplin den Rausch bekämpfen

6. Druckentlastungsvorschriften einhalten! Je tiefer und je länger wir tauchen, desto mehr gebundene Gase sammeln sich in unserem Körper an, besonders im Fettgewebe. Um zu vermeiden, daß diese Gase beim Auftauchen Bläschenform annehmen und unseren Organismus in verheerendem Maße überschwemmen, müssen wir auf sorgfältig ausgeklügelten Druckentlastungsstationen in bestimmten Tiefen so lange warten, bis sie sich verflüchtigt haben. Das hierfür benötigte Zahlenmaterial entnehmen wir Austauchtabellen oder lesen es direkt von einem Dekompressionsmeßgerät ab. (Wer ein solches Gerät nicht besitzt, wird die Empfehlung praktisch finden, die Daten für einen tiefen Tauchgang mit Filzstift oder Kugelschreiber auf eine Schwimmflosse aufzubringen).

Dieses Zahlenmaterial ist ehern und läßt keine Experimente zu. Nur in Tiefen bis zu 10 m können wir uns ohne Limit mit Preßluftgeräten tummeln, darüber hinaus akkumulieren wir immer schneller vor allem den blasenbildenden Stickstoff. Bei einem Tauchgang auf 60 m dürfen wir uns gerade insgesamt 5 Minuten unter Wasser aufhalten, um am Dekompressionszwang vorbeizukommen. Tauchunternehmungen dieser Art müssen deshalb mit besonderer Sorgfalt geplant und durchgeführt werden.

Gelingt es einem Taucher nicht, die vorgeschriebenen Stops einzuhalten oder sie in einer Deko-Kammer nachzuvollziehen, so hat er an der Oberfläche höchstens 5 Minuten Zeit, um die für seinen abgebrochenen Tauchgang maßgebliche Dekompressionsdauer auf der 3 m-Entlastungsstation herauszufinden, eine (hoffentlich vorhandene) neue Luftflasche anzulegen und wieder ins Wasser zu steigen, um dort nach folgendem Schema zu re- und dekomprimieren:

a. Auf 12 m gehen, ¼ der ermittelten 3m-Stoppzeit warten.

b. Auf 9 m gehen, ⅓ derselben warten.

c. Auf 6 m gehen, ½ derselben warten.

d. Auf 3 m gehen, die 1½fache Zeit warten, austauchen.

Beispiel: Wer sich 50 min. in 30 m aufgehalten hat, muß regulär 2 min. auf 6 m und 24 min. auf 3 m entlasten. Nach dem Notschema muß er jetzt jeweils 6 min. auf 12 m, 8 min. auf 9 m, 12 min. auf 6 m und 36 min. auf 3 m Station machen, insgesamt also 62 zusätzliche Minuten unter Wasser bleiben, um nicht die gefürchtete Taucherkrankheit „Bends" zu riskieren. Kein Taucher, der seinen Verstand einigermaßen beisammen hat, sollte es hierauf ankommen lassen. Mindestens zwei gefüllte Reserveflaschen (die z.B. im obigen Fall nötig wären) stellen jedoch bei Expeditionen außerhalb jeglicher Reichweite einer Dekompressionskammer einen erheblichen Sicherheitsfaktor dar.

Siehe auch
Seite 139

7. Beim Aufsteigen ausatmen! Einem Oldtimer der Unterwasserszene ist dieses überaus wichtige Gebot gewöhnlich so weit in Fleisch und Blut übergegangen, daß er mechanisch ausatmet, wenn er nur den Hals nach etwas Interessantem reckt.

Um dieses seltsame Verhalten zu verstehen, müssen wir einmal einen kurzen Rückblick auf die physikalischen Zusammenhänge werfen, die uns das Gerätetauchen überhaupt ermöglichen und die es bei Unkenntnis eben derselben so gefährlich machen. Was geschieht zum Beispiel, wenn wir an der Oberfläche einen tiefen Atemzug nehmen und − ohne irgendwelche technischen Hilfsmittel − 20, 30 Meter hinabtauchen und rasch wieder aufsteigen? Erfreulicherweise nichts was uns schädigen könnte. (Der gegenwärtige Weltrekord im Freitauchen liegt weit über 100 m; in diesen Bereichen besteht allerdings bereits die Gefahr eines kollabierenden Brustkorbes). Normalerweise wird die Luft in unserer Lunge jedoch in Übereinstimmung mit den Gasgesetzen (die jeder Taucher kennen sollte!) durch den Umgebungsdruck in 10 m Tiefe auf die Hälfte ihres Oberflächenvolumens zusammengepreßt, in 20 m auf ein Drittel, in 30 m auf ein Viertel, usw., und sie dehnt sich bei der Rückkehr des Tauchers nach oben im gleichen Maße wieder aus, um an der

**Freitauchen-
Weltrekord:
weit über 100 m**

Oberfläche schließlich wieder die ursprünglichen 100% zu erreichen.

Anders sieht die Situation aus, wenn wir unsere Atmung unter Wasser mit Hilfe eines Preßluftgerätes fortsetzen. Um hier überhaupt atmen zu können, d.h. unseren Brustkorb und unsere Lungen gegen die Umklammerung des umgebenden Wasserdrucks auszudehnen, muß uns die Maschine auf Anforderung (= Einatmen) eine Luftmenge liefern, die unsere Lungen gerade auf das jeweiligen Wassertiefe zugeschnittene Volumen aufbläht. Wir kommen um diese physikalischen Zwänge nicht herum: Falls wir versuchen würden, den kurzen Schnorchel, mit dem wir uns nahe der Oberfläche vergnügen, nur auf das Doppelte zu verlängern, wäre unsere Lunge schon nicht mehr imstande, dem vergleichsweise bescheidenen Wasserdruck von ca. 50 g/cm² entgegenzuwirken.

Die Luft, die ihr Volumen auf dem Wege nach unten reduziert, dehnt sich entsprechend aus, wenn der Taucher aufsteigt, denn die Anzahl der Luftmoleküle bleibt die gleiche. Eine in 10 m Tiefe über den Druckautomaten aus der Luftflasche entnommene „volle Lunge" ist nur auf dieser ihr zugewiesenen Tiefenstation zu 100% gefüllt: Der Taucher kann mit dieser Luftmenge angehaltenen Atems auf 20 m hinabsteigen (denn eine „Implosion" der Lunge kann hier nicht geschehen) und auf 10 m zurückkehren, ohne daß ihm ein Leid geschieht. Fiele es ihm hingegen ein, mit angehaltenem Atem von 10 m an die Oberfläche zu steigen, würde sich die Luft in seiner Lunge auf das doppelte Volumen ausdehnen, und eine „Explosion" **Die Lunge** wäre die Folge, wobei man, vor allem wenn der Taucher unter **explodiert** Mißachtung des Gesagten rapide aus größeren Tiefen aufsteigt, die Anführungsstriche ruhig weglassen kann: Die Luftausdehnung erfolgt in der Tat derart explosiv, daß im schlimmsten Fall von der Taucherlunge nur blutige Fetzen übrigbleiben. Im günstigeren Fall handelt sich der Leichtsinnige eine Lungenembolie ein, die ihn Siehe auch etwas langsamer dahinrafft. Seite 141

Wir merken beim Aufstieg, wie gierig unsere Atemluft nach Auswegen sucht: Wir schäumen praktisch über, wenn sich der Vorgang zu schnell vollzieht. Sachte, sachte! Nicht schneller als die Luftbla- **Nicht schneller** sen aufsteigen, flach einatmen, lang ausatmen. Selbst ein annä- **aufsteigen als** hernd leerer Tank gibt auf dem Weg nach oben noch genügend und **die Luftblasen** immer mehr werdende Luft her, um die Durststrecke zu bewältigen...!

Wer da in seiner Panik glaubt, bei einem Notaufstieg nicht aufs Luftanhalten verzichten zu können, der gebe auf den letzten Metern von sich, was er von sich geben kann, und wenn die rettende Oberfläche noch so lockt, denn nirgendwo ist der Embolietod näher als in diesen so lebensnahen, lichtdurchfluteten Bereichen!

8. Niemals „hyperventilieren"! Unter „Hyperventilation" versteht man den Vorgang, durch möglichst tiefes und schnelles Ein- und Ausatmen den zur automatischen Auslösung des Atemreflexes erforderlichen CO_2-Spiegel in unserem Blut so weit zu senken, daß wir uns frei tauchend minutenlang unter Wasser aufhalten können, ohne daß unsere Lungen „nach Luft schreien". Die Methode ist nicht ungefährlich, denn das Blut wird nicht in gleichem Maße mit Sauerstoff angereichert, wie CO_2 „ausgewaschen" wird. Als Folge kann die Sauerstoffzufuhr zum Gehirn, ohne daß wir uns irgend welcher Anzeichen gewahr sind, dermaßen reduziert werden, daß es zu einer plötzlichen Abschaltung kommt. Taucher bezeichnen die resultierende Ohnmacht, die für zahlreiche Todesfälle durch anschließendes Ertrinken verantwortlich ist, als „Flachwasser-Blackout". Hyperventilation sollte nur angewandt werden, wenn es gilt, ein Leben zu retten, und auch dann nur unter Vornahme der sorgfältigsten Absicherungen des Retters.

Siehe auch
Seite 144

Hyperventilation auch beim Gerätetauchen

Während diese Warnungen dem Freitaucher gelten, ist Hyperventilation auch im Bereich des Gerätetauchens kein unbekannter Faktor. Er wird jedoch oft nicht erkannt. Das auslösende Moment ist Panik, hervorgerufen durch Angst, Erschöpfung oder Schwierigkeiten mit der Atmung oder dem Gerät. In dem fremden Medium, das das Wasser vor allem für den Unerfahrenen darstellt, kann ein Zwischenfall weitaus eher zu einem Verlust der rationalen Kontrollfunktionen' (= Definition der Panik) führen als an Land. Einem von Panik erfaßten Taucher schnürt sich die Kehle zu. Er beginnt rasch und ineffektiv zu atmen. Ineffektiv in einem Ausmaß, daß der wenige zugeführte Luftsauerstoff annähernd allein für die Energie, welche die Lunge für ihre Tätigkeit erfordert, aufgebraucht wird. Dieser Vorgang, den man als „unwillkürliche Hyperventilation" bezeichnet, ruft durch seine unvollständige Versorgung des Körpers mit Sauerstoff eine fatale Kettenreaktion hervor: Der Lufthunger des Tauchers vergrößert sich schneller, als er gestillt werden kann. Damit nimmt auch seine Panik zu und folglich auch seine ohnehin schon kritische Atemtechnik, bis der Luftaustausch schließlich fast völlig zum Stillstand kommt. Der Auftrieb, den der Taucher in diesem Moment am nötigsten braucht, ist aufgrund der annähernd leeren Lunge weitgehend reduziert. Das Energiereservoir ist aus dem gleichen Grund erschöpft. In diesem Stadium kann ein Mund voll unfreiwillig geschluckten Wassers bereits zu Ohnmacht und Ertrinken führen.

Dieser tückischen Sequenz sich hochschaukelnder Wirkungen die Spitze zu nehmen, sollte das Ziel jeden Tauchers sein. Training und Erfahrung klammern Paniksituationen weitgehend aus. Aber die Möglichkeit ist nie gänzlich auszuschließen, in eine furchterregende Zwangslage mit entsprechend daraus resultierenden Reaktionen zu geraten. Man versuche sich dann zu erinnern, daß ein einziger tiefer Atemzug zwanzig kleine wert ist, daß das noch so teure Gerät gegenüber dem teureren Leben überhaupt nichts wert ist und automatisch „geworfen" werden sollte, wenn es uns in Bedrängnis bringt. Und daß unser Partner – so er ein guter ist – präsent ist und uns mit Besonnenheit und den richtigen Maßnahmen aus unserer Notlage erlösen kann.

9. Das richtige Gerät zur richtigen Zeit! Immer wieder habe ich es erlebt, daß sich wie Packesel mit klobiger Ausrüstung beladene Taucher ins Wasser platschen ließen und unter der Oberfläche wie groteske Meereskreaturen mühsam dahinruderten, bald erschöpft waren und vorzeitig aufstiegen. Von der Unterwasserszenerie hatten sie wenig gesehen – allzusehr waren sie mit ihren diversen Apparaturen beschäftigt gewesen...

Keineswegs brauchen wir Hut, Stock und Regenschirm auf eine tropische Tauchexpedition mitzunehmen und ständig ein riesiges Ausrüstungsarsenal mit uns herumzuschleppen. Wir tun weit besser daran, das Volumen unserer Gerätschaften den jeweiligen örtlichen Gegebenheiten anzupassen. Bei Wassertemperaturen von 27° und mehr können wir zum Beispiel klaglos auf den unförmigen Naßanzug verzichten, der uns nur unnötig aufheizt. Es sei denn, daß gefährliche Quallen oder sonstige Bedrohungen im Wasser ein Weglassen wenig empfehlenswert erscheinen lassen. Hierüber müssen wir vor Ort entscheiden. Um die Dekompressionszeiten auf einem Routinetauchgang zu bestimmen, genügen herkömmliche Gerätschaften wie Tiefenmesser, Uhr und Tabelle vollkommen. Wird jedoch wiederholt in ständig variierenden Tiefen getaucht, überläßt man die komplizierte Mathematik mit ihren unzähligen Variablen besser einem modernen Deko-Meter – auch wenn der neumodische Apparat von manchen konservativen Tauchern abgelehnt werden mag. Und dann die Vor- und Nachteile der Rettungsweste, um die ein heiliger Krieg tobt: Befürworter schwören auf das Auftriebspotential, das dem Taucher in der Not zur Verfügung steht, Gegner führen zahlreiche Embolieunfälle ins Feld, die durch unkontrollierte Notaufstiege mit der Weste verursacht wurden.

Naßanzug ist nicht immer nötig

Auch hier hängt die Wahl von den vorgefundenen Verhältnissen und der Art des Programms ab. Liegt die Betonung auf dem Zurücklegen langer Distanzen in relativ geringen Tiefen, so wird der Wasserwiderstand der Weste wahrscheinlich als hemmend und gefährlich ermüdend empfunden. Ist die Fortbewegung hingegen weitgehend vertikal bis in größere Tiefen oder werden mehrere Teilstrecken in der vertikalen Ebene bewältigt, so mögen die positiven Eigenschaften der Weste hier im wahrsten Sinne des Wortes ins Gewicht fallen. Auch hier muß der Taucher vor Ort entscheiden.

Einfachheit und Zweckmäßigkeit – von diesen beiden Qualitäten sollten wir uns leiten lassen, wenn wir die Rüstung des modernen Abenteurers anlegen. Wer dann noch Sorgen hinsichtlich der Verläßlichkeit seiner Gerätschaften hat, sorgt umsonst: Der Stand der

Tauchtechnik hat „Geräteversagen" zu einer unbekannten Vokabel werden lassen, vorausgesetzt, daß bei Anschaffungspreis und erhaltender Pflege nicht unnötig gespart wurde. Falls etwas versagt, so ist es traditionellerweise meistens der Mensch selbst.

10. Jeden Tauchgang sorgfältig planen! Für den umsichtigen Taucher, insbesondere für den Leiter einer Tauchunternehmung, beginnt der Planungsvorgang mitunter bereits vor der eigentlichen Durchführung des Programms. Er wird sich anhand des Himmels oder von Radioberichten über die Entwicklung von Wind und Wetter informieren. Gezeitentabellen oder Kenntnis örtlicher Verhältnisse werden ihm Aufschluß über Tiden und Strömungen geben. Ein Blick auf den Zustand der See sagt ihm, ob das Unternehmen überhaupt begonnen werden kann: Aller Friede unter Wasser nützt nichts,

Solide Basis an der Oberfläche wenn keine solide Basis an der Oberfläche existiert. Auch Wassertemperatur, Sichtverhältnisse, Boden- und Terrainbeschaffenheit werden den Taucher bereits im voraus interessieren, um keine damit zusammenhängende Situation dem Zufall zu überlassen. Und in welcher körperlichen und geistigen Verfassung sind er selbst und seine Partner? Wie steht es mit dem Erfahrungsschatz der Mittaucher, wo ist das schwächste Glied in der Kette? Der schönste Plan ist wertlos, wenn allein die nie geschaute Pracht tropischer Unterwassersphären manchem Teilnehmer Veranlassung geben mag, die nüchterne Welt profaner Zeit- und Tiefenangaben einfach zu vergessen...

Sobald sich hier ein befriedigender Überblick ergeben hat, wird der Taucher nunmehr auf den praktisch-technischen Teil der Planung übergehen, einen Gerätecheck machen und ein Konzept aufstellen, das während des nachfolgenden Tauchgangs in seinen wesentlichen Punkten eingehalten werden muß. In der Hauptsache werden sich seine Bemühungen darauf konzentrieren, verschiedene Größen wie Tiefe, Distanz, Zeit sowie Luftvolumen und -verbrauch nach bewährtem Schema in eine angemessene Relation zu bringen, seinen Mittauchern dann das Programm vorzulegen und es in allen Einzelheiten mit Einschluß theoretischer Gefahrensituatio-

Einsatzbesprechung nen und möglicher Zwischenfälle durchzudiskutieren: „Einsatzbesprechung". Von nicht minderer Bedeutung ist es auch, diese Planungen in Sicht auf Maßnahmen bei Unfällen oder gesundheitlichen Störungen über die eigentliche Tauchtätigkeit hinaus auszudehnen. Selbst solche scheinbaren Nebensächlichkeiten wie ein Süßwasserbad für Taucher und Gerätschaften nach Beendigung des Unternehmens wollen berücksichtigt und vorbereitet sein.

So unbequem uns diese starre Programmiertheit in Verbindung mit der Ungezwungenheit unserer sonstigen Ferienpläne sein mag, wir können im Bereich unumstößlicher physikalischer Zusammenhänge leider nicht auf sie verzichten. Wer sich gänzlich von Zwängen befreien will, der ziehe nur mit Maske und Schnorchel los. In ihren ersten zehn Metern haben die Tropenmeere ohnehin am meisten zu bieten!

GEFAHREN TROPISCHER MEERE

Haie – Gefahr erkannt, doch noch längst nicht gebannt

Ich möchte dieses Thema, das jeden Schwimmer, jeden Taucher und überhaupt wohl jeden Tropenbesucher interessiert, mit einem Haiabenteuer aus der eigenen Praxis beginnen.

Vor einigen Jahren war ich mit einem Tauchpartner und einer Unmenge von Gerätschaften auf dem Inselchen Quinamanuca an der Ostküste der Philippinen gelandet. Von hier aus wollten wir Erkundungen nach einem obskuren Wrack aus dem 2. Weltkrieg mit einer noch obskureren Ladung anstellen.

Am Nachmittag des dritten Tages hatten wir das gesamte Gelände abgekämmt, dabei nichts von Bedeutung gefunden, und wir saßen nun müde und schweigsam vor uns hinrauchend auf unserem Boot, das mit dem landesüblichen Motorschaden vor einem Dregganker langsam dahintrieb. Plötzlich hakte der Anker fest. Er mußte sich an irgend einem herausragenden Objekt auf dem ansonsten völlig ebenen Boden verfangen haben. Das Wrack!

Wir hatten noch eine einzige Luftflasche, und ich erbot mich, schnell auf 30 m hinabzusteigen und nachzusehen, leichten Sinnes und entgegen aller Regeln. Aber wir waren damals halt leichtsinnig und regellos.

Ich zog mich am Ankertau hinunter. Das Wasser war sehr klar, aber schon dunkel und von langen Schatten durchbändert. Kurz über dem Boden nahm mich eine Schicht völlig trüben, schlammigen Wassers auf, in der ich wie in einer unterseeischen Smogatmosphäre blind herumtastete und das „Wrack" alsbald als Korallenformation identifizierte. Also nichts.

Ich stieg langsam wieder hinauf, durchbrach die „Suppe" wie ein Flieger, der plötzlich durch die Wolkendecke stößt. Im gleichen Augenblick befand ich mich Auge in Auge mit einem Hai. Nicht etwa einem Riesenhai, einem Ungeheuer, sondern einem ganz gewöhnlichen Vertreter seiner Art. Vielleicht zweieinhalb Meter lang (auf die ich ihn später, objektiver werdend, reduzierte), aber immerhin größer als ich selbst und gewiß das Blickfeld füllend. Wenn er auch (und auch das mußte ich später eingestehen) gar nicht den Eindruck einer tödlichen Bedrohung, sondern eher einer köterhaften Neugierde erweckte. Meine Luftblasen hatten ihn wohl interessiert.

Wie dem auch sei, er war nahe, so entsetzlich auf Tuchfühlung nahe, daß der Schreck mich wie ein Blitz durchschoß und mich kalt und steif werden ließ. Für Sekundenbruchteile erstarrte die Szene wie auf einer Fotografie. Dann zuckte meine Hand instinktiv (und völlig nutzloserweise) zum Messer, und die Erstarrung löste sich explosiv auf: Der Hai stob wie gehetzt davon, und ich schoß nach oben... nein, Freunde, das tat ich nicht, denn ich hatte ein vorzügliches Training und lange Unterwasserpraxis hinter mir. Und ich dachte trotz gelegentlicher Leichtsinnsausbrüche gar nicht daran, an einer Embolie zu sterben, nachdem ich gerade einem Hai „entkommen" war.

Also schwebte ich langsam und kalten Blutes aufwärts. Aber an der Oberfläche beutelte mich die nackte Panik, und ich brüllte wie besessen danach, aufgefischt zu werden. Das Boot tuckerte endlich heran. „Ein Hai! Ein Hai!" keuchte ich, als sie mich an Bord zogen. Ich war völlig fertig.

Mein Partner ließ apathisch die Augenlider flattern, blickte schläfrig umher und fragte schließlich, unfaßbar, doch nicht ohne Logik: „Wo denn...?"

Wenn wir die Einzelszenen dieser Sequenz einmal analysieren, so werden wir totale Übereinstimmung mit zahlreichen ähnlichen registrierten Vorfällen finden, denn nach dem neuesten Stand der Haiforschung ist der Ablauf der Handlung charakteristisch für Verhaltensweisen und Reaktionen.

Der Hai hat hochentwickelte Orientierungssinne, kann ausgezeichnet sehen und wird auch mit schlechten Lichtverhältnissen fertig. Noch ausgeprägter ist seine Fähigkeit, chemische und mechanische Reize wahrzunehmen, so das Zappeln verwundeter Fische und andere periodische Geräusche. Offenbar hatte „meinen" Hai das Blubbern des Atemgeräts angelockt, überhaupt das breite Spektrum der von mir erzeugten Geräusche. Er hatte die aufsteigenden Luftblasen entdeckt und „schnüffelte" neugierig daran herum. Und wahrscheinlich war er genauso entsetzt wie ich, als aus Blasen plötzlich ein Lebewesen wurde, das dazu noch zufälligerweise auf Kollisions-, also Angriffskurs war.

Ich habe auch in zahlreichen anschließenden Haibegegnungen beobachten können, daß aufdringliche Haie, auf die ich aggressiv mit der Kamera losging, um sie in Brennweite zu bekommen, im Eiltempo das Weite suchten. Und ich habe selbst nach hunderten von Unterwasserstunden kein einziges brauchbares Haifoto in meinem Besitz. Es gilt inzwischen in der Taucherwelt weitgehend als sicher, daß Angriff auf den (wohlgemerkt: einzelnen) Hai die beste Verteidigung ist. Das Erlebnis, sich plötzlich in der Rolle des Attackierten zu sehen, ist für den Hai offenbar eine traumatische Angelegenheit, der er sich mit schneller Flucht entzieht.

Angriff ist die beste Verteidigung

Mein reflexmäßiger Griff zum Messer dürfte wohl den Rest bewirkt haben. Andere und auch ich selbst haben oft genug beobachtet, daß schon eine kleine, hastige Bewegung des Tauchers, wie etwa das erschreckte Zusammenzucken beim versehentlichen Berühren eines Korallenstockes, Haie zu panischer Flucht veranlaßt. Daß ich mit dem Messer im Falle einer ernsthaften Konfrontation nicht die geringste Chance gehabt hätte, sei hier besonders hervorgehoben. Ich hätte mit dem stumpfgestocherten Eisen nicht einmal die Haut ritzen können. Der Comic-Held, der unter dem Hai hinwegtaucht, um ihm das „Haimesser" in den verletzlichen Bauch zu rennen, das den Hai, der ja bekanntlich nicht so schnell bremsen kann, dann von vorn bis hinten aufschlitzt, ist eben nur ein Comic-Held: Erstens läßt der Hai, der besser als jedes andere Lebewesen an sein Element angepaßt und ungemein manövrierfähig ist, nicht unwidersprochen „unter sich hinwegtauchen". Zweitens hat die „verletzliche" Unterseite nicht etwa die Festigkeit eines wabbeligen Froschbauches, sondern eher die einer Hartgummimasse. Drittens würde der Hai, falls der Bauchschlitzer tatsächlich gelingen sollte, keineswegs sterbend dahinsinken, sondern wahrscheinlich eher mit unkontrollierten Defensivmaßnahmen reagieren. Und viertens kann der Hai selbst aus einer rasenden Vorwärtsbewegung heraus so unvermittelt

Haie können bremsen

„bremsen", als sei er gegen eine Mauer geschwommen. Der Weltumsegler Gorsky schildert eine Tigerhaiattacke bei den Galapagos-Inseln folgendermaßen:

„...Es war ein großer dunkler Hai, ein Tigerhai, der auf seine Beute, auf mich, zuschwamm. Ich wußte, daß er nicht haltmachen würde; er tat es auch nicht. In zwei Meter Entfernung öffnete er das Maul, ich sah den weißgezackten Unterkiefer. Es war nichts Wildes, nur eine plötzlich sichtbare Falle, in der ich zweimal verschwinden konnte. Ich riß meine Waffe nach vorn. Die Harpunenspitze berührte die Nase des Hais. Es war, als würde eine ungeheure Kraft durch eine gewaltige Bremse abgestoppt. Den Bruchteil einer Sekunde lang fühlte ich diese Kraft schwinden, wie etwa ein Mensch, der die Hand auf das Vorderteil einer Lokomotive legt, fühlt, wie die Maschine im letzten Augenblick anhält. Ich stieß zu. Mit einem Schwanzschlag wirbelte das Ungeheuer herum. Ich hatte keine Zeit gehabt, Angst zu bekommen..."*

*Gorsky „Moana"

Immerhin war mein Messer, gleich Gorskys Harpune, eine Waffe. Eine psychologische Stütze also, die dem Bewußtsein beruhigend mitteilte, nicht nur die nackten, außerordentlich verletzlichen Hände und Arme zwischen sich und dem Gegner zu haben. Erfahrene Taucher stimmen mittlerweile darin überein, daß der „Haistock", ein etwa 1 m langer Stab mit oder ohne Spitze, aufdringliche, ja selbst angreifende Haie sehr wirkungsvoll auf Distanz hält, ohne die Tiere ernsthaft zu verletzen und damit vielleicht eine Attacke heraufzubeschwören. Diese Gefahr, dazu die Möglichkeit, durch das Kampfgetümmel und das Blut im Wasser weitere Artgenossen auf den Plan

Haistock verhindert feeding frenzy

zu locken und eine sogenannte feeding frenzy (Freßraserei) einzuleiten, ist durch den Einsatz von schwerem Gerät viel eher gegeben. Vor allem in den USA gehören dazu: klobige Harpunengewehre, „powerheads" und „bangsticks" (mit Revolvermunition bestückte Waffen) sowie Exotika wie Unterwasserarmbrüste oder Kohlendioxidinjektoren, die das Opfer ballonartig aufblasen sollen. Mit derartigen Apparaturen bewaffneten Leuten sollte man mitunter mehr Distanz geben als den Haien selbst.

Genau wie Gorsky hatte ich „keine Zeit gehabt, Angst zu bekommen", und obwohl ich vor Schreck fast zur Salzsäule erstarrt war, blieben meine Reaktionen besonnen und richtig; die Angst war vorübergehend verdrängt und kam erst in einem Panikschauer zum Ausbruch, als ich in Sicherheit war. Es wäre albern zu behaupten, wie man es gelegentlich lauthals hört, als Hauptdarsteller in einer Szene dieser Beschreibung kein Lampenfieber gehabt zu haben. Dergleichen Teufelskerlstum ist heutzutage jedoch sehr populär. Trotz des Horrors, den die Filmemacher in den letzten Jahren mit ihren weißen Haien verbreiteten und ganzen Generationen von Zuschauern permanent die Lust am Baden und Tauchen nahmen, existiert auch ein gegenläufiger, bagatellisierender Trend unter einer wachsenden Schar von Tauchtouristen, die offenbar „die Herausforderung angenommen haben" und astronautengleich ausgerüstet und vielfach mangelhaft ausgebildet in die haiträchtigen Regionen tropischer Meere ziehen, um den Hai zu sehen, zu fotografieren und zu filmen, möglichst zu betätscheln, um daheim davon zu berichten, wie das kitzelt, wenn so ein Bursche dicht an einem vorbeirauscht! Ganz tollkühne Kerle rücken dem Hai heutzutage gar im Kettenhemd auf den Pelz.

Profitaucher und Haikenner haben für dergleichen Sensationalismus unfreundliche Worte, so u.a. de Couet in der Taucherzeitschrift „Submarin":

„Ein recht junges Phänomen," schreibt er, „das ursächlich mit der Entwicklung des Tauchsports zusammenhängt, ist die maßlose Arroganz und der Hochmut, die man dem Hai entgegenbringt. Auf der Suche nach Selbstbestätigung provozieren Taucher die Begegnung mit dem Raubfisch, bringen sich und andere in Gefahr, allein wegen des 'Show-Effektes'. Das Gefühl der Angst, das sich hier ins Gegenteil pervertiert, ist durchaus bei jeder Haibegegnung angebracht, solange sie kontrollierbar bleibt."*

Einer der eminentesten Haikenner, Cousteau, unterstreicht diese Beobachtungen in einem Bericht aus dem Roten Meer, der jedem Abenteuerlustigen zu denken geben sollte:

„…Wir stießen auf ein Dutzend Hammerhaie, die so feige waren, daß wir uns ihnen nicht nähern konnten. Eine Stunde später, als die Sonne schon tief stand und es unten nicht mehr so hell war, tauchten [wir] mit der Kamera zur selben Stelle hinunter. Diesmal stellten [wir] fest, daß die Haie frech und aggressiv geworden waren. Als die Taucher wieder an Bord kamen, brodelte das Wasser um das Schiff. Die Haie waren vor Wut vollkommen außer sich. Dutzende großer Carcharhinus tobten wie verrückt herum, strichen an den Wänden der „Calypso" entlang und schnappten nach allem, was wir hinabließen. Unsere Thunfischhaken berührten kaum die Wasseroberfläche, als die Haie auch schon danach schnappten. Auf Deck begannen sich die Haie zu häufen. Sie schlugen um sich und krümmten

*de Couet
„Haibiologie"
(Submarin 3/78)

sich in einer grauenhaften Raserei. In diese Szene hinein spazierte einer der Gastfotografen. An den Füßen hatte er Flossen, auf dem Rücken die Aqualunge und eine Blitzkamera in der Hand. Er schritt zur Tauchleiter.

'Was haben Sie vor?' fragte ich schwer atmend.

'Das ist die Gelegenheit meines Lebens', sagte er und wollte die Leiter hinuntersteigen.

'Ich befehle Ihnen, sofort auf Deck zurückzukommen!' sagte ich. Ich glaube, es ist das einzige Mal, daß ich auf der „Calypso" einen direkten Befehl ausgesprochen habe..."*

*Cousteau „Das lebende Meer"

Welche Arten von Haien sind gefährlich, welche nicht?

De Couet: „Von den 250 bekannten Arten dürften nach vorsichtigen Schätzungen nur etwa 40 dem Menschen gefährlich werden. Immerhin genug, um die Bevölkerung ganzer Küstenstriche in Angst und Schrecken zu versetzen. Aber auch die als harmlos beschriebenen Arten können entsetzliche Verletzungen verursachen, wenn sie gereizt werden. Vorsicht ist also immer angebracht. In erster Linie sind es die 'echten' Haie (Galeoidae) aus insgesamt sieben Unterordnungen, die gefürchtet sind, und unter den Familien dieser Unterordnung gelten nur die Katzenhaie, Riesenhaie und Walhaie als harmlos. Die beiden letztgenannten Familien beherbergen zugleich die größten Vertreter – der Walhai mißt bis 18 m. Es handelt sich um Planktonfresser, die, wenn sie nicht verletzt sind, sehr gutmütig sein sollen.

Der Weiße Hai

Der berüchtigte Weiße Hai, im englischen Sprachgebrauch 'man eater' genannt, gehört wie der Mako zu den Makrelenhaien. Der Weiße Hai ist nachweislich der gefährlichste unter allen Arten. Sein Verhalten ist ausgesprochen unberechenbar, meist greift er ohne Zögern an. Diese bis 11 m langen Tiere sind Bewohner der Hochsee, und der Taucher begegnet Ihnen glücklicherweise nur selten. Ausgenommen ist das australische Barriere-Riff, wo diese Art recht häufig auftaucht und auch mehrere Unfälle mit Badenden und Harpunenjägern verursacht hat. Das Auftreten dieser Haie bekam zeitweise sogar den Charakter einer Plage, so daß sich die australische Regierung genötigt sah, Abschußprämien auszusetzen. In der Folge gab es eine Reihe von Profis, die ihren Lebensunterhalt mit dem Fang dieser Haie bestreiten konnten. Der Grund für ihre Häufigkeit mag darin liegen, daß das Barriere-Riff sehr weit vor der Küste liegt, aber auch Strömungen oder Fischreichtum kommen als Erklärung in Frage.

Außer Australien ist auch Südafrika sehr stark von Haien frequentiert und hat viele Unfälle zu verzeichnen. Aus anderen haiverseuchten Gewässern liegen weit weniger Berichte über Unfälle vor, so aus der Südsee, dem Indischen Ozean, dem Roten Meer und der Karibik. Wahrscheinlich werden Unfälle mit einheimischen Fischern

aber gar nicht bekannt, wobei sicher Angst und Aberglaube eine
Rolle spielen.

Aus der Familie der Menschenhaie (Carcharhinidae) sind der Ti-
ger- und der Blauhai am meisten gefürchtet. Beide werden über 6 m
lang und kommen gelegentlich auch in Küstennähe. Zahlreiche
Unglücke an der 'jugoslawischen Riviera' werden dem Blauhai zugeschrieben. Menschenhaie zeichnen sich durch eine kleine Kerbe
oder Grube an der Wurzel der Schwanzflosse aus, der obere Teil
der Flosse ist wesentlich länger als der untere. Im Extremfall
kann die Schwanzflosse ein Drittel der Gesamtlänge ausmachen, so
bei den Drescherhaien.

Außer den genannten Arten ist die Gattung der Grauhaie bedeutsam, zu denen die zahlreichen Arten der Riffhaie, Schwarzspitzen-
und Weißspitzenhaie zählen, aber auch der Nicaragua-Hai, der im
Süßwasser lebt. Der Nicaragua-See entstand vor mehreren Millio- **Gefährlicher**
nen Jahren, als durch eine vulkanische Katastrophe ein großer Mee- **Süßwasser-Hai**
resarm vom übrigen Ozean abgeschnitten wurde. Im Laufe der Zeit
nahm der Salzgehalt durch Regenfälle im See beständig ab, während sich die darin verbliebenen Haie dieser Situation anpaßten. Wie
alle Grauhaie ist auch dieser Süßwasser-Hai gefährlich.

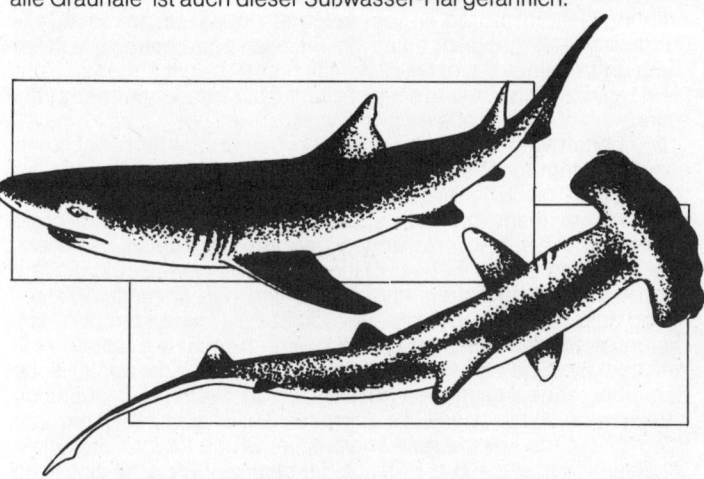

Die groteske Form der Hammerhaie wird auf die bessere Orientierung zurückgeführt, die durch den verbreiterten Kopf erzielt wird. Alle
sieben bekannten Arten (davon eine im Mittelmeer) gelten als
angriffslustig und werden über drei Meter lang. Hammerhaie kommen auch oft in Küstennähe, ausgesprochene Massenvorkommen
sind von der kalifornischen Küste und der Insel Suakin im Roten
Meer bekannt.

Schließlich sollen auch die Marderhaie erwähnt werden, zu denen der kleine Weißspitzenhai und der Glatthai gehören, aber auch die merkwürdige Gattung Triakis (Leopardenhai), die praktisch nur den oberen Teil der Schwanzflosse entwickelt hat. Angriffe auf Menschen sind bekannt geworden."*

*de Couet
„Haibiologie"
(Submarin 3/78)

Daß Haie ausschließlich in tiefem Wasser zu finden sind, ist anscheinend ein unausrottbarer Mythos. Ich habe Dreimeterexemplare in Lagunen gesehen, die gerade ihrem „Tiefgang" entsprachen, und im knietiefen Wasser der Riffoberfläche flitzten mir junge Exemplare gelegentlich um die Beine herum. Junge Tiere sind überhaupt häufig aggressiver als erwachsene, was nicht nur daran liegen mag, daß sie als Heranwachsende vielleicht einen größeren Appetit haben, sondern auch auf die noch unausgeprägte Entwicklung defensiver Instinkte zurückzuführen sein dürfte. Sie sind halt, wie junge Menschenkinder, unvorsichtiger. So schildert ein Bericht von den Bahamas einen Zwischenfall mit einem solchen Jüngling:

„...Beim Schnorcheln stieß ich auf einen 30 cm langen Ammenhai und scheuchte ihn in Richtung auf flaches Wasser, um ihn meiner Frau zu zeigen. Er war durchaus friedlich, selbst als ich ihn am Schwanz herauszog und ihn meiner Frau zur Betrachtung überreichte. Plötzlich wurde er aber aufgeregt und begann, nach ihren Fingern zu schnappen. Sie warf ihn fort, aber dummerweise in meine Richtung, und als nächstes hatte ich ihn mit einem Maul voll Haut- und Fleischfalten vorn an meiner Schulter hängen. Ich versuchte, ihn durch ruhiges Liegenbleiben im Wasser zum Loslassen zu bewegen, jedoch vergebens.

Wir mußten letzten Endes mit dem fest an mir verbissenen Hai nach Hause fahren. Seine Kiefer waren zwar nicht kräftig genug, um mir eine ernsthafte Verletzung zuzufügen, aber ich konnte ihn auch nicht loswerden, selbst nicht zwanzig Minuten später, als er tot war. Wir schnitten ihn schließlich mit einer Drahtschere los..."*

*Roosevelt
„Bericht an die
International
Oceanographic
Foundation Miami"
(Skin Diver
Magazine 9/73)

Der Hai ist inzwischen ein relativ gründlich erforschtes Wesen, aber ein gewisses Unbehagen bleibt aller wissenschaftlichen Erkenntnisse zum Trotz. Das können auch Kenner der Materie nicht mit dem Hinweis beiseite wischen, daß die Überlebensstatistik dieses oder jenes zum Thema aussagen mag, denn noch ist uns der Hai in seiner Umwelt weit überlegen. Fast alle Haiattacken mit tödlichem Ausgang – und es sind weltweit rund 40 pro Jahr, die offiziell registriert werden – finden im tiefen, blauen Wasser statt, wo der Mensch annähernd schutzlos ist. Gegenwärtig gibt es, trotz fieberhafter Experimente, noch kein Allheilmittel gegen Haie. Kupferazetatrepellents, ein alter Hut aus dem 2. Weltkrieg, hatten eher den Zweck, Schwimmern eine gewisse psychologische Stütze zu geben. Sie waren und sind so gut wie unwirksam, denn die „Opfer" bissen mitunter mit Lust in die Chemikalie wie in jedes andere Objekt, um es zunächst auf seinen Geschmack zu prüfen. Ob es ihnen schmeckte oder nicht, ist kaum noch von Bedeutung angesichts der Tatsache, daß sie überhaupt zubissen. Andere Entwicklungen und Erfindungen haben derzeit noch Wunderwaffenstatus, und selbst wenn sich hier in naher Zukunft ein Durchbruch ergeben sollte, ist meines Erachtens zu befürchten, daß eine seit Jahrmillionen von einschneidenden ökologischen Veränderungen kaum beeinflußte Gattung eine solche Neuerung vielleicht mit einem lässigen Schlenker abtun und nach einer Generation absorbieren wird.

Während die Überlebenschancen eines Tauchers selbst in einer haarigen Situation überschaubar und denkbar positiv sind, sieht die Lage für einen, der auf hoher See über Bord geht, wesentlich ungünstiger aus. In den fischarmen Gewässern zwischen Hawaii und Kalifornien erlebte ich es kein einziges Mal, daß ein Hai den vom gelegentlich stilliegenden Schiff ausgeworfenen Köder etwa verlegen umkreiste. Er erschien plötzlich auf der Bildfläche, griff spontan an, wurde ein Opfer des Hakens und an Bord gezogen, wo man ihn haßerfüllt und zugleich triumphierend zerlegte. Denn jeder Seemann konnte irgendwie die Situation nachvollziehen, daß er in dem Moment, da er selbst im Wasser schwamm, nicht mehr Mensch, sondern nur noch Köder war. **Spontaner Angriff auf hoher See**

Wer in dieser Handlung Ritualistisches, Haßentladendes und Primitives sieht, kopfschüttelnd vielleicht auf das emotionale Treiben der seefahrenden Schlichtlinge herabblickt, der sei daran erinnert, daß die Fähigkeit, emotional zu handeln und zu denken, den Menschen vom Hai unterscheidet. Und dem Himmel sei Dank dafür. Manche von uns, die angesichts der erdrückenden Überlegenheit einer artfremden Lebensform, die uns schlimmstenfalls als Beute, bestenfalls als Objekt sieht, Beklemmung verspüren, sind mit Legionen durchaus zivilisierter und wissenschaftlich aufgeklärter Menschen unter Gesinnungsfreunden. Das gilt auch für viele, die sich von der atavistischen Feindfigur des Hais zu kollektiver Abscheu herausgefordert fühlen.

Die Ästheten und Schwärmer sowie die unterkühlten Fachleute, die diese sehr menschlichen Gefühlsäußerungen im Namen einer selbsternannten Mehrheit als „verdammenswert" und „abstoßend" abqualifizieren, auch sie wissen im Grunde, daß es einen Modus vivendi mit dem Hai nicht gibt, und daß wir ihn, selbst wenn auch sicherlich keine Veranlassung zum Haß besteht, wohl niemals lieben werden...!

Ist der Barrakuda so schlimm wie sein Ruf?

Vor einigen Jahren erhielt ich einmal einen Auftrag, die Unterwasserfundamente der Kaianlagen im Überseehafen Tabaco an der Ostküste der Philippinen zu untersuchen und eine Serie von Fotografien zu liefern, mit denen man gewisse Theorien untermauern wollte.

Wir gingen im Halbdunkel des Pfeilergewirrs zu Werke und ließen unsere Blitzlichter spielen: Alex, zwei andere Taucher und ich. Wahrscheinlich lockte das Geblitze den Barrakuda auf den Plan, denn kein Tag verging, ohne daß er nicht irgendwann in Erscheinung trat. Und schließlich geschah es dann: Völlig überraschend ging er auf Alex los, unseren Oldtimer, der fast nur noch unter Wasser lebte, abends in den Hafenkneipen feierte und morgens — Hand aufs Herz — manchmal fest schlafend auf dem Grund herumrollend anzufinden war. Alex hatte dem Barrakuda den Rücken zugekehrt, als dieser ihn losging, in die Achselsehne (!) biß und daran rüttelte. Ich sehe Alex, wahrscheinlich aus dem üblichen Tran erwachend, entsetzt herumfahren und zu einem Boxhieb auf die eigene Achsel ausholen, den Barrakuda unverrichteter Dinge davonschießen und sich in sicherer Distanz wieder aufbauen, und wieder Alex, der blutend und wutschnaubend nach einer Harpune greift, sich mächtig ins Zeug legt und mit einem einzigen, glänzenden, haßerfüllten Schuß dem Barrakudaleben ein Ende bereitet.

Diese Story klingt dramatisch mit einem Anflug von Komik. Doch komisch wird das Geschehen erst, wenn ich mir wieder vergegenwärtige, daß der Übeltäter einen knappen Fuß groß, also kaum länger als ein simpler Hering war...

Bei aller Heiterkeit gibt das Beispiel zu denken: Wenn dieser lächerliche Zwerg sich Chancen für eine Attacke ausrechnete, wie wird dann erst der große Bruder, der in der Karibik auf über zwei Meter Länge heranwächst und auch andernorts in den Tropen wohldimensioniert ist, auf den sichtlich eßbar erscheinenden Schwimmer und Taucher reagieren?

Eine Reihe von dokumentierten Berichten über Attacken mit ernstem Ausgang bezeugt, daß der Barrakuda oft ausgesprochen unfreundlich reagiert. Man hat ihn häufig, wenn auch nicht besonders treffend, mit einem lauernden Wolf verglichen, der seine mögliche Beute keine Sekunde aus den Augen läßt und geduldig darauf wartet, daß sich irgendwann einmal eine Schwachstelle öffnet, in die er blitzschnell hineinstoßen kann.

Ein Tauchgang unter dem Blick eines derartigen, gnadenlos kalkulierenden Wächters kann zu einem entnervenden Erlebnis werden, zu einem Spiel, das seinerseits zur Regel macht, den Gegner nicht aus dem Gesichtsfeld zu verlieren. Der Barrakuda ist in diesem Spiel ein außerordentlich geschickter Partner, der nicht mit Überraschungseffekten spart und der auch während eines überlangen Programms nicht das Interesse verliert. Allenfalls die Geduld. Mancherorts ist er allein deswegen gefürchteter als der Hai.

Die Taktik des Barrakudas

Gerät man in eine Situation, in der man angesichts eines aufdringlichen Barrakudas Anlaß zur Besorgnis zu haben glaubt, so achte man vor allem auf Rückendeckung, und das Spiel ist schon halb gewonnen. Die Vorzugstaktik der Barrakudas besteht darin, sich im toten Winkel Zoll um Zoll, immer steifer und torpedoförmiger werdend, an sein Opfer heranzupirschen. Bemerkt dieses ihn dann, erkennt und vereitelt so seine Absichten, wird es mit bösem Blick und erstarrtem Grinsen bedacht. Gespeerte Beutefische, die der Taucher mitführt, Blut und Getümmel im Wasser sowie hellfarbige und blinkende Objekte scheinen auf den Barrakuda große Anziehungskraft auszuüben und seine Hemmschwelle herabzusetzen. Auch bei dem Zwischenfall in Tabaco war es sicherlich Alex' blitzende Kamera, die die aggressive Reaktion auslöste.

Barrakudas

Wie auch bei Haien gibt es keine festen Verhaltensregeln für den Fall, daß es mit einem großen Barrakuda einmal hart auf hart kommt. Gesicherter als bei den Haien scheint aber die Erkenntnis zu sein, daß ein Gegenangriff auf einen vorwitzigen Barrakuda großen Eindruck macht. Ein Bericht aus der Karibik kommt zu folgendem Schluß:

„...Dieser Fisch ist ein Bluffer, und wenn er auf den Menschen losgeht, so tut er es fast automatisch und mit dem instinktiven Wunsch, einzuschüchtern. Kehrt er zurück, nachdem er die Begegnung mit dem Menschen abgebrochen hat, so tut er es, weil ihm nichts Böses zugestoßen ist, denn er wagt sich selten auf Schußnähe heran. Möglicherweise ist er von seiner Überlegenheit durchdrungen. Was hat er schon zu fürchten im Meer?"*

* Gorsky „Moana"

Muränen – tropische Muskelprotze

Im Jahre 1968 war ich mit einer Marine-Expedition auf der Suche nach Galeonenwracks wochenlang in den mittleren Philippinen unterwegs, und wir ankerten eines Tages vor dem Inselchen Calintaan am Eingang zur San-Bernardino-Straße. Ein heulender Südwestmonsun hielt uns hier in Lee fest, und wir machten uns ein paar faule Tage, die wir meistens mit der Unterwasserjagd verbrachten, denn unser Proviant war knapp.

Ständig mit von der Partie war Pabling, der die besten Riffe um Calintaan kannte und trotz seiner zwölf Jahre einer der tüchtigsten und kühnsten Unterwasserjäger im Dorf war. Doch eines Tages wurde Pabling selbst zum Opfer, und ich hatte die Gelegenheit, mir das Schauspiel aus nächster Nähe mit anzusehen.

Ich weiß nicht, was in ihn gefahren war. Jedenfalls stieß er plötzlich 15 Meter auf den Grund hinab und spießte eine gerade daumendicke, vielleicht 40 cm lange Muräne, einen wahren Wurm, mit einem Schuß mitten in den Körper auf. Alles weitere geschah rasend schnell. Die verletzte Muräne ringelte sich innerhalb von Sekundenbruchteilen am Speer hoch und griff den Jungen in blinder Wut an, der die Harpune auf Distanz hielt und sich wild strampelnd außer Reichweite zu bringen versuchte. Umsonst. Die Muräne bekam einen Oberschenkel zu fassen und riß ein Loch ins Fleisch, in das bequem eine Walnuß gepaßt hätte. Blut dunkelte das Wasser. Ich versuchte entsetzt zu Hilfe zu kommen, aber Pabling durchbrach die Wasseroberfläche, ließ sich und seine Beute ins Kanu fallen und lachte nur über den „Kratzer".

Diese kleine Episode, die Pabling so belustigend fand (und übrigens auch sonst jedermann im Dorf Calintaan), sollte allen jenen Denkstoff geben, die, gut ausgerüstet und voller Jagdeifer, sei es mit dem Speer oder mit der Kamera, in der relativ furchtlosen und eher neugierigen Muräne ein leichtes Ziel sehen. Auch die Unart, leichtfertig mit der Hand oder mit der Harpune in Korallenlöchern herumzustöbern, in denen die Muräne häufig zusammen mit der begehrten Languste haust, wird sich der Taucher in tropischen Gewässern rasch abgewöhnen müssen. Manche Mitglieder der Familie werden an die drei Meter lang und dicker als ein Männerschenkel. Doch selbst dieses mächtige Tier würde einen Taucher kaum angreifen, und in der Tat habe ich auch noch nie etwas halbwegs Glaubhaftes von einer unprovozierten Muränenattacke gehört oder gelesen. Einmal verletzt jedoch, also maximal provoziert, wird die Muräne zu einem der furchbarsten Unterwasserfeinde, die man sich vorstellen kann. Sie wird zu einem explosiven Muskelpaket und einem konvulsiv schnappenden, reißenden Maul, das in rasendem Zorn vor nichts, einschließlich der Selbstzerfleischung, haltmacht.

Nur provozierte Muränen greifen an

Wer sich, auf Robinsonade einer Hungersnot gehorchend, eine Muräne zur Jagdbeute erkoren hat, versichere sich zunächst einmal einer ausreichenden Bewaffnung, denn einem bloßen Ankratzen der Beute folgt mit großer Sicherheit die beschriebene Gegenattacke. Außerdem können Speer und Harpune im Kampfgetümmel verloren gehen. Von den ganz großen Muränen hält man sich am besten ganz fern. Ich hatte einmal der Jagd auf eine riesige Wolfsmuräne durch einheimische Fischer auf der Calantas-Bank (ebenfalls in der San-Bernardino-Straße) beigewohnt. Vier Stunden lang spickten die Jäger das unglaublich zählebige Tier mit mindestens zwanzig

Speeren, bevor sie es aus seiner Höhle zogen. Es war eine wahnwitzige Quälerei, aber nichtsdestoweniger ein wildes, faszinierendes Schauspiel. Sechs Mann trugen die Beute an Land; die ganze Gruppe war blutig geschunden. Zwei Mann waren so verletzt, daß ich es als ernsthaft bezeichnet hätte. Und es gab zwar das übliche Grinsen, aber keinen lauten Triumph.

Entgegen einer landläufigen Annahme besitzt die Muräne keine Giftzähne, wie wir sie von den Schlangen her kennen. Ihr Rachenschleim besitzt jedoch giftige Eigenschaften, die zu einer üblen Entzündung einer Bißstelle führen können, und zudem können Beutereste zwischen den Zähnen des Tieres septische Folgeerscheinungen bewirken.

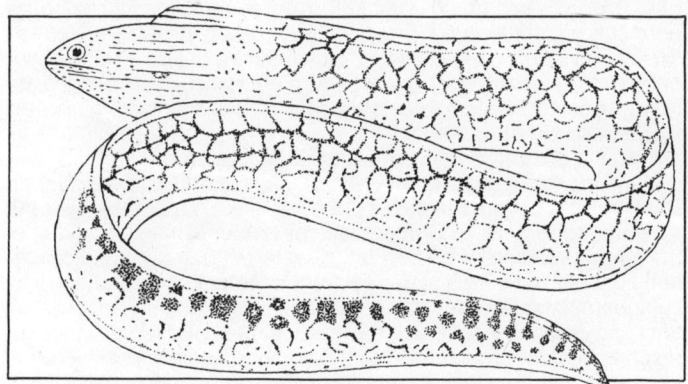

Muräne

In Taucherkreisen herrscht keine rechte Übereinstimmung darüber, was zu tun sei, wenn die Muräne zupackt, denn anscheinend ist kaum jemand jemals mit Konsequenz gebissen worden, um darüber zu berichten. Ist das Tier ernstlich verletzt und gerät es in eine Beißhysterie, die in einem „death grip", d.h. einem schraubstockartigen Zusammenkrampfen der Kiefer kuliminiert, so kann dem Freitaucher, der in dieser buchstäblichen Klemme festsitzt und aus tiefster Not nach Luft schreit, wohl kaum ein anderer Rat gegeben werden, als sich gewaltsam und notfalls unter Verzicht auf Körpereigenes loszureißen. Anderen, bei denen das Luftholen vielleicht sekundär ist, wird von Kennern (nicht unbedingt von mir!) empfohlen, „sich zu entspannen und solange zu warten, bis das Tier den Zugriff seiner Kiefer zu erneuern und damit zu festigen versucht", und die winzige Pause zum Freikommen zu nutzen. Viel Spaß dabei!

Andere „bissige" Meeresbewohner

Jeder Fisch, und sei er noch so klein, wird in der äußersten Not, so zum Beispiel, wenn wir ihn vom Angelhaken oder von der Harpune

entfernen, seinen Widersacher zu beißen versuchen. Und manche Fische können uns in der Tat noch auf dem Trockenen beträchtliche Wunden zufügen. Hier seien vor allem die im nächsten Kapitel eingehend beschriebenen Plectognathen angeführt, die Ballon- und Igelfische, mit denen man, fotogen und schwerfällig wie sie sind, schon einmal unter Wasser herumalbern mag. Nichts gegen diesen Spaß, aber der Taucher sollte sich von ihren „Mäulchen" fernhalten, die ihm ohne die geringste Anstrengung einen Finger abkneifen können. Dies gilt auch in ganz besonderem Maße für den Fang von Papageienfischen. Wer diese Fische kennt und weiß, daß sie sich von zermalmten Korallen· ernähren, wird dem fürchterlichen Zangenwerkzeug insbesondere der größeren Exemplare mit dem nötigen Respekt begegnen. Drückerfische zerknacken dickschalige Schneckengehäuse wie weichen Keks. Auch erbeutete Rochen und Schildkröten lassen nicht mit sich herumspielen. Es besteht gegebene Veranlassung, gerade Kindern energisch beizubringen, einem vermeintlich toten Meerestier nicht spielerisch einen Finger ins Maul zu stecken!

Manche Meeresbewohner mögen sich versucht fühlen, allein aufgrund ihrer größenmäßigen Überlegenheit einmal einen Happen von uns zu nehmen. Hierzu gehören vor allem die großen Serraniden (Zacken-, Wrack-, Grundelbarsche; Judenfische), die auf über 2 m Länge und mehrere hundert Kilogramm Gewicht heranwachsen können und ein Maul wie ein Scheunentor haben. Auf den Philippinen haben Fischer vor dem „kogtong" gehörigen Respekt; an anderen Orten im Pazifik fürchtet man ihn mehr als Hai und Barrakuda und versucht nach Kräften, ihm den Garaus zu machen, nicht selten mit Dynamit. Als Folge sind die großen Serraniden vielerorts annähernd ausgestorben und bilden allenfalls noch auf weitabgelegenen Riffen und in unerforschten Wracks einen gewissen Gefahrenfaktor, auf den der Taucher vorbereitet sein muß: Eine stürmische Einschüchterungsattacke des Höhlenbewohners mag zwar durchaus nicht mit „Gebissen- und Gefressenwerden" enden, kann dem Taucher jedoch Maske und Mundstück wegreißen und ihn so derart in eine prekäre Situation bringen.

Für eine andere Gruppe von Seetieren, die Schwert- oder Mörderwale, scheinen wir trotz des schreckenerregenden Namens und unbestrittener physischer Überlegenheit als potentielle Beute nicht besonders interessant zu sein. Ob es daran liegen mag, daß die lukullischen Präferenzen des „Mörders" auf anderem Gebiet liegen oder daß er uns nicht als eßbares Wesen einzustufen vermag, sei dahingestellt: Empfehlenswert ist zweifellos immer, den Orca bei Laune zu halten, indem man ihm nicht in die Quere kommt.

Robben und Seelöwen können sich zwar gelegentlich plustrigaggressiv aufführen, stellen aber kaum eine erwägenswerte Gefahr unter Wasser dar.

Zuletzt sei noch ein Wesen erwähnt, das nicht beißt, sondern „greift" und auf diese Weise einen Taucher tatsächlich unter Wasser festzuhalten vermag: Die Riesenmuschel Tridacna gigas, die wie ein Fangeisen im Korallenriff vergraben liegt und ihre bis zu 1,20 m langen, aufklaffenden Schalen bei jeglicher Art von Störung ängstlich (nicht aggressiv!) schließt. Die Gefahr ist jedoch gering: Schon bei Annäherung des Tauchers oder Watenden macht die mit einer ganzen Serie scharfblickender Augen ausgerüstete Muschel dicht. Nur Leichtsinnige, die eine Tridacna aufstemmen und in ihr herumstochern, können tatsächlich eingeklemmt und unter Wasser festgehalten werden, wenn es ihnen nicht gelingt, den bis zu armdicken Schließmuskel an der Basis der Muschel durchzuschneiden... Siehe auch Seite 219

„Mich hat etwas gestochen!"

Man sollte eigentlich darauf vorbereitet sein, diesen Schreckensruf gelegentlich von Leuten zu hören, die in Korallenriffen herumstöbern oder im flachen Wasser eines tropischen Strandes waten – und natürlich kann man ihn bei Veranlassung auch entsetzt selbst ausstoßen. Öfter wird er, der Wahrscheinlichkeit nach, von Kindern zu hören sein, die unachtsam herumtoben und alles und jedes untersuchen. Ob wir nun selbst die Betroffenen sind oder jemand anders ruft um Hilfe: Die Kardinalfrage ist zunächst, was da zugestochen hat. Wir haben in Situationen dieser Art grundsätzlich einen Ernstfall an der Hand und müssen rasch handeln, identifizieren und analysieren, um eine günstige Ausgangsbasis für Erstehilfemaßnahmen zu erhalten.

Ist der „Stich" während des Schwimmens im freien Wasser ohne Bodenkontakt erfolgt, kann es sich eigentlich nur – von der sehr geringen Wahrscheinlichkeit eines Seeschlangenbisses einmal abgesehen – um einen **Kontakt mit einer Qualle** handeln. Solch ein Kontakt kann, je nach Art der Qualle, ernst genug sein.

Nehmen wir einmal eine der gefährlichsten. Chironex fleckerii, die Würfelqualle, kommt vor allem im tropischen Westpazifik vor und wird allein im indonesischen Raum für 150 Todesfälle pro Jahr unter einheimischen Fischern verantwortlich gemacht. Der australische Taucher Bert Jensen beschreibt einen – nur auf seine Hände beschränkten – Kontakt mit der Qualle in nordaustralischen Gewässern: „Es war, als ob jemand Drähte um meine Gelenke gewickelt und den Strom eingeschaltet hatte, und ich konnte die verdammten Dinger nicht loswerden. Der Schock allein – kein Wunder, daß Leute sterben!" Halb ohnmächtig schoß Jensen an die Oberfläche, wo ihm glücklicherweise sogleich Hilfe zuteil wurde. Die Striemen an seinen Handgelenken waren mittlerweile auf Zollhöhe angewachsen (später wurden sie tomatenrot und ließen häßliche, bleibende Narben zurück), und er hatte das Gefühl, „aus einem leeren Lufttank

*Mead
„Killer from
beyond time"
(Skin Diver
Magazine 1/73)

atmen zu müssen". Nur der Soforthilfe und der relativ geringen befallenen Körperfläche hatte Jensen sein Leben zu verdanken.*

Ich kann den Bericht inzwischen aus eigener Erfahrung bestätigen. Kurz vor Drucklegung dieses Buches fuhr mir in der philippinischen Sulu-See eine Salabay (einheimischer Name) über den Fuß, daß ich die Englein singen hörte. Binnen kurzer Zeit bildeten sich riesige purpurne Blasen, die sich später öffneten und üble Narben zurückließen. Der Fuß schwoll um mindestens 10 Größen an. An den Gestaden der Sulu-See und des Südchinesischen Meeres weiß man oft Tragisches von der Salabay zu berichten oder schrecklich verwundete Körperteile vorzuzeigen.

Nicht alle Quallen sind gefährlich; die meisten tun uns überhaupt nichts an. Wir sollten ihnen trotzdem aus dem Wege gehen und versuchen, uns in Meeresstrichen, in denen das Auftreten gefährlicher Arten bekannt ist, mit Naßanzügen oder auch schlichter Oberflächenkleidung vor Kontakten zu schützen. Problematisch ist vor allem, daß wir die Übeltäter meistens erst dann sehen, wenn es zu spät ist. „Portugiesische Galeeren" (Genus Physalia) sind zwar an der Oberfläche an ihrem markanten „Segel" gut zu erkennen, die haarfeinen Fangfäden unter Wasser, die bis zu 10 m hinabhängen, werden wir hingegen erst identifizieren, wenn sie uns wie glühende Peitschen über die Haut fahren. Galeeren (übrigens keine Quallen als solche, sondern mit der Feuerkoralle verwandte Hydratiere) sind nicht unbedingt tödlich. Für Kinder und für Personen, die sehr intensiven Kontakt mit den „Tentakeln" machen, sind sie jedoch in höchstem Maße gefährlich. Auch fallen zahlreiche Schwimmer, die gegen ihr spezielles Nesselgift allergisch sind, diesen Tieren alljährlich weltweit zum Opfer. „Quallenhäcksel" („agua mala") nach einem Sturm kann ebenfalls eine Gefahr oder zumindest ein irritierendes Problem darstellen.

Wichtig: Nach der „Kollision" mit einer Qualle oder einem anderen Hohltier ist umgehend das Wasser zu verlassen! Der Körper ist durch den ersten Kontakt sensibilisiert worden und könnte eine zweite Attacke auf sein biochemisches System mit sehr ungünstigen Reaktionen beantworten.

Was alles kann uns stechen, wenn wir – bei aller Vorsicht – beim Tauchen Korallenformationen untersuchen oder den Meeresboden nach irgend etwas erforschen? Solange wir unsere Augen offenhalten, eigentlich gar nichts. Wir können zwar recht leicht mit der anschließend separat beschriebenen Feuerkoralle oder mit den bereiften Farnbüscheln ähnelnden Hydroidformationen in Berührung kommen und uns dabei arg „verbrennen", aber die Begegnung birgt keine unmittelbaren Todesgefahren. Ein tödliches Gift und einen Injektor, um es einem Opfer einzuimpfen, enthält dagegen ein Anzahl von **Kegelschnecken,** die zu den attraktivsten Sammlermuscheln überhaupt gehören und deshalb manchen Taucher und Strandwanderer zu unbedachtem Zugreifen veranlassen mögen. Manch einer mag erst bei Lesen dieser Zeilen entsetzt erkennen, was er da im letzten Urlaub arglos in der Hand gehalten hatte...!

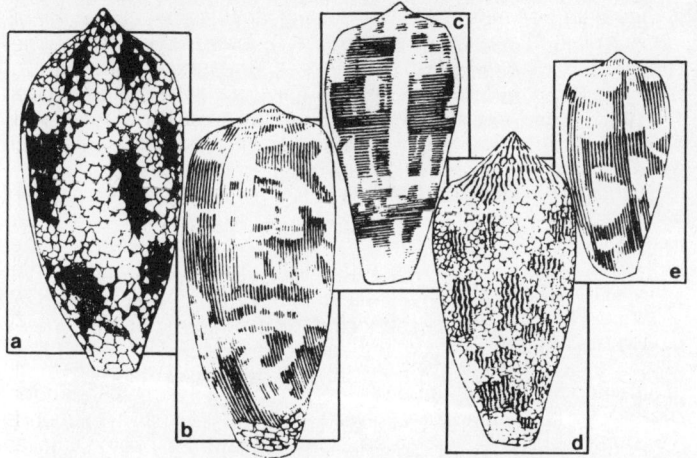

Kegel-schnecken

Alle rund 400 Arten sind giftig. Als besonders gefährlich gelten:
a) Conus aulicus
b) C. geographus
c) C. striatus
d) C. textile
e) C. tulipa

   Glücklicherweise haben wir es hier scheinbar mit einem der seltenen Fälle in der Natur zu tun, da ein mit einer aggressiven Waffe ausgestattetes Tier in der Not von ihr keinen defensiven Gebrauch macht. Die Schnecke benutzt ihren tödlichen Stachel nach Aussage von Biologiebüchern nur zum Beutemachen und zieht sich in ihr Schneckenhaus zurück, wenn es ihr selbst an den Kragen geht. (Mir liegen allerdings Berichte von tödlichen Unfällen unter Muschelsuchern auf den Philippinen vor. Alle Todesfälle gehen hier auf C. geographus zurück). Grundsätzlich gilt deshalb: Kegelschnecken sind nur am oberen, stumpfen Ende aufzuheben. Kindern, die aufgeregt in der Öffnung herumstochern mögen und dabei den Injektionsapparat berühren können, ist aus Prinzip jeglicher Umgang mit diesen Muscheln (selbst toten Gehäusen) strengstens zu untersagen!

   Einem **Kontakt mit Seeigeln** wird wohl kein Taucher in tropischen Meeren auf längere Dauer entkommen zu können. Oftmals sitzen die unglaublich spitznadligen Kreaturen an Stellen, wo man sie am wenigsten vermutet: Man setzt – gut und richtig! – seinen Fuß vorsichtig nur in sorgsam aussondiertes Gelände und prüft visuell jeden Handgriff – aber an die Decke einer Unterwasserhöhle hat man nicht gedacht! Wie oft kam ich mit einem schwarzpunktierten Rücken vom Langustenfang zurück, erinnerte mich, daß Urin hier lindernd sei und mußte mir von meinen grinsenden Kollegen anhören, daß sie zur Verfügung ständen... (Ich verzichtete).

Ähnlich stachlig, doch ausgesprochen gefährlich ist der sogenannte Dornenkronenseestern Acanthaster planci, der sich (wahrscheinlich aufgrund von Ausrottung seiner natürlichen Feinde) auf indopazifischen Riffen immer breiter macht und als nimmermüder Korallenfresser stellenweise unermeßliche Schäden anrichtet.

Die Stacheln des vielarmigen Seesterns enthalten ein potentes Gift, das einem Verletzten wahnsinnige Schmerzen bereitet. Permanente Steifheit des betroffenen Gliedes oder, in schweren Fällen, Tod durch Schmerzschock können resultieren. (Kein Wunder, daß A. planci von Südseeinsulanern liebevoll „Schwiegermutterkissen" genannt wird).

Barfuß und ohne Unterwassersicht auf einem Korallenriff herumzutapsen, ist deshalb im wahrsten Sinne des Wortes der nackte Wahnsinn. Wer auf einem Riff oder zwischen unter Wasser liegenden Steinen etwas zu tun hat, bleibe in der Schwimmlage oder bewaffne zumindest seine Füße mit dicksohligen Tennisschuhen, denn selbst Schwimmflossen sind nicht immer ein geeigneter Schutz. Wichtig ist es auch, auf seeigelbesetzten Riffen die Brandung zu meiden, wenn man nicht unversehens in ein Nadelbett hineingeworfen werden möchte.

In einer Seeigelwunde bleibt der schwarze Stachel sitzen. Sie ist daher (falls Junior brüllend mit diesem Problem erscheint) leicht zu identifizieren und entsprechend zu behandeln.

Haariger wird es, wenn wir mit einem giftigen Fisch in Kontakt kommen. Wir sollten uns merken, (diese Warnung wird im nächsten Kapitel wiederholt), daß Fische, die uns nicht freiwillig Platz machen, von ihrer Überlegenheit zu Recht durchdrungen sind: Sie sind wahrscheinlich stärker, gepanzerter, oder innerlich bzw. äußerlich giftiger als der Durchschnitt. Die kontaktgiftige Gruppe interessiert uns in diesem Zusammenhang.

Feuerfische dürften an mürrischer Herablassung wohl an erster Stelle in der Fischwelt stehen: Wenn ein Fisch etwas weiß, dann weiß es dieser. Dann weiß er, wie tödlich giftig er ist, und daß ein unüberlegter Griff in seine Stacheln dem Taucher rasenden Schmerz, Ohnmacht und eventuellen Tod bringt. Vornehmlich Kinder müssen auf diese Spezies hingewiesen werden, die attraktiv und ungewöhnlich zutraulich erscheint. Eine Verletzung (normalerweise an den Händen) muß anhand von Bildmaterial umgehend in einen entsprechenden Zusammenhang gebracht werden. (Vorsicht! Unter Aquaristen sind stachelbewehrte Attacken auf ungeschützte Gliedmaßen (z.B. eine Hand, die das Becken reinigt) bekannt und belegt. Es gibt also keinen Grund, weshalb ein in die Enge getriebener Feuerfisch auf freier Wildbahn nicht genauso reagieren sollte).

Feuerfische gehören zur Familie Scorpaenidae, die sich durch mehrere weitere hochgiftige, stachlige Vertreter auszeichnet. Der

Rotfeuerfisch
(Pterois volitans)

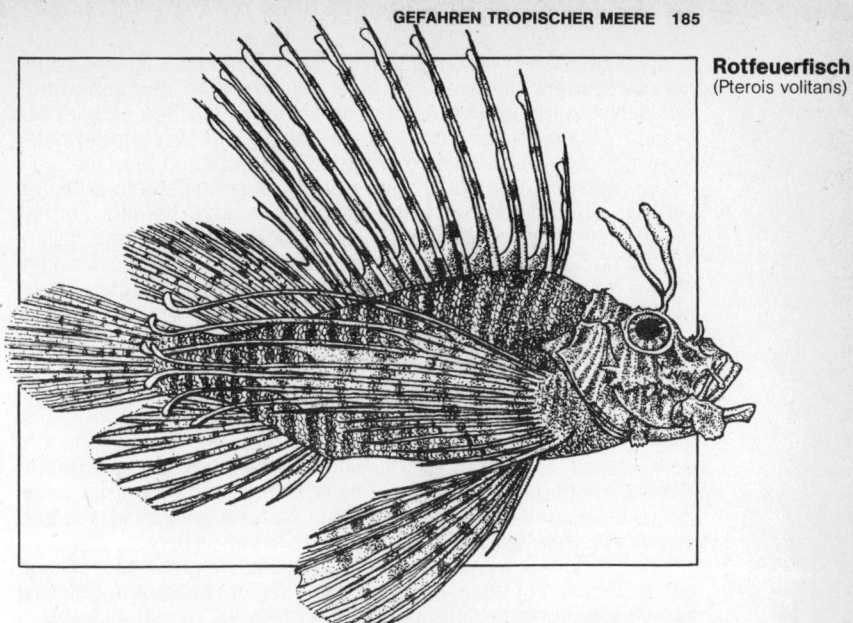

wohl gefährlichste überhaupt, der **Steinsfisch,** hat es in der Kunst des Verschmelzens mit seiner Umgebung zu einer derartigen Perfektion gebracht, daß mitunter nicht einmal Meeresbiologen ihn von Auge zu Auge im Aquarium erkennen. Wie sein Name besagt, hält sich der Steinsfisch vorzugsweise auf felsigem Boden auf, gelegentlich aber auch im Sand vergraben, und wartet regungslos der Dinge, die auf ihn zukommen. Droht ihm Gefahr, so z.B. durch einen watenden Menschen, richtet der Steinsfisch eine Armierung von 14 harten Strahlen in seinen Rückenflossen auf, rührt sich aber nicht von der Stelle. Ein Tritt in diese Stacheln resultiert in einer automatischen Injektion von bis zu 10 mg pro Stachel des wahrscheinlich potentesten Giftes aller Wirbeltiere. Es folgen unerträgliche Schmerzen für das Opfer und wahrscheinlich, falls keine sofortige Hilfeleistung erfolgt, dessen Tod. Zwar gibt es heute ein Antivenin, das die komplexen Eiweißkörper, aus denen das Steinsfischgift zusammengesetzt ist, unschädlich macht, aber ärztliche Soforthilfe dürfte dem Taucher üblicherweise selten zur Verfügung stehen. Vor Ort wird man sich mit den Notmaßnahmen behelfen müssen.

Siehe Seite 131

Auch hier gilt: Im flachen Wasser dicksohlige Schuhe tragen! Unfälle sind jedoch weitaus häufiger bei der Handhabung eines (oft versehentlich) gespeerten oder geangelten Fisches dieser Familie, nicht selten auch durch einen Tritt in die achtlos ins Boot geworfene Beute.

Steinsfisch
(Synanceja
verrucosa)

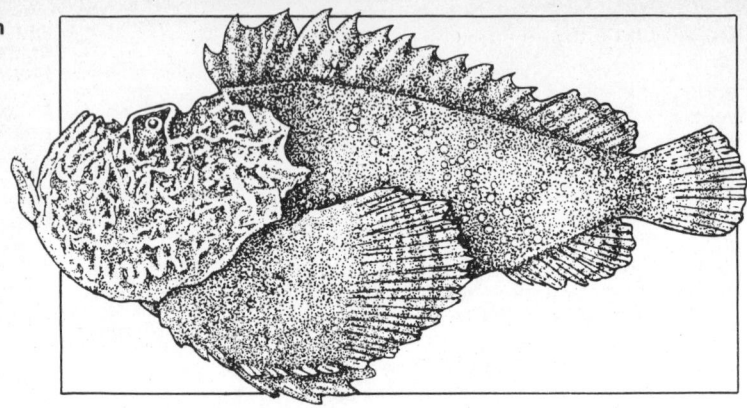

Alle hier aufgeführten Fischarten verhalten sich, von der erwähnten Ausnahme abgesehen, durchweg völlig passiv, indem sie sich auf ihr abschreckendes Waffenarsenal verlassen, wenn ein Feind in ihre Nähe kommt. Eine andere Art, der **Stachelrochen,** verteidigt sich jedoch aktiv, wenn er in Bedrängnis gerät. Der im Sand vergrabene und annähernd unsichtbare Rochen beantwortet einen Fußtritt oder sonstige Störung mit einem nach oben gerichteten Peitschenschlag seines dornenbewehrten „Schwanzes", der gewöhnlich auf die Waden gerichtet ist und eine üble, rissige Wunde hinterläßt. Große Exemplare, vornehmlich jene der Familie Dasyatidae, können mit einer Gewalt zuschlagen, die eine Bootsplanke oder ein Bein durchstößt. Unmittelbar über dem Boden dahinschwimmende Taucher sind auch mit tödlichen Folgen in den Leib „gespeert" worden. Zu allem Überfluß findet häufig noch eine Absonderung eines alkalischen Giftes in die Wunde statt, das dem Betroffenen wahnsinnige Schmerzen bereiten kann.

Rochen können für Badende, die sich im flachen Wasser eines Sandstrandes amüsieren, zweifellos ein Gefahrenpotential darstellen; sie werden jedoch vor viel Lärm und Geplansche eilends das Weite suchen. Einem Taucher ist mit einiger Distanz zum Boden weitgehend geholfen. Wer sich einen sehr scharfen Blick angeübt hat, wird auch die Konturen eines im Sand versteckten Rochens zu erkennen vermögen.

Unfälle mit Seetieren dieser Art sind relativ selten, können jedoch im Zeichen der touristischen „Eroberung" tropischer Meere ernstere Dimensionen annehmen. Respekt sei dem Hai gewidmet und den anderen großen und starken Bewohnern der See; von begründeter Sorge geprägte Vorsicht sollten wir jedoch den hier aufgezählten, eher unscheinbaren Verteidigern ihres Lebensraumes entgegenbringen!

Kraken und Tintenfische

Die schemenhaft dahinfließende, durch kein Hindernis aufzuhaltende, schleimige Form des Kraken mit seinen acht saugnapfbewehrten Armen hat dem Menschen seit jeher Grauen oder zumindest Abscheu eingeflößt. Zugegeben, niedlich wie ein Seehundbaby sind sie nicht, aber Berichte von ihrer Gefährlichkeit sind durchweg grotesk übertrieben und entstammen zumeist noch den phantasievollen Überlieferungen mittelalterlicher Seefahrer. Die ganz großen Kraken mit einer Armlänge von über acht Metern, die dem Menschen im Falle einer (völlig hypothetischen) Konfrontation tatsächlich einen Schaden zufügen könnten, hausen in der Tiefsee oder im kalten Wasser nördlicher Regionen, in denen sie sich allenfalls mit den ihnen nachstellenden Spermwalen herumzuschlagen haben. Der tropische Taucher hat es dagegen selten mit Exemplaren über zehn Pfund Lebendgewicht zu tun.

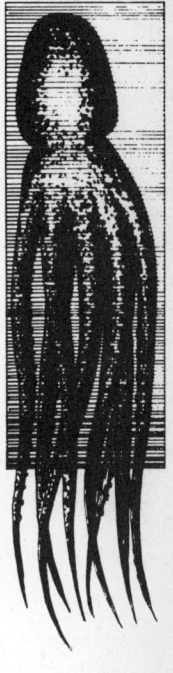

Die lichtscheuen Monster

Was heißt zu tun? Die Schwierigkeiten, die wir von Kraken erwarten können, bestehen hauptsächlich darin, daß sie zwar neugierig sind, aber selten stillhalten, bis wir sie fotografiert oder – auf Nahrungssuche – eingefangen haben. Und der Krake hat gute Gründe für seine Scheu. Denn trotz seines furchterregenden Aussehens hat er an defensiven Waffen gegenüber seiner Hauptfeindin, der Muräne, herzlich wenig zu bieten. Und gegen den Speer des Tauchers ist er vollkommen machtlos, wenn er auch durch seine Tintenwolke Verwirrung stiften und sich in unglaublich winzigen Löchern verkriechen kann. Eine gewisse Gefahr droht erst, wenn wir aus eigenem Impuls mit einem Kraken auf unmittelbare Tuchfühlung geraten. Ein Umschlingen der Fangarme sollte einen nicht stören, denn keine Krake von ein paar Pfund Gewicht „hält uns am Boden fest": In einer Zwangslage hat das Tier nichts als Flucht und Verstecken – gegebenenfalls an seinem Fänger selbst – im Sinn. Als letzte Verteidigungsmaßnahme mag der Krake sich jedoch dazu entschließen, von seinem mit einer Giftdrüse versehenen papageienartigen Schnabel an der Basis der Tentakeln Gebrauch zu machen, was außerordentlich schmerzhaft für den Gebissenen und, bei einer Art, tödlich sein kann. Der kleine Octopus maculosus ist mit seinen schillernden blauen Markierungen zweifellos das attraktivste, aber zugleich gefährlichste Mitglied der Familie: Sein Biß enthält das wohl wirkungsvollste Gift aller Meerestiere und tötet einen Menschen mit größter Sicherheit innerhalb von fünf Minuten. Der Blauringkrake kommt nur in australischen Gewässern vor.

Ich habe es bisher mit Dutzenden von Kraken zu tun gehabt und sie mitunter mit der nackten Hand aus ihren Höhlen gezogen, ohne jemals gebissen worden zu sein. Unter Fachleuten besteht Übereinstimmung, daß das Tier seine Waffe anscheinend nur sehr ungern einsetzt. Seine engen Verwandten, die Kalmare und Tintenfische, zeigen eher eine Tendenz zum (ebenfalls giftigen) Zubeißen, wenn man ihnen – im Wasser – durch entsprechendes Verhalten die Gelegenheit gibt. An Land fallen sie zu einem schlaffen Haufen Gummi zusammen. Auch sie gehen dem Taucher angstvoll aus dem Wege; der Mensch beißt den Tintenfisch viel öfter als der Tintenfisch den Menschen: Alljährlich werden tausende von Tonnen der vorwiegend die Hochsee bevölkernden Tiere als Nahrung und Fischköder aus dem Meer gezogen.

Riesenkalmare, räuberische Bewohner der Tiefsee und bis zu zwei Tonnen schwer und 20 m lang, haben mitunter an der Meeresoberfläche alptraumhafte Debüts gegeben, für die der Krake sicherlich verantwortlich gemacht wurde. Tatsächlich existiert eine recht gut dokumentierte Überlieferung der Versenkung eines kleinen Perlschoners durch einen verwundeten Riesenkalmar und eine Story von schiffbrüchigen Seeleuten, die im 2. Weltkrieg säuberlich einer nach dem anderen von ihrem Rettungsfloß gepflückt wurden. Falls wir nicht gerade im Gummiboot über den Atlantik paddeln wollen, sollten uns Tropenreisende solche Horrorgeschichten nicht schrecken; „pelagische Kopffüßer" interessieren uns allenfalls in Form der vorzüglichen Gerichte, die man aus ihnen zubereiten kann.

Wie bitte? Seewasserkrokodile?

Wer vor der Küste des „Never-Never-Landes" tauchen will, muß gute Nerven haben. Australier nennen den Norden ihres Landes so: Ein riesiges Areal äquatorialer Küste und Buschlandschaft, in dem inmitten eines Überflusses barbarischer Natur allenfalls Ureinwohner oder Erzschürfer ein miserables Leben fristen.

Auf der Insel Groote Eylandt im Golf von Carpentaria, die ich einmal besuchte, ging es allerdings recht zivilisiert zu. Eine riesige Eisenerzmine war dort in Betrieb, deren Mitarbeiter sich einigen Komforts erfreuten, und es gab auch eine hochmoderne Verladeanlage... in die vor kurzer Zeit ein Frachter hineingefahren war... und ob ich nicht einmal nach Unterwasserschäden Ausschau halten könnte... ich hätte doch mein Tauchgerät dabei...

Nun ist ganz Australien berüchtigt wegen seiner Haie, und als ich in das wenig verlockend aussehende Wasser einstieg, war mir, obwohl man mir aufmunternde Ratschläge mit auf den Weg gegeben hatte, recht beklommen zumute. Haie, hatte man mich beschwichtigt, wären in der ganzen Hafenregion noch nie gesehen worden. Aber ich wußte schon von anderen Plätzen auf der Welt, was von solchen hochheiligen Erklärungen zu halten war. Trotzdem: Abenteuer ist Abenteuer, und wenn es nur eine Pieruntersuchung ist.

Es zeigte sich auch tatsächlich kein Hai. Es zeigte sich überhaupt nichts: Die Anlage war unversehrt, ein paar Fischchen durchaus nicht schreckenerregender Dimensionen tummelten sich zwischen den Pfeilern, und der Grund war fader Sand und Schlamm. Das trübe, bräunliche Wasser war jedoch ungemütlich, und ich kürzte die Untersuchung so weit wie möglich ab.

Oben umringten mich die jovialen, für ihren angelsächsischen Humor bekannten Australier. „Any sharks?" Na, was haben wir gesagt! „How about the crocs?" Wie bitte? Ach ja, von Krokodilen wimmelt's hier, ha ha, wenn auch meistens nur nachts! Kommen dann

„Any sharks? How about the crocs?"

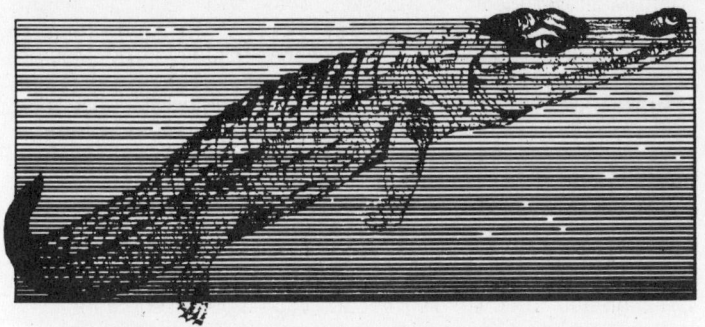

aus den Lagunen heraus und gehen auf Fischfang. Riesenbiester dabei. Das Salzwasser macht ihnen nichts aus...

Man merke:

1. In „Never-Never-Regionen" gehört ein risikoreiches Leben zur Tagesordnung, und Gefahren, denen der Einheimische nicht direkt ausgesetzt ist, werden schnell relativiert.

2. Wo Land und See unmerklich ineinander übergehen wie an großen Flußmündungen, in Sümpfen oder Mangrovenurwäldern, gibt es keine ausgeprägte Grenzlinie zwischen den faunatischen Erscheinungsformen. Wir finden hier Haie im Fluß und Krokodile im Meer, um nur bei diesen beiden Beispielen zu bleiben.

3. Die Empfehlungen von Einheimischen – gleich welcher Hautfarbe – sollte insbesondere der Taucher stets nur mit Einschränkungen akzeptieren.

Feuer im Wasser: Millepora

Die Familie der „Tausendporigen" ist Tauchern in warmen Gewässern oft aus schmerzlicher eigener Erfahrung als **Feuerkorallen** bekannt, die in allen tropischen Meeren zuhause sind und als typische Kalkbildner zu den charakteristischen Vertretern der Riffe gehören. An vielen Orten stellen Feuerkorallen das überwiegende Erscheinungsbild dar und übertreffen in ihrer Mächtigkeit alle übrigen Riff-Formationen. Insbesondere sind die Feuerkorallen der Karibik zu erwähnen (M. alcicornis und M. complanata), sowie ihre enge Verwandte (M. dichotoma), die mit zunehmender Häufigkeit in Richtung Westen auf den Riffen des Indopazifiks zu finden ist. Vor allem im Roten Meer stellt die letztere Art einen erheblichen Gefahrenfaktor für den Taucher dar.

Ist der Name Feuerkoralle auch zoologisch gesehen nicht exakt, so machen diese richtiger als Hydrozoen anzusprechenden Hohltiere dieser Bezeichnung dennoch alle Ehre. Der Taucher oder Badende, der mit der nackten Haut eine Millepora-Kolonie streift, wird sich urplötzlich wie mit Brennesseln gepeitscht fühlen, wenn tausende von Nesselkapseln auf die Berührungsstelle abgeschossen werden. Die Fäden dieser Kapseln können sogar die menschliche Haut durchdringen und mit ihren Nesselgiften schwere verbrennungsartige Verletzungen bewirken, die an den Händen und Beinen gewöhnlich weniger schmerzhaft als an den übrigen Körperteilen sind. In schweren Fällen kann sich nach wenigen Tagen die Haut gänzlich von der Berührungsstelle ablösen, wodurch die Gefahr einer weiteren Infektion gegeben ist.

Wie bereits beim Thema „Quallen" bemerkt wurde, kann auch die wiederholte Berührung von Feuerkorallen zu einer Überempfindlichkeit gegenüber den Millepora-Toxinen führen. Man versteht darunter eine immunologische Reaktion, die körpereigene Zellen schädigt und die sich im Laufe zunehmender Exponierung erheblich verstärken kann. Im Falle einer solchen Sensibilisierung kommt es gelegentlich zu Todesfällen durch Schockwirkung und Kreislaufzusammenbruch. Vor allem Taucher, die an Allergien leiden, sollten deshalb den Kontakt mit Feuerkorallen auf das Sorgfältigste vermeiden.

Im allgemeinen reichen Vergiftungssymptome je nach ihrem Umfang von lokalisiertem Schmerz, der sticht und brennt, und der weit über die Berührungspunkte hinausstrahlen kann, bis zur Unerträglichkeit. Die Kontaktstelle ist meist stark gerötet und schwillt oft schnell an. Nachfolgende Entzündungen und Blasenbildung führen zu typischen Verbrennungserscheinungen. Bei Überempfindlichen stellen sich manchmal die geschilderten ernsteren Symptome ein, eventuell begleitet von Fieber und Erbrechen. Bei mir selbst habe ich immer relativ milde Reaktionen beobachten können, obwohl es an Berührungen sicherlich nicht fehlte. Unangenehm war mir jedoch außer dem anfänglichen Berührungsschmerz immer das alsbaldige Wuchern von „wildem Fleisch" an den gewöhnlich am stärksten beanspruchten Fingerkuppen, das mich manchmal in eine Art nägelkauenden Jüngling verwandelte.

Wie oft habe ich erlebt, daß ich trotz aller Materiekenntnis immer wieder einmal, auf einem umbrandeten Riff nach Halt suchend, in einen Milleporastock hineingriff, um erschreckt zurückzufahren. Das gleiche wird jedem noch so vor- und umsichtigen Taucher früher oder später einmal passieren. Ich glaube deshalb, guten Gewissens auf Illustrationen der verschiedenen Feuerkorallenarten, die den echten, für uns insofern harmlosen Korallen zum Teil sehr ähnlich sehen, verzichten zu können. Wer einmal den ätzenden Schmerz einer Berührung erlebt, schaue sich den Übeltäter genau an und mache sich eine innerliche Notiz für das nächste Mal. Die erste Begegnung mit der Familie Millepora mag schmerzlich sein, sie ist jedoch auch für Empfindliche kein tödliches Risiko, sondern ein eher heilsames Lernbeispiel, das wieder einmal unterstreicht, daß in tropischen Meeren jede Bewegung und vor allem jeder Handgriff geplant und kontrolliert sein muß. Nicht zuletzt helfen natürlich auch Handschuhe und Schutzanzüge. Schon ein T-Shirt ist eine kleine Rüstung!

Schlangen – auch im Meer wenig sympathisch

Seeschlangen sind lungenatmende Reptilien (also keine Fische!), die mit mehr als 60 Arten im westlichen Indopazifik beheimatet sind. Nur eine Art, Palamis platurus, wird außerhalb dieser Region auch auf der Pazifikseite Südamerikas gefunden, eine weitere an den Küsten Westafrikas.

Die häufigsten Vorkommen sind im Persischen Golf, wo man Schlangen manchmal so weit das Auge reicht an der Oberfläche sieht. (Seeschlangen halten sich vorzugsweise an der Meeresoberfläche auf, können jedoch auch erhebliche Zeiten auf der Jagd unter Wasser verbringen). Alle Arten sind giftig, manche wesentlich mehr als ihre berüchtigsten Genossinnen an Land. Und in den meisten Fällen gibt es kein bekanntes Gegenmittel.

Glücklicherweise sind Seeschlangen nicht ausgesprochen aggressiv, und nur wenige tatsächliche Attacken auf den Menschen sind belegt. Hinzu kommt, daß die Tiere, obwohl sie zu Längen von über zwei Metern heranwachsen, nur einen sehr kleinen Kopf und ein winziges Maul haben und in größere Flächen des menschlichen Körpers, selbst wenn sie wollten, einfach nicht hineinbeißen können. Eine aufgestörte Seeschlange, so ein Experte, müßte ihre Giftzähne schon in eine kleine Hautfalte schlagen, wie z.B. in die weiche Sehne zwischen Daumen und Zeigefinger, um überhaupt eine Bißwirkung zu erreichen.

Anscheinend gelingt es den Tieren dennoch gelegentlich, diese Schwachstellen ausfindig zu machen, wenn auch wohl eher die reine Zahl der Schlangen in solchen Fällen für dieses Zufallsgeschehen maßgeblich gewesen sein dürfte. Unfälle von Perltauchern im Persischen Golf sind bekannt, und als vor einer Anzahl von Jahren der britische Dampfer Dara im Golf in Brand geriet und sank, fielen mehrere der über Bord gesprungenen Seeleute den „Angriffen" der irritierten Reptilien zum Opfer.

Wir haben es hier allerdings wohl mit einem optimalen Störfall zu tun: Wer in eine virtuelle Schlangengrube hineinfällt, muß auch in maritimer Umgebung mit aggressiven Gegenreaktionen rechnen. Im allgemeinen dürfte die sicherste Maßnahme sein, den Tieren aus dem Weg zu gehen, was uns zum Glück leicht gemacht wird: Seeschlangen sind durchweg mit lebhaften und kontrastreichen Farben gemustert und heben sich auffällig von ihrer Umgebung ab. Gebiete, die nach Bezeugungen Einheimischer besonders reich an Seeschlangen sind, sollte man meiden. Wenn hier jedoch getaucht werden muß, bieten ein Naßtauchanzug und Handschuhe praktisch einen perfekten Schutz.

„Schlangenbiß"
siehe Seite 128

Das Gift der Seeschlange ist ein Neurotoxin, und eine Reaktion auf einen Biß erfolgt bei den meisten Arten erst nach 20-60 Minuten. Ein Gebissener darf diese Reaktion jedoch auf keinen Fall abwarten, um erst dann mit einer Behandlung zu beginnen, sondern muß dieselbe unmittelbar nach der Bißverletzung in Übereinstimmung mit der unter „Schlangenbiß" empfohlenen Standardprozedur vornehmen!

LEBEN WIE ROBINSON

Robinson 1980

„...Ich hatte unmittelbar den Eindruck, den Gipfel aller Herrlichkeiten erreicht zu haben. Hoch im Blau schweben regungslos tausend Fregattvögel; vom Passatwind auf den Strand geneigt und im vollen Grün der flachen Insel aufgehend, halten Kokospalmen den ersten Ansturm der Zyklone ab. Überall hocken Vögel. Weiße Knochen in der Sonne: angeschwemmtes Holz. Das Opal des Uferstreifens, in dem die braunen Flecke der Schildkröten schwimmen. Dahinter das Preußischblau der Rinne, sanddurchwehte Klarheit, Tiefe des Korallenwaldes am gefransten, sonnengesprenkelten Riff. Gegen die schaumweiße Borte des äußeren Riffs, das die ganze Insel umschließt, das kaum überspülte Korallenplateau. Das Wasser, grüne Seide, wie das unwirklich hellschimmernde diamantenhafte Grün von Katzenaugen. Ein Himmel wie in einem mexikanischen Film, fast übertrieben schön..."*

*Gorsky
„Moana"

Wen in unseren grauen Breiten packte beim Lesen der elegischen Beschreibung einer pazifischen Insel wie dieser nicht das Fernweh und der Wunsch, unter solcherart besungenen paradiesischen Verhältnissen zumindest für die Dauer eines Urlaubs einmal Robinson und Inselkönig zu spielen?

Ist ein solches Abenteuer in unserem Zeitalter, da sich die Menschheit einer Plage gleich in die entferntesten Winkel der Erde ausgebreitet hat, überhaupt noch möglich? Wie stellen wir es an, dieses ständige Traumziel des weißen Mannes zu verwirklichen, bevor es vielleicht einmal endgültig zu spät ist?

Wer das nötige Kleingeld besitzt, kauft sich heutzutage eine Tropeninsel und kann sicher sein, an Statussymbolik nicht mehr übertroffen werden zu können. Denn eigene Inseln sind das non plus ultra. Aber auch der Normalverbraucher wird sich einer gefüllten Reisekasse vergewissern müssen; „Glasperlengeschäfte" laufen heute nicht mehr! Als nächstes heißt es ein Programm aufstellen. Selbst von denen, die der Programmiertheit ihrer Berufswelt vorübergehend entfliehen möchten. Denn eher als anderswo kommt mitten im Paradies Langeweile und das Gefühl der Nutzlosigkeit auf; erzwungene Faulheit wird zur Qual, und schon bald stellen sich schlimmere Neurosen ein als jene, die man ursprünglich weit von sich weg wissen wollte...

Die eigene Insel

Wir können uns vornehmen, für den Hausgebrauch einen Film zu drehen oder eine Fotoserie anzufertigen, spezifische Studien der Meeresfauna und -flora zu betreiben, zum krönenden Abschluß vorhergegangener Recherchen nach einem Schatz zu suchen (immerhin liegt noch Verlorengegangenes im Werte von mehreren Milliarden Mark auf Meeresböden und -stränden herum), anhand eines

Minimums mitgeführter Lebenshilfen eine Survivalübung zu prakti-
zieren, oder eine prospektive Partnerschaft durch vorweggenom-
mene Flitterwochen unter erschwerten Bedingungen auf ihre Belastbarkeit zu prüfen. Auf alle Fälle müssen wir am Zielort irgendwie
für das Vorhandensein einer Erlebnissphäre sorgen, die über unsere
bloße Anwesenheit hinausgeht.

Es ist nicht die schlechteste Idee, im Rahmen eines kommerziell
angebotenen Programms die Planung eines solchen Unternehmens einer Reisefirma zu überlassen, die auf dergleichen Expeditionen spezialisiert ist.

Eines der unerträglichsten Übel, denen sich ein moderner Robinson ausgesetzt sehen kann, ist eine ungeahnt hohe Bevölkerungsdichte und die quälende Neugierde, die man der ungewohnten
Anwesenheit eines Fremden vielfach entgegenbringt. Ganz zu
schweigen davon, daß in der Nähe größerer menschlicher Ansiedlungen das Meer gewöhnlich stark verschmutzt ist. Von Wichtigkeit
ist auch eine genaue Kenntnis der Wind- und Wetterverhältnisse am
Zielort, denn nichts ist trostloser und deprimierender in seiner Kontrastwirkung als ein regengepeitschter Tropenstrand. Wir müssen
wissen, wann Regenzeiten und Monsune einsetzen, wann die Saison der tropischen Orkane ist, wann uns Sandstürme über und unter
Wasser die Sicht nehmen können. Und dann die liebe Sonne! Man
merke: Für jemanden, der beabsichtigt, sich stundenlang am Tage
im und unter Wasser aufzuhalten, kann es gar nicht heiß genug sein!
Und natürlich spielen auch die topographischen Eigenschaften des
Reiseziels eine wesentliche Rolle, wobei vor allen Dingen die Frage
beantwortet werden muß, ob es trinkbares Wasser gibt oder nicht.
Wir müssen in unsere Planungen auch die Möglichkeit einbeziehen,
daß wir einmal krank werden oder einen Unfall erleiden.

Wie richten wir es uns nun vor Ort ein, nachdem alle diese Fragen
hinreichend geklärt sind? Man gebe sich nicht der Illusion hin, der
lauen Luft südlicher Breiten entsprechend permanent „unter dem
Sternenzelt" nächtigen zu können. Der Schutz vor Sonne, Kühle und
Regen ist Robinsons erstes und vordringlichstes Anliegen, das er
klugerweise am besten mit einem mitgeführten Zelt erledigt. Der
Zeltplatz sollte an geschützter, dennoch luftiger Stelle, möglichst
etwas erhöht und idealerweise neben der Trinkwasserversorgung
liegen. Aus einleuchtenden Gründen werden wir unser Zelt nicht
unmittelbar unter Kokospalmen aufschlagen, und auch einiger
Abstand zur Wasserlinie will gewahrt sein. Wer es sich zutraut, kann
natürlich auch versuchen, sich eine primitive Hütte zu bauen.

Auch ohne den Härtefall einer Survivalübung wird man im allgemeinen bemüht sein, mit möglichst wenig mitgeführtem Proviant
auszukommen. Wer sich von dem ernähren will, was das Meer uns
zu bieten hat, wird wohl oder übel auf die Unterwasserjagd gehen
müssen, deren Für und Wider an anderer Stelle in diesem Kapitel

detailliert erörtert wird. Man sollte allerdings nicht den Fehler begehen, sich in allzu hohem Maße auf seine Jagdergebnisse zu verlassen, die je nach Geschick und entsprechend den vorgefundenen Bedingungen sehr dürftig ausfallen können. Die Mitnahme von Bargeld für etwaige Einkäufe, einigen Notproviant und Vitaminpräparate ist daher auch im theoretischen Idealfall unerläßlich.

Während wohl die wenigsten Urlauber in der Lage sind, im eigenen Boot vorzufahren, ist die Zweckmäßigkeit eines bescheidenen fahrbaren Untersatzes als Tauchbasis und Kurzstreckenbeförderungsmittel nicht von der Hand zu weisen. Ein Schlauchboot ist sicherlich von einigem Nutzen, andererseits jedoch relativ schwer transportabel, windempfindlich und auf Korallenriffen verletzlich. Praktischer ist ein einheimisches Auslegerkanu, das sich – zumindest in den „touristisch noch unerschlossenen" Teilgebieten des indopazifischen Raumes – bereits für weniger als 50 Mark erstehen läßt.

Viele Robinsons sind im Lauf der Geschichte irgendwo hängengeblieben, weil sie durch ihren „Seitenwechsel" ihre idealen Lebensvorstellungen verwirklicht sahen. Für viele wurde das neue Leben zur Tragödie. Einer dieser weniger Glücklichen war der berühmte Maler Gauguin, der um die Jahrhundertwende mit dem Stoßseufzer: „Libre enfin, sans souci d'argent! – Endlich frei und aller Geldsorgen ledig!" seinen Fuß in Tahiti an Land setzte, um der verhaßten Zivilisation Europas endgültig den Rücken zu kehren. Er irrte.

Gauguin erlebte eine Tragödie

Kunstkenner wissen, wie es weiterging: Die komplizierte und unharmonische Natur Gauguins fand in der Gesellschaft der sorglosen, liebenswürdigen und großherzig gastfreundlichen Polynesier eingänglich zwar den gesuchten Frieden und die Ruhe, die sein Schaffen begünstigte, aber er übersah in dieser vermeintlich heilen Welt bereitwilligst die anderen, weit weniger anziehenden Eigenschaften seiner „Freunde": Ihre Gemütsarmut, ihren krassen Materialismus und Egoismus, ihre Unzuverlässigkeit und ihre Neigung zu Aberglauben. Auf der Suche nach neuen Horizonten und tieferen Eindrücken übersiedelte Gauguin von Tahiti und, wie er bald erkannt hatte, dessen schon damals verwässerter und häßlicher Pseudozivilisation auf die seinerzeit noch weitaus primitiveren Marquesas-Inseln und begann dort, wie wir heute als Parallele zu Urlauberbräuchen sagen würden, „den wilden Mann zu spielen". Er feierte rauschende Orgien mit den Eingeborenen, die diese von der gewohnten strengen Missionarszucht abweichenden Gepflogenheiten höchst erfreulich fanden und dem großzügigen Spender schnell jene Popularität entgegenbrachten, die mit Achtung und wahrer Freundschaft nichts gemein hat: Der (später) so große, legendäre, unerreichbare Gauguin war ein mackernder Saufkumpan. Tausende von Touristen finden sich heute alljährlich und überall auf der Welt zumindest vorübergehend in einer ähnlichen Situation.

Gauguin selbst muß gefühlt haben, daß auch unter diesen „schönen und einfachen" Menschen nicht das wahre Glück zu finden war, aber er konnte nicht mehr aus seiner Haut heraus. Als Gefangener seiner schwankenden Leidenschaften, hin- und hergerissen zwischen den verlogenen Werten der westlichen Zivilisation und der noch verlogeneren Halbkultur, die ihn umgibt, stirbt der Meister 1903 mitten im Paradies am Suff und an der Syphilis. Auf seiner Staffelei steht das letzte Bild. Es stellt ein verschneites Dorf in der Bretagne dar.

Die Lebenstragödie des großen Malers sollte allen jenen Denkstoff geben, die, von Zivilisationsmüdigkeit, Streß und Umweltproblemen übermannt, mit dem Ziel, in der Nähe der Schöpfungsanfänge ein neues Heil zu suchen, für immer zu verlassen trachten. Früher oder später werden wir feststellen müssen, daß selbst im Paradies die Welt seit langem nicht mehr heil ist, und heutzutage schon gar nicht.

Beachcombing: Was der Strandstreifen hergibt

Für einen Seemann, der auf sich hält, ist der „Beachcomber" (in diesem Sinn etwa: Strandstreicher) eine tödliche Beleidigung, die noch aus alten Zeiten stammt, als abtrünnige Kollegen die Strände nach Verwertbarem – insbesondere neuen Jobs – abkämmten.

Der Urlauber braucht dies nicht so verbissen zu sehen, und wer auf den Strand in einer Survivalsituation angewiesen ist, wird kaum ein Wort auf die Goldwaage legen wollen. Beachcombing mit Sinn und Zweck dahinter ist überhaupt eine der ergötzlichsten und aus der Sicht eines kleinen Erfolgserlebnisses heraus lohnendsten Aktivitäten, wenn wir einmal Robinson spielen wollen, und ganz sicherlich, wenn wir es müssen.

Typischer- und idealerweise bietet sich uns der tropische Strand mit einem Saum zum Wasser geneigter Kokospalmen an, dem Sehnsuchtssymbol des Bewohners kühlerer Gestade, das mitunter vielleicht erst für die Anwesenheit unseres Robinsons ausschlaggebend war. Sie allein, die Cocos nucifera, stellt auf einem ansonsten dürren Strandstreifen unser Wohlbefinden, letztlich sogar unser Überleben sicher, denn sie vermag uns das Wasser zu liefern, das wir ohne sie oft nicht zu finden hoffen dürfen.

Kein Tropenbesucher, der wohl nicht beim erstmaligen Zuschauen eines sich mit seltener Geschicklichkeit in die schwindelerregenden oberen Regionen einer Kokospalme hinaufhangelnden Einheimischen das Wort „affenartig" hätte fallen lassen, gewöhnlich gefolgt von der Rechtfertigung, daß unsere Stärken halt auf anderen Gebieten liegen. Und wie recht wir haben: Mit dem Problem konfrontiert, einen bis zu 30 m hohen, astlosen Stamm zu erklimmen, werden die meisten von uns passen müssen; soll die verdammte Nuß doch gefälligst von allein herunterfallen! Leider fällt die Nuß nicht, so-

Kokospalmen: Symbole der Sehnsucht

Siehe auch
Seite 250

Die Nuß fällt nicht von allein vom Baum

lange sie jung und frisch ist. Und falls ein Sturm sie abreißen sollte, platzt sie oft am Boden auf, und das Wasser geht verloren.

Natürlich können auch manche von uns mit vielem Stöhnen und zerkratzten Gliedmaßen eine Kokospalme erklettern, obwohl diese Sportart uns tatsächlich nicht liegt (und Tropenbesucher seien hiermit vor unsinnigen Wettbewerben gewarnt). Oben angekommen, werden wir zudem feststellen, daß die ersehnte Nuß (nicht das kleine, braune Etwas, das wir aus heimischen Obstläden kennen, sondern eine klobige, etwa melonengroße Frucht) bombenfest mit dem Baum verwachsen ist. Alles Zerren ist buchstäblich fruchtlos: Eine Kokosnuß weicht nur, wenn sie abgeschnitten oder abgedreht wird. Wir müssen vorher außerdem sichergestellt haben, daß sie auf eine nachgiebige Unterlage fallen gelassen werden kann – am besten ins Wasser.

Was erwartet uns in einer Kokosnuß, nach dem wir sie hack! klack! – zack! mit drei Machetenschlägen geschickt (hoffentlich) geöffnet haben? In einem jungen Exemplar ein guter halber Liter Wasser, das so rein ist, daß es für Infusionen benutzt werden kann, und das gallertartige Kokosfleisch, welches sich bedenkenlos verzehren läßt. Die reife, braune Nuß öffnet man anders: Wenn man ihr ein paar harte Schläge auf ihren „Äquator" versetzt, springt sie in zwei saubere Hälften. Man kann nun das zähe Fleisch hinuntermuffeln, was auf die Dauer nicht die wahre Freude ist. Besser ist Kokosmilch. Sie läßt sich bereiten, indem man das harte Fleisch zerreibt und in Wasser (1 Tasse pro Nuß) mit der Hand auspreßt. Kokosmilch ist ideal für die Robinsonsche Küche. In ihr blühen fade Grundstoffe mit Einschluß vieler Wildpflanzen geradezu auf; kaum eine tropische Mami verzichtet auf dieses noble Produkt der Kokospalme. Zwar gibt es zu bedenken, daß Kokos sehr reich an gesättigten Fettsäuren ist. Das sind die Stoffe, die den Cholesterinspiegel hochtreiben, und die Fette der Nuß enthalten gleich 87 % davon. Eine Gefahr scheint jedoch nicht zu drohen, wenn man sich nicht ausschließlich von Kokosnüssen ernährt. Anläßlich einer 1982 durchgeführten Studie polynesischer Insulaner wurde festgestellt, daß Kokosnüsse zwischen 34 und 63 % Anteil an der Gesamtnahrungsmenge dieser Menschen hatten. Doch Gefäßleiden – die primären Auswirkungen von zu viel Cholesterin – kamen so gut wie gar nicht vor. Die Wissenschaftler schlossen, daß andere Faktoren – so insbesondere der Verzehr von viel Ballaststoffen (darunter denen der Nuß selbst) und viel Fisch mit seinen cholesterinsenkenden, mehrfach ungesättigten Fettsäuren – die Insulaner gegen dieses Risiko absicherten. Kokos als Teil (!) der Nahrung scheint eher sehr gesund zu sein.

An einem kühlen Ort beginnt Kokosmilch, gleich unhomogenisierter Vollmilch, alsbald eine „Sahne" abzusetzen, die wie das Tier-

Margin notes:

**Hack!
Klack!
Zack!**

**So macht man
Kokosmilch**

produkt benutzt und sogar zu Schlagrahm verarbeitet werden kann. Allerdings sind hierzu Kühlschranktemperaturen erforderlich. Bei normalen Wärmegraden erzeugen wir lediglich Kokosbutter, die bereits als Kochfett oder, wenn man will, als erstklassiges natürliches Sonnenschutzmittel verwendet werden kann. Neuerliches Durchkneten dieses Fettes bei niedrigen Temperaturen, um es von seinem Wassergehalt zu befreien, und erneutes langsames Erhitzen und Durchseihen ergibt schließlich ein frisches, schneeweißes Küchenprodukt, das den damit bereiteten Speisen gerade noch einen Hauch seiner Herkunft vermittelt. Auf dem Umweg über Kopra (= geräuchertes und getrocknetes Kokosfleisch) gewonnenes Kokosöl ist für die Ernährung weitaus weniger wertvoll.

In einer am Boden ins Kraut schießenden Kokosnuß entwickelt sich ein Keimorgan, das einer weichen, gelben Frucht von Gänseeiformat gleicht und in etwa die Konsistenz und den Geschmack von „Kokoskuchen" hat. Dieser „Palmenembryo" hat, roh genossen, eine stark abführende Wirkung und sollte deshalb gekocht und als Gemüse zubereitet werden. Der „durchschlagende" Effekt verliert sich während des Kochens. Unbedenklich roh verzehrt werden **Das Herz** kann hingegen das Palmherz oder -mark aus den obersten Wachs-
der Palme tumsbereichen des Baumes, das im Geschmack etwa einem Kohlrabi ähnelt. Das Herausschneiden dieser Substanz nimmt der Palme jedoch Herz und Seele, und der Baum stirbt. Das „Herz" praktisch aller anderen Palmenarten ist auf die gleiche Weise verwertbar und eßbar. Jedoch gilt auch hier, daß die Palme durch den entscheidenden Schnitt ihr Leben verliert. Palmherz auf dem Markt stammt daher von Bäumen, die von einer (für den Esser belanglosen) Blattkrankheit befallen sind, oder die als Nußlieferanten ausgedient haben. Wer eine gesunde Palme auf diese Art ihres Lebens beraubt, darf sich in allen kokosanbauenden Ländern nicht erwischen lassen — es sei denn, der Baum ist sein unmittelbares Eigentum. Und selbst dann existieren noch Gesetze, um ein solches Tun zu unterbinden. Überhaupt hat selbst auf den entlegensten Inseln jede Palme, jede Nuß einen Eigentümer. Ist die Insel unbewohnt, wird ein Bedürftiger natürlich ohne Scheu von den verbotenen Früchten naschen. Sind jedoch Menschen in der Nähe, dürfte es selbstverständlich sein, daß man um „Ernteerlaubnis" fragt. Noch nie ist mir auf der Welt, auch ohne die bewußte kleine Aufmerksamkeit, eine Kokosnuß versagt worden, wenn ich einmal hungrig und durstig an einem fernen Strand landete...

Wie oft habe ich auch auf meinen Exkursionen in Kokosmilch gekochten Fisch, dazu Reis als abrundendes Füllmittel gegessen und **Wie kommen** das eminent simple Gericht, auf einem Bananenblatt am Strand ser-
wir an den viert, sehnsuchterweckend köstlich gefunden! Ein Problem ist nur:
Fisch heran? Wie kommen wir, landverkettet, an den Fisch heran?

Sicher, wir können ihn direkt am Ufer einem vorbeisegelnden Fi-

scher abkaufen. Wir können uns auch eine Angel oder Harpune be- „Fangmethoden"
sorgen und nach speziellen Fangmethoden vorgehen. Vielerorts siehe Seite 204 ff.
können wir dem Fisch jedoch mit der nackten Hand nachstellen, so
im flachen Wasser von Lagunen und in den Tümpeln, die die Ebbe
auf trockenfallenden Riffen zurückläßt. Mehr als einmal übte ich
mich auch darin, an gewissen Stellen in aller Gemütsruhe Halb-
schnabelhechte und andere Oberflächenfische aufzusammeln, die
in der Panik der Flucht oder der Hitze der Jagd auf dem Trockenen
gelandet waren und sich hier wild krümmten. Reiche Beute brachten
auch immer Sturmtage, wenn die Dauerbewohner der Brandungszone sich nicht schnell genug an die neuen Verhältnisse gewöhnen
konnten und mitunter weit auf den Strand geworfen wurden. Vor allem „Kleinvieh", in der Tat Mist machend, landet an solchen Tagen
oft kiloweise auf dem Trockenen, wo ein agiler Robinson nur einer
flinken gefiederten Konkurrenz gewachsen zu sein braucht, um sich
mehr recht als schlecht ernähren zu können.

Im überspülten Sand verbergen sich Klappmuscheln, die eine **Muscheln**
kreisende Bewegung mit der Hacke freilegt; im Schlamm der Man- **vom Strand**
grovensümpfe lebt es unter der Oberfläche; auf exponierten Felsen
kleben mäßig ergiebige, nichtsdestoweniger eßbare Seepocken;
auf Treibholz siedeln sich massenweise Entenmuscheln an; unter
Steinen und Korallentrümmern im flachen Wasser hausen wiederum andere Arten. Selbst die wurmartige Bohrmuschel läßt sich vorzüglich essen. Eigene Erfahrungen haben mich gelehrt, daß ein „Eßbarkeitstest", der im Reich der Pflanzen ausdrücklich in Frage gestellt wird, sich bei Schalentieren mitunter bereichernd auswirkte.
Gelegentlich verspeiste ich nach einem kurzen Test in der Tat mit
bestem Appetit Muscheln, die von den Einheimischen wahrscheinlich aufgrund irgend einer kuriosen Duplizität zufälliger Ereignisse für
giftig gehalten wurden, und erfreute mich sogar einer nachahmen-
den Gefolgschaft.

Der Strandstreifen mag uns einerseits oft nicht viel über das bloße
Existenzminimum hinaus liefern. Andererseits vermag er uns jedoch
gewöhnlich mit durchaus genüßlichen Beiträgen halbwegs komfortabel am Leben zu erhalten. Machen Sie sich in den nächsten Ferien
doch spaßeshalber einmal die Mühe eines diesbezüglichen Experi-
ments – am einfachsten in Form einer tabellarischen Aufzählung –,
und Sie werden staunen, was sich mit wachen Sinnen alles entdek-
ken und zusammentragen läßt!

Algen und Tange: Futuristische Survivalnahrung

**Überlebens-
nahrung
der Zukunft**

Mit rund 30 000 bekannten Arten und Größenordnungen von mikroskopisch kleinem Plankton bis zu gigantischen Tangwäldern
stellen Algen eine der diversifiziertesten pflanzlichen Lebensformen
dar.

Nur sehr wenige Seealgen sind giftig, und praktisch alle Arten, die sich mit einigem Genuß essen lassen, sind insofern harmlos. Eine kleine Anzahl von Algen der blaugrünen Kategorie ist als schädlich bekannt. Da es jedoch schwerfällt, genaue Beschreibungen dieser Arten zu geben, halte man sich an den Hinweis, daß alle unverzweigten, filamentartigen Algen mit dem Durchmesser eines menschlichen Haares oder weniger vom Verzehr ausgeschlossen werden sollten; wohl kaum jemand würde diese Gewächse ohnehin angehen. Die Existenz anderer schädlicher Arten kann nicht völlig ausgeschlossen werden, und Spezies mit pfeffrigem oder anderweitig unangenehmem Geschmack sollten deshalb vermieden werden. Die gefürchtete „paralytische Algenvergiftung" wird durch den Genuß von Muscheln hervorgerufen, die durch Einfluß der Alge Gonyaulax giftige Eigenschaften annehmen; die Alge selbst ist nicht giftig. Manche Arten sind auch für die Entstehung von ausgedehnten „Algenteppichen" verantwortlich („red tides"), die sich hemmend auf den Sauerstoffaustausch des Wassers auswirken und zu massiver Fischsterblichkeit führen können. Andere wiederum bringen Wasser durch Zerfallsprodukte zum „Blühen" und setzen dieserart Schadstoffe frei, die das Wasser ungenießbar oder gar giftig machen. In allen diesen Fällen werden schädliche Auswirkungen nur indirekt verursacht.

Tange sind große Algen

Von demgegenüber primärer Bedeutung ist für uns, daß sich viele Arten als vorzügliches Nahrungsmittel anbieten, das Protein, Kohlehydrate, Fette und gewöhnlich auch Vitamine wie B_{12} , C und K enthält. In zahlreichen Ländern gehören Algen und Tange zum täglichen Speiseplan. Die Gattung Ulva, über die ganze Welt verbreitet, dient in Schottland als Brotauflage („laver"). Sie wird auch auf Neufundland („dulse") und auf den Philippinen („gamgamet") verspeist. In der japanischen Küche läuft kaum irgend etwas ohne „nori", und auf meinem eigenen Mittagstisch steht mindestens dreimal in der Woche „lato" (Caulerpa racemosa), dicke Büschel kleiner, grüner „Weintrauben" aus dem Meer.

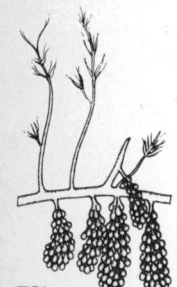

Eßbarer Beerentang

Eßbare Algen werden normalerweise als Rohsalat zubereitet; man versichere sich deshalb tunlichst einer verunreinigungsfreien Herkunft des Angebots. Man tut auch gut daran, sich von Einheimischen auf genießbare Arten hinweisen zu lassen, da der Reichtum an Erscheinungsformen eine Identifizierung mitunter sehr schwierig macht. (Ungenießbar, wenn auch nicht schädlich, sind einleuchtenderweise kalzifizierte oder anderweitig mit unverdaulichen Eigenschaften behaftete Formen). Die erwähnten „Weintrauben" der Gattungen Caulerpa sp. oder Botryocladia sind in allen tropischen Meeren zu finden und lassen sich ohne Vorbehalt verspeisen, wie überhaupt alle fleischig-knackigen, mit einem leichten Schleimfilm besetzten Arten. Die Farbe spielt hierbei keine Rolle; die meisten hochwertigen Exemplare befinden sich jedoch in der rotbraunen Kategorie.

Obwohl für einen hungrigen Robinson von geringer Bedeutung, mag sich die schlichte grüne Einzeller Chlorella eines Tages als eine der wichtigsten Nahrungsquellen der Menschheit erweisen. Schon heute werden diese in höchstem Maße protein- und vitaminhaltigen Algen vielerorts industriell verarbeitet. Und es ist nur eine Frage der Zeit, wann sie endgültig einmal auf unseren Tischen in Erscheinung treten werden. Es vergeht ohnehin kaum ein Tag, an dem wir nicht von Algen abstammende Produkte in der einen oder anderen Form zu uns nehmen: Sie sind als Konservierungs- und Bindemittel in einem Großteil kommerziell aufbereiteter Nahrung enthalten.

Die wichtigste Rolle spielen Algen jedoch in der Pharmazeutik. Algenextrakte sind in mehreren hundert Arzneimitteln enthalten, und die Möglichkeit, über die Pflanzengruppe in völlig neue Erkenntnissphären vorzustoßen, ist unvergleichlich hoch.

Eine ihrer ungewöhnlichsten Eigenschaften, die ihre Nützlichkeit weit hervorhebt, ist u.a. das Vermögen, die Zähflüssigkeit eines Stoffes in direktem Verhältnis zum Gehalt von Kalziumionen in diesem zu verändern. Alginate können deshalb mit dem Kalzium im Blut eine Verbindung eingehen, die eine schwerwiegende Wunde schnell versiegelt. Seit längerem bekannt sind auch die antibiotischen Wirkungen zahlreicher Algenarten — den erst kurz zurückliegenden großen Durchbruch gegen die Meningitis (Hirnhautentzündung) verdanken wir einer vor den Küsten Korsikas gefundenen Spezies. Die bemerkenswerteste Entdeckung wurde jedoch unlängst in Kanada gemacht, wo Wissenschaftler herausfanden, daß Algenextrakte den Anteil von Strontium 90 in strahlungsverseuchten menschlichen Knochen effektiv reduzierten. Eine Menschheit, die sich einem atomaren Dilemma gegenübersieht, mag in den bescheidenen Algen vielleicht eines Tages ihre letzte Rettung finden...

Siehe auch „Blutungen" auf Seite 133

Algen als letzte Rettung...?

Argumente für und wider die Unterwasserjagd

Als Altvater Cousteau vor einiger Zeit anläßlich eines Fernsehinterviews in den Vereinigten Staaten alle Arten der Sportfischerei pauschal als „pervers" abqualifizierte, saß eine engagierte Zuschauerschaft momentan wie vor den Kopf gestoßen da. Dann erhob sich der Sturm des Protests aus dem Millionenlager der dieserart rüde Attackierten.*

Der Meister hatte sich, vielleicht etwas undifferenziert, an jene Heerscharen gewandt, die das Fangen und Töten eines Tieres mit „sportlicher Aktivität" identifizieren und im Beutemachen Erholung und Selbstbestätigung zu finden vermögen. Und er hatte für die Pervertierung der uns allen innewohnenden Urinstinkte zu einem Vergnügen angesichts der ökologischen Großkrise der Welt sicherlich

*Schneider „Captain Cousteau Opposes Sportfishing" (Montana Outdoors 4/78)

**Der Jagdtrieb
ist tief in uns
verwurzelt**

das richtige Vokabular gewählt. Ist nach seiner Schelte jedoch eine Aussicht auf Abänderung dieses Tuns gegeben?

Wohl kaum. Unser Trieb, zu jagen und Beute zu machen, ist zu tief in uns verwurzelt, um sich über Nacht hinwegzivilisieren zu lassen. Allenfalls können wir ihn in andere Bereiche verdrängen, indem wir Geld und Geschäften nachjagen, Profite und Status erbeuten. Personen, die in diesem Ersatzgeschehen eine hohe Befriedigung finden – und dies ist vor allem unser „Mittelstand" –, haben für die Jagd in ihrer Urform nicht viel übrig. Dagegen gibt es wohl kaum einen Knaben, der, von Ersatzhandlungszwängen dieser Art noch unberührt, nicht das elektrisierende Gefühl kennt, das ihm der erste an der Angel zappelnde Fisch vermittelt: „Es hat einer angebissen!"... Und welcher „Reiche" geht nicht gerne einer safariartigen Tätigkeit nach.

Wir haben heute die Möglichkeit, unseren Jagdtrieb auf „zivilisierte" Art und Weise abzureagieren, indem wir mit der Kamera „auf die Pirsch gehen", Bilder „schießen" und mit der Beute „im Kasten" befriedigt nach Hause zurückkehren. Wie unvollständig eine Triebverdrängung hierbei jedoch im Grunde erfolgt, zeigt die Analogie, daß der Mann auch dem Weibe mit einem phallischen Teleobjektiv nachstellen kann, obwohl es ihm an Originalausrüstung nicht fehlt, daß die Ersatzbeute ihm aber nur zu geringer Befriedigung gereicht. (Wenn auch manch einem eine Kombination beider Gerätschaften zum befreienden Erlebnis zu geraten scheint). Sollte nicht eher eine Perversion vorliegen, wenn wir die Befriedigung unserer Urtriebe auf anderen, künstlich geschaffenen Gebieten mit artfremdem Instrumentarium zu bewältigen versuchen...?

Es ist in diesem Zusammenhang interessant zu bemerken, daß der Ächter Cousteau bewußt keinen Anstoß an der kommerziell betriebenen Fischerei nimmt. Vielleicht weil bei der stumpfen, organisierten Massenschlächterei kein atavistisches Vergnügen empfunden wird. Was von der Befriedigung zu halten ist, die der Berufsfischer beim Auszahlen seiner Fangprämie empfinden mag, steht auf einem anderen Blatt. Ist sie pervers oder nicht?

Nicht weniger pervers, um noch kurz bei diesem Wort zu bleiben, erscheint es mir persönlich, Triebbewältigung im Aufstechen einer Konservendose suchen zu wollen, insbesondere wenn das Blech ironischerweise mit den Produkten einer mit Jagd- und Fangaktivitäten engagierten Großindustrie gefüllt ist. Und paradox ist letzten Endes auch, aus Gründen der Artenerhaltung heraus völlig auf jegliches Seegetier zu verzichten, uns auf Reisen vielleicht mit einem fade, chemieangereicherten Dosenmampf zu begnügen, während es in der Küche des von derartigen Skrupeln verschonten Nachbarn lecker-exotisch zugeht.

Wie viele ihm Gleichgesinnte ist Cousteau ein gebranntes Kind. Er, der Erfinder der Aqualunge, mußte mit ansehen, wie die ertauchbaren Gründe des ohnehin total überbeanspruchten Mittelmeeres mit zunehmender Popularisierung seiner Erfindung rapide erschlossen und wie die Fischreichtümer dieses riesigen neuen Freizeitraumes von rücksichtslosen Unterwasserjägern innerhalb kurzer Zeit soweit dezimiert wurden, daß sich dort heute kaum noch irgend etwas rührt oder regt. Das heißt: Rühren oder regen würde, wenn nicht massive staatliche Eingriffe in das unselige Treiben inzwischen Abhilfe geschaffen hätten...praktisch im gesamten Mittelmeer ist die Harpunenjagd heute gesetzlich untersagt, und die große Gemeinschaft umweltbewußter Taucher hat von sich aus ein Übriges getan und die bewaffnete Unterwasserjagd weltweit mit Acht und Bann belegt.

Staatliche Eingriffe in eine Freizeitbeschäftigung, dazu noch in einem Element, das keinen Staat und keine Grenzen kennen sollte — das ist gleichbedeutend mit (wieder einmal!) einer Verzichtserklärung an die letzten persönlichen Freiheiten. Und freiwillige Disziplinauferlegung klingt in Verbindung mit Ferien und Ungebundenheit auch nicht gerade verlockend. Besonders schmerzlich ist die Überlegung, daß es zu dieser trostlosen Entwicklung gar nicht erst hätte kommen müssen, wenn man von vornherein die unvermeidlichen Exzesse unter Kontrolle bekommen hätte, die wütenden Schlächter und Trophäenjäger aus dem Spiel hätte ziehen können. Dreimal Wunschvokabular. Aber Hand aufs Herz: **Keine Art des Fischens ist selektiver als die Unterwasserjagd mit der Harpune.** Wobei wir die Frage, ob es als „fair" und „sportlich" ist, wenn der Taucher zu diesem Zwecke einen Luftvorrat unter Wasser mitführt, einmal dahingestellt sein lassen wollen. Der Angler weiß nicht, was anbeißt. Der Netzfischer, insbesondere der tropische, füllt seinen Beutel mit allem, was nicht durch die Maschen zu schlüpfen vermag, harkt mit einem Schleppnetz dazu noch mörderisch den Boden auf. Fallen- und Reusensteller nehmen undiskriminierend mit, was immer ihnen in ihre Fanganlagen gerät. Und vom kriminellen Tun derer, die vielerorts in der Dritten Welt, im Mittelmeer beginnend, mit Dynamit und Chemikalien hantieren, wollen wir gänzlich schweigen. (Wenn Sie in den Tropen einem „armen Hund" von Fischer begegnen, der sein Tagwerk mühsam mit einer Hand verrichten muß, und wenn Sie dann auf Hai tippen, liegen Sie meist daneben. Fast immer war es die zu früh losgegangene Dynamitstange).

Wer sich eine Robinsonade vorgenommen hat, während derer er sich weitgehend auf eigene Faust zu ernähren gedenkt, wird ohne die Unterwasserjagd kaum auskommen. Wer wollte einem Hungrigen „niedere Beweggründe" unterstellen? Meine Ansicht ist, daß es ihm durchaus vergönnt und gestattet sei, auf diese Weise seinen Kochtopf zu füllen (und sogar Freude dabei zu empfinden), solange die fein ausbalancierten ökologischen Verhältnisse vor Ort seine Eingliederung als Jäger zulassen und solange er keinen gezielten

Overkill veranstaltet. Die Unterwasserjagdtips, die dieses Kapitel gibt, sind deshalb ausschließlich für einen „Ernstfall" vorgesehen. Diesen zu definieren, soll jedoch voll und ganz dem Leser selbst überlassen bleiben.

Leben und Überleben aus dem Meer: Fang- und Zubereitungsmethoden

Die nachstehend in alphabetischer Reihenfolge aufgeführten Meerestiere stellen einen begrenzten Querschnitt durch das Nahrungsangebot dar, das uns in tropischen Meeren der ganzen Welt zur Verfügung steht. Obwohl gewisse, insbesondere giftige Arten in einigem Detail beschrieben sind, muß aus Gründen der Vielfalt tierischen Lebens im Meer und des beanspruchten Druckvolumens natürlich auf weitere Spezialisierungen verzichtet werden. Ein Durchschnittsrobinson wird das Aufgeführte jedoch für die Dauer eines Insel- oder Küstenurlaubs durchaus ausreichend finden.

Aale sind auch in vielen tropischen Ländern bekannt. Solange sie unseren heimischen Arten ähnlich sind, kann man sie auch als Nahrung verwenden; hier wie dort darf man Aale jedoch nicht roh verzehren.

Austern sind auch in den Tropen eßbar; sie müssen in der Nähe menschlicher Ansiedlung jedoch prinzipiell als infektiös angesehen werden. Gelegentlich können Austern in der Brandungszone auch von Öl verdorben sein, obwohl sie keineswegs unmittelbar von einem „Ölteppich" umwabert sein müssen. Zu bedenken ist grundsätzlich, daß Austern und andere Schalentiere sich über ein Filtersystem ernähren, in dem alle möglichen Schadstoffe „hängenbleiben" können. Austern und andere Muscheln waren für die bekannten Choleraausbrüche Neapels in jüngster Zeit verantwortlich und sind zudem in der Lage, DDT im Meerwasser innerhalb eines Monats auf das 70000fache zu konzentrieren. Vorsichtige Tests sind zu empfehlen.

Barrakudas, vor allem kleinere Exemplare, sind nicht selten die Beute eines eifrigen Unterwasserjägers. Leider sind diese sehr gefräßigen Raubfische als letztes Glied in der Kette des Fressens und Gefressenwerdens in höchstem Maß toxischen Beeinflussungen durch ihre Beute unterworfen — sie sollten deshalb unbedingt nur nach einem Eßbarkeitstest oder bei Abgabe einer Unbedenklichkeitserklärung einheimischer Sachkenner verzehrt werden. Wo immer ein tropischer Fischmarkt vor Barrakudas strotzt, was besonders im karibischen Raum nicht unüblich ist, läßt sich gegen den im Grunde sehr schmackhaften Fisch sicherlich nichts einwenden.

Fisch, einmal ganz allgemein, ist unsere wichtigste Quelle von Meeresprotein. Wer ihn nicht mag, ist auf einer Tropeninsel oder überhaupt im Bereich meeresorientierter tropischer Kochkünste fehl am Platze. Im Vergleich zu der geradezu lächerlich untergeordneten Rolle, die der Fisch auf unseren heimischen Speisezetteln und in unseren Kochbüchern spielt, entfalten südliche Gefilde eine schillernde Palette verschiedenster Arten und Zubereitungsmethoden. Mancher Urlauber ist erst bei einem kühnen Abstecher in dieses unbekannte Terrain überrascht auf völliges Neuland gestoßen, und mußte feststellen, daß Fisch keineswegs immer „fischig" schmeckt.

Der Fischfang ist so alt wie die Menschheit selbst. Und von den Techniken der kommerziellen Fischerei einmal abgesehen, gibt es kaum neuartige Methoden, die einem modernen Robinson die Jagd auf den Fisch um ein Vielfaches erleichtern würden. Oft kann er gerade von den primitivsten Leuten noch das meiste lernen. Kein noch Siehe auch „Primitive Fangmethoden" Seite 302 ff. so perfektes Lehrbuch ersetzt die individuellen Erfahrungen von Menschen, die in der Einzigartigkeit ihrer geographischen und ökologischen Verhältnisse aufgewachsen sind.

Dies trifft besonders auf das haarige Problem zu, die Genießbarkeit bzw. Giftigkeit eines gefangenen Fisches zu bestimmen, denn gerade in diesem von allen möglichen Schattierungen durchzogenen Grenzgebiet hilft das Gedruckte kaum noch. Während in diesem Kapitel zwar eine Bemühung angestellt wird, zumindest die giftigsten Fische – die „Knollenblätterpilze" im Fischreich sozusagen – zu identifizieren, werden wir uns an den Gedanken gewöhnen müssen, daß in den warmen, flachen Gewässern zwischen 35° Nord- und 35° Südbreite mehrere hundert Arten von Fischen existieren, die normalerweise mit großer Regelmäßigkeit verzehrt werden (darunter manche erstklassigen Speisefische wie die Schnäpper und Seebarsche), die aber als Durchgangsstation in der Nahrungskette an gewissen Orten oder zu gewissen Zeiten (beide nirgendwo fest umrissen) giftige Eigenschaften annehmen können und sich infolgedessen jeglicher festen Klassifizierung entziehen. Leider können uns hier nur einheimische Sachkenner oder hochspezifische Fachliteratur vor einem fatalen Fehler bewahren! Siehe auch „Fischvergiftung" Seite 148 „Gefährliche Fische" Seite 213

Für die Zubereitung merke man sich folgendes:

Fisch ist vor dem Verzehr immer auszuweiden (auch wenn die Einheimischen anderer Ansicht sein mögen!). Man läßt ihn ausbluten, indem man den Schwanz abschneidet. Die Kiemen sind zu entfernen. Köpfe können einen guten Suppengrundstock abgeben. Sie stellen einschließlich der Augen sogar eine ausgezeichnete Survivalnahrung dar. Das Gehirn darf allerdings nicht mitgegessen werden; es ist bei manchen Arten giftig.

Gefangener Fisch verdirbt schnell; unter der Tropensonne muß er innerhalb von höchstens 6 Stunden verarbeitet oder auf Eis gelegt sein. Gleich nach dem Fang ausnehmen und Kiemen entfernen, schattig lagern und in nassen Tang oder Lappen einwickeln. Beförderung im Wassereimer ist sinnlos!

Alle als ungiftig identifizierten Seefischarten lassen sich ohne Vorbehalt auch roh essen. Das Verzehren von rohem Fisch kann für experimentierfreudige Esser, die die erste Hemmschwelle einmal überwunden und gewisse Feinheiten kennengelernt haben, zu einem beglückenden kulinarischen Erlebnis und sogar zur Gewohnheit werden. Japanische sashimi und sushi spalten europäische Fischesser, die mit ihnen einmal in Berührung gekommen sind, in zwei Lager: Die Augen des einen beginnen zu leuchten, den anderen schüttelt's...

Mit etwas Sojasauce gewinnt roher Fisch geschmacklich um ein Vielfaches; eine dünne Scheibe Ingwer dazu gibt dem an und für sich faden Fisch eine schärfere Nuance. Oder wie wäre es mit einem simplen salade polynésienne: Rohen Fisch in einem Gemisch von Seewasser und Limonensaft (1:4) über Nacht marinieren – fertig! (Wer diese Einfachstgerichte einmal nachvollziehen möchte, darf nur völlig frischen Fisch verwenden und die Mahlzeit nur mit Stäbchen oder mit der nackten Hand verzehren – mit der Gabel schmeckt's nicht).

In akuten Notfällen wird roher Fisch auch ohne diese Verfeinerung gut schmecken (müssen). Wenn man bedenkt, daß tropische Arten durchweg nicht die unangenehme Tranigkeit vieler ihrer Kaltwasserbrüder haben, gewinnt die Vorstellung vielleicht an Attraktivität.

Unter einfachsten Bedingungen wird man den gereinigten Fisch auf einen Holzstab stecken und ihn in die Glut eines kleinen Feuers halten. Wer einen solchen knackfrischen „Steckfisch" einmal an einem tropischen Korallenstrand probiert hat, wird sich fragen, was er bisher an Kabeljau in Senfsauce fand... Gekochter Fisch schmeckt am besten in Suppen, die unmittelbar zu ihm passen. Die speziellen Rezepte in den Küchen südländischer Meeresanrainer werden dieser Anforderung im allgemeinen mehr als gerecht. Kleine Fischchen (bis 5 cm) werden gereinigt, aber ansonsten ungeköpft und unausgenommen schnell in heißem Öl gebacken, größere säubert man sorgfältig und brät sie schlicht in der Pfanne oder dünstet sie in Alufolie. Fischfans seien auf die raffinierten Beigaben hingewiesen, die die chinesische Küche bereithält. Der Gedanke an den „süß-sauren Zackenbarsch" treibt Kennern das Wasser in Mund und Augen...

Robinsons und Fahrtensegler werden sich früher oder später nach Konservierungsmethoden für überschüssige Fänge umsehen müssen. Ein Einfrieren ist natürlich nur mit entsprechenden Gerätschaften möglich, Einlegen oder Einsalzen gewöhnlich zu aufwendig. Räucherfisch beginnt in einer feuchtheißen Atmosphäre schon bald zu schimmeln. Am besten hält sich (von Konserven einmal völlig abgesehen) getrockneter Fisch. Zu diesem Zweck säubert man den Fang gründlich, legt ihn einige Stunden zum Durchsalzen in flaches Seewasser und hängt ihn anschließend gespreizt an einer windigen und sonnigen Stelle auf, bis er hart und trocken ist. Kleinere Fische werden bretthart und schmecken nicht besonders; geeignetere Exemplare von 30-50 cm Länge können jedoch, je nach Art, zu einer wahren Delikatesse herangedeihen. Bei Verbrauch wird Trokkenfisch am besten durch Grillen erhitzt; den hohen Salzgehalt kann man vorher auswässern oder mit Essig bzw. Zitrone neutralisieren.

Fliegende Fische fangen sich auf hoher See praktisch von allein; auf einem Fahrzeug von weniger als 2 m Freibord braucht man sie manchmal nur morgens aufzusammeln. Man kann fliegende Fische auch relativ einfach mit einer Lampe oder Fackel fangen, in deren Lichtschein sie nachts wie hypnotisiert hineinspringen. Die gesamte Ordnung Synentognathi, zu der sie gehören, stellt eine Gruppe ausgezeichneter Speisefische dar. Vor allem die einem Barrakuda nicht unähnlichen Pfeilhechte, die mehr als fußlang werden und sich gewöhnlich direkt an der Oberfläche tummeln, haben ein vorzügliches Fleisch. (An ihren lebhaft grünen Gräten sollte man keinen Anstoß nehmen).

Garnelen (engl.: shrimps, franz.: crévettes, span.: gambas, um zu Krebsen zu differenzieren), wie wir sie aus der Nordsee kennen, geraten in tropischen Bereichen zu tellerfüllenden Dimensionen und sind auf vielen dortigen Fischmärkten billig und massenhaft zu finden. Fast überall in Hafenstädten und Fischernestern stellen sie das begehrenswerteste Meeresgericht schlechthin dar: Schmackhaft, proteinreich, sauber (weil „eingewickelt") und preiswert mit einem Hauch von Luxus. Für den Selbstversorger sind Garnelen nicht minder ideal – ihre einfachste Zubereitungsart besteht darin, daß man sie schlicht in Salzwasser kocht. (Man kann sie übrigens auch unbedenklich roh essen).

Garnelen werden vorzugsweise nachts mit engmaschigen Netzen über Sand- und Schlammböden gefangen; sie lassen sich auch mit einem Stellnetz oder speziellen Reusen erbeuten. Wer unter Survivalbedingungen auf Garnelenfang geht, tut gut daran, im Wasser liegendes Gesträuch oder Tanginseln mit rascher Bewegung ins Boot oder aufs Trockene zu befördern. Oft wimmeln diese von den Tieren bevorzugten Aufenthaltsorte von hunderten von (kleinen) Exemplaren. Auch ein mit einem Fleisch- oder Abfallköder bestückter Korb oder Sack kann gute Resultate erbringen.

Haie werden, falls überhaupt, am besten mit der Angel gefangen. Harpunieren ist selbst bei kleineren Exemplaren risikoreich. Während das Fleisch vieler Arten (z.B. Mako) akzeptabel bis gut schmeckt, macht eine konzentrierte Durchsetzung mit Harnstoff das Fleisch anderer Arten jedoch eher ungenießbar oder zumindest hochgradig unappetitlich. Die berühmte Haifischflossensuppe läßt sich nur über einen sehr komplizierten Vorgang herstellen und ist als Survivalgericht mithin völlig indiskutabel; außerdem kommen nur einige wenige Arten hierfür in Frage. Je jünger der Hai ist, desto verwertbarer ist allerdings sein Fleisch, dem dazu durch Wässern einiges von seinem strengen Geschmack genommen werden kann. Eine elegantere Methode ist die Zubereitung in Kokosmilch, wobei der unangenehme Beigeschmack weitgehend neutralisiert werden kann, doch hochwertig wird Haifleisch auch durch diese Behandlung nicht. Wichtig: Niemals Haileber essen! Sie ist in lebensgefährlichen Konzentrationen mit Vitamin A angereichert!

Niemals Haileber essen!

Ein geangelter Hai zeigt selbst noch auf dem Trockenen die Zählebigkeit und den wütenden Verteidigungsdrang seiner Rasse und kann noch größte Verwüstungen anrichten oder Verletzungen zufügen. Man tut also gut daran, ihn bereits betäubt an Deck zu ziehen, indem man ihm eins über den Schädel gibt, oder ihn nach einer im Roten Meer praktizierten Methode unschädlich macht, wobei man seinen Schlund gerade über die Wasseroberfläche hievt und solange mit Wasser füllt, bis der Hai buchstäblich „ertrinkt", d.h. an seinem eigenen Gewicht erstickt.

Kraken lassen sich mit der Hand greifen oder harpunieren, wobei ein mehrzinkiger Speer die beste Waffe ist. Wenn das Zeitelement keine Rolle spielt, kann man auch entleerte grüne Kokosnüsse oder ähnliche Hohlkörper im Wasser versenken und darauf warten, daß ein Krake (mit großer Wahrscheinlichkeit) alsbald diese attraktive Behausung bezieht. Wer einen mehrarmigen, starken Angelhaken besitzt, verankert diesen im Gehäuse einer Kaurimuschel (kann man an jedem Korallenstrand finden) und zieht dieses Arrangement gegen Abend langsam über den Meeresboden; kein Krake kann dieser vermeintlich leichten Beute widerstehen. Man ruckt an, sowie ein Widerstand spürbar wird, und holt sofort ein. Kleinere Exemplare lassen sich selbst ohne Haken und mit lediglich einem Stückchen Koralle fangen. Der Krake greift danach und läßt bis zum Kochtopf nicht mehr los.

Kraken dreht man den Hals um

Kraken tötet man, indem man ihnen buchstäblich den Hals umdreht. Die dabei auslaufende Tinte ist weder schädlich noch gefährlich, verursacht jedoch unauslöschliche Flecken in der Kleidung. Kleinere Exemplare lassen sich nach Entfernung der Freß- und Verdauungsorgane ohne weiteres roh verzehren. Man kann sie auch kochen, grillen oder trocknen, indem man den Eingeweidesack umstülpt und sie in der Sonne aufhängt. Größere Tiere sind zäh und müssen weichgeklopft werden. Die einfachste Zubereitungsmethode ist Kochen in Salzwasser oder — schmackhafter — in schwarzem Tee.

Siehe auch Seite 187

Vorsicht: Kraken können unter Umständen giftig zubeißen!

Krebse sind wohl die am leichtesten zu erjagende Beute, stellen aber gleichzeitig eine mit erheblichen Risiken behaftete Nahrungsquelle dar. Um einen repräsentativen Fall zu zitieren:

„Am Morgen des 10. November 1976 kam Ignacio Abejero aus Dumaguete (Philippinen) vom Fischfang zurück und bereitete sich um 10 Uhr ein vorzeitiges Mittagessen aus einer örtlich als Agokoy bekannten Krebsart. Wenig später bekam A. Bauchschmerzen, denen krampfartiges Erbrechen und Schwellungen des Unterleibes folgten. Um 12 Uhr mittags war A. tot. Die verzehrten Krebse waren vermutlich Atergatis floridus."*

*"You may crab, but don't eat!" (Bulletin Today, Manila 1977)

Ein Versuch, die außerordentlich zahlreichen Arten von Krebsen, die die tropischen Meere bevölkern, an dieser Stelle zu klassifizieren, würde den Rahmen dieses Buches sprengen. Außerdem verwischen, wie bereits bei den Fischen gesagt wurde, regional oder jahreszeitlich beschränkte Einflüsse auf die Genießbarkeit das ohnehin schon recht diffuse Bild noch mehr. Man sollte deshalb nur positiv aus eigener Erfahrung als ungefährlich bekannte Krebse verzehren oder sich an die permanenten Gebräuche der Einheimischen halten. In einem Restaurant, das auf Krebse spezialisiert ist, kann man sich selbstverständlich ohne Sorge zu einer Mahlzeit niederlassen.

Allerdings sind selbst viel gegessene und generell durchaus bekömmliche Krebse bei vielen Leuten Auslöser für verschiedene allergische Symptome. Schwer zu erklärende gesundheitliche Störungen nach der Einnahme einer Mahlzeit sollten entsprechend diagnostiziert und behandelt werden. Wer Krebse jedoch gut verträgt und sie unter gesicherten Umständen vertilgen kann, wird in ihnen eine königliche Bereicherung seines Speiseplans finden. Ihre Zubereitung ist denkbar einfach: Man kocht sie, bis sie „krebsrot" werden!

Krebse werden im deutschen Sprachgebrauch gelegentlich mit den an vorheriger Stelle aufgeführten Garnelen verwechselt. Auf Garnelen trifft das in diesem Abschnitt Gesagte nicht zu: Sie sind uneingeschränkt genießbar.

Langusten gehören zur Standardbeute jeden Tauchers in tropischen Meeren. In der Tat ist ihr Fang mitunter so mühelos, daß die Jagd auf diesen engen (jedoch scherenlosen) Verwandten des Hummers in den meisten Ländern strikt reguliert ist: Langusten dürfen fast nirgendwo mehr mit der Harpune geschossen werden, sondern der Taucher muß stattdessen sein Glück und sein Geschick mit der nackten, allenfalls mit einem Handschuh geschützten Hand versuchen.

Langusten mit der Hand fangen

Dieses Reglement gibt der durchaus nicht völlig wehrlosen Languste einige erhebliche Vorteile gegenüber dem Unterwasserjäger. Sie kann sich nicht nur in ungeahnt engen Löchern verkriechen, in die die tastende Hand des Tauchers nicht einmal hineinpaßt, sondern sie schätzt auch ein symbiotisches Untermieterverhältnis mit der Muräne, die ihrerseits von beutelüsternen Menschenfingern überhaupt nichts hält und ihre Rechte als Hausherrin notfalls geltend zu machen weiß. Darüber hinaus dürften die igeligen Qualitäten des Langustenpanzers die meisten mutigen Greifer abschrecken, und einmal im Griff zappelnd kann die Languste schmerzhafte Klapse mit ihrem Breitschwanz austeilen, die einen überraschten Gegner sehr wohl zum Loslassen bringen können, vor allem wenn dieser Überraschungseffekt dazu von einem ärgerlichen Schnarren begleitet wird, das zu produzieren sie imstande ist. Dokumentiert ist auch eine Anzahl von Unfällen mit teilweise ernstem Ausgang, bei denen eine erbeutete Languste sich an ihrem Fänger festklammerte und diesem mit ihren überaus kräftigen Beinen die Tauchmaske herabzerrte oder zumindest eine tödlich gefährliche Flutung zu bewirken vermochte.

Einer argen Hungersnot gehorchend, kann man natürlich auch einen Speer auf die Languste anlegen, und ein Schuß in den Kopf macht dem „Duell" ein schnelles Ende. Wen jedoch eine eher sportliche (und legale) Austragung interessiert, mag folgende Hinweise zur Kenntnis nehmen:

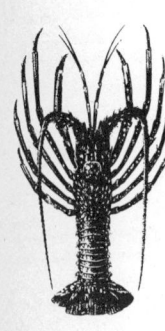

Der Stachelpanzer der Languste ist nicht besonders scharf, solange man nach dem Prinzip, daß ein Fakir auf einem Nagelbett, aber kaum auf einem einzelnen Nagel, recht gemütlich ruhen kann, fest und mit der ganzen Hand zugreift. Natürlich kann man sich auch zusätzlich mit derben Handschuhen schützen.

Es ist sinnlos zu versuchen, die Languste an ihren Fühlern hervorzuziehen. Sie ist mit ihren Widerhaken fest in der Höhle verankert, die Fühler brechen ab, und man hat das Nachsehen. Von Tauchern aus dem Golf von Mexiko stammt der Ratschlag, mäßig aber regelmäßig an den Fühlern einer verschanzten Languste zu rütteln. Nach ihren Beobachtungen wird das Tier hierdurch schließlich „seekrank" und willenlos und läßt sich ohne Mühe vereinnahmen.

Langusten hausen häufig in riesigen Wohngemeinschaften, die auf ein Eindringen des Tauchers mit panischem Durcheinanderwuseln reagieren. Wer genug Luft hat, kann sich die wilden Fluchtbemühungen in Ruhe betrachten und von der Meute behinderte Nachzügler gemütlich herausgreifen. Mitunter ist eine Höhle derartig mit den Tieren angefüllt, daß man nur wie in einen Korb in sie hineinzulangen braucht, um Beute zu machen. Auch der Freitaucher kommt hier nicht zu kurz.

Kommerziell werden Langusten am effektivsten mit auf dem Meeresboden ausgespannten, sehr weitmaschigen Netzen geringer Höhe (½ m) gefangen, in denen sie sich mit ihren zahlreichen Widerhaken und käferartigen Beinen leicht verheddern und von Tauchern eingesammelt werden können. Diese Fangmethode ist allerdings gleichfalls in den meisten westlichen Ländern verboten.

Langusten sind fast reines tierisches Eiweiß

Vorsicht: Langusten sind fast reines tierisches Eiweiß. Sie sollten nicht ohne gleichzeitige Kohlehydratzuführung und nicht in zu großen Quantitäten genossen werden. Je kleiner Langusten sind (sie können mehrere Kilogramm schwer werden), desto verträglicher sind sie. Einfachste Zubereitungsart: Dem (getöteten) Tier wird einer seiner Fühler rückwärts in den Darmkanal eingeführt, kurz gedreht und wieder herausgezogen. Auf diese Weise werden die gesamten Eingeweide sauber und bequem entfernt. Man kocht dann die gesamte Languste in Salzwasser, bis eine lebhafte rote Farbe eintritt. Sämtliche Fleischteile des Tieres sind eßbar, notfalls auch roh.

Muränen sind, manchen gegenteiligen Aussagen zum Trotz, ausgezeichnete Speisefische. In ganz Polynesien zum Beispiel werden sie wegen ihrer dicken Fettschicht sehr geschätzt, und ihre relative Häufigkeit in tropischen Meeren macht sie zu einem wichtigen Survivalfaktor.

Ein Duell mit einer Muräne ist ein Wagnis, dessen Risiken wohlüberlegt sein wollen. Wenn eine Muräne aus Nahrungsmangel schon geschossen werden soll und die richtige Waffe ist zur Hand, so sollte es „shoot to kill" heißen, und zwar entweder von oben durch den ersten Rückenwirbel oder allenfalls seitwärts durch den Kopf, um dem eventuell noch lebenden Tier den Rückzug in seine Höhle zu vereiteln, aus der es kaum jemals wieder hervorzuziehen ist. Keine Zeit darf vergeudet werden, denn die Muräne stellt eine unglaubliche Akrobatik an, um sich vom Speer zu befreien. Man darf deshalb nicht wild am Schaft zerren und rütteln, sondern muß versuchen, das Tier möglichst mit einer einzigen, beidhändig konzentrierten Kraftanstrengung ins Freie zu ziehen. Falls dieses Manöver schiefgeht und der Speer kommt dabei frei, so bringe man sich in Sicherheit und lasse die tobende Muräne unwaidgerecht zum Teufel gehen. Ein leerer Magen ist immer noch besser als ein leeres Handgelenk!

Siehe auch Seite 177ff.

Nach Muränen zu angeln ist ein recht hoffnungsloses Unterfangen, das zumeist mit dem Verlust des Angelgerätes enden wird. Denn das gehakte Tier – einem Köder durchaus nicht abgeneigt – verbeißt und verknotet sich derart irrsinnig in seinem Loch, daß jeder Kraftakt an der Leine vergeblich ist. Selbst falls es gelingen sollte, den Fang hervorzuziehen, ist der Sieg ein freudloser, denn von der Beute bleibt selten viel mehr übrig als ein sehr unappetitlicher, annähernd in Segmente zerschnittener Kadaver inmitten eines unentwirrbaren Kokons der Angelschnurreste...

Nach Muränen zu angeln, ist sinnlos

Wer die Strapaze, einer erbeuteten Muräne die Haut abzuziehen, einmal hinter sich gebracht hat, wird ein ansprechend weißes, nur von einer Mittelgräte durchzogenes, fettes Fleisch vorfinden, das in allen Zubereitungsarten vorzüglich schmeckt. Vor allem in bouillabaisseartigen Fischsuppen gibt Muränenfleisch eine ideale Zutat ab.

Vorsicht: Wie alle Raubfische können auch Muränen unter Umständen giftige Eigenschaften annehmen, und ein vorsichtiger Verträglichkeitstest ist wahrscheinlich empfehlenswert.

Papageienfische, an ihren lebhaften Farben und ihrem schnabelartigen Maul leicht erkennbar, sind die allgegenwärtigen Bewohner der meisten Korallenriffe; sie charakterisieren fast die tropische

Siehe auch Seite 180

Unterwasserfauna. Obwohl sie an lässig vorgetäuschter Unaufmerksamkeit angesichts eines Eindringlings in ihr Reich ihresgleichen suchen, ist ein Papageienfisch schwer zu erbeuten, denn er zieht die Sicherheit des freien Wassers einem unsicheren Versteck vor, aus dem es vielleicht keinen Fluchtweg gibt.

Es ist praktisch erwiesen, daß Vertreter dieser Familie regional ungenießbar oder gar giftig sein können. Bei kaum einer anderen Fischart habe ich mich jedoch so hochverläßlich auf das Urteil einheimischer Fischer verlassen können wie bei dieser. Wahrscheinlich weil Papageienfische sehr populär als Speisefische und infolgedessen wohlbekannt sind. Das gleiche gilt für einige überall anzutreffende Lippfischarten, bei denen man nie auf Identifizierung durch einheimische Kenner verzichten sollte.

Papageienfische geben einen erstklassigen, pikant nußartig schmeckenden Trockenfisch ab.

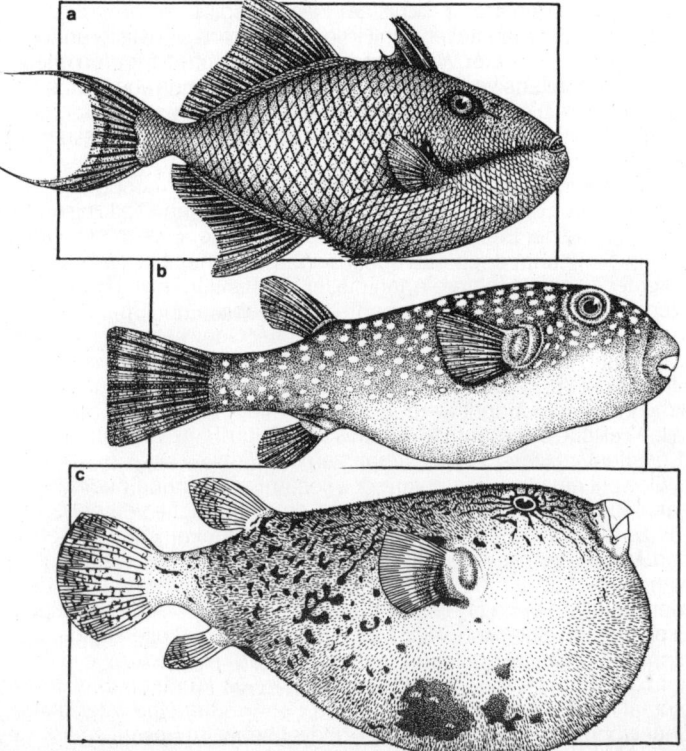

Plectognathen
a) Drückerfisch
b) Ballonfisch
c) Kugelfisch

„**Plectognathen**" stellen wahrscheinlich die diversifizierteste Ordnung unter den Fischen dar; ihr gehören zugleich auch die giftigsten Vertreter der Unterwasserwelt an: Ballon- oder Kugelfische (Tetradontinae), die Drückerfische (Balistidae) sowie die kleinen und durchweg sehr farbenfrohen Feilenfische (Monacanthiden) und die riesigen Mondfische (Molidae) des offenen Ozeans. Wohlbekannt aufgrund ihrer kuriosen Formen sind auch die Koffer- und Igelfische.

Mondfisch

Ballonfische sind putzige Kerlchen, denen man in tropischen Korallenmeeren allenthalben begegnet. Nicht etwa, daß sie dem viele Male größeren Taucher aus dem Wege gingen! Nein, sie lassen sich hin- und herschubsen und mit der Speerspitze antippen, wedeln dabei in komischer Verzweiflung mit den Brustflossen, machen große Kulleraugen und lassen ihr Maul in tollen Schluckbewegungen auf- und zuschnappen, denn sie „blasen sich auf", werden tatsächlich immer größer, tolpatschiger und manövrierunfähiger...!

Vorsicht, Gift!

Auch ohne genaue Kenntnis der Fischart sollte dem Taucher ein derartiges Zurschaustellen von Hilflosigkeit sofort signalisieren: Vorsicht, Gift! Man merke: Was immer uns in tropischen Meeren offensichtlich an defensiver Ausrüstung unterlegen ist, uns aber trotzdem kühn die Stirn bietet oder sich schlicht gar nicht um uns kümmert, ist mit größter Wahrscheinlichkeit giftig zu essen oder zumindest ungenießbar!

Der weitaus größte Teil der Ballonfischfamilie ist hochgiftig; am gefährlichsten sind die Haut und die inneren Organe. Die klinischen Symptome einer Ballonfischvergiftung ähneln der bereits beschriebenen Ciguatera, doch das spezifische Gift scheint in diesem Fall potenter zu sein. Mehrere Arten dieser Fische werden in besonders lizenzierten Restaurants in Japan von ausgebildeten „Operateuren" für den Verzehr durch eine Anzahl närrischer Gourmets hergerichtet, die auf einen gewissen anästhetisierenden und berauschenden Effekt nicht verzichten wollen, den der Genuß von „fugu", wie die Fische in Japan genannt werden, mit sich bringt. Trotz aller Kontrollen fallen alljährlich mehrere japanische Fugu-Fans aufgrund von „Kunstfehlern" ihrer Leidenschaft zum Opfer.

Siehe Seite 131

Obwohl einzelne Exemplare der gesamten Ordnung bedingt eßbar sind (ich habe zum Beispiel mit Genuß Igelfische verspeist, die wie zartes Hühnchen schmeckten, und die Drückerfische des offenen Meeres dienten Schiffbrüchigen gelegentlich als erstklassige Nahrung*) sollte man die ganze Gruppe als gefährlich für den menschlichen Verzehr einstufen und sich auch auf keine unnötigen Experimente einlassen. Nicht anrühren sollte man alle Fische, die nicht die charakteristischen Fischschuppen, sondern eine glatte, körnige oder stachlig-harte Haut besitzen (von Muränen und Haien einmal abgesehen), die unbeholfene Schwimmer sind oder durch ungewöhnliche Formen auffallen, und, offenbar im Bewußtsein ihrer

*Bailey
„117 Days Adrift"

gefährlichen Eigenschaften, wenig Angst vor einem in ihre Gefilde eingedrungenen Menschen zeigen.

Quallen, zumindest gewisse Arten, werden im Zeichen der Wunderdinge, die die chinesische Küche zu produzieren vermag, gerne als repräsentatives Eßbeispiel aufgeführt. Auf den Philippinen bereitet man selbst aus der gefürchteten Würfelqualle einen schmackhaften Rohsalat. Der Nährwert von Quallen ist jedoch gering, und sie sind als Survival- und Notnahrung folglich ziemlich uninteressant. Das gleiche gilt im wesentlichen für manche Arten von Seeanemonen, die stellenweise auf den pazifischen Inseln gegessen werden.

Rochen besitzen wie die Haie, mit denen sie eng verwandt sind, ein stark mit Harnstoff durchsetztes Fleisch. Junge Exemplare werden mancherorts verzehrt, gewöhnlich in Kokosmilch zubereitet. Und selbst an die großen Mantas wagt man sich stellenweise mit Zubereitungsambitionen heran. Nirgendwo sind diese Gerichte jedoch überaus populär. Ein Problem besonderer Art stellt auch die annähernde Unmöglichkeit dar, einen weitgehend im Sand vergrabenen Rochen sicher zu identifizieren: Ein Schuß in einen Zitterrochen kann mit einem betäubenden elektrischen Schlag von bis zu 200 Volt beantwortet werden, zweifelsohne sehr zum Leidwesen des beteiligten Tauchers. Da auch die Handhabung von Stachelrochen nicht gerade eine vergnügliche Tätigkeit ist, lasse man diese Tiergruppe außer in ganz zwingenden Situationen am besten allein.

Dem Rochen äußerlich ähnelnde Plattfische wie Flundern und Schollen gibt es auch in den Tropen; man muß sich eßbare Arten jedoch von Einheimischen identifizieren lassen.

Schalentiere sollte man nur nach vorhergegangener Identifizierung durch Sachkenner oder an Plätzen, wo sie routinemäßig zubereitet werden, verzehren, da zahlreiche eßbare und ungenießbare Arten einander stark ähneln können. Tropische Meeresanrainer haben jedoch überall Muscheln und Seeschnecken fast überall auf ihren festen Speiseplänen stehen und erweisen sich durchweg als verläßliche Ratgeber. Wer völlig auf sich gestellt ist, mag einen „Eßbarkeitstest" mit kleinen Quantitäten mitunter erwägenswert finden. (Im Bereich der Philippinen habe ich jedoch sämtliche aufgefundenen Muscheln und Schnecken mit Einschluß der kontaktgiftigen Arten ohne irgendwelche nachteiligen Wirkungen verzehren können. Nacktschnecken – die ohne Gehäuse –, wahrscheinlich vielfach giftig, wurden allerdings nicht verwendet.)

Bekannte eßbare Arten können auch unbedenklich roh genossen werden, wenn man sicher ist, daß diese Muscheln aus einwandfreiem Seewasser stammen. Da viele Arten jedoch brackiges oder schlammiges Wasser vorziehen, ist das Kochen von Muscheln auf jeden Fall zu empfehlen.

Rund 30 Arten von Muscheln sind auch dafür bekannt, durch Aufnahme von Zerfallsgiften winziger Dinoflagellaten der Gattung Gonyaulax in bestimmten Stadien selbst giftige Eigenschaften anzunehmen und im Menschen, der sie verzehrt, die sogenannte paralytische Algenvergiftung hervorzurufen, die im ernstesten Fall tödlich verläuft. Vorkommnisse dieser Beschreibung sind jedoch – für den Tropenbewohner erfreulich – weitgehend auf kalte und gemäßigte Meereszonen beschränkt.

Wir werden auf der Suche nach Beute lebende Muscheln und Schnecken nie offen herumliegen sehen wie ihre sonnengebleichten Skelette, mit denen alle tropischen Strände umsäumt sind. Die in diesem Kapitel separat beschriebene Tridacna sitzt tief im Riff einzementiert, die schmackhafte Pfeffermuschel, einer riesigen Miesmuschel gleichend, hat sich mit Fibersträngen fast unlösbar auf Felsen verankert, andere haben sich einen tarnenden Algenbewuchs zugelegt, wieder andere haben sich unauffindbar im Boden und unter Steinen versteckt. Auch lebende Seeschnecken mit ihren herrlichen Gehäusen wird man am Tage zumeist vergeblich suchen; sie geraten erst nachts in eine wie immer zu artende Bewegung. Die Suche nach eßbaren Schalentieren ist harte Arbeit, die dazu genaue Kenntnis ihrer Lebensgewohnheiten voraussetzt.

Erbeutete Schalentiere halten sich „im eigenen Saft" auf dem Trockenen weitaus länger als Fisch. Man sollte jedoch berücksichtigen, daß der Sauerstoff in diesem Lebenssaft einmal aufgebraucht ist, worauf das Tier stirbt und rapide zu verderben beginnt. In diesem Zustand entwickeln sich schwere Zerfallsgifte, die für den Menschen tödlich sein können. Muscheln, deren Schalen sich vor der Zubereitung geöffnet haben, sind auszumustern, desgleichen solche, die sich während des Kochens nicht öffnen. Von der Fangstelle zur Küche transportiere man Schalentiere in einem feuchten Tuch oder in Seegras eingewickelt. So bleibt der überlebensnotwendige Sauerstoff weit länger erhalten als in einem Wassereimer.

Bei sachgemäßer Handhabung stellt diese Gruppe von Meerestieren für uns eine der wertvollsten Protein- und Mineralstoffquellen der See dar, von geschmacklichen Nuancen ganz zu schweigen: Muschelgerichte gehören zum Raffiniertesten, das die tropische Küche uns zu bieten hat, seien sie roh, gekocht, gegrillt, mariniert, geräuchert oder was das Herz begehrt.

Seegurken und Seewalzen sind nur in sehr bedingtem Umfang für den menschlichen Verzehr geeignet, denn manche Arten enthalten giftiges Holothurin. Als einigermaßen unbedenklich einzustufen ist lediglich Thelenota ananas, eine bis zu einem halben Meter lange und entfernt einem dicken, goldbraunen und mit stumpfen Stacheln besetzten Muff ähnelnde Spezies. Mancherorts wird sie in Öl gebacken frisch verspeist. Sie ist jedoch bekannter in getrocknetem Zustand unter den Bezeichnungen Trepang und bêche-de-mer und bildet als solche einen wichtigen Bestandteil der chinesischen Küche.

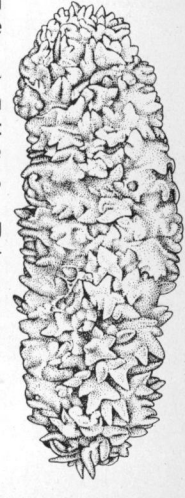

Thelenota kommt im Indopazifik recht häufig vor und ist aufgrund ihrer charakteristischen Auswüchse leicht zu identifizieren. Eine weitere Spezies, die gleichfalls von Chinesen zu einem annehmbar schmeckenden Rohsalat verarbeitet wird, ist tief samtig-schwarz mit einem appetitlich kontrastierenden, jedoch nur sehr dünnen, weißen Fleisch. Auch diese Art ist auf Sandböden tropischer Meere weit verbreitet, wo sie praktisch nur aufgelesen zu werden braucht. Die klebrigen Eingeweidefäden, die sie zu ihrer Verteidigung auswirft, sollten einen dabei nicht stören. Man achte jedoch darauf, daß die eßbaren Arten nicht mit ihren ungenießbaren, zumeist braunen und harthäutigen Artgenossinnen verwechselt werden.

Seeigel werden in der traditionellen Survival-Literatur gern als grundsätzlich eßbar aufgeführt. Leider ist dies keineswegs immer der Fall. Wir können jedoch dem Beispiel von Einheimischen, die sich den „Rogen" gewisser Arten schmecken lassen, unbedenklich folgen. Nicht zuletzt sollte uns die Überlegung ermutigen, daß eine derart perfekt mit Defensivwaffen ausgestattete Tierform, wie der Seeigel es ist, wahrscheinlich Eßbares in sich birgt. Eine in Japan hochgeschätzte und dort als „uni" bekannte Art besitzt ein für uns wohl nicht immer ästhetisch anzuschauendes knallgelbes bis orangefarbenes Inneres, das es geschmacklich jedoch mit den besten Kaviarsorten aufnehmen kann!

Seeschildkröten können in Notfällen eine Survivalnahrung ersten Ranges abgeben. Selbst der Fang ist unverhältnismäßig leicht: Insbesondere größere Exemplare liegen oft regungslos und ihrer Panzerung vertrauend und lassen sich mit wenig Anstrengung greifen. (Man bringe sich bei solchen Bemühungen jedoch tunlichst außer Reichweite des scharfen Schnabels!). Andere Methoden be-

stehen darin, sie mit Speeren oder Netzen zu fangen, wobei zu bedenken ist, daß eine gespeerte Schildkröte im Bestreben freizukommen sich oft wild um sich selbst zu drehen beginnt und so die Speerspitze abschrauben kann.

Während nicht alle Arten die berühmte Suppenqualität besitzen und manche Exemplare in der Tat unangenehm tranig schmecken, können Schildkrötenfleisch und -eier für einen weitgehend auf Fisch und Konserven angewiesenen Insulaner eine vom Himmel geschickte Gabe bedeuten. Ein Schildkrötenragout, mit einiger Sorgfalt zubereitet, ist unbestreitbar exquisit.

Das Schlachten einer Schildkröte, eines der zählebigsten Tiere überhaupt, kann allerdings eine enorm quälerische und ekelerregende Prozedur sein. Die humanste Methode, dem Tier einen schnellen Garaus zu machen, besteht wohl darin, es nach Art der Südseekanaken ins kochende Wasser zu werfen.

Unter normalen Umständen bedenke man bitte, daß viele Schildkrötenarten zu Recht internationalen Schutz genießen und lasse sie in Frieden.

Vergleiche auch Washingtoner Artenschutz- übereinkommen

Seeschlangen werden an manchen Orten der tropischen Welt zu Nahrungszwecken herangezogen. Die giftige Plättchenschlange z.B. gilt in Fernost als Leckerbissen. Gewisse Arten mögen jedoch giftig im Fleisch sein, und von Seeschlangengulasch auf dem Speiseplan ist deshalb generell abzuraten, selbst wenn man die Risiken, die mit dem Einfangen der Tiere verbunden sind, einmal außeracht läßt. Wo es Seeschlangen gibt, existiert auch anderes, weitaus verwertbareres Leben im Meer.

Thunfisch und Schwertfisch lassen sich gewöhnlich nur mit schwerem Hochseeangelgeschirr fangen. Beide können bis zu mehreren hundert Kilogramm schwer werden; beide schätzen das tiefe, „blaue" Wasser großer tropischer Buchten und strömungsreicher, vorgelagerter Seegebiete; beide werden vorzugsweise mit lebenden Ködern in Tiefen zwischen 100 und 200 Metern geangelt.

Getreu nach Hemingway werden in den tropischen Meeren der Welt immer noch riesige Exemplare dieser Gattungen von nonchalanten braunen und schwarzen Anglern zur Strecke gebracht, die mit lächerlicher Ausrüstung und noch lächerlicheren Booten, oft tatsächlich kleiner als die Beute, in eine See stechen, die auch Berufsseeleute „bewegt" nennen würden. Kaum ein Fleck in tropischen Breiten auch ohne die schweigsame Präsenz japanischer Thunfischfänger und ihrer mittelalterlich anmutenden und dennoch hocheffektiven Holzboote.

Thunfischfleisch schmeckt sehr gut roh (à la japonaise), Schwertfisch geräuchert. Beide Sorten sind mit Abstand vorzüglich. Die Kehrseite der Medaille ist allerdings, daß beide dafür bekannt sind, in mehr oder weniger relevanten Quantitäten Quecksilber in sich aufzunehmen. Wahrscheinlich, wie man in jüngster Zeit annimmt, unter anderem aus den infinitesimalen natürlichen Vorkommen im Meerwasser. Dort, wo Thun- und Schwertfisch jedoch keinen permanenten Teil des Speiseplans bilden, dürfte der Genuß dieser Fischarten keine Gefahr darstellen. Vorsicht jedoch: Thunfisch muß sofort nach dem Fang gekühlt oder verarbeitet werden. Innerhalb weniger Stunden bilden sich ansonsten histaminische Substanzen, die im Menschen schwere Allergieerscheinungen hervorrufen und u. U. zum Tod führen können!

Tintenfische und Kalmare (der eine hat einen Rückenschild, der andere nicht) können von Unterwasserjägern relativ leicht mit der Harpune erbeutet werden. Auf Beutezügen gelang es mir nicht selten, inmitten alles verdunkelnder Tintenwolken ein größeres Exemplar mit der Hand zu greifen, indem ich zwischen Kopf und Körper fest zupackte. Ein anderes Verfahren wendet Lampen an, in Exemplar mit der Hand zu greifen, indem ich zwischen Kopf und Körper fest zupackte. Ein anderes Verfahren wendet Lampen an, in deren Lichtkegel man die Tiere nachts mit einigem Geschick speeren oder mit einem Pilkhaken von unter her aufspießen kann. Auch mit einem Kescher oder Stellnetz lassen sich bei Lampenlicht Erfolge erzielen; man muß hierbei jedoch außerordentlich flink sein. Im tiefen Wasser ist das Angeln mit einem hakenbewehrten, bunten Plastikstück am aussichtsreichsten.

Beide Tierarten stellen eine der besten und sichersten Nahrungsquellen dar, die das Meer uns zu bieten hat. Selbst größere Exemplare schmecken ausgezeichnet roh, nachdem man den Kopf und die Verdauungsorgane entfernt, die pergamentartige Oberhaut abgezogen und das weiße, elastische Fleisch in Streifen geschnitten hat. Etwas Sojasauce verfeinert dieses Rohkostmahl erheblich.

Wer Rohes, Gummiartiges nicht schätzt, kann Tintenfische auf sämtliche unter der Überschrift „Fisch" verzeichneten Methoden zubereiten. Die einfachste, wenn auch nicht für jedermann ästhetisch ansprechende Art, ist das „Schmoren in der eigenen Tinte" mit Zusatz von etwas Fett. Wer einen Schuß Weißwein und ein Lorbeerblatt hinzufügen kann, hat im Nu eines der herrlichsten Einfachgerichte tropischer und subtropischer Meeresregionen auf dem Teller!

Siehe auch Seite 187ff.

Vorsicht: Diese Tierklasse beißt mit einiger Bereitwilligkeit giftig zu! Bei Verzehr sind allergische Reaktionen wie bei Krebsen unter Umständen möglich.

Tridacna-Riesenmuscheln sind zwar vollständig eßbar, teilweise jedoch unappetitlich, halb wabbelig, halb zäh, und möglicherweise örtlichen oder saisonellen Toxiditätseinflüssen unterworfen. In meiner eigenen Survivalpraxis habe ich mich darauf beschränkt, Tridacnas gelegentlich aus ihrem Korallenbett herauszustemmen und alles außer dem bis zu armdicken Muskelstrang auszusondern (und als Angelköder zu verwenden). Der Muskel schmeckt ausgezeichnet roh mit einer definitiv nußartigen Nuance; gegrillt oder gebraten schrumpft er jedoch zu einem ungenießbaren Salzkonzentrat zusammen.

Die gefürchtete Möglichkeit, von einer Tridacna eingeklemmt und unter Wasser festgehalten zu werden, ist gering.

Übrigens: Im Tropenbereich vieler Länder, in denen westlicher Einfluß vorherrscht (z.B. Australien), steht die Tridacna unter Naturschutz. Vor unüberlegtem Herumexperimentieren mit der Muschel sei deshalb gewarnt.

Siehe auch Seite 181

FEINDLICHE UMWELT DSCHUNGEL

Schrumpfende „Grüne Hölle"

Wenn ich heute schreibe: „Der Regenwaldbestand der Erde beträgt ca. 935 Millionen Hektar," so stimmt selbst diese bewußt vage gehaltene Angabe morgen schon nicht mehr. Jedes Jahr werden 11 Millionen Hektar (d.h. etwa die Fläche von Bulgarien oder Kuba) abgeholzt, und bereits gegen Anfang der achtziger Jahre waren fast 50% des gesamten Bestandes von 1970 (!) der Axt und insbesondere dem Bulldozer zum Opfer gefallen. In manchen Ländern mag man bei diesem Wirken mit einiger Überlegung vorgehen, in anderen werden dieserart gewonnene Pluspunkte durch umso hemmungsloseres Treiben wieder zunichtegemacht. Repräsentativ für diese letztere Kategorie sind u.a. die Philippinen, wo sich nach einer Studie des Worldwatch Institute in Washington an den Hängen eines einzigen Vulkans mehr Holzpflanzenarten finden als in den gesamten USA, und wo der Waldbestand seit Erlangung der Unabhängigkeit im Jahre 1946 rapide bis auf weniger als 25% des Vorkriegsvolumens schrumpfte. Umstrukturierung der Gesellschaft, Bevölkerungsdruck und rücksichtslose Geschäftemacherei führten hier und andernorts zur Eskalation dieser Entwicklung, die der heutigen Generation schon schwere Sorgen bereitet, die jedoch kaum mehr aufzuhalten ist. Nur Krieg und Massensterben, wie im unglücklichen Kambodscha, vermögen den immer schneller werdenden Trend in diese Richtung vielleicht vorübergehend zu verlangsamen, denn nicht nur explodierende Geburtenzahlen, sondern auch höhere Erwartungen an das Dasein und der Drang nach „Erschließung" um

ihrer selbst willen bewirken, daß geholzt, gebrannt, gerodet, trockengelegt, betoniert und asphaltiert wird. Wobei vielfach nicht etwa blühendes Kulturland, sondern dürre Grassteppe oder von Sturzfluten verwüstete Öde zurückgelassen wird.

Wenn man sich vor Augen hält, daß der tropische Urwald eine der menschenfeindlichsten Regionen der Erde ist, mögen diese Aktivitäten zunächst legitim erscheinen. Der Begriff der „Grünen Hölle" wurde nicht grundlos geprägt. Denn Leben und Überleben im Dschungel ist für den Menschen nur unter schweren Entbehrungen, oder, wie dieses Kapitel betonen wird, mit langfristiger Adaption oder erheblichem technischen Aufwand möglich. Was die Urwälder für

die gesamte Menschheit wertvoll macht, ist nicht etwa ihr abbaubarer Holzreichtum oder das (nicht einmal besonders fruchtbare) Land, auf dem sie stehen, sondern ihr tiefgreifender und stabilisierender Einfluß auf das ganze Klima- und Lebensgeschehen der tropischen Zone, ihr Reservoirstatus für eine schier überwältigende Fülle tierischen und pflanzlichen Lebens und die schlichte Tatsache, daß sie (noch) eine der letzten, in ihrem Innern vielfach noch völlig unberührten Wildnisregionen dieses Planeten darstellen.

Es dürfte vor allem dieser letztere Sachverhalt sein, der einen modernen Menschen voll Forscherdrang und Abenteuerlust in die Tiefen der Regenwälder treibt, obwohl er sich bewußt ist, daß ihn dort außer einigen spärlichen Belohnungen nur Strapazen und Entbehrungen erwarten. Vielleicht ist es auch die Suche nach eigenen, längst vergessenen Ursprüngen; die Mystik des Unbekannten, Gefahrvollen; der faszinierende Kontrast zu einer oft sinnlosen, von Menschenhand geschaffenen Welt. Mitunter – nicht einmal selten – findet die Begegnung auch eher unfreiwillig statt: Manches Flugzeug verschwindet auf Nimmerwiedersehen hinter den alles verdeckenden Vorhängen der „Grünen Hölle". Auf den Philippinen, einem wie eingangs erwähnt nicht einmal besonders dicht bewaldeten Land, sind es alljährlich mindestens zehn kleine Privatmaschinen, die als „überfällig" oder „verschollen" in amtliche Statistiken eingehen...

Ob uns eigener Antrieb in diese wilden Wälder führen mag oder unglückliche Umstände – das Wissen um das, was uns in ihnen erwartet, mag sich einem Tropenbesucher eines Tages durchaus nützlich erweisen.

Auf Nahrungssuche im tropischen Regenwald

Nach wissenschaftlichen Schätzungen existieren derzeit auf der Erde zwischen drei und mehr als zehn Millionen Tier- und Pflanzenarten, von denen bislang höchstens anderthalb Millionen erforscht oder auch nur benannt worden sind. Ein Großteil der wildwachsenden Vegetation in den Regenwäldern des Tropengürtels ist selbst beim heutigen hochentwickelten Stand der Wissenschaft noch weitgehend unbekannt. Und täglich werden – sozusagen als Abfallprodukt – im Gefolge der eingangs erwähnten Bulldozer, die sich überall in der Dritten Welt in die Dschungel fressen, neue Entdeckungen gemacht. Allein im Amazonasbecken vermutet man über eine Million noch unbekannter Arten...

Trotz seiner scheinbaren Hülle und Fülle steht der tropische Regenwald dem Nahrungssuchenden jedoch nicht freigebig gegenüber. Wer in ihm einen blühenden Garten Eden sieht, in dem man nur die Hand nach den herrlichsten Früchten auszustrecken braucht, für den liegt eine herbe Botschaft bereit. Daß der auf sich alleingestellte Mensch im Dschungel leben und überleben kann, ergibt sich aus nachfolgenden Ausführungen. Ich hoffe aber, im Verlauf dieser Überlegungen mit dem Leser zu dem gemeinsamen Urteil zu kommen, daß der sogenannte zivilisierte Mensch, der sich im tropischen Urwald vor die Aufgabe gestellt sieht, sein Leben und seine Gesundheit – und möglicherweise auch diejenige anderer – zu erhalten, seine Bemühungen hinsichtlich Nahrungsbeschaffung und -zubereitung gegenüber Bestrebungen, den Dschungel zu verlassen und bewohnte Gebiete ausfindig zu machen, weit hintenanstellen sollte.

Der Mensch kann bei mäßiger körperlicher Beanspruchung, etwa bei langsamer Vorwärtsbewegung entlang eines Wasserlaufs, eine Woche lang bequem ohne jegliche Nahrung auskommen. Bei zusätzlicher Schonung noch eine weitere, mitunter auch wesentlich mehr, bevor ein merklicher Kräfteverfall einsetzt. (Und es gibt auch wohl kaum einen deutschen Bundesbürger ohne ansehnliche abbaubare Reserven, von denen er längere Zeit zehren könnte!). Voraussetzung ist allerdings, daß genügend zu trinken vorhanden ist;

Siehe auch Seite 290 ff.

die Wasserbeschaffung ist im Dschungel jedoch relativ unproblematisch.

Wie sich im Dschungel auch recht komfortabel leben läßt, beschreibt der Reiseschriftsteller Herbert Tichy nach dem Zusammentreffen mit den Tasaday, einer erst vor wenigen Jahren in den Urwäldern der Insel Mindanao im Süden der Philippinen entdeckten und noch auf einer steinzeitlichen Entwicklungsstufe lebenden ethnischen Minderheit.*

*Herbert Tichy
„Tau Tau"

Er und auch die anderen Besucher konnten beobachten, wie die Tasaday mühelos im Dschungel ihre Nahrung fanden. Das Suchen und Sammeln erinnerte an Spielerei und Zeitvertreib, nicht an Arbeit. Biking – eine stärkehaltige Knolle ähnlich der Kartoffel – zu finden, ist für sie eine Lieblingsbeschäftigung und wird als das Schönste im Wald bezeichnet. Schon nach zwei Stunden hatten zwei Männer für sieben Menschen eine ausreichende Tagesration zusammengetragen. Wesentlicher Bestandteil ihrer Nahrung ist die wilde Yams-Wurzel (Dioscorea). Hiervon kennen sie verschiedene Arten. Von der Wurzel Kalut wissen sie, daß sie giftig ist. Ihnen ist aber auch bekannt, daß man sie genießbar machen kann, indem man sie in kleine Stücke zerlegt, einen Tag im Wasser aufbewahrt und anschließend gründlich wäscht. Gerne gegessen werden Bambus- und Rattanschößlinge. Auch eßbare Blumen – allerdings nur wenige Arten – und einige bestimmte Farne werden verzehrt. Vermutlich spielt der Aberglauben eine entscheidende Rolle, warum die meisten eßbaren Blumen, Farne und vor allem wilde Bananen im Gegensatz zu anderen Stämmen, die sie als Leckerbissen begehren, von den Tasaday als Nahrungsmittel abgelehnt werden. Falsch kann die von ihnen getroffene Auswahl jedoch nicht sein, denn der ausgezeichnete Gesundheitszustand aller Stammesmitglieder läßt nicht auf Mangelerscheinungen schließen. Ihre meistgeliebteste Speise ist Natek, eine Art Kuchen, hergestellt aus dem Mark der sogenannten Fischschwanzpalme. Die Zubereitung ist etwas schwierig und sie haben sie auch erst nach ihrer Entdeckung erlernt. Zusätzlich zur vegetarischen Kost ernähren sie sich von Fleischigem wie Frösche, Kaulquappen, Süßwasserkrabben, Fische und Maden.

Paradiesisch? Nicht unbedingt, denn was den Tasaday schmeckt und bekommt, ist unbesehen noch lange nicht gut für uns. Die Wurzel Kalut beispielsweise ist auf den Philippinen unter mindestens zwölf verschiedenen Namen wohlbekannt; offiziell verbirgt sich die Spezies Dioscorea hispida hinter diesem Gestrüpp von Stammesdialekten. Und man weiß auch, daß das Gift der Knolle, das bereits im letzten Jahrhundert analysierte Dioscorein, lähmend auf das Nervensystem wirkt und daß die Pflanze ansonsten eine gute Quelle von Eisen, Kalzium und Phosphor ist. „Trotz der bekannt giftigen Eigenschaften der Pflanze," wird in einer Studie berichtet, „kommt es auf den Philippinen immer wieder zu Todesfällen von Leuten, die diesen Sachverhalt nicht beachten."

Siehe Seite 264

Wären die Tasaday, als offensichtlich hochgradig angepaßte Dschungelkenner par excellence, nun in der Lage, sich kurzfristig einzugewöhnen und ihr gewohntes Leben aufzunehmen, wenn man sie über Nacht in die Dschungel von, sagen wir, Ecuador oder Madagaskar umsiedeln würde? Wahrscheinlich nur unter großen Schwierigkeiten, wenn ihnen auch der Anfang um unendlich vieles leichter fallen dürfte als einem ungeübten Mitteleuropäer. Das Hauptproblem liegt darin, daß die Urwälder der Erde noch weit davon entfernt sind, in ihrer ganzen biologischen Länge und Breite — und schon gar nicht hinsichtlich der Bekömmlichkeit ihrer Vegetation für unsere Mägen — genügend erforscht zu sein, um global gültige Identifizierungen eßbarer Pflanzenarten zu gestatten, weil regionale Abweichungen und Nebenwirkungen nicht immer ausgeschlossen werden können. Außerdem gibt es, wie das Survivalhandbuch der US Army als erstes feststellt, keinen „Standard-Dschungel" — auch nicht für die Tasaday.

Neues über die Tasaday: Im Frühjahr 1986 veröffentlichten der Schweizer Dr. Oswald Item und die STERN-Reporter Walter Unger und Jay Ullal überraschende Berichte. Danach soll die sensationelle Entdeckung der Tasaday nichts weiter als ein geschickt inszenierter Publicity-Schwindel des damaligen philippinischen Panamin-Chefs Manuel Elizalde sein (Panamin — Presidential Assistent on National Minorities, existiert heute nicht mehr).

In einer Aufzählung der Kriterien, die gewisse ausgesuchte Pflanzen zur Aufnahme in das anschließende Kapitel „Eßbare und giftige Pflanzenarten der tropischen Wildnis" zu erfüllen hatten, untersucht dieses Buch die erstaunliche Tatsache, daß auf globaler Ebene nur noch eine Handvoll universell einsatzfähiger Survivalgewächse im Sieb der Anforderungen hängenbleibt, nachdem eingangs von einem millionenfachen Artenreichtum die Rede war. Wer diese Pflanzen nicht findet oder sie nicht identifizieren kann, bzw. aus seinem persönlichen Erfahrungsschatz keine regional bekannte Art hinzuzufügen vermag, wird im Dschungel auf Vegetarisches verzichten müssen.

Wie steht es mit tierischer Nahrung? Alles, was Fell oder Federn hat, ist einschränkungslos für den menschlichen Verzehr geeignet. Klassische Survivalrezepte bieten auch „Heuschrecken, ′Ameiseneier′, unbehaarte Raupen, Engerlinge und Termiten" an, empfehlen das sorgsame Ausnehmen von „Schlangen, Ratten, Mäusen, Fröschen und Eidechsen" sowie das „Warmmachen von Alligatoren vor dem Abhäuten"; Fußnoten warnen davor, „sich beim Fledermaus-

Essen kann man alles, was Fell oder Federn hat

fang nicht beißen zu lassen, da die Tiere oft Tollwutträger sind"...

In der Tat läßt sich manches Getier dieser Beschreibung relativ leicht erbeuten (Fledermäuse zum Beispiel, indem man mit Zweigen in ihren Höhlen umherdrischt; Alligatoren zu fangen ist allerdings etwas schwieriger). Einem Abkömmling unserer Hochzivilisation, der sich unvorhergesehen und völlig unvorbereitet plötzlich in einer Survivalsituation findet, dürfte es jedoch schwerfallen, angesichts der empfohlenen Kost seine Ekelschwelle zu überwinden und selbst bei reichlichem Angebot ungehemmt zuzugreifen. Und derjenige, der noch Verwertbares in seinem Magen hat, sollte tunlichst vermeiden, dieses auch noch durch Erbrechen zu verlieren, weil ihm bei Anblick·des Gewürms übel wird. Es sei jedem selbst überlassen, auf Lebensmittel dieser Art völlig zu verzichten, oder aber sich durch regelmäßigen Umgang mit solcher Nahrung so weit zu konditionieren, daß es ihn letzten Endes nicht mehr anficht. Ganz arger Hunger zwingt allerdings schließlich doch alles hinein. Im Gegensatz zu weitaus inhospitableren Regionen der Erde, z.B. der Arktis, ist die Aussicht, im Dschungel Hungers zu sterben, im Grunde denkbar gering.

Merkwürdigerweise nehmen die meisten Menschen am Aussehen ihrer Nahrung wenig Anstoß, solange diese aus dem Wasser kommt, und der Führer einer survivalbedürftigen Gruppe kann durch geschickte Manöver diese Haltung mitunter ausnutzen, indem er seinen Schützlingen Happen unterschiebt, die sie sonst wahrscheinlich niemals anrühren würden... Tropische Gewässer bieten durchweg eine reiche Auswahl an aquatischem Getier. Wer sich verirrt hat und auf einen Bach oder Fluß stößt, ist sich nicht nur einer möglichen Route in bewohnte Gefilde, sondern auch einer bescheidenen Nahrungsquelle sicher, so er mit den Verhältnissen vor Ort etwas anfangen kann.

Ein Wort der Warnung vorweg: Eine Anzahl von Süßwasserbewohnern enthält Krankheitserreger, die entweder direkt aus dem Wasser aufgenommen oder erst durch unhygienische Handhabung übertragen werden können. Außerdem dient manches Wassergetier als Zwischenwirt für krankheitserregende Organismen, die unmittelbar oder indirekt an den Menschen weitergegeben werden. Rohe oder ungenügend gekochte Fische, Mollusken oder Krebse können als Durchgangsstation für gewisse Parasiten im Menschen Bandwurmbefall (so durch den bis zu 10 m langen Dibothriocephalus latus) oder zahlreiche durch Trematoden (Egel) ausgelöste schwere bis tödliche Krankheiten wie Filariasis, Schistosomiasis und andere hervorrufen. Süßwassergetier, ob es nun bekannter Parasitenwirt ist oder nicht, sei deshalb grundsätzlich abzukochen oder, mangels Feuer, zu ignorieren.

Dieser Wermutstropfen im Survivalkonzept wird allerdings wieder durch die Nachricht versüßt, daß sich alle entsprechend behandelten Fluß- und Seenbewohner essen lassen. (Manche Fischarten haben einen giftigen Rogen, sind aber ansonsten ohne weiteres genießbar). Da Fische ohnehin vor dem Verzehr immer ausgenommen werden sollten, kann man in tropischem Süßwasser wenig falsch machen, wenn man sich strikt an die Regel „Ausnehmen + Kochen" hält.

Ausnehmen und kochen

Wer nichts als seine nackten Hände (und Feuer!) zur Verfügung hat, kann sein Glück zunächst mit der Jagd nach Mollusken versuchen – und ein Ausbleiben von Erfolg wäre hier schon ungewöhnlich. Bei entsprechenden Survivalübungen auf den Philippinen gelang es mir immer, selbst unter desolaten Umständen innerhalb kürzester Zeit eine Tagesration von Flußschnecken zu sammeln. Es handelte sich hier um eine vor Ort als tabagwang bekannte Spezies, die sich auf ihre schwer verdauliche Spitztütenform verließ, auch ruckartig ein paar Zentimeter über den Boden jetten konnte, aber trotzdem dem menschlichen Sammler nicht entkam, dem diese kleinen Tricks nicht imponierten.

Selbst einem Ungeschickten sollte es gelingen, an einem Fluß- oder Seeufer auf Tasaday-Art innerhalb einiger Stunden seine gesamten Tagesbedürfnisse in Gestalt von Mollusken und anderem Wassergetier sowie einigen allgegenwärtigen Survivalpflanzen zusammenzusammeln. Ob ihm das Endprodukt dann auch schmeckt und ob ihm die Monotonie seines Speisezettels über einen längeren Zeitraum hinweg Freude macht, sei dahingestellt – das Ziel seiner Bemühungen wird erreicht: Survival!

Verirrt!

Wer den rund 2 500 m hohen Mayon-Vulkan auf der Insel Luzon erklettern will – und er ist in der Tat ein beliebtes Ziel für entsprechend orientierte Touristen, die sich von seinen sanften Konturen täuschen lassen – muß sich am Fuß des Berges, wie fast überall in den Tropen, mehrere Stunden lang durch dichten Dschungel kämpfen, bevor ihn die relative Frische der höheren Lagen vom feuchten Mief des Regenwaldes erlöst. Allerdings kommt dem Eingeweihten in halbwegs bewohnten Regionen ein gewisses Netzwerk von Dschungelpfaden („trails") zu Hilfe, das von Einheimischen auf der Suche nach allen möglichen Urwaldprodukten mitunter schon vor langen Zeiten angelegt wurde und das, wie im Falle Mayon, oft ein riesiges Labyrinth verkümmerter Verbindungen bildet. Außerhalb dieser Trails ist der Urwald stellenweise undurchdringlicher als ein Brombeerverhau. (Dies entspricht sogenanntem „sekundären" – ursprünglich abgeholzten und dann wieder nachgewachsenen – Dschungel mit dichtem Unterholz; „primärer" Dschungel mit überwiegendem Bestand an großen Bäumen ist weitaus leichter zu durchqueren).

Primärer und sekundärer Dschungel

Anfang 1978 gingen zwei junge Amerikaner, topfit und gut ausgerüstet, am Mayon auf Bergtour, tauchten auf der Nordseite in den Dschungel ein – und verschwanden. Das heißt: Kein Mensch vermißte sie im Grunde, denn Mayon-Expeditionen können sich tagelang hinziehen, aber am dritten Tage nach ihrem Aufstieg hörte ein Holzsammler zufällig Hilferufe, die schwach aus dem dichten Unterholz drangen und ihn zunächst tödlich erschreckten. Der Retter schilderte die Begebenheit später folgendermaßen:

„Die beiden Americanos steckten unweit meines Pfades in dichtem Gestrüpp fest, durch das sie sich vorwärts zu arbeiten versuchten, und schrien jämmerlich um Hilfe. Ich rief sie an und lotste sie schließlich auf meinen Pfad, nachdem ich eine Gasse zu ihnen freigehauen hatte. Sie waren halb wahnsinnig vor Angst und so erschöpft, daß sie kaum noch aufrecht gehen konnten. Sie hatten zwei Tage und drei Nächte im Dschungel zugebracht. Ihr Gepäck hatten sie weggeworfen."

Übertreibungen eines Drittweltlers im Vollgefühl seiner Überlegenheit angesichts weißer Schwäche? Keineswegs. Der Mann war ein simpler, braver Bursch, dem solche Ressentiments fernlagen und der wußte, wie leicht der Ortsunkundige, der von einem existierenden Pfad abkommt, im grünen Vegetationsgewirr verlorengehen kann. Ich selbst war manchmal nahe daran, obwohl ich unzählige Male im Pfadlabyrinth des Mayon-Urwaldes herumgewandert war und mir mit großer Sorgfalt immer wieder Orientierungshilfen für den Rückweg angelegt hatte, wenn mir ein Trail und seine dürftigen Merkmale noch völlig neu waren. (Das Anlegen von Wegweisern, wie auffällige, weißleuchtende Markierungskerben an Bäumen, ist im unübersichtlichen Gelände eine unumgängliche Maßnahme!)

Nach einer längeren Abwesenheit machte ich mich Ende 1978 erneut auf eine Bergtour und schlug einen altbekannten Pfad ein, den ich mindestens schon bei fünf Aufstiegen benutzt hatte. Trotzdem marschierte ich an der entscheidenden Abzweigung, die inzwischen völlig zugewachsen war, prompt vorbei und folgte einem schmalen Trail, der röhrenförmig nach oben führte und mich, wie ich dachte, schließlich aus dem Halbdunkel des Waldes in einen felsigen Canyon geleiten würde, in dem ich unbeschwert weiterklettern könnte. Weit gefehlt: Der Pfad wurde enger und enger, die Vegetation von allen Seiten immer eindringlicher; schließlich verästelte sich der Trail in ein Durcheinander kleiner Fußwege, hier von einem Bach durchkreuzt, dort vor einer Felswand oder im grünen Nichts endend. Noch wollte ich nicht wahrhaben, was längst feststand: Ich war in ein Holzsammlerrevier geraten, das deltaförmig ausfächerte. Noch hoffte ich, daß einer der Pfade über die Vegetationsgrenze hinaus wohl ins Freie führen würde. Und ich versuchte verbissen, in Richtung auf dieses Ziel einen Weg zu erkennen, wo absolut keiner mehr existierte. Ich glaubte, nach oben hin lichte Stellen im Grün ausmachen zu können, auf die ich mich zuarbeitete, wobei ich das Gestrüpp in meiner Bahn oft mit meinem eigenen Gewicht niederdrücken mußte, um weiterzukommen. Das macht man vielleicht eine halbe Stunde mit. Dann verliert man, erschöpft, von scharfen Pflanzen zerschnitten und von aufgescheuchten Insekten gepeinigt, die Lust an dieser Art der Fortbewegung, um erst einmal Bilanz zu ziehen. Kein Zweifel: Ich saß fest. Es gab keinen Weg, keine Richtung mehr. Ich hing gefangen in einem Vegetationsgewirr, das von rechts und links auf mich eindrang und sich an meiner Kleidung und meinem Gepäck festhakte. Ich watete bodenwärts in mindestens einem halben Meter dichten Wurmfarngeschlinges, das man Stiefel wie zäher Schlamm umschloß – – und jetzt zieht Regen auf, düstere Nebelfetzen durchschwabern die ohnehin dämmerige Atmosphäre. Hoch oben, in den fast unsichtbar gewordenen Laubkronen, rauscht und zerrt es kakophonisch; hier unten jedoch, in der grünen Watte, klingt es unendlich weit entfernt, und nichts ist nahebei zu hören als das drip-drip-drip des Regens, wo immer sich ein Rinnsal einen Weg durch den Blätterwald gebahnt hat... PANIK! **Panik!**

Ich hatte einen Vorteil, den ein Dschungelwanderer gewiß nicht immer hat: Ich befand mich auf einem Abhang, und ich wußte zumindest, in welche ungefähre Richtung ich zurückmußte. Das hatten auch die beiden Amerikaner erkannt, die spätestens hier eine blinde Kehrtwende machten und sich talwärts wühlten. Dabei bedachten sie aber nicht, daß sie Kilometer über Kilometer einer erbarmungslosen Hindernisstrecke vor sich hatten und daß die Chance, auf einen querführenden Trail zu stoßen, nur eine geringe war.

Dieses Beispiel hatte ich noch zu frisch vor den Augen, um den gleichen Fehler zu begehen. Aber ich muß gestehen, daß ich einen Anflug von Panik hinunterwürgen und mein Nervenkostüm mit einigen schwarzen Flüchen erst einmal in Ordnung bringen mußte, bevor ich schließlich zur Tat schritt und mit größter Behutsamkeit meine eigene Spur talwärts aufnahm: Hier hatte ich einen Farnzweig abgeknickt, das Moos abgeschrappt, dort befand sich ein Sohlenabdruck; und immer wieder, wenn sich eine etwas lichtere Stelle auftat, mußte ich gewaltsam einen Impuls unterdrücken, einfach darauf loszustürzen und der entnervenden Fährtensucherei ein Ende zu bereiten. Lange, scheinbar unendlich lange später, hatte ich den Trail wieder; die Lust am Klettern hatte ich inzwischen verloren.

Nicht jedermann empfindet selbst beim Betreten eines solchen Pfades, den ich als Himmelsgeschenk willkommen hieß, die wahre Freude. Für einen zu Klaustrophobie* neigenden Menschen werden auf einem Dschungeltrail die schlimmsten Alpträume wahr: Er befindet sich in einem dunklen Schlauch ohne rechtes Oben und Unten, wo grünes, gedämpftes Licht von allen Seiten einfiltert, Horizontale und Vertikale verschwimmen, der Boden nachgiebig ist. Die Vegeta-

*Klaustrophobie = krankhafte Angst vor Aufenthalt in geschlossenen Räumen

tion gibt diesem Schlauch eine Art sich windenden Lebens, indem sie ihn hier zusammenpreßt, dort wieder erweitert, was dem Zaghaften suggerieren mag, daß die Pflanzen in ständiger Eigenbewegung sind. Wer aus der gleißenden Sonnenhelle des freien Landes in die schwarze Öffnung dieses Tunnels einsteigt, zögert zunächst instinktiv, denn das Eintauchen in eine andere, düstere und schweigende Umwelt gleicht beklemmend einem Aufgeschlucktwerden. Ein Eindruck, von dem auch abgebrühtere Naturen nicht verschont bleiben. Mehrere Tage und Nächte, zwischen saunahafter Hitze und klammer Kälte, von Getier geplagt, in dieser Röhre zubringen zu müssen, setzt selbst dem Stärksten zu.

Interessanterweise hilft dem Pfadbenutzer zur Nachtzeit das aus heimischen Moorgebieten hinlänglich bekannte Phänomen der Biolumineszenz* mitunter relativ zügig voran. Bedingung hierfür ist allerdings eine genügend häufige Benutzung des Trails, so daß ein deutliches Abheben der ausgetretenen Fläche gewährleistet ist. Man sieht den „Gehweg" dann – jedoch weder seine Unebenheiten noch die umgebende Vegetation! – ähnlich einer nächtlichen Rollbahn als schwarzes, beiderseits schwach illuminiertes Band inmitten einer ansonsten totalen Finsternis. So hilfreich die Erscheinung sein mag – ich glaube, daß es nicht jedermann reizen wird, auf einem solchen Boulevard zu lustwandeln!

*Biolumineszenz – auf biochemischen Vorgängen beruhende Lichtausstrahlung vieler Lebewesen

Ein Notlager im Dschungel – sachkundig angelegt

Wen trotz aller Widrigkeiten der Gedanke an einen Vorstoß in die letzten noch unerschlossenen Regionen zu begeistern vermag und wer sich zu einer entsprechenden Expedition entschließt, sollte insbesondere der Unterkunftsfrage größte Beachtung schenken. Es ist außerordentlich unbequem, wie weiland Tarzan in der Astgabel zu übernachten. Und keineswegs stehen auch allerorten gastfreundliche Eingeborene bereit, um den Fremden in ihre Hütten aufzunehmen – von komfortableren Herbergen ganz zu schweigen – und selbst mit der herkömmlichen Campingausrüstung läßt sich in der „Grünen Hölle" kaum etwas anfangen. Ein Zelt zum Beispiel ist auf sumpfigem Untergrund oder auf den Stoppeln einer freigehauenen Lichtung nichts als ein annähernd nutzloses Gepäckstück, ein Schlafsack aus ähnlichen Überlegungen so gut wie unbrauchbar.

Besser und zweckmäßiger ausgerüstet ist man mit einer schlichten Hängematte, einem Moskitonetz und einer dünnen Regenplane aus Plastikfolie. Dieses Dreiergespann ermöglicht einen Einsatz in jedem (natürlich baumbestandenen) Gelände, hält Distanz zum feuchten Boden und etwaigen Wassereinbrüchen, die in regenreichem Terrain üblich sind, und bietet Schutz vor dem Kleingetier der Kelleretage und der Luft. Zudem ist die Konstruktion denkbar einfach.

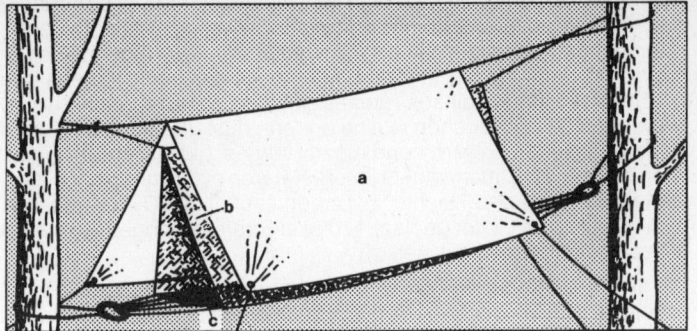

**Hängematten-
lager mit
Insekten- und
Regenschutz
a) Regendach
b) Moskitonetz
c) Hängematte**

Fehlt die Plane und liegt, wie so häufig im Dschungel, Regen in der Luft, läßt sich ein einfaches Schutzdach aus großblättrigen Pflanzen improvisieren, die der Urwald gewöhnlich in großer Zahl aufweist. Zu diesem Zweck spannt man am vorteilhaftesten zunächst einen „Dachfirst" aus den allgegenwärtigen Lianen von einem passenden Baum zum anderen, legt zwei rohe, A-förmige Rahmen an und verbindet diese mit einigen weiteren „Sparren" aus Lianen oder dünnen Ästen. Das so zustandegekommene, sehr primitive Gerüst belegt man nun, von unten beginnend, mit den Blättern. Und nach einer halben Stunde dürfte mit einigem Geschick eine simple, luftige, aber regendichte Hütte dastehen. Voraussetzung für einen solchen schnellen Zusammenbau ist allerdings die Existenz eines Schneideinstruments; ist ein solches nicht vorhanden, muß das Gerüst mühsam zusammengebogen und -gebunden werden, was erheblich mehr Zeit und Anstrengung erfordert. Wer sich aus freien Stücken in den Dschungel begibt, sollte aus diesem Grund und anderen praktischen Erwägungen immer ein Haumesser oder ähnliches Werkzeug mit sich führen.

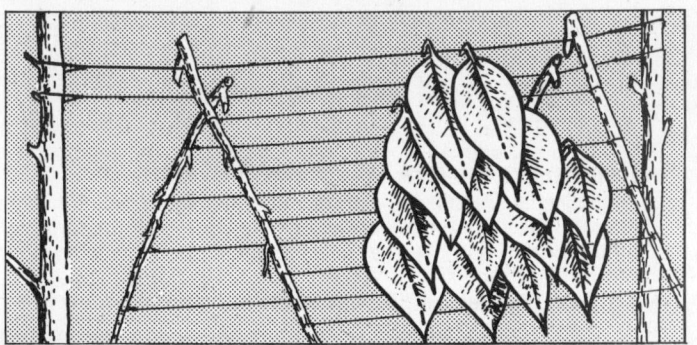

**Blätterdach-
konstruktion**

Ist keine Hängematte oder sonstige bettartige Unterlage vorhanden, wird man sich eine Art Matratze herstellen müssen, um nicht auf dem nackten, im Dschungel immer feuchten Boden zu übernachten. Mit handwerklichem Geschick und einigem Zeitaufwand ließe sich zweifellos eine recht komfortable Liege konstruieren, doch dürfte ein solches arbeitsintensives Unternehmen normalerweise kaum in Frage kommen. Einfacher ist ein „Nest" aus dünnen Zweigen, das man dick mit möglichst trockenem Gras, Farnwedeln und Blattwerk auspolstert und das so ein primitives, aber durchaus nicht unbequemes Bett abgibt. Man achte darauf, daß das für diesen Zweck verwendete Pflanzenmaterial keine auffällige Behaarung, Stacheln oder Insektenbefall aufweist und bedecke die dürftige Unterlage, wenn möglich, mit einem Laken oder überzähligen Kleidungsstücken.

Erst das Lager, dann das Essen

Jetzt, erst jetzt, darf man ans Essen denken – nicht etwa mehr ans Essensammeln, denn dazu ist es wahrscheinlich vollends zu spät. Der Abend bricht im Dschungel schnell herein, weil die wenigen zu Boden dringenden Lichtstrahlen den noch wenigeren vertikalen Öffnungen nicht mehr zu folgen vermögen, und gegen 16 Uhr wird es schummerig, eine Stunde später düster, nach einer weiteren Stunde annähernd stockfinster! Nicht nur zur Bekämpfung der Dunkelheit und Kühle mag es ratsam sein, ein Feuer zu entfachen; es ist auch fast unverzichtbar zur Bereitung aufgefundener Nahrung und hält mit seinem Rauch die unzähligen Insekten fern, von denen der nächtliche Dschungel strotzt. Wer die nötigen Fertigkeiten besitzt, auch unter schwierigen Umständen ein bescheidenes Feuer zu entfachen, sollte auf keinen Fall auf diesen Komfort verzichten.

Siehe auch Seite 298

Eine Notübernachtung im Dschungel entbehrt zweifelsohne erfreulicher Aspekte; man sollte sie jedoch als kleineres Übel in Kauf nehmen können, statt kopflos in der Dunkelheit herumzustolpern und möglicherweise sein Leben, gewiß aber seine körperliche und geistige Gesundheit dabei aufs Spiel zu setzen. Wer bei einer Exkursion in den Dschungel (oder in den analogen Bayerischen Wald, wenn man will) die Orientierung verliert, der bewahre die Fassung und lasse unter keinen Umständen die Dunkelheit hereinbrechen, bevor er sich an die Errichtung eines Notlagers macht – selbst wenn die tröstenden Lichter der Zivilisation vielleicht von einem Berghang hinab „zum Greifen nahe" erscheinen!

Begegnung mit den Bewohnern des Dschungels

„Tiger sind für Menschen weniger gefährlich als Politiker!"
Bernhard Grzimek

Erst in jüngster Zeit ist es gelungen, mit zahlreichen falschen Vorstellungen aufzuräumen, die wir in der Tierwelt – insbesondere derjenigen des tropischen Dschungels – hatten, und siehe da: Der vermeintlichen Gefahren wurden immer weniger! Wir hatten unsere eigenen Übel und Schwächen wohl allzu sehr auf unsere nächsten Mitbewohner dieses Planeten projiziert...

Sprechen wir, bevor wir uns den Tieren zuwenden, zunächst von einem Lebewesen, das wie viele andere Kreaturen der Wildnis in seiner Zahl ständig weniger wird, auszusterben droht, stellenweise bereits ausgestorben oder ausgerottet ist: **der „wilde", „primitive" Mensch.** Ihn, den „Eingeborenen", wird es zu Ende dieses Jahrhunderts wahrscheinlich nicht mehr geben, abgesehen von einigen kläglichen Resten seiner Art, wie wir sie bereits heute in ihren zu „Reservaten" und „Freigehegen" zusammengeschrumpften Lebensräumen wie Affen im Käfig bestaunen. Sein Weg in die permanente Unterlegenheit ist trotz aller seiner heutzutage wieder so bewunderten Fertigkeiten in der Kunst der Überlebens, trotz mannigfacher externer Bestrebungen, ihn und seine Art zu erhalten, auf tragische Weise vorgezeichnet: Schon eine kurzfristige Gefährdung mit den Segnungen des Fortschritts und der Zivilisation – allenfalls durch eine „Endlösung" aufhaltbar – genügt, um intakte Lebensformen jählings aus dem Gleichgewicht zu werfen, uralte Kulturgüter angesichts der fremdartigen Wunderdinge in der Hand des Besuchers über Nacht wertlos erscheinen zu lassen, Krankheit und Sittenverfall auszulösen.

Ausflüge zu Naturvölkern gehören heute zum Repertoire mancher Reiseunternehmen, die diese Vorgänge nur beschleunigen können. Zumindest in der Bundesrepublik sind sich Veranstalter von Expeditionen dieser Beschreibung jedoch anscheinend der Verantwortung bewußt, die ihnen die touristischen Eroberungszüge auferlegen, und es existiert ein begrüßenswerter Konsens, unüberlegte Schenkungsaktionen, Bekehrungsversuche und allzu freimütige Kontakte mit den „Wilden" elegant abzubiegen. (Daß die endgültige Entwicklung der Dinge nicht abzubiegen ist, erscheint jedoch sicher genug, um auf Unternehmungen dieser Art nicht völlig zu verzichten).

Fern aller Zivilisation teilt sich manchem Herrenmenschen dann mitunter Bestürzendes mit: Sein Gegenüber ist an Hosen und Schuhen nicht im Geringsten interessiert, möchte auch nicht die Freuden und Vorzüge der weißen Welt kennenlernen, von der ihm manchmal bruchstückhafte Schreckensmeldungen zu Ohren gekommen sind. Ja, er würde – Gipfel aller Ignoranz! – nur ganz zuletzt mit dem weißen Besucher tauschen wollen, der ihm mit seinem Wohlstandsbauch, seiner Halbglatze und tölpelhaften Ungeschicklichkeit im Dschungel kindlich hilflos bis uralt erscheint und als männliches Wesen keineswegs zu imponieren vermag. Und gelegentlich, wenn der Besucher ungebeten eindringt, schwirren auch in diesem Zeitalter noch Speere und Giftpfeile, um die letzten Horte uneingezäunter Freiheit auf der parzellierten Welt bis zur Götterdämmerung zu verteidigen... Siehe auch Seite 143

Wenden wir uns den Tieren des Dschungels zu, von denen vielen das gleiche Schicksal droht. Gewöhnlich wird der Naturfreund müh-

sam nach ihnen suchen müssen, statt schreckenerfüllt vor ihnen davonzulaufen. Einige Verhaltensmaßregeln mögen dennoch für gewisse kritische Situationen angebracht sein.

Was zum Beispiel tun, wenn der **Gorilla** sein uah!! ertönen läßt? Stehenbleiben, davonlaufen, angreifen?

Die Vorstellung, daß Gorillas tatsächlich die furchterregenden King-Kong-Typen des Kintopps verkörpern, geht weit an den Tatsachen vorbei; sie sind jedoch auch nicht die cherubischen „Waldmenschen", zu denen sie manchmal romantisch verharmlost werden. Übereinstimmend empfohlene Verhaltensweisen für ein etwaiges Zusammentreffen mit diesen Tieren gleichen denen für ein Aneinandergeraten mit einem rauflustigen Betrunkenen: Unauffälliges Benehmen (Minimum an Bewegung, „Kleinmachen", langsamer Rückzug) und Vermeidung der unmittelbaren Herausforderung, indem man dem „Widersacher" keinesfalls direkt in die Augen blickt (auch nicht mit der Kamera!), das eigene Gesicht gar mit den Händen bedeckt, und dieserart totale Wehr- und Interessenlosigkeit demonstriert. Die gleichen Regeln gelten für Paviane und die immer seltener werdenden Orang-Utans.

Die Tierwelt des Dschungels ist gleichbedeutend mit **Schlangen,** ihren vielleicht gefürchtetsten Angehörigen. Ob zu Recht, wollte ich selbst herausfinden, als ich dieses Buch zu schreiben begann. Und ich hoffte, daß die Philippinen als relativ schlangenreiches Land es mir ermöglichen würden, einen persönlichen Beitrag zu diesem Thema zu liefern. Über mehrere Jahre hinweg legte ich es geradezu darauf an, mittels Exkursionen in Gebiete, in denen es nach Aussagen Einheimischer „von Schlangen wimmelte", eine Begegnung herbeizuführen — vergebens. Dann jedoch kam es plötzlich Schlag auf Schlag: Ich trat (barfuß) um Haaresbreite auf eine Grubenotter, die sich auf einem Sandpfad sonnte und sich bei meiner Annäherung wie eine Bogensehne spannte; einige Tage später ringelte sich etwas über meinen Weg, das kein Ende nehmen wollte, und wieder etwas später gab es in der Nachbarschaft berechtigte Aufregung, als eine Kobra mit beachtlichen Ausmaßen zwischen den Häusern entdeckt wurde.

Immerhin sterben auf der ganzen Welt schätzungsweise rund 30 000 Menschen pro Jahr an Schlangenbissen. Obwohl diese Ziffer eindrucksvoll aussehen mag, stellt sie lediglich einen winzigen Bruchteil der Weltbevölkerung dar und zudem nur einen geringen Prozentsatz aller Personen, die von einer Schlange gebissen werden und überleben. In den USA, um ein Land mit einer erheblichen Anzahl hochgiftiger und -gefährlicher Schlangenarten herauszusondern, werden jährlich mehr als 45 000 Menschen gebissen, weniger als 7 000 Fälle kommen zur Behandlung, und durchschnittlich weniger als 12 Todesfälle ereignen sich pro Jahr. Die Mehrzahl dieser wenigen Opfer wiederum sind Kinder in behandelten und unbe-

handelten Fällen sowie Mitglieder religiöser Sekten, bei denen giftige Schlangen eine Rolle in kultischen Handlungen spielen.

Der augenfällige Unterschied zwischen den USA und dem Rest
der Welt hat nicht lediglich seinen Ursprung darin, daß es andernorts
auch mehr Schlangen gibt. Schuld an dem enormen Gefälle ist vielmehr die geringere Urbanisierung der Dritten Welt, religiöse Über-
zeugungen, fehlende ärztliche Hilfe und vor allem der Umstand, daß
fast immer und überall in ländlichen Regionen in den Tropen barfuß
gelaufen wird. Annähernd alle Schlangenbißopfer werden in den
nackten Fuß oder bis zur Wade hinauf gebissen. Das Tragen von
Schuhen oder besser Stiefeln ist eine der elementarsten Vorsichtsmaßnahmen in potentiell schlangenträchtigem Terrain und verklei-
nert die Gefahr wesentlich.

Der weitaus größte Teil aller Schlangen geht dem Menschen
ängstlich aus dem Weg; gelegentliches aggressives Verhalten ist
nur von der Königskobra in Südostasien, der südamerikanischen
Buschmeisterschlange, der afrikanischen Mamba und einigen australischen Arten bekanntgeworden. In fast allen diesen Fällen handelt es sich zudem um Reizreaktionen eines sich bedroht fühlenden
Tieres. Gewaltige Übertreibungen existieren auch hinsichtlich der
Reichweite, die eine bißbereite Schlange zu überspannen vermag.
Diese Distanz ist selten länger als die Hälfte der Gesamtlänge der
betreffenden Schlange, bei großen Exemplaren nur ein Drittel, bei
anderen noch weniger. Einige kleine Vipern vermögen sich zwar um
ihre Gesamtlänge vorwärtszuschnellen, doch sie dürften auf diese
Weise kaum ein größeres Wesen angreifen. Auch die Reichweite
von Kobras wird gewöhnlich um ein Vielfaches überschätzt; tatsächlich ist sie jedoch nicht größer als die Länge des aufgerichteten Kör-
peranteils, d.h. ungefähr 30 cm bei einem mittleren Exemplar und
bis zu 1 m bei einem sehr großen (von mehr als 4 m Länge). Mit
etwas Umsicht ist es ein leichtes, einer defensiv oder aggressiv aufgerichteten Schlange aus dem Weg zu gehen. Die meisten Unfälle
ereignen sich, wenn jemand unabsichtlich auf eine im Gras verborgene Schlange tritt. Große Exemplare bieten insofern eher geringere
Risiken.

Trotz dieses relativ beruhigenden Gesamtsachverhalts mögen einige Einzelheiten hinsichtlich der Verteilung besonders gefährlicher
Arten auf der Welt und ihrer besonderen Eigenschaften von Interesse sein.

Die große, bis zu annähernd 6 m heranwachsende **Königskobra**
(Ophiophagus hannah) ist zweifellos eine der aggressivsten und
gefährlichsten Schlangen und auf geringer Distanz ein überaus
ernstzunehmender Gegner. Die Spezies, die durch das bekannte
Brillenmuster auffällt, kommt von Indien bis Südostasien vor, ist jedoch nicht sehr häufig.

Eine kleinere Angehörige dieser Gruppe, die indische Kobra (Naja naja), ist in großen Teilen des tropischen Asiens zu finden. Sie ist besonders zahlreich in Indien, wo man sie als heilig verehrt; ein Entgegenkommen, das sie mit rund 10 000 Bissen im Jahr nicht ausgesprochen gnädig aufnimmt. (Doch selbst diese relativ große Anzahl von Bißverletzten stellt einen verschwindend kleinen Prozentsatz der Gesamtbevölkerung des Landes dar. Häufig heißt es auch „Schlangenbiß", wenn es sich tatsächlich um Mord oder Selbstmord handelt. Kobras machen sich gewöhnlich bei der kleinsten Bedrohung, etwa vor den Bodenvibrationen eines sich nähernden Menschen, eilends davon. Nur etwa 10% aller Kobrabisse verlaufen tödlich; in klassischen Kobraländern wie Indien steht ein wirksames Antivenin zur Verfügung und kann häufig schnell eingesetzt werden). Drei weitere Kobra-Arten treten in Afrika auf.

Zur gleichen Familie (Elapidae) gehören die ca. 1½ m langen Krait-Schlangen des indischen Subkontinents, die sich meistens durch eine auffällige, schwarz-weiße oder schwarz-gelbe Bänderung auszeichnen. Alle Kraits sind sehr giftig, beißen jedoch nur so selten zu, daß sie vielerorts von den Einheimischen für harmlos gehalten werden. Ein ähnliches Verhalten trifft auf die rund 40 Arten der mit lebhaft farbigen Ringen gemusterten Korallenschlangen zu, die größtenteils in Mittel- und Südamerika zu finden sind.

Als aggressiv hingegen gilt die **Schwarze Mamba** (Dendroaspis polylepsis) Afrikas, die jedoch gewöhnlich nur außerhalb bewaldeter Regionen anzutreffen ist. Mambas werden bis zu 3½ m lang, sind aber kaum dicker als ein Besenstiel, was einleuchten lassen dürfte, daß eine etwaige Attacke auf den Menschen gewiß nicht dem Zweck gilt, Jagdbeute zu machen, denn alle Schlangen können ihren Fang nur in einem Stück verschlingen.

Ausgesprochen gefährliche Vertreter der gleichen Familie sind auch die Schlangen Australiens, Neu-Guineas, der Neuen Hebriden, Karolinen, Salomonen und umliegenden Inseln. Nahezu alle Arten dieser Region sind als giftig anzusehen, an erster Stelle die **Tigerschlange** (Notechis scutatus) und die **Taipan** (Oxyuranus scutellatus) des australischen Kontinents, letztere wohl die gefährlichste aller Schlangen überhaupt. Auf den pazifischen Inseln östlich dieses Gebiets gibt es keine giftigen Landschlangen. (Dies trifft für viele andere Inseln auf der Welt zu, so unter anderem auf den größten Teil des karibischen Raumes, Irland, Madagaskar und Neuseeland).

Im Gegensatz zu den meisten Vertretern der Kobrafamilie sind **Vipern** trotz ihrer relativ kleineren Abmessungen eher geneigt, bei Bedrängnis die Stellung zu halten – wahrscheinlich im Bewußtsein, mit ihren furchterregenden , hochklappbaren Fangzähnen und einer von allen Schlangen am besten entwickelten Giftinjektionsapparatur jedem Feind die Stirn bieten zu können. Vipern kommen in allen Teilen der Alten Welt vor; besonders gefürchtet ist die – im Grunde nicht sehr beißlustige – Gabunviper der tropischen Flüsse und Dschungel Afrikas und die Daboia oder Tic-polonga Südasiens. Die meisten Vipernarten ziehen jedoch freies, sonniges Gelände vor und sind deshalb nur in den Randgebieten des Dschungels von einiger Konsequenz. Stiefeltragende Wanderer sind annähernd perfekt vor ihnen geschützt.

Die eng mit den Vipern verwandten **Grubenottern** (so genannt wegen ihrer nasenlochartigen Vertiefungen an der Vorderseite des Kopfes) sind im tropischen Asien und in großen Teilen Nord- und Südamerikas zuhause. Nur die amerikanischen Arten sind in bezug auf besondere Gefährlichkeit nennenswert; dafür gehören der Gruppe jedoch solch berüchtigte Namen wie Fer-de-lance (Bothrops atrox) und Buschmeister (Lachesis muta – „lautloses Schicksal") an. Vor allem der Biß der in den tropischen Regionen Süd- und Mittelamerikas auftretenden letzteren Spezies ist außerordentlich gefährlich. Glücklicherweise ist die Schlange jedoch nicht besonders häufig und kündigt außerdem ihre Gegenwart (den sinistren lateinischen Namen widerlegend) vielfach durch ein sirrendes Vibrieren ihres Schwanzendes an. Ein ähnliches, ausgeprägteres Warnsignal erzeugt die Klapperschlangengruppe, die überwiegend in trockenem Gelände zu finden ist.

Die großen Würgeschlangen – **Boas** und **Pythons** – sind unter normalen Umständen nicht geneigt, es mit einem erwachsenen Menschen aufzunehmen. Dramatische Darstellungen knochenknirschender Umschlingungen entsprechen Situationen, in denen eine in die Enge getriebene Riesenschlange ihr Leben in berechtigtem Zorn verteidigt. Tatsächliche Attacken in Verbindung mit der Nahrungssuche sind nur in einigen wenigen Fällen bekannt, bei denen es sich in der Regel um Kinder handelt. Die meisten Unglücke dieser Beschreibung gehen auf die riesigen (bis zu 10 m langen) Pythons Südostasiens zurück, von denen der französische Globetrotter de la Gironière schon im letzten Jahrhundert berichtet, daß sie nur noch „in den tiefsten Tiefen der Urwälder" anzutreffen seien. Auch die mitunter noch größere Anaconda der südamerikanischen Flußgebiete hat mit Menschen wenig im Sinn. Der Uraltwitz mit dem komplett samt Tropenhelm, Gewehr und Bibel verschlungenen Missionar entbehrt jeder vernünftigen Grundlage. Eher trifft es anders herum zu: Große Schlangen dienen Naturvölkern überall auf der Erde als durchaus nahr- und schmackhaftes Jagdwild, und selbst auf Cocktailparties in den USA ist Schaschlik von der Klapperschlange (aus der Dose) ein interessanter, Gesprächsstoff bietender Snack...

Während gute offizielle Survivalhandbücher der – wie immer gearteten – Bedrohung des Menschen durch Giftschlangen sorgfältige Beachtung widmen, wird eine potentielle Gefahr seitens anderer Dschungeltiere zu Recht eher kleingeschrieben. Einzelgängerische Leoparden, Tiger, Elefanten, Büffel und sogar Wildschwei-

ne können dem Menschen in gewissen Situationen zwar sehr gefährlich werden; bösartige Eremiten dieser Kategorie sind jedoch so selten, daß die statistische Möglichkeit, auf einer Dschungeltour mit einem von ihnen aneinanderzugeraten, in der Tat geringer ist, als bei einer solchen Exkursion versehentlich angeschossen zu werden. Eine reale Gefahr, die von keiner seriösen diesbezüglichen Literatur bagatellisiert sein darf, stellen hingegen **Krokodile** dar, die vor allem an Flußmündungen und in manchen Seengebieten äquatorialer Regionen ihr Unwesen treiben und auch heute noch vielfach scharenweise auftreten. Krokodile legen auf Beuteschau keine diskriminierenden Maßstäbe zwischen Zwei- und Vierbeinern an, und erhöhte Wachsamkeit in ihren Jagdgründen ist dringend anzuraten: Wo es diese Tiere gibt, schwimmt, badet und campiert man nicht, fährt auch nicht auf Luftmatratzen oder Gummiflößen spazieren, und watet nicht einmal in trübem Flußwasser, denn Krokodile greifen mit Vorliebe nach den Beinen eines im Wasser stehenden Lebewesens. In einiger Distanz zum Wasser bilden sie hingegen kaum noch eine nennenswerte Gefahr.

Erhebliche Risiken stehen einem leichtfertigen Schwimmer auch in großen Teilen der Binnengewässer des tropischen Südamerika ins Haus, in denen der **Piranha** beheimatet ist. Wohl keine der Handvoll von Kreaturen auf Erden, die aufgrund ihrer blinden Freß- und Angriffslust mit dem Titel „Menschenfresser" belegt worden sind, hat diese Bezeichnung eher verdient als dieser recht unscheinbare Fisch des Amazonasbeckens und angrenzender Gewässer. Obwohl es im Zuge der vielen neuen Erkenntnisse, von denen dieser Text unter anderen ausgeht, Mode geworden ist, Schauergeschichten aus der Tierwelt ins Reich der Fabel zu verweisen, wäre es verfehlt, die oft erschreckenden Berichte von Piranha-Attacken als mythischen Unsinn abtun zu wollen. Es ist profaner Sachverhalt, daß vielen Amazonasfischern Finger und Zehen fehlen, die ihnen noch auf dem Trockenen von geangelten Piranhas abgerissen wurden. Besonders gefährlich sind die Fische während der Trockenzeit, wenn viele Flüsse zu Rinnsalen und Tümpeln geworden sind, in denen es nichts mehr zu fressen gibt. Die darin eingeschlossenen Piranhas greifen dann wahllos alles an. Deshalb wird auch kein Indianerkind in einem solchen Tümpel planschen.*

Sind die Piranhas hingegen gut versorgt, bleibt von ihrer Gefährlichkeit nicht viel – es sei denn, sie wittern mit ihren extrem empfindlichen Geruchsorganen eine Verletzung oder Entzündung. Es trifft durchaus zu, daß ein Schwarm dieser Fische einen Menschen, auf sich ihre Aufmerksamkeit konzentriert hat, innerhalb kürzester Frist bis auf die Knochen zerfleischen kann. Zwar sind tatsächliche Angriffe auf den Menschen rar – oder zumindest selten bekanntgeworden –; der Piranha macht bei prospektiver Beute im Wasser jedoch keine Unterschiede nach Art und Größe, um mit rasierklingen-

**Menschen-
fresser**

*Schulte
„Piranhas"

scharfen Zähnen blindlings sein Opfer zu zerstückeln. Als im November 1976 ein Bus in den von Piranhas wimmelnden Urubu-Fluß bei Manaus stürzte, fanden Retter ein paar Stunden später nur noch die Skelette der 38 bei dem Unglück verletzten oder ums Leben gekommenen Passagiere...

Wer in piranhaträchtigen Gewässern schwimmen muß (z.B. um einen Fluß zu durchqueren), darf nicht bluten und sollte auch nicht einfach, einem Kadaver ähnelnd, still dahintreiben. Hektisches Planschen ist ebenso gefährlich. Am besten sind die normalen Schwimmbewegungen eines gesunden, kräftigen Lebewesens.

Weitaus gefährlicher, blutrünstiger, angriffslustiger als alle nackten Wilden, giftigen Schlangen und spitzzähnigen Piranhas zusammen ist jedoch ein Lebewesen des Dschungels, das den Menschen zu jeder Zeit, allein oder in Schwärmen, und ohne die geringste Rücksicht auf das eigene Leben attackiert: der Moskito. Mehr zu diesem einzigen wirklichen Ungeheuer der tropischen Wildnis später.

„Moskitos"
siehe Seite 278

ESSBARE UND GIFTIGE PFLANZEN-
ARTEN DER TROPISCHEN WILDNIS

Kriterien

In unserer modernen Gesellschaft fällt es uns heute schwer, das geradezu innige Verhältnis, welches der Frühmensch zu „seinen" Pflanzen gehabt haben muß, richtig zu würdigen und zu verstehen. Als der Mensch im Pleistozän auf dem Plan erschien, existierten die meisten Pflanzen bereits in der Form, in der wir sie heute kennen, und unsere Vorfahren müssen bereits zu diesem frühen Zeitpunkt ein ungefähres Konzept davon gehabt haben, welche Gewächse für sie nützlich, wertlos oder schädlich waren. Trotzdem muß schon der Weg bis hier recht mühsam gewesen sein. Im Laufe seiner Evolution hatte der Mensch als vorwiegend fleischverzehrendes Wesen zwar rasch gelernt, daß sich fast alles Kreuchende und Fleuchende in seinen Speiseplan eingliedern ließ, solange es ihm nicht davonlief; die geduldig stillhaltenden Pflanzen hatte die Natur jedoch beizeiten mit anderen Defensivmitteln ausgerüstet, um ihre passive Rolle im Zyklus des Fressens und Gefressenwerdens überleben zu können: Dornen, Stacheln, harte Materialien, unerreichbare Höhen, undurchdringliche Tiefen – und eine schier unübersehbare Vielzahl chemischer Gifte, die wahllos und großzügig im Pflanzenreich verteilt waren und sind. Mit den äußeren Unannehmlichkeiten wurde der Mensch schnell fertig und machte sie sich oft sogar zunutze; die unsichtbaren Gifte stellten ihn jedoch vor die Aufgabe eines langen und schmerzhaften Lernprozesses, dessen Ende, wie nachstehend anhand einiger Beispiele demonstriert werden soll, auch heute noch nicht ganz erreicht oder abzusehen ist. In der Tat wandeln wir, was unsere vegetarische Ernährung angeht, auf einem durch zunehmende Erkenntnisse eher schmaler gewordenen Pfad einer durch die Jahrtausende überlieferten Praxis des Probierens und Eliminierens. Und der moderne Industriemensch, den Abenteuerlust oder widrige Umstände von heute auf morgen in die unbekannte Wildnis versetzen, sieht seine Evolutionsuhr jäh auf die Stunde Null zurückgestellt und den schmalen Pfad gesicherter Kenntnisse erneut zu einem breiten und verwirrenden Labyrinth ausädern.

Um eine Vorstellung zu vermitteln, wie komplex die hier zugrundeliegende Materie selbst auf dem engen Sektor bekannter Wildpflanzen ist, und um herauszustellen, daß die Einstufung einer Pflanze von „gut" = eßbar" über „schlecht" = ungenießbar" bis zu „tödlich giftig" von einer Vielzahl von Faktoren abhängt, seien im folgenden Text einige detaillierte Beispiele aus der angewandten Botanik aufgeführt:

● Eine als eßbar bekannte Pflanze kann teilweise ungenießbar oder giftig sein. Natürlich ist es keine besonders fortgeschrittene Erkennt-

**Der lange
Lernprozeß**

**Beispiele
aus der
angewandten
Botanik**

nis, daß der Stamm des Apfelbaumes sich nicht essen läßt. Und jedes Schulkind weiß auch, daß die Kartoffelpflanze ein hochgiftiges Nachtschattengewächs ist, daß dessen Knollen jedoch (vor allem in Form von „Chips") ein vorzügliches Nahrungsmittel abgeben. Aber wer weiß schon, daß die Blätter des ansonsten sehr brauchbaren Rhabarbers giftige Oxalsäure enthalten, die zu Erbrechen, Magenkrämpfen und -blutungen führt. Und wer weiß schon, daß der freundliche Holunder unserer Breiten, dessen Blütendolden uns den neuerdings wieder so populären „Fliederwein", Tee und „Holunderpfannkuchen" (ein Survivalgericht ersten Ranges) liefern; aus dessen Beeren sich vitaminreiche Säfte und Marmeladen herstellen lassen, und dessen weiches Holz uns Knaben seinerzeit als Balsaersatz für Basteleien diente, – daß diese milde Nutzpflanze in ihren Blättern, Knospen, Wurzeln und in der Rinde ein Blausäureglykosid namens Sambunigrin enthält, das dem Menschen Übelkeit, Brechkrämpfe, Durchfall und Schlimmeres beschert? In den Tropen ließe sich eine solche Liste endlos fortführen; gewisse Pflanzen enthalten ein Dutzend und mehr hochgiftige Alkaloide und gelten trotzdem als Nahrungsquelle.

Das Fazit dieser Ausführungen ist, daß man in der Survivalpraxis bis zur Pedanterie spezifisch sein muß: Nicht etwa ist der Holunder, um bei diesem Beispiel zu bleiben, ein eßbares Gewächs, sondern allenfalls seine Blüten und Beeren.

● Korrekterweise sollte es „...und seine reifen Beeren" heißen, denn grüne Holunderbeeren enthalten ebenfalls giftiges Sambunigrin. Der Reifegrad einer Frucht oder das Alter einer Pflanze entscheiden vielfach über Giftigkeit oder Genießbarkeit. Als gutes Beispiel hierfür ist uns die Tomate bekannt, die in grünem Zustand (schwach) giftig ist. Umgekehrt gilt durchweg, daß ein Pflanzentrieb „im Alter" weniger genießbar ist als ein junger Schößling, oft schon deshalb, weil er harte, kristalline Salze akkumuliert.

Fazit: Im Zweifelsfall der reifen Frucht und dem jungen Grün den Vorzug geben.

Reife Frucht und junges Grün

(Natürlich gibt es auch hier die berühmte Ausnahme, so die Zukkerpalme Arenga pinnata, deren unreife Frucht in Südostasien gern gegessen wird, die reif jedoch als hocheffektives „Hundegift" berüchtigt ist.)

● Manche Pflanzengifte verlieren erst durch eine besondere Behandlung, so durch Wässern oder Kochen, ihre Wirksamkeit. Zum Beispiel die in tropischer Kultivierung allgegenwärtige Maniokwurzel oder der bekannte heimische Hallimaschpilz, der zehn Minuten lang gekocht werden muß, um genießbar zu werden.

Fazit: Vorsicht vor oberflächlich katalogisierten Survivalpflanzen, bei denen diese über Sein oder Nichtsein entscheidenden Details ausgelassen sind!

● Erst in neuerer Zeit hat man entdeckt, daß gewisse, lange für eßbar gehaltene Pflanzen dem Menschen schädlich sein können, wenn sie über einen längeren Zeitraum hinweg genossen werden. So glaubte man vom Kahlen Krempling – um noch für eine Weile in heimischen Gefilden zu verbleiben –, daß auch dieser Pilz ein Gift enthielte, das sich durch Kochen neutralisieren ließe, und der Krempling stand noch bis vor kurzem auf der Eßbarkeitsliste. Heute weiß man, daß sein Gift im Menschen einen Antistoff entwickelt, der mit der Zeit tödlich sein kann. Auch die in der Survivalpraxis mit Recht so populären Farne kommen in den zwielichtigen Niederungen schleichender Langzeitwirkungen nicht ungeschoren davon: Studien haben gezeigt, daß die häufig für Survivalzwecke herangezogene Spezies Pteridium aquilinum bei längerem Genuß für Menschen und Tiere giftig sein kann.

Für Abwechslung sorgen

Fazit: Auch unter Survivalbedingungen um Abwechslung bemüht sein!

● Häufig machen sich auch schädliche Effekte bemerkbar, wenn von einer an und für sich als nützlich und eßbar bekannten Pflanze größere Mengen auf einmal genossen werden, weil die prozentualen Schadstoffanteile im Körper zu hohe Werte annehmen. Als Beispiel hierfür sei eine weitere bekannte Survivalpflanze aufgeführt: Der Ampfer (Rumex crispus), der außer dem leicht abbaubaren Vitamin C unter anderem große Mengen von Vitamin A enthält, das im Organismus akkumuliert wird und ihm ab 50 000 Einheiten pro Tag gefährlich zu werden beginnt. Wenn man sich vergegenwärtigt, daß Rumex zwischen 13- und 20 000 Einheiten Vitamin A pro 100 g Blattmaterial hergibt, ist bei einer kräftigen Mahlzeit das Limit schnell erreicht. Auch der wohlbekannte Löwenzahn enthält dieses Vitamin in reichem Maße. (Eine Überdosis von Vitamin A über eine längere Zeitdauer hinweg äußert sich mit Kopfschmerzen, Hautjucken, Nasenbluten und einer generellen Überempfindlichkeit des Körpers).

Fazit: Nahrung aus Survivalpflanzen mit unklaren Nebenwirkungen weitgehend dosieren!

Aus dem Garten genießbar; aus der Wildnis giftig

● Die Giftigkeit einer Pflanze kann auch je nach ihrem Kultivierungsstand variabel sein, d.h. die kultivierte Art nimmt gegenüber der wildwachsenden maßgeblich an Giftigkeit ab. Wenn beide Arten oder diverse „Mischlinge" nebeneinander wachsen, kann sich ein Identifizierungsproblem ergeben, das am Beispiel der Bohne Phaseolus lunatus, die in den meisten tropischen Ländern angebaut wird, aber auch viel wild vorkommt, sehr anschaulich verdeutlicht wird. Der Blausäuregehalt, der die Giftigkeit der Pflanze bestimmt, variiert von maximal 0,24% bei der natürlichen Varietät bis hinab zu 0,03% bei der kultivierten; dazwischen gibt es zahlreiche Abstufungen. Die Pflanze verdeutlicht auch ein biologisches Phänomen, das unter Kulturgewächsen, die wieder zu ihrem ursprünglichen Zustand zurückkehren, üblich und weit verbreitet ist: Der gängelnden

Hand des Menschen ledig, nehmen sie wieder ihren defensiven, giftigen Charakter an. Aufgrund der Schwierigkeiten bei der Unterscheidung der jeweiligen Zwischenstufen ist die Bohne P. lunatus als Urheberin zahlreicher, nicht selten tödlich verlaufener, Vergiftungsfälle bekannt geworden.

Fazit: Pflanzen variabler – und mithin unbekannter – Giftigkeit gehe man entweder ganz aus dem Weg, oder man halte sich an fest etablierte Prozeduren, um den Giftanteil unschädlich zu machen. (Im obigen Falle durch häufigen Wasserwechsel beim Kochen).

● Um das Gesamtbild noch komplexer zu machen, trägt in gewissen Fällen auch die Bodenbeschaffenheit zur Giftigkeit einer Pflanzenart bei, so unter anderem bei der Genus Amaranthus, einer weltweit verbreiteten, spinatähnlichen Gruppe von Gewächsen, die nachstehend noch detaillierter behandelt werden. Nach neueren Forschungsergebnissen neigen manche Arten dazu, aus nitratreichen Böden giftige Nitratsalze aufzunehmen und zu akkumulieren. Sicherlich haben wir es auch mit einer Abhängigkeit von der Bodenbeschaffenheit und anderen ökologischen Einflüssen zu tun, wenn identischen Pflanzen in weit auseinanderliegenden Regionen der Erde völlig verschiedene Eigenschaften und physiologische Wirkungen zugeschrieben werden. Manche Pflanzen gleichen Namens gelten hier als Lebensretter, dort als tödliche Bedrohung, obschon Faktoren wie Aberglaube, Wunderdoktorentum und voneinander abweichende menschliche Konstitutionen einige offensichtliche Widersprüche erklären dürften.

Fazit: In einem bestimmten Gebiet gemachte Erfahrungen lassen sich nicht global einsetzen!

Es war vor allem dieser letztere Umstand, der die Auswahl der im folgenden detailliert beschriebenen Pflanzen erheblich erschwerte und ihre Anzahl auf ein Minimum zusammenschrumpfen ließ, denn für viele im Grunde attraktiver, potentieller Survivalgewächse lag eine Fülle widersprüchlicher Informationen vor, die sie als Überlebenshilfen ausklammerten. Der Test, den die verbleibenden Pflanzen zu bestehen hatten, war der härtesten einer. Nicht nur hatten sie die Kriterien der in den obigen Absätzen diskutierten Anforderungen hinsichtlich eines von keinerlei Einschränkungen eingeengten Sicherheitsspektrums zu erfüllen und den speziellen Erfordernissen der Survivalpraxis gerecht zu werden, sondern sie sollten auch einen möglichst hohen Anteil an Kohlehydraten, Proteinen, Mineralstoffen und/oder Vitaminen aufweisen können, vorzugsweise über die gesamten Tropen verbreitet sein, sich durch leichte Identifizierbarkeit auszeichnen und positive Erfahrungswerte im Eigentest des Autors ergeben. Sie sollten also wahre Wunderpflanzen sein.

Nun, sie sind es nicht. Doch die nachstehende Liste von Pflanzen von hohem Survivalwert wird allen Anforderungen gerecht, indem ein Querschnitt durch mehrere ökologische Zonen vermittelt wird, Kriterien eingehalten werden und Betonung auf Wesentliches gelegt wird: Nicht berücksichtigt wurden zum Beispiel alle zwar eßbaren, jedoch aus ernährungstechnisch unbrauchbarer Materie bestehenden Pflanzenarten. Eine größtenteils aus Zellulose zusammengesetzte Nahrung tut nichts für uns: Wir können ebensogut unseren Ledergürtel oder ein Baumwollhemd verzehren, um dem Magen die vorübergehende Illusion einer verwertbaren Nahrungszufuhr zu geben, als Holzgewächse, Moose, Flechten, oder einen großen Teil der rund 60 000 verschiedenen Pilzarten zu verspeisen, von denen viele ohnehin mehr oder weniger giftig sind.

Was ist mit Tropenfrüchten?

Doch was hat es mit den vielen wundervollen Tropenfrüchten auf sich, von denen wir so viel hören und die zum Teil preisgünstig auf unseren heimischen Märkten erhältlich sind? Leider sind der überwiegende Teil dieser Früchte herankultivierte Erzeugnisse, die in der Wildnis des Dschungels genau so wenig existieren, wie es bei uns einen wilden Apfelbaum gibt; allenfalls findet man sie in den Tropen außerhalb menschlicher Siedlungen verwildert in einer längst verlassenen Plantage wieder, in die man zufällig hineinstolpern mag.

Sollte man nun angesichts dieses recht desolaten Gesamtbildes und im Gedenken an Tarzan, der in der Dschungelwildnis offenbar ganz gut gedieh, Warnungen und Verbote in den Wind schlagen, um voll revolutionären Geistes ein wenig auf eigene Faust zu experimentieren, wenn der Magen immer unüberhörbarer knurrt? Schließlich empfehlen manche Survivalratgeber einen Verträglichkeitstest: „Man nehme eine kleine Portion des unbekannten Pflanzenmaterials in den Mund und zerkaue es vorsichtig. Wenn sich innerhalb von fünf Minuten kein beißender, seifiger, bitterer oder ansonsten widerwärtiger Geschmack einstellt, schlucke man die Probe hinunter und warte acht Stunden. Falls sich keine unangenehmen Folgen einstellen, betrachte man die Pflanze als genießbar..."

Ich rate von diesem vegetarischen, für militärisches „Menschenmaterial" zugeschnittenen Hochseilakt dringend ab, der sich gerade in tropischem Neuland allzu leicht als tödliche, und selbst falls sie glimpflich ausgehen sollte, kaum sinnvoll zu nennende Übung herausstellen dürfte. Welcher Wildnisliebhaber im Vollbesitz seiner Geisteskräfte würde denn in unseren Breiten schon nach dieser Methode prüfen, ob er einen Wiesenchampignon oder Knollenblätterpilz vor sich hat? Angesichts der Tatsache, daß sich in der enormen Artenvielfalt der tropischen Fauna mancher Killer vom Kaliber des Knollenblätterpilzes verbergen mag, gleicht der Verträglichkeitstest in seiner beschriebenen Form einem russischen Roulett mit fünf Patronen in der Revolvertrommel. Falsch ist es ebenfalls, sich für eigene Zwecke an tierischer Nahrung zu orientieren; selbst unsere engsten tierischen Vertrauten, die Haustiere, können zwar weitgehend an unserem Speiseplan teilnehmen, haben umgekehrt jedoch kaum

Vegetarischer Verträglichkeitstest

etwas zu bieten. Richtig ist selbstverständlich hingegen, daß Tiere der Wildnis einen Survivalbedürftigen auf eine Nahrungsquelle hinweisen können: Ob die an Ort und Stelle aufgefundene Nahrung jedoch brauchbar und genießbar ist, bleibt völlig seinem eigenen Wissens- und Erfahrungsschatz überlassen. (Ein wahrlich Unentwegter, „der alles mindestens einmal probiert haben mußte", war der Deutsch-Australier Ludwig Leichhardt, der auf seinen Entdeckungsreisen durch die australische Wildnis des vorigen Jahrhunderts den Survival von A bis Z praktizierte und trotz gelegentlicher bitterer Reuen ganz gut dabei zurechtkam.* Jedoch muß auch in diesem Fall einschränkend gesagt werden, daß seine Experimente ohne die leitende Hand der ihn begleitenden Ureinwohner sicherlich einen ernsteren Ausgang genommen hätten).

*Leichhardt „Journal of an overland expedition in Australia, from Moreton Bay to Port Essingtion, a distance of upwards of 3000 miles, during the years 1844-45"

In tropischen Bergregionen stößt man gelegentlich auf Gewächse, die einem von der heimischen Szene her eigentümlich vertraut vorkommen mögen. So fand ich in 2 000 m Höhe auf dem philippinischen Mayon-Vulkan ausgedehnte Areale von Sträuchern mit wilden Erdbeeren daran. Ich probierte sie, und sie waren vorzüglich; in der Tat halfen sie mir über ein peinigendes Durstproblem hinweg. In noch größerer Höhe machten sich außerdem unverkennbare Blaubeerfelder breit, in denen ich mich ohne Scheu bediente. Dem Leser sei anheimgestellt, nach gründlicher Erwägung der eingangs behandelten Beschränkungen von einer Pflanze, die positiv als Ableger einer bekannten heimischen Art identifiziert werden konnte, gegebenenfalls nach einem Verträglichkeitstest Gebrauch zu machen.

Gifte in tropischen Pflanzen

Von Alkaloiden zu Zyaniden

Vor einigen Jahren saß ich einmal in einer Seemannskneipe in Norddeutschland und wartete auf das Einlaufen meines Schiffes. Neben mir lärmte ein lustiger Haufen von Seeleuten, die gerade abgemustert hatten – dabei geht es immer hoch her. Und plötzlich erbot sich jemand lauthals, den Asternstrauß, der die Theke zierte, „auf einen Sitz aufzufressen". Natürlich ging es um eine Wette und Hochprozentiges; außerdem kann man Astern auch wirklich nur „fressen".

Gesagt, getan, und die Astern verschwanden. Der Held war zwar grün im Gesicht, krümmte sich auch ein wenig, aber das erwettete hochprozentige Gegenmittel half alsbald über die „Asteritis" hinweg, und wenn er nicht gestorben ist, so lebt er noch heute. Ein Seemannsmagen kann ohnehin vieles verkraften.

Der Mann hatte ein unglaubliches Glück gehabt. Astern, wie die gesamte Gattung Chrysanthemum, zu der sie gehören, enthalten nur schwache Gifte (so z.B. ein Chrysanthemin genanntes Glykosid mit der chemischen Formel $C_{21} H_{20} O_{11}$), und sie sind – Ironie des Zufalls! – in mäßigen Dosierungen in der Naturheilkunde vieler Länder sogar als beruhigend, schmerzstillend und verdauungsfördernd bekannt. Japaner haben Chrysanthemen auf dem Speisezettel.

Das wußte unser Freund aber kaum, und wenn ich den Blumenstrauß betrachte, der meinen Tisch ziert, während ich diesen Absatz schreibe, so werde ich nachdenklich. Es handelt sich um die leuchtend roten Blütenstände des „Dapdap"-Baumes (Erythrina variegata), prachtvoll anzuschauen und – wenn man will – von saftig-appetitlicher Erscheinung. Sie enthalten Blausäureverbindungen und Erythrinin, das eine narkotische Wirkung auf das zentrale Nervensystem hat. Und der Verzehr eines Salates aus diesem Sortiment dürfte für den leichtfertigen Esser Folgen haben, an die er sich gern erinnern wird – sofern ihm diese optimal günstige Gelegenheit gegeben wird... (Zur Veranschaulichung lauernder Gefahren tragen auch Beschreibungen von Papageien bei, die sich auf der Suche nach Nektar an den Blüten dieses Baumes zu schaffen machten und mit wilden Loopings wieder abhoben, weil ihnen die aufgenommenen Alkaloide offenbar die Sinne verwirrten).

Ich habe Propheten getroffen, die mir mit ernster Miene bescheinigten, daß sich „alles Grüne mit einiger Mäßigung essen ließe". Und Gurus organischer Ernährungsweisen, die die natürlichen biologischen Gifte nicht erwähnten, (vielleicht nichts von ihnen wußten oder sie unterschlugen, wie man ein heimliches Leiden oder einen unbequemen Verwandten verleugnet), und einen von ihren respektiven Broschüren empfohlenen (und gewöhnlich Armeeunterlagen entnommenen) Eßbarkeitstest unbekannter Pflanzen mit einem vorausgeschickten Gebet zu entschärfen glaubten.

Das außerordentlich komplexe und hochempfindlich ausgewogene chemische Gleichgewicht unseres Organismus reagiert auf ausgleichsändernde Eingriffe, gleich ob diese aus natürlichen oder denselben nacheifernden künstlichen Giftküchen stammen, ausgesprochen mißlaunig. Viele dieserart ausgelöste Vorgänge, wahrscheinlich auch die Entstehung von Krebs, vollziehen sich langfristig, andere blitzartig. Manchmal gibt es bei Zufuhr selbst kleinster Mengen alles über den Haufen werfender Chemikalien tumultöse Veränderungen in unserem Körper, und gelegentlich wird alles auf Null gestellt, weil Lebenswichtiges, Schaltendes und Waltendes, plötzlich neutralisiert und somit annulliert wird. Die Steuerung, die unser Leben auf den Ablauf damit assoziierter willkürlicher und unwillkürlicher Funktionen bestimmt, gerät aus ihren chemisch programmierten Fugen und unser Lebenswagen somit ins Schleudern.

Das kann, wie gesagt, schnell gehen. Der im indopazifischen Raum verbreitete Upas-Baum (Antiaris toxicaria) zum Beispiel enthält in seinem Milchsaft das hochpotente Herzgift Antiarin, von dem eine Dosis von 0,009 Milligramm bereits einen Laborfrosch zu töten vermag. Da haben wir die Brechnuß (Strychnos nux-vomica), die die bekannten Lähmungsgifte Strychnin und Brucin in konzentrierter

Form enthält, die Strophanthus-Gruppe mit ihrem Digitalisgift Strophantin und die Fingerhut-Familie überhaupt, die finsteren Nachtschatten-, Jatropha- und Daturagewächse. Sie alle enthalten Alkaloide und/oder Glykoside; CHO-Verbindungen, die zwar nicht grundsätzlich, doch zumeist giftig sind und einen festen Bestandteil von mindestens 10% aller tropischen Pflanzen bilden. Gelegentlich können giftige Alkaloide sogar über abenteuerliche Umwege Schaden stiften: Ein Bericht aus den USA führt Vergiftungserscheinungen nach dem Genuß von Honig auf die potentiell tödlichen Alkaloide Gelsemin und Gelseminin aus dem Nektar der stellenweise in Amerika verbreiteten Schlingpflanze Gelsemium sempervirens zurück, und eine analoge Meldung liegt aus dem tropischen Australien vor.

Eine ganz besonders tückische Gruppe sind die Alkaloide des Mutterkorns (Claviceps, spp.), deren Aufzählung sich wie die Beschreibung eines chemischen Warenlagers anhört. Die schweren Vergiftungserscheinungen, die diese Stoffe hervorrufen, werden nur noch von den Substanzen Cholin und Acetylcholin übertroffen, die gleichfalls zusätzlich in Claviceps auftreten, jedoch auch im menschlichen Organismus existieren, wo sie hochwichtige Schaltfunktionen in der Steuerung der Herz-Lungen-Tätigkeit erfüllen. Eine zusätzliche Zufuhr selbst kleinster Mengen dieser Stoffe läßt die genannten Funktionen außer Kontrolle und schließlich ins Stocken geraten; das vegetative Nervensystem stellt seine Tätigkeit ein und somit auch Herz und Lunge: Exitus! Mutterkornvergiftungen haben Tausenden von Menschen das Leben gekostet; noch 1955-56 wurde Deutschland von einer Plage größten Ausmaßes heimgesucht, und erst in jüngster Zeit hat man das Problem in den Griff bekommen können.

Das tückische Mutterkorn

Ungutes wird uns auch vor allem von Pflanzen zuteil, die Blausäureverbindungen enthalten, gewöhnlich als Bestandteil der eingangs genannten Glykoside. Blausäure, von Fachleuten Zyanwasserstoffsäure genannt, ist eine farblose Flüssigkeit, deren Siedepunkt bereits bei 26 Grad liegt, und die vielfach gebunden in den Samen von Kernfrüchten vorkommt: Pfirsich- und Pflaumenkerne sind uns insofern hinreichend bekannt. Blausäure ist eine tödliche Substanz. Und pflanzliche Nahrungsmittel, die nur einen Hauch dieses Stoffes enthalten, müssen unter allen Umständen gemieden oder speziell aufbereitet werden. In der Survivalliteratur nicht näher begründete Hinweise auf eine solche Spezialbehandlung, beispielsweise durch Rösten, beziehen sich gewöhnlich auf den Vorgang der Verflüchtigung von Blausäureanteilen in einer Pflanze. Und selbst hierbei ist noch größte Vorsicht geboten: Zyanwasserstoffdämpfe sind selbst in geringster Konzentration tödlich – 0,3 mg pro Liter Luft können bereits zu irreversiblen Schädigungen des Lungengewebes führen

Dieser Abschnitt beabsichtigt, nochmals die Gefahren chemischer Pflanzenstoffe hervorzuheben, die in der Natur auf uns lauern

**Respekt
vor der
Natur!**

und Experimentierfreudigen ein und für allemal den Geschmack an ihrem Tun zu nehmen. Es lohnt sich meistens, den scheinbaren Trivialitäten, die die Natur zu ihrer Verteidigung aufwendet, mit gebührendem Respekt zu begegnen!

Kontaktgifte, subtile Kampfstoffe der tropischen Flora

Der grause Aspekt, mit einer unbekannten Pflanze in Berührung zu kommen und tot umzufallen, findet in der Natur glücklicherweise keine Bewahrheitung. Aber manchmal fehlt nicht viel – ein Hautratscher an der Rinde des vorerwähnten Upas-Baumes zum Beispiel genügt...

Im Sommer des Jahres 1972 gab es bei den deutschen Gesundheitsbehörden Katastrophenalarm: Im Zeichen einer gängigen Moderichtung – „organischer" Schmuck war gerade in – erschienen auf den heimischen Märkten große Mengen von Halsketten afrikanischer Herkunft, die aus den roten Früchten des Korallenstrauches und der schwarzroten Paternoster-Erbse angefertigt waren. Während das breite Publikum das exotische Naturgehänge attraktiv und kaufenswert fand, erkannten Materiekenner rasch, welch potentieller Killer dort an Teenagerhälsen baumelte, und die staatlichen Organe wurden zu schnellem Eingreifen veranlaßt. „Wer schwitzt, kann sterben!" hieß es damals.

**Einen Killer
am Hals haben**

Paternoster-Erbsen, so genannt, weil man sie traditionell zur Herstellung von Rosenkränzen verwendete, und in der Tat hübsch anzuschauen, stammen von dem pantropisch vorkommenden Rankengewächs Abrus precatorius und sind wie fast alle wilden Hülsenfrüchte schwer giftig. Sie enthalten Abrin, ein dem Curare ähnelndes, intensiv giftiges Albumin, das in Verdünnung von 1 bis 2 Tausendstel Milligramm pro Kilogramm Körpergewicht, subkutan aufgenommen, bereits tödliche Folgen haben kann. Und Konzentrationen tödlicher Größenordnungen werden allein durch den Körperschweiß mühelos erreicht. Ein Kratzer oder eine Aknepore genügt jetzt, um das Gift in den Organismus gelangen zu lassen...

So verwundert es kaum, daß Abrinextrakte von manchen Naturvölkern als Pfeilgift verwendet werden, von dem es heißt, daß es innerhalb von 24 Stunden generell tödlich ist. Interessanterweise ist das Gift auf dem Wege über den Magen unwirksam und folglich ungefährlich (was im Falle der erwähnten Halsketten jedoch durch die Korallenstrauchsamen, die wahrscheinlich das potente Nervengift Jatrophin enthalten, hinreichend kompensiert gewesen sein dürfte). Bedeutsam ist vor allen Dingen, daß Abrin, in winzigsten Dosen verabreicht, den Körper rapide gegen die Giftwirkung immun macht, wovon viele Halskettenträger zweifellos profitieren.

Leider ist es nicht grundsätzlich der Fall, daß eine langfristige, kontrollierte Verabreichung den menschlichen Organismus gegen Kontaktgifte gefeit macht. Bei den drei giftigen Vertretern der (nordamerikanischen) Toxicodendron-Familie (T. quercifolium, T. radicans und T. vernix) trifft genau das Gegenteil zu: Wiederholter Kontakt mit diesen Pflanzen macht den Menschen nicht etwa zunehmend unempfindlicher, sondern erhöht seine Sensibilität gegenüber den Schadstoffen ständig, bis schon sehr geringe Mengen (so das chemisch hochstabile Ölharzkondensat im Rauch verbrennender Pflanzen dieser Familie) zur Erregung von Hautausschlag und potentiell tödlichen Allergieproblemen führen, für die nach Schätzungen mindestens die Hälfte der in hohem Maße natur- und erholungsorientierten Bevölkerung Nordamerikas empfänglich ist. Bezeichnenderweise gibt es auch in jenen hochzivilisierten Breiten kein chemisches Mittel, das mit den (wohlanalysierten) Toxicodendrongiften fertig würde. Vor allem wegen dieses unglücklichen Sachverhalts wurde dieses außertropische Beispiel hier aufgeführt.

Daß in den Tropen die Situation nicht günstiger aussieht, braucht deshalb kaum hervorgehoben zu werden. Gerade in diesen Regionen schier unerschöpflichen Pflanzenreichtums wäre es sehr verfehlt, dem Irrglauben anzuhängen, daß wir auf ein von unserer modernen Medizin und Pharmakologie zur Verfügung gestelltes Reservoir von Mittelchen zurückgreifen könnten, wenn wir mit der fast vergessenen Natur einmal dieserart in Konflikt kommen...

Mitunter merken wir nicht einmal, daß ein solcher Konflikt überhaupt stattfindet, denn man setzt ja im allgemeinen einen physischen Kontakt mit der uns übeltuenden Pflanze voraus. Das muß nicht unbedingt der Fall sein: Der Regen, der von einem karibischen Manzanillobaum, dem australischen Urwaldriesen Dendrocnide excelsa, oder dem philippinischen Ligas-Busch herabtropft, enthält aufgelöste Giftstoffe, die dem Ahnungslosen das Gefühl vermitteln, ein plötzliches Säurebad zu nehmen. (Ligas - Semecarpus cuneiformis – enthält ein unserer heimischen Brennessel ähnliches Gift, jedoch in neunzigfacher Konzentration!). Tückische, unsichtbare Gefahren bergen auch die Dämpfe, die beim Rösten der populären Kaschu-Nüsse entstehen: Sie können zu Blindheit führen.

Ein Säurebad Tropfen für Tropfen

Es ist empfehlenswert, prinzipiell sämtliche unbekannten Pflanzenarten der tropischen Wildnis mit einigem Mißtrauen zu betrachten und als potentiell kontaktgiftig anzusehen, ganz besonders jedoch solche mit Nesselhärchen oder milchigen Ausscheidungen. Vor allem die letzteren sind fast immer gefährlich und müssen insbesondere den Augen ferngehalten werden. Ein Minimum an Berührungen und geeignete Kleidung sind der beste Schutz.

Siehe auch „Kontaktvergiftung" auf Seite 142

Gräser, die Urgetreide

Grundsätzlich läßt sich das Korn aller Gräser, von denen es mehrere tausend Arten auf der Welt gibt, als eßbar annehmen, wenn man die Einschränkung beachtet, daß manche Arten giftige Substanzen enthalten können, die sich jedoch durch Rösten eliminieren lassen.

Auf diesen Vorgang sollte man deshalb bei allen unbekannten Gras-
arten nicht verzichten; außerdem ist das dieserart gewonnene Produkt auch durchweg leichter zu verdauen und weiterzuverarbeiten.
Von Essenz ist auch eine sorgfältige Untersuchung der Ähre auf den
an früherer Stelle erwähnten Mutterkornbefall, der sich durch „rosti-
ges" Aussehen des Kornmaterials oder rosa- bis purpurfarbene
Auswüchse und Schwellungen äußert.

Während das Samenkorn von Gras- und Getreidearten auf unserem Ernährungsplan eine allumfassende Rolle spielt, ist es keineswegs der alleinige eßbare Teil dieser Pflanzen, In vielen (jedoch
nicht in allen!) Fällen lassen sich ebenfalls die jungen Schößlinge,
zarten Halme und Wurzelstöcke verzehren. Einer der bekanntesten
Lieferanten dieser Produkte ist das gemeine Ried- oder Schilfgras
(Phragmites vulgaris und P. communis), das sich in feuchten bis
sumpfigen Niederungen in den tropischen bis gemäßigten Zonen
der ganzen Welt findet. Die jungen Schößlinge und Blätter dieser
beiden Arten werden gekocht wie Spargel zubereitet, während man
die Wurzel roh, geröstet oder gleichfalls gekocht verzehren kann. Ein
enger Verwandter, das Rohrkolbenschilf (Typha), ist von daheim
wohlbekannt und auch in den Tropen weit verbreitet.

Die Pflanze ist eines der vorzüglichsten Survivalgewächse: Gegessen werden die jungen, spargelartigen Schößlinge, die roh oder
gekocht genießbar sind; die noch grünen „Lampenputzer", die man
wie einen Maiskolben kocht; der hochwertige, stärkehaltige Wurzelstock, den man wie Karotten behandelt, und der Blütenstaub der
Kolben, der reich an Protein und Vitaminen ist. Aus dem vorsichtig
verbrannten reifen Kolben lassen sich zudem eßbare Samenkörner
herauslösen. Auch der Wurzelstock des Binsengrases und die
erdnußartigen Auswüchse des Nußgrases geben brauchbare Nahrungsquellen ab.

Eine aufgrund ihres häufigen Vorkommens in den Tropen wertvolle Survivalpflanze ist auch Bambus (Bambusa vulgaris und andere
Arten). Ausgedehnte Bambusareale sind vor allem in Süd- und Südostasien zu finden, wo die Pflanze in sumpfigen Niederungen und an
See- und Flußufern oft einen festen Bestandteil der natürlichen Vegetation bildet; eine Anzahl von Arten profiliert sich jedoch auch in
der Neuen Welt von den östlichen USA bis Argentinien. Ein besonders großer Artenreichtum existiert auf Madagaskar.

Bambus wird bis zu 50 m hoch und wächst in dichten Gewirren
der bis zu einem halben Meter weiten Rohre, die für die Pflanze charakteristisch sind und sie unverwechselbar machen. In den Rohr-
sektionen findet sich, wie an späterer Stelle vermerkt, oft trinkbares
Wasser. Aus dem harten Rohrmaterial lassen sich alle erdenklichen
Utensilien und Werkzeuge herstellen. Und die jungen artischocken-
artigen Sprossen, mit denen sich die Pflanze weiterverbreitet, stellen

eine Notnahrungsquelle dar, die schon manchem Survivalbedürftigen über die Runden helfen konnte. Sie enthalten Kohlehydrate (4,2%) und Protein (1,8%), dazu einiges Kalzium und Eisen, und lassen sich roh oder gekocht verzehren.

Farne, die allgegenwärtigen Überlebenshelfer

Die Farnvegetation der Erde setzt sich aus rund 9 000 Arten zusammen, von denen wir die meisten in den Tropen finden. Sie reichen von den großen, palmenartigen Baumfarnen zu unscheinbaren Kriechgewächsen und wachsen vorzugsweise auf schattigen, feuchten Böden, an Wasserläufen und in sumpfigen Dickichten, oft auch in kiesigen Niederungen oder auf den regenreichen Abhängen tropischer Bergmassive und selbst in den Astgabeln von Urwaldbäumen. Kein Dschungel der Erde ohne eine Vielzahl von Farngewächsen.

Kein Dschungel ohne Farne

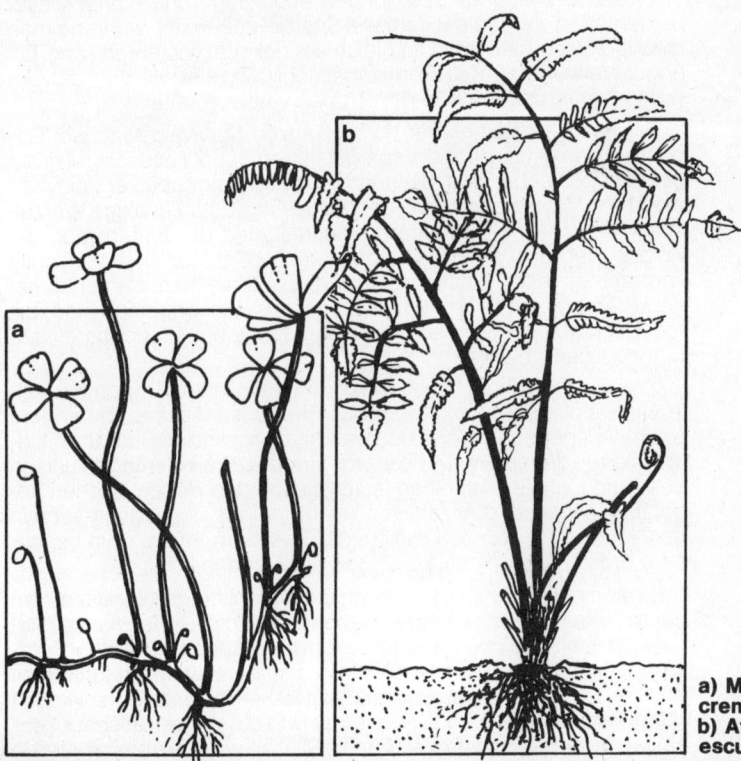

a) Marsilea crenata
b) Athyrium esculentum

Es sind vor allem die jungen, schneckenartigen oder spiralig gerollten Farntriebe, die für die Survivalküche in Betracht kommen, obwohl in vielen Fällen auch die zarten Teile der Blätter verzehrt werden. Über die gesamte Pflanzenordnung liegt nichts Nachteiliges vor, solange man sich auf die genannten Teile beschränkt und einige Mäßigkeit bei der Einnahme walten läßt. (Außer dem an früherer Stelle erwähnten Übermaß an Vitamin A enthalten manche Arten auch zuviel Gerbsäure, die sie bitter und ungenießbar macht). Am bekanntesten, was den menschlichen Verzehr anbetrifft, ist sicherlich Athyrium, eine weltweit verbreitete Gattung mit rund 600 Arten, darunter vor allem A. esculentum, die vielerorts in Form von Salat oder Gemüse gegessen wird. Zwei weitere viel gegessene Arten sind Ceratopteris thalictroides (pantropisch) und Helmintostachys zeylanica (Indopazifik), die je nach ihrem Verbreitungsgebiet unter den verschiedensten einheimischen Bezeichnungen bekannt sind. Verwechslungen mit anderen Arten sind jedoch unkritisch.

Die rund 70 Arten der Gattung Marsilea fallen insofern aus der Rolle, als sie annähernd zu Wasserpflanzen geworden sind und mit den charakteristischen, „bewedelten" Farnen keine Gemeinsamkeiten mehr haben. Sie werden aufgrund ihres Aussehens im englischen Sprachraum deshalb auch als „Wasserklee" bezeichnet. Einige Arten, darunter der Zwergkleefarn M. crenata, werden gelegentlich als Notnahrungsquelle herangezogen. (Was die Marsilea-Gruppe, zu der u.a. auch die verwendbaren Arten M. drummondii und M. mutica gehören, wertvoll macht, sind die stärkereichen Sporen, die in Kapseln unter der Wasseroberfläche sitzen. Die getrockneten und zermahlenen Sporen geben ein einigermaßen brauchbares „Pfannkuchenmehl" her).

Farne sind Gewächse von hohem Survivalwert. Sie enthalten reichlich Phosphor und Eisen, B-Vitamine in wertvollen Konzentrationen und ein wenig Kalzium. Die eßbaren Pflanzenteile lassen sich roh verzehren, als Gemüse dünsten oder als passende Zutat zu Fisch- oder Fertigsuppen geben.

Die Kokospalme: Wunderwaffe des Inselsurvivals

Siehe auch
Seite 196 ff.

Die Nützlichkeit und vielfältigen Verwendungszwecke von Cocos nucifera wurden bereits eingehend beschrieben. Von wenigen Ausnahmen abgesehen, wächst die Kokospalme vornehmlich innerhalb eines Streifens von 25 Breitengraden beiderseits des Äquators und nur bis zu 300 m Höhenlage. Obwohl gelegentlich Exemplare weit im Inland gefunden werden, zieht der Baum das salzhaltige Uferklima warmer tropischer Meere vor. Auf klassischen „Kokosinseln" wie den Philippinen oder Sri Lanka breitet sich die Palme mitunter aus, soweit das Auge reicht, und selbst auf dem kargsten Sandeiland findet sich eine zu Inselwitzen einladende Vertreterin dieser zähen Rasse.

Eine Kokosnuß wird an die 5 kg schwer und besteht im wesentlichen aus einer dicken, zähfaserigen Armierung, die die in ihrem Inneren verborgene „eigentliche" Nuß mit ihrer harten braunen Schale schützend umschließt. Der weiße Ring im Innern der Nuß (Abb. h) stellt das Fruchtfleisch dar, dessen Dicke zwischen einem gallertartigen Millimeter bei ganz jungen Exemplaren bis zu einer vollständigen Ausfüllung des inneren Hohlraumes bei gelegentlichen „Mißgeburten" variieren kann.

a) Kokospalmen
b) Teil des Stammes
c) blühender, bereits fruchtbildender Zweig
d) männliche Blüte
e) weibliche Blüte
f) „Traube" von Nüssen
g) grüne Nuß, wie sie am Baum wächst
h) Querschnitt einer Nuß

Das Fleisch einer frischen, grünen Nuß enthält etwa 14 g Protein, 37 g Kohlehydrate und 140 g Fett; dazu ca. 50 mg Kalzium, 350 mg Phosphor und 1 000 mg Kalium sowie 12 mg Vitamin C. Die durchschnittlichen 250 ml Kokoswasser haben keinen nennenswerten Nährwert, enthalten jedoch wertvolle Anteile der obengenannten Mineralien und Vitamine im etwa gleichen Verhältnis wie das Fruchtfleisch.

Schlichte Vertreterin der Kokospalme: Nipa

Die Nipa-Palme (Nypa fruticans) findet sich an Gezeitenküsten und in sumpfigen Brackwassergebieten tropischer Meere von

Indien bis Nordaustralien, in Regionen dieser Beschreibung oft Flächen von vielen Quadratkilometern bildend. Die Pflanze entspringt direkt einem starken unterirdischen Rhizom und wächst 5-10 m hoch, wobei die Blattkrone, der Kokospalme nicht unähnlich, stark ausfiedert.

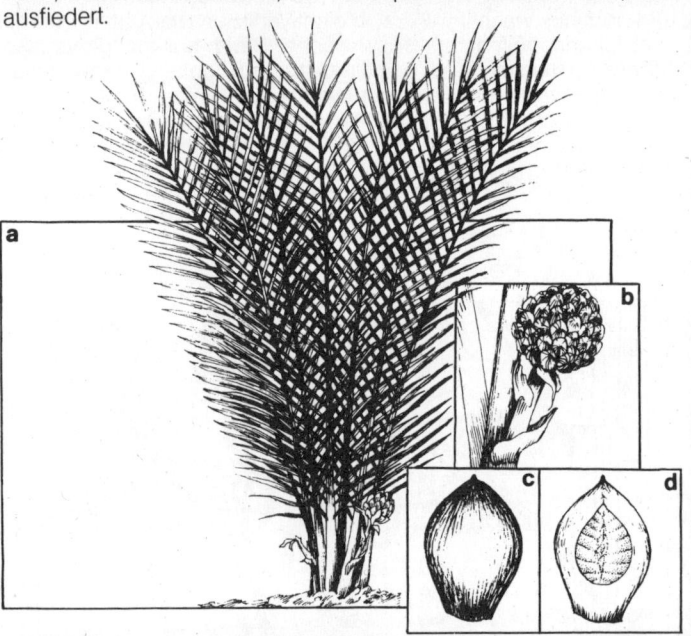

a) **Nipa-Palme**
b) **Fruchtstand**
c) **geschlossene Samenkapsel**
d) **aufgeschnittene Samenkapsel**

Während die Frucht der Nipa-Palme kommerziell bedeutungslos ist und in der Tat auch kaum irgendwo in größerem Maßstab für Nahrungszwecke herangezogen wird, stellt sie für den Survival eine durchaus verwendbare und in ihrem Verbreitungsgebiet leicht verfügbare Verpflegungsquelle dar, die sich in etwa mit einer minderwertigen Kokosnuß, dazu auch minus Wasser, vergleichen läßt. Die Nipa-Frucht besteht aus einer sehr harten, dunkelbraunen Samenkapsel mit eßbarem Inneren, die sich zu einem annähernd kugelförmigen, starken Fruchtstand von bis zu 30 cm Durchmesser zusammenballt. Die Kerne der jungen Frucht schmecken wie Kokosnuß; herangereifte Exemplare müssen zur besseren Verdaulichkeit zerstampft werden.

Die großen Blattwedel der Nipa-Palme geben ein ausgezeichnetes Dachdeckmaterial (engl.: thatch) ab. Aus den Blättern selbst bereitet man alles erdenkliche Flechtwerk; aus den Blattrippen werden harte Besen, Körbe, Fischfallen usw. hergestellt.

Unbeachtetes Stachelgewächs am Strand: Pandanus

Pandanus tectorius ist ein typisches und häufiges Strandgewächs des indopazifischen Raumes. Die Verbreitung schließt Polynesien und das tropische Australien ein. Es gibt 200 Arten.

Pandanus wächst wild, oft in dicht verfilzten Dickichten, oberhalb des Strandstreifens als 3-5 m hoher Baum auf mangrovenähnlichen Luftwurzeln und charakteristischen, spiralig angeordneten Blätterbüscheln zum Ende der Äste hin. Die Blätter sind bis zu 1,5 m lang, lanzettförmig und stark der Agave ähnelnd, und an den Rändern mit einer sehr spitzen und scharfen Zähnung besetzt. Die Früchte gleichen entfernt einer Kombination aus einer Ananas und einem großen Kiefernzapfen und werden an die 2 kg schwer. Sie

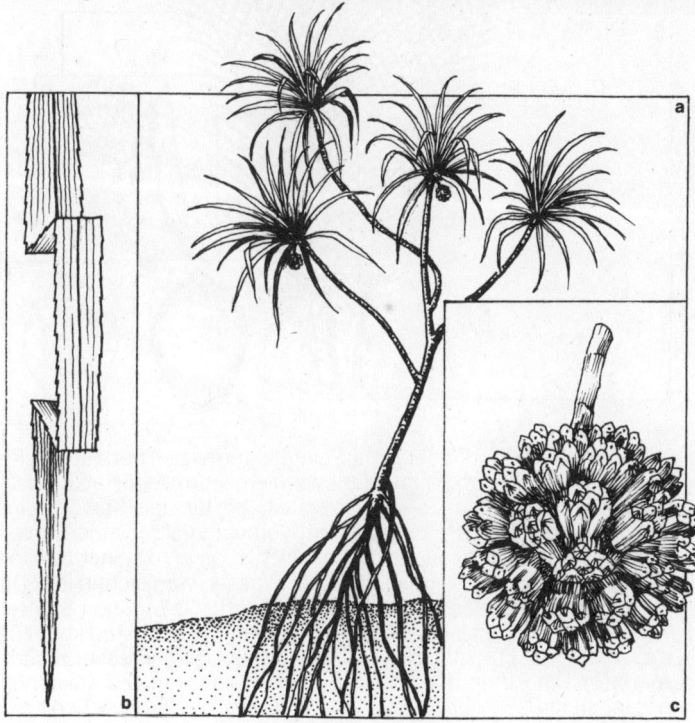

a) „Schrauben-
palme" Panda-
nus tectorius
b) Blatt
c) Frucht

setzen sich aus 50-75 oder mehr harten Steinfruchtsegmenten zusammen, die in ein zentrales Mark münden. Die Frucht bleibt auch bei Reife äußerlich relativ hart, nimmt jedoch eine einladend gelblich-rote Färbung an und kann in diesem Stadium aufgehackt und genossen werden. Sie enthält reichlich Vitamin C. Der Geschmack erinnert in etwa an eine überreife Orange. (Vorsicht: Manche Arten können zu Reizeffekten an den Lippen und im Mund führen. Nicht essen!). Die herausgeschälte Basis junger Pandanusblätter kann dagegen unbedenklich roh oder gekocht verzehrt werden. Die faserigen Auswüchse der Luftwurzeln lassen sich als behelfsmäßige Zahnbürste verwenden, die langen Blätter für zahlreiche Flechtarbeiten. Sogar die im Fruchtfleisch dieser vielseitigen Pflanze eingebetteten ölhaltigen Samenkerne sind eßbar. Sie werden am besten durch Rösten der Frucht herausgelöst und gewinnen auf diese Weise auch an Verdaulichkeit.

Survivalspinat: Die Amarantgewächse

Arten des Amaranthus L. existieren in allen warmen und tropischen Ländern und sind meistens als Unkraut im offenen Gelände zu finden. A. spinosus ist eine kräftige, aufrechte Pflanze von 0,4-1 m Höhe und einem mit dünnen, axillar angeordneten Dornen bewehr-

Amaranthus spinosus

ten Stamm. Die Blütentraube der Pflanze besteht aus einer großen Anzahl von kleinen (1 mm Durchmesser), grünen oder grünlichweißen Blüten.

A. viridis ist mit dieser Spezies annähernd identisch, hat jedoch keine Dornen.

Die jungen Blätter beider Arten werden wie Spinat (oder, wenn man will, wie Grünkohl) zubereitet und gegessen. Sie sind bei europäischen Oldtimern in den Tropen als Gemüsepflanzen sehr populär. Insbesondere die jungen Blattknospen enthalten reichlich Kalzium, außerdem B-Vitamine und C_3. **Grünkohl und Spinat**

Äußerlich ähnlich, jedoch in allen Pflanzenteilen von rötlich-purpurner Farbe ist A. paniculatus, dessen Blätter man im Mittleren Osten gern verzehrt.

Vorsicht: Gewisse Arten der Amarantgruppe sollen dazu neigen, Nitratkonzentrationen aus dem Boden aufzunehmen. Abhilfe schafft sorgfältiges Kochen. Das Kochwasser muß weggeschüttet werden.

Anmerkung: In der tropischen Welt existieren noch Dutzende anderer wildwachsender „Spinatpflanzen", die in etwa mit denen der Amarantgruppe vergleichbar sind. Es gibt jedoch eine gemeinsame, optimal erträgliche und schmackhafte Zubereitungsart: Pro Kochtopf losen Blattmaterials nehme man den Raspel einer harten Kokosnuß und drücke ihn in heißem Wasser aus. In der so gewonnenen dicken weißen Soße wird das Grünzeug gargekocht. Der ausgepreßte Raspel ist wertlos und kann weggeworfen werden.

Hilfreicher Portulak

Die nachstehend aufgeführten Pflanzen schließen Vertreter der Familien Aizoaceae und Portulacaceae ein, die mit insgesamt 252 Arten in allen warmen und tropischen Ländern vorkommen.

Sesuvium portulacastrum ist eine an allen tropischen Meeren weit verbreitete Strandpflanze, die hauptsächlich im unmittelbaren Hinterland des Strandstreifens und an brackigen Lagunen vorkommt. Es handelt sich um ein bodennahes, kriechendes Gewächs mit dunkelgrünen, oft rotviolett angelaufenen, dickfleischigen Blättern von 2-3½ cm Länge und kleinen, rosaroten Blüten. Die gesamte Pflanze kann roh als Salat gegessen werden; sie enthält reichlich Kalzium, Eisen, Vitamin C und einiges Kochsalz, das sich durch Wasserwechsel beim Kochen auslaugen läßt.

Portulaca oleracea, mit gelben Blüten, ist dieser Spezies in Aussehen und Zusammensetzung weitgehend ähnlich. Was dieses weltweit verbreitete Gewächs als Survivalpflanze so wertvoll macht, sind seine Samen: winzige, ölige Körnchen, dem Leinsamen ähnelnd und von hohem Nährwert. Um die Samen zu ernten, wird die gesamte Pflanze herausgezogen, die erdigen Teile werden entfernt und das Material auf einer Matte oder anderen sauberen Oberfläche zum Trocknen ausgebreitet. Nach einigen Tagen öffnen sich die Samenkapseln, und die Samenkörner fallen heraus. Ein Quadratmeter der gewöhnlich wild wuchernden Pflanzen ergibt ungefähr einen gehäuften Eßlöffel kleiner schwarzer Samen, die einen vorzüglichen **Wertvolle Samen**

Grundstoff für Brotmehl darstellen. Mit einigem Fleiß lassen sich an einem einzigen Tag so viele Pflanzen sammeln, daß mehrere Pfund dieses Materials produziert werden können.

**Portulak-
gewächse
a) Sesuvium
portulacastrum
b) Portulaca
oleracea**

Nennenswert ist auch Trianthema portulacastrum, das als niedriges Unkraut bis zu 60 cm Höhe mit einzelnen, rosafarbenen Blüten pantropisch vorkommt und ein vorzügliches phosphor-, eisen- und kalziumhaltiges Gemüse abgibt.

Den Portulakgewächsen sehr ähnlich ist die Carpobrotus-Gruppe mit gleichartig fleischigen, doch im Schnitt dreieckigen Blättern. Die letzteren lassen sich auf dieselbe Art wie Sesuvium verwenden, haben jedoch geschmacklich nicht viel an sich, was für sie sprechen würde. (Dem Saft der rohen Blätter wird allerdings eine lindernde Wirkung bei Insekten- und Quallenstichen zugeschrieben). Ausgezeichnet für Nahrungszwecke hingegen ist die längliche, purpurfarbene Frucht von der Größe einer Stachelbeere.

Siehe auch
Seite 142

Vorsicht: Gleich den Amarantgewächsen kann auch Portulak hier und da Nitrate aufnehmen. Nicht zuviel auf einmal davon essen!

Vielseitige Guava

Die Guava (Psidium guajava) ist in den meisten tropischen Ländern weit verbreitet und tritt kultiviert bis verwildert als bis zu 8 m hoher Strauch oder Baum in Dickichten und Wäldern bis mindestens 1 500 m Höhenlage auf.

Der Baum hat paarig angeordnete, längliche bis elliptische Blätter von 5-12 cm Länge. Die Blüten sind weiß, haben einen Durchmesser von ca. 3 cm und treten einzeln bis zu dritt auf. Die etwa eiförmigen Früchte werden 4-9 cm lang und haben eine gelbliche Farbe, wenn sie reif sind (unreif sind sie grün). Das aromatische, weiße bis rosige Fruchtfleisch enthält zahlreiche Samen. Die reife, pfirsichgroße Frucht kann roh oder gekocht als Gemüse bzw. Kompott gegessen werden. Sie enthält überaus reichlich Vitamin C. Alle Teile des Baumes haben einen hohen Tanningehalt (12-13%). Um sich nicht eine Verstopfung einzuhandeln, sollte man ungekochte Früchte mitsamt der Schale essen.

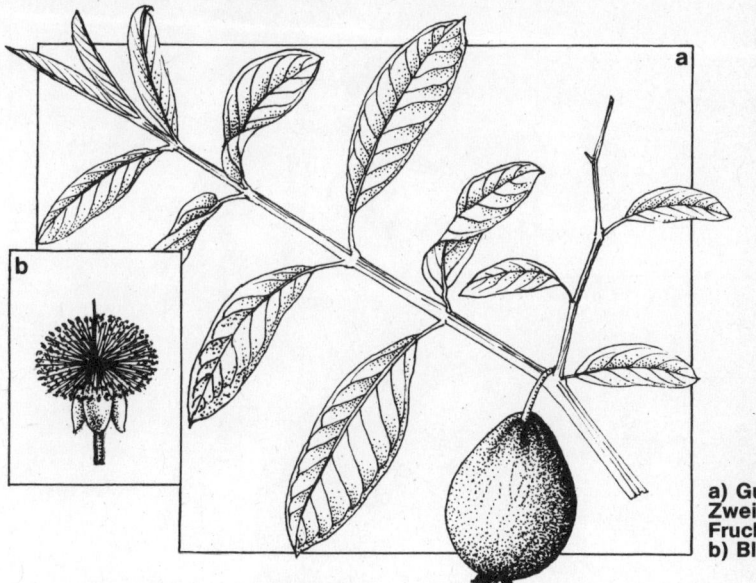

a) Guava-
Zweig mit
Frucht
b) Blüte

Ein Absud aus einem Gemisch von Pflanzenteilen mit Wasser im Verhältnis 1:6 schafft Besserung bei chronischem Durchfall oder internen Vergiftungen. Einer Kompresse aus zerdrückten oder zerkauten Guavablättern wird in vielen Teilen der tropischen Welt universelle Heilkraft bei allgemeinem Wundsein, Ekzemen, Furunkeln, Hautjucken usw. zugeschrieben, was wahrscheinlich auf antibiotische Eigenschaften der Pflanze zurückzuführen ist. Die Frucht soll zudem gewisse antidiabetische Wirkungen haben.

Praktische Brotfrucht

Artocarpus, der Brotfruchtbaum, ist ein Gewächs pazifischer Herkunft und Verbreitung. Der stämmige Baum wird in großen Berei-

Brotfrucht

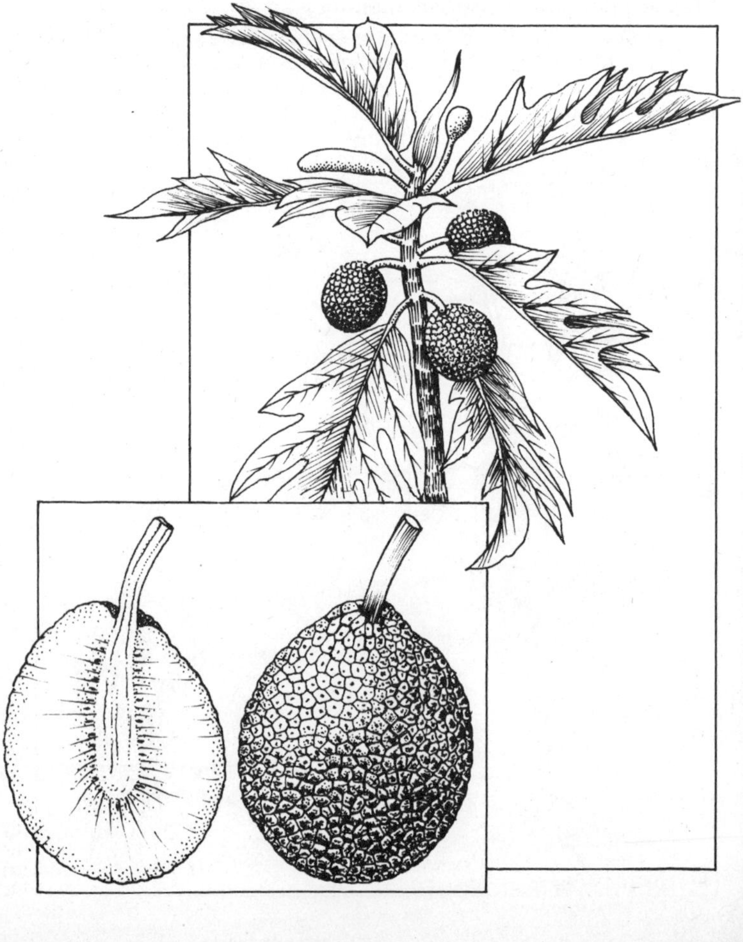

chen des indopazifischen Raumes in der Wildnis sowie auf kultiviertem Land vorgefunden.

Das Fleisch der kinderkopfgroßen Früchte läßt sich auf die vielseitigste Weise verarbeiten: Gekocht, gebraten, gebacken oder zu „poi", einem fermentierten, käsig riechenden, jedoch höchst nahrhaften Brei, den die Polynesier durch monate- oder gar jahrelanges Vergraben der Frucht produzieren.

Brotfrucht ist, wie der Name besagt, von hohem Stärkegehalt, dazu reich an B-Vitaminen und Anteilen von A und C.

Wasserpflanzen als Survivalnahrung

Algen, die weitaus häufigsten aquatischen Pflanzen, wurden unter dem Aspekt der Ausnutzung für die menschliche Ernährung bereits beschrieben. Während wir eßbare Algen vorwiegend und oftmals in reichlichem Maße im Meer finden, bieten Flüsse, Teiche und Sümpfe des tropischen Inlandes vielerorts ein nicht minder ergiebiges Revier.

„Algen und Tange" siehe Seite 199

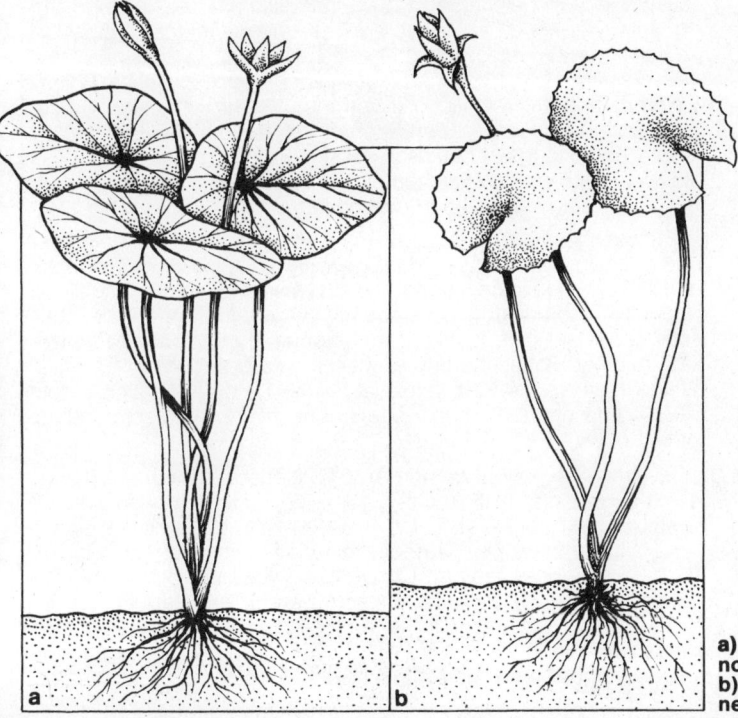

a) **Nymphaea nouchali**
b) **Nelumbium nelumbo**

Für den Nahrungssuchenden bieten sich hier an erster Stelle die vielfach fälschlich als „Seerosen" bezeichneten Wasserlilien an. Eine häufige Spezies, Nymphaea nouchali, oder die unmittelbar verwandten Arten N. gigantea oder N. capensis, ist vor allem in stehenden Binnengewässern des tropischen Asiens anzutreffen. Ähnliche Arten existieren jedoch an vielen anderen Orten auf der Welt und sind auch in unseren Breiten wohlbekannt.

Die Blütenstiele der Wasserlilie lassen sich roh oder gekocht als Gemüse verwenden. Der Wurzelstock wird wie Karotten zubereitet.

In Ostasien verzehrt man gern die Früchte und gerösteten Samenkerne der Lotospflanze (Nelumbium nelumbo). Aus den gerösteten und dann pulverisierten Samenkernen gewinnt man auch einen erstklassigen Kaffee-Ersatz. Ein für Genießer sicherlich sehr profaner Stoff. Für denjenigen, der kein blankes Wasser mehr trinken mag, kann er jedoch eine willkommene Abwechslung sein.

Gleichfalls eßbar sind die zarten Stengel der Wasserhyazinthe (Eichhornia crassipes), deren prachtvolle, blauen bis purpurnen Blütenstände zum gewohnten Erscheinungsbild in Teichen und Binnenseen warmer Länder gehören. Dessenungeachtet gilt die Pflanze vielerorts als übles, atrophierendes Unkraut.

**Wasser-
hyazinthe**

E. crassipes ist eine wahrhaftige Notnahrung. Obwohl die Pflanze vielerorts überaus reichlich zur Verfügung steht, wird dieser Vorzug durch einen entscheidenden Nachteil aufgehoben: Sie schmeckt in jeder Zubereitungsart praktisch nach nichts. Die beste Methode ist vielleicht, sie in Pfannkuchenteig einzubacken. Aber auch dann dürfte der Teig immer noch das beste sein...

„Wasserkohl"

Zur gleichen Kategorie gehört Pistia stratiotes, ein kohlkopfartiges und deshalb auch „Wasserkohl" genanntes aquatisches Gewächs, das stellenweise in den Tropen – oftmals im Gefolge menschlicher Umweltverschmutzung – stehende Gewässer geradezu überschwemmt und gelegentlich zum Stagnieren bringt. Beide Pflanzen sind reich an Pottasche und enthalten winzige Raphide – hautreizende Kristalle als Kalziumoxalat –; die zarten Teile sind jedoch nach gründlichem Kochen für den menschlichen Verzehr durchaus geeignet.

P. stratiotes gehört zu den Tarogewächsen (Araceae), die vor allem im pazifischen Raum in großer Zahl zu finden sind. Die kultivierte Art, die Taropflanze Colocasia esculenta, ist zwar keine eigentliche Wasserpflanze im Sinne dieses Abschnitts, wächst jedoch mit Vorliebe in Bachbetten und Tümpeln und läßt sich somit zumindest als hochgradig wasserliebend klassifizieren. Taro stammt von den Inseln des Pazifiks und gilt in weiten Teilen der Region als Grundnahrungsmittel. Die Pflanze wird auch sehr oft verwildert angetroffen.

Das kräftige Gewächs schießt bis zu 1 m auf und ist reich an Mineralien sowie den Vitaminen A und C. Auch hier gilt, daß die Pflanze vor dem Verzehr sorgfältig gekocht werden muß, um die Raphide zu zerstören. Knollen, Stengel und Blätter sind eßbar, obwohl gewöhnlich nur die Knolle verzehrt wird. (An der wenig einladenden violetten Färbung, die sie beim Kochen annimmt, sollte man sich nicht stören). Die großflächigen Blätter werden vielfach zum Einwickeln anderer Nahrung benutzt und das Gesamtprodukt à la Kohlroulade zubereitet.

Vorsicht: Der Saft der Blätter und Stiele erzeugt unauslöschbare schwarze Flecken in der Kleidung!

Entlang stehender Gewässer in den Urwäldern der Alten Welt stößt man auch vielerorts auf Ipomoea aquatica, eine weit ausladende Kletterpflanze mit im Schlamm kriechenden oder an der Wasseroberfläche schwimmenden Stengeln, länglich-eirunden Blättern mit scharf zulaufender Spitze und herzförmig eingeschnittener Basis am Ende langer Blattstiele. Die glockigen Blüten sind weiß bis purpur.

Taro

I. aquatica wird auch als „Sumpfkohl" bezeichnet und ist am bekanntesten unter dem chinesischen Namen „Kangkong". Man ißt die jungen Blätter und hohlen Blattstiele gekocht oder als überbrühtes Rohgemüse. Die Stengel werden auch in Essig eingelegt. Eine Mahlzeit dieser Art führt uns reichlich Eisen, Kalzium und Phosphor sowie die Vitamine B_2, C_3, und G zu. Den Blättern der purpurfarbenen Varietät wird außerdem eine insulinartige Wirkung zugeschrieben.

„Sumpfkohl" oder „Kangkong"

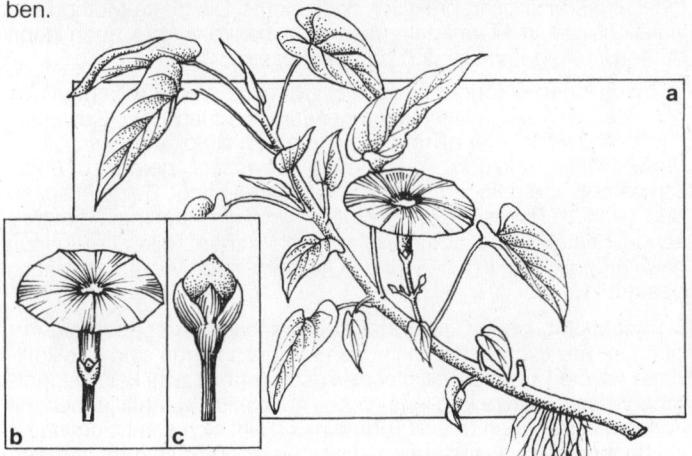

Ipomoea aquatica
a) blühender Zweig
b) Blüte
c) Frucht

Eng verwandt ist die Süßkartoffel, deren Knollen u. a. als vielversprechende Astronautennahrung besondere Beachtung zuteil wird. Sie lassen sich kochen, braten, rösten und fast unbegrenzt lagern, haben einen hohen Kalorienanteil und enthalten zudem die Vitami-

„Arme-Leute-Nahrung"

ne A, B$_2$ und C. Die Blätter gelten (fälschlicherweise) mancherorts als „Arme-Leute-Nahrung"; sie geben jedoch erstklassige Salate und Gemüse mit den wie oben aufgeführten Mineralien und Vitaminen ab. Auch die purpurnen Blätter der Süßkartoffel werden als Diabetes-Notmittel verwendet. (Interessenten, die das Thema weiterverfolgen wollen, möchte ich auf den ausgezeichneten Gesundheitszustand philippinischer Bergbauern, insbesondere der Bikol-Region, hinweisen, denen die Süßkartoffel als fast ausschließliches Grundnahrungsmittel gilt. Zu meinem immer neuen Erstaunen sah ich hier weit über Sechzigjährige mit oft kompletten, gesunden Zähnen und außerordentlichem Widerstandsvermögen).

Mineralienreiche Unkräuter: Gattung Corchorus

Die wichtigste Pflanzenart dieser Gattung, C. olitorius, stammt aus Indien, ist jedoch inzwischen pantropisch als Unkraut in flachem, feuchtem Gelände verbreitet. Die Pflanze ist 1-1½ m hoch mit charakteristisch „geschwänzten" Blättern und gelben, axillar angeordneten Blüten bzw. 3-3½ cm langen, grünen Fruchtkapseln. In zahlreichen Ländern Asiens wird die junge Pflanze als Gemüse gegessen. Es wird zwar bei der Zubereitung ein wenig schleimig-klebrig, schmeckt jedoch gut und ist eine ausgezeichnete Eisen-, Kalzium- und Phosphorquelle. Außerdem enthält es reichlich B-Vitamine und Vitamin C.

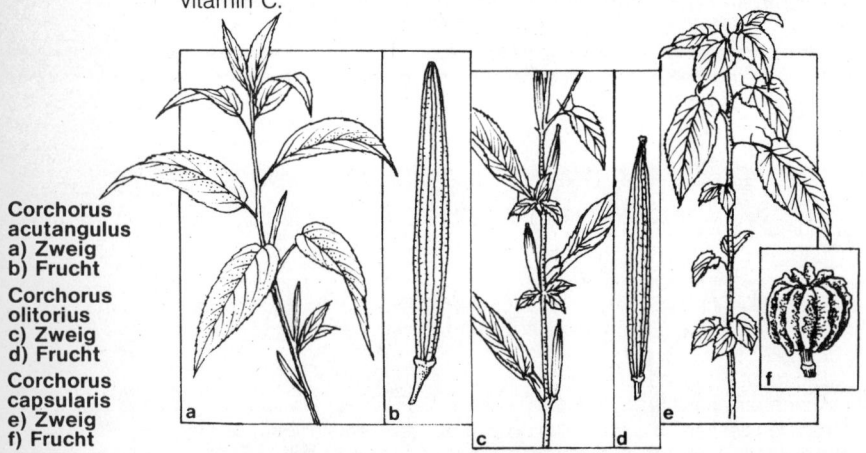

Corchorus
acutangulus
a) Zweig
b) Frucht

Corchorus
olitorius
c) Zweig
d) Frucht

Corchorus
capsularis
e) Zweig
f) Frucht

C. acutangulus hat Dornen, ist jedoch ansonsten der beschriebenen Spezies in Aussehen, Auftreten und Verwendung weitgehend ähnlich.

Die Jutepflanze C. capsularis ist ebenfalls pantropisch und wächst in vielen Ländern wild. Sie wird 1-2 m groß mit gelb-purpurnen Blüten bzw. rundlichen Samenkapseln von 1 cm Durchmesser. Obwohl von geringerem Wert als die obengenannten Arten, werden die jungen Triebe dieser Pflanze vielerorts als Gemüse gegessen. Der Kern der Samenkapsel ist giftig.

Grundnahrung vieler Naturvölker: Dioscoreaceae, die Yams

Diese Gruppe wildwachsender und knollenproduzierender Pflanzen findet sich mit insgesamt mehr als 600 Arten in allen tropischen Dschungelgebieten, wo sie für Naturvölker oft die alleinige Bezugsquelle für stärkehaltige Nahrung darstellt. In manchen Regionen sind Yams im Überfluß anzutreffen, und die gesamte Gruppe gilt aus diesem Grund als hochwichtiges Nahrungsreservoir für den Survivalbedürftigen. Eßbar sind die Wurzeln oder Knollen, gegebenenfalls nach vorheriger Spezialbehandlung. Sie treten manchmal kartoffelartig glatt, häufiger aber borkig rauh oder sogar, an ein Tierfell erinnernd, mit dichten braunen Fibern besetzt in Erscheinung.

Greifen wir aus dem Artenreichtum einmal drei weit verbreitete Vertreter heraus, die unter anderem den im vorstehenden Kapitel erwähnten Tasaday als offenbar sehr gesunde Hauptnahrungsquelle dienen:

Dioscorea alata: Diese auf den Philippinen sehr populäre Spezies hat einen vierkantigen, verschlungenen Stamm und paarig angeordnete, spitzovale Blätter mit 7 bis 9 der Basis entspringenden Adern. Der Blattstiel zeigt an beiden Enden (am Stamm und am Blatt) eine auffällige purpurne Farbe, die die Identifizierung erleichtert. Die gleich der Süßkartoffel in hohem Maße mineral- und vitaminhaltigen Wurzeln von D. alata sind korkig und relativ gering behaart; sie werden gekocht verzehrt. Die tiefviolette Farbe sollte nicht abstoßen.

Dioscorea esculenta ist kleinwüchsiger als D. alata und hat runde, dornenbewehrte Zweige. Die nierenförmigen Blätter der Pflanze sind leicht behaart, 6-12 cm lang und weisen 11-15 plastisch hervorstehende Adern auf; die Blüten, ca. 4 mm im Durchmesser, sind von grünlicher Farbe.

Die Wurzelknollen von D. esculenta sind, wie der lateinische Name besagt, eßbar. Sie ähneln Kartoffeln und werden auch wie diese zubereitet und verzehrt.

Dioscorea hispida ist eine stachlige Schlingpflanze mit dreigeteilten, behaarten Blättern von je 12-20 cm Länge. Die Pflanze, die oft an lichten Stellen im Dschungel oder in Bambusdickichten in reichlichem Maße vorkommt, produziert voluminöse, kokosnußartig „behaarte" Wurzelstöcke mit einem gelben, fleischigen Inneren, das überaus reichhaltig an wertvollen Mineralstoffen ist.

Leider ist D. hispida auch giftig – es handelt sich um die bereits erwähnte Wurzel kalut. Der Giftanteil kann jedoch ausgelaugt werden, indem man die kleingeschnittene Wurzel 2-3 Tage in Salz einlegt und anschließend 12 Stunden in fließendes Wasser hängt. (Das Verfahren kann in bewegtem Seewasser auf insgesamt 12 Stunden verkürzt werden). Ich selbst habe auf Survivalübungen aus D. hispida vorzügliche „Bratkartoffeln" zubereitet.

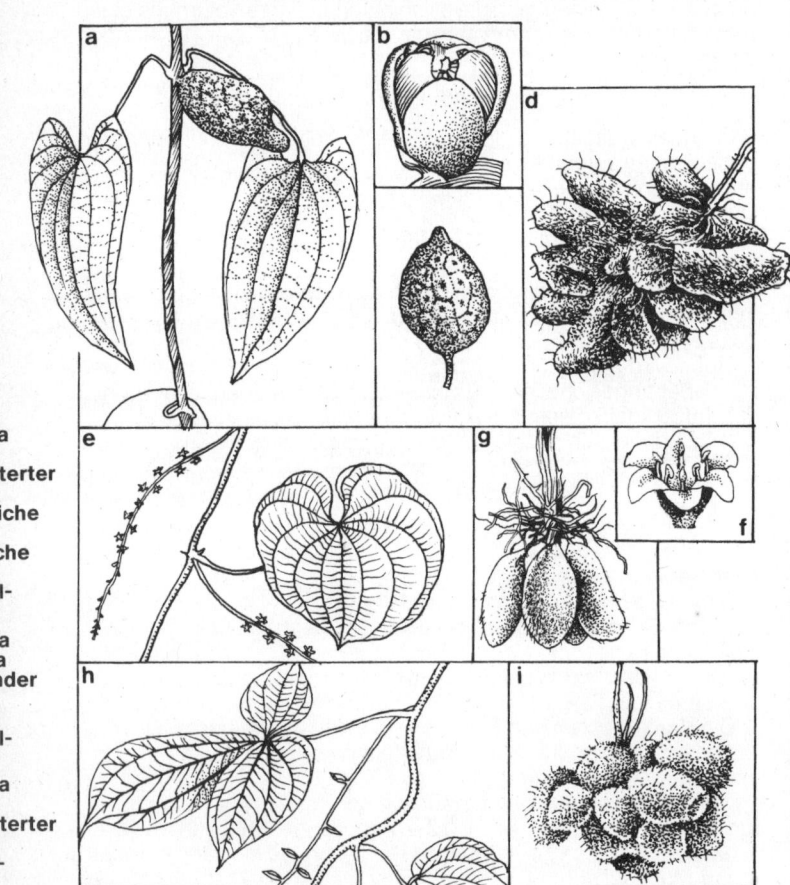

Dioscorea alata
a) beblätterter Zweig
b) männliche Blüte
c) weibliche Blüte
d) Wurzelknollen

Dioscorea esculenta
e) blühender Zweig
f) Blüte
g) Wurzelknollen

Dioscorea hispida
h) beblätterter Zweig
i) Wurzelknollen

Man merke: Die fleischigen Knollen aller Yams halten sich fast unbegrenzt selbst im widerwärtigsten Tropenklima, solange man sie nach dem Ernten nicht direkt mit Wasser in Berührung bringt.

Cyrtosperma merkusii – wildwachsende „Kohlehydratbombe" des Westpazifiks

Trotz ihrer geographisch sehr beschränkten Verbreitung sei diese nur von Südostasien bis Neuguinea vorkommende Pflanzenart hier aufgeführt, um zu demonstrieren, daß es in der tropischen Wildnis auch einige Pflanzen gibt, die allein aufgrund ihres Volumens einen Survivalbedürftigen tage- oder gar wochenlang über die Runden bringen können.

C. merkusii, auch das „Elefantenohr" genannt, wächst vorzugsweise in feuchten Schluchten und an Steilabfällen von Wildflüssen und ähnelt weitgehend der an früherer Stelle beschriebenen und abgebildeten Taropflanze, nur um das Vierfache vergrößert. Über einem schenkeldicken Strunk erheben sich Blattstiele von 10 cm Durchmesser und 2½ m Länge, gefolgt von bis zu 1½ m langen Blättern, die folglich bis auf 4 m aufragen. Die Blütenscheide allein ist 30-60 cm lang.

Unter der Erde verbirgt sich die bis kürbisgroße Rübe, die wegen ihres hohen Kohlehydratanteils von 34% und ihres Mineraliengehalts eine vorzügliche Survivalnahrungsquelle darstellt. Die gekochte Rübe wird zwar recht kleistrig und schmeckt nicht nach viel, was man aber angesichts des aus ihr resultierenden Energiezugewinns von 1 430 kcal/kg gern in Kauf nehmen wird. Die riesigen Blätter geben im übrigen ein nützliches Wind- oder Regenschirmmaterial ab.

TROPISCHE PLAGEGEISTER

Kinder: Fluch oder Segen der Dritten Welt?

Vor einigen Jahren besuchte mich in meinem Wohnort auf den Philippinen einmal ein Schweizer Ehepaar, dem ich als Landeskenner empfohlen worden war, und das mich deshalb in Sachen eines landesunüblichen Anliegens um Rat fragte: Die beiden hatten gerade geheiratet und wollten ihre Flitterwochen auf einer möglichst einsamen und romantischen Tropeninsel verbringen. Zelt und Sack und Pack hatten sie dabei.

Ich half gern mit der gewünschten Information aus. In den sechziger Jahren hatte ich einmal eine solche Insel vor der Pazifikküste besucht und hatte auf dem annähernd menschenleeren Eiland – nur ein altes Verwalterehepaar hauste dort, das sich nicht um meine Anwesenheit kümmerte – in den herrlichsten Südseeimpressionen geschwelgt. Diese Eindrücke teilte ich meinen beiden Besuchern mit und beschrieb ihnen die Anmarschroute. Sie zogen begeistert los.

Nach drei Tagen waren sie wieder zurück, völlig entnervt. Sie hatten die Insel erreicht, auch alles wie beschrieben vorgefunden, ein perfektes Flitterwochenwetter gehabt... nur ein einziger, immer größer werdender Wermutstropfen hatte diese Idylle getrübt:

Kinder, Kinder!

Auf der einst praktisch verlassenen Insel wohnten inzwischen mindestens zehn Familien, von denen jede, wie es schien, mindestens zehn Kinder hatte. Und diese Kinder hatten nichts anderes zu tun, als die beiden überraschend an Land gestiegenen Weißen zu begaffen und sie auf Schritt und Tritt zu begleiten. Sogar eine Art Bürgermeister gab es inzwischen, der die Besucher sogleich unter seinen persönlichen Schutz stellte und anordnete, daß ihnen keinerlei Unrecht zu geschehen hätte. Was lag deshalb näher, als die beiden Unglücklichen zu jeder Tages- und Nachtzeit zu bewachen und jede ihrer Bewegungen zu registrieren! Zu einem Vollzug der Flitterwochenpläne kam es unter diesen Umständen nicht...

Dabei handelt es sich hier keineswegs um einen geographisch isolierten Fall. Nur zu gut erinnere ich mich auch an den Besuch eines amerikanischen U-Boots in einer kleinen Hafenstadt an einem ganz anderen Ende der Welt, wo ich zufällig einmal Station machte. Alles was Beine hatte trabte hinunter zum Hafen, um sich das Ereignis nicht entgehen zu lassen. In erster Linie waren es natürlich Kinder und Jugendliche. Ich kann aber schwören, daß auch mehrere Blinde darunter waren, die man, sicherlich damit sie sich der Geräuschkulisse erfreuten, in der Menge mitschleppte. Jeder Schritt, jede Bewegung der bedauernswerten US-Sailors wurde registriert, ausgiebig kommentiert und schallend belacht. Auch abends löste sich der Andrang keineswegs auf. Man hatte sich vorsorglich Eßbares mitgebracht, fliegende Händler verteilten Erfrischungen, und man ließ sich später auf Matten zu einem leichten Schlummer nieder, um hochzufahren, wenn sich an Deck des Bootes eine leichte Regung zeigte oder — allerhöchste Gaudi! — ein bezechter Matrose von Land in Richtung Gangway wankte. Manche hielten es die drei Tage und Nächte während des Flottenbesuchs durch. Menschlicher Bedürfnisse entledigte man sich kurzerhand über die Kaimauer.

Ich zögere eher, diesen Vorgang als Stichwort für noch eine weitere Historie auszunutzen, aber die Wahrscheinlichkeit, daß ein anderer Tropenreisender einmal in die gleiche Verlegenheit kommt wie ein Bekannter von mir, ist allzu groß. Dieser Bekannte hatte in der Bundesrepublik eine Frau aus einem äquatorialen Land geheiratet und hatte es sich in den Kopf gesetzt, dem Schwiegerelternhaus in tiefer tropischer Provinz eine Visite abzustatten. Er reiste dann auch alle Strapazen mißachtend unverzagt an und wurde trotz eher bescheidener Verhältnisse königlich empfangen und bewirtet.

Nur an einem haperte es: Es gab keine Toilette. Seine Wahlverwandtschaft verdrückte sich in den Busch und erledigte dort ihr Geschäft in aller Stille, was unser Freund zwar auch gern getan hätte, aber nicht konnte: Wo immer er saß, stand, ging, begleiteten ihn ungeheuere Scharen von Kindern, die noch nie einen Weißen gesehen hatten und auch seinen zaghaften Vorstößen ins Unterholz klaglos folgten. Nachts wagte er nicht, auch nur einen Schritt vor die Tür zu gehen, weil ihn seine Todesangst vor tropischem Getier daran hinderte. Tags konnte er nicht, weil ihm „Hunderte" (wie er sagte) von Kinderaugen den Dampf wegnahmen. So schleppte er sich sage und schreibe eine Woche dahin, kehrte schließlich vor der Zeit heim und erlebte „eine der schönsten halben Stunden seines Lebens", als ihn eine westliche Toilette von seinem „Tropenblock", wie wir das Problem später tauften, erlöste.

Komische — vielleicht triviale — Probleme? Für den durchreisenden Touristen und Hotelbewohner in einem tropischen Land vielleicht. Für ihn sind die starrenden Kinderhorden zunächst interessant, fotogen und amüsant. Doch dann beginnen sie auch ihm lästig, zuletzt zur Qual zu werden. Die Freiwilligen des US Peace Corps — die amerikanischen Entwicklungshelfer — bereiten sich untereinander in speziellen Sessions auf die psychologische Belastung des permanenten Angestarrtwerdens vor. Viele Peacecorps-Leute verlieren in der Praxis jedoch bald die Lust am Stillhalten und reagieren abrupt und den Zielen ihrer Mission zuwider...

Für Nachwuchs ist ständig gesorgt. Der chronische Hunger in der unterentwickelten Welt, darin sind sich heute die Wissenschaftler einig, steigert die sexuellen Funktionen als emotionale Ausgleichsmechanismen: Da chronischer Mangel, insbesondere der von Eiweiß und bestimmten Vitaminen, ständige Appetitlosigkeit und Apathie hervorruft, vermindert sich der Ernährungstrieb gegenüber dem Fortpflanzungstrieb. Tierversuche bestätigen in der Tat, daß sich bei reichlicher Eiweißernährung zwar die Überlebensfähigkeit des einzelnen Tieres steigert, die Zahl der Nachkommen jedoch abnimmt. Bei unzureichender Eiweißzufuhr dagegen vermehrt die Natur die Zahl der Nachkommen. Dasselbe gilt, meinen die Wissenschaftler, auch für den Menschen. Die fruchtbarsten Völker leben von Nahrung mit geringem Gehalt an tierischem Eiweiß. So sind die höchsten Geburtenziffern in den Staaten des Fernen Ostens, Afrikas und Lateinamerikas zu finden, wo der Anteil an tierischem Eiweiß in der täglichen Nahrung noch nicht einmal fünf Prozent erreicht. Den höchsten Baby-Boom, wie ein UNO-Ernährungsexperte feststellte, weisen tropische Länder auf, deren geographische und ökonomische Bedingungen für die Produktion und den Konsum von tierischem Eiweiß völlig ungeeignet sind. Paradoxerweise hat es sich in diesem Zusammenhang als wahr erwiesen, daß nicht die Überbevölkerung der Welt die Ursache des Hungers ist, sondern der Hunger die Ursache der Überbevölkerung.*

Nicht die Überbevölkerung ist die Ursache des Hungers, sondern der Hunger ist die Ursache der Überbevölkerung

*„Kommt die Welt-Hunger-katastrophe?" (Der Spiegel 41/78)

Die tropische Durchschnittsfamilie sieht auf ihren Kindersegen mit Stolz hinab; auf den Philippinen zum Beispiel sind Familien mit mehr als fünfzehn Kindern keine Seltenheit. Hier und anderswo sind Eltern es trotz vieler Abstriche gewohnt, in ihrer Nachkommenschar ein nützliches Arbeitskräftereservoir und eine selbstverständliche Quelle für die Altersversorgung zu sehen. Und man hungert sich mehr schlecht als recht gemeinsam diesen Zielen entgegen. Bis sich in sehr ferner Zukunft einmal eine günstigere Gesamtentwicklung abzeichnet, werden wir darauf gefaßt sein müssen, überall in der Dritten Welt, wo die Menschheit auf engstem Raum lebt, auch auf riesige Kinderscharen zu stoßen.

Was tun, wenn eine Meute uns umringt?

Nichtbeachten hilft. Keine Fotos machen. Auf keinen Fall Bonbons oder gar Geld austeilen, wenn man nicht einen Kletteneffekt heraufbeschwören will. Bei arger Plage und einiger Kenntnis der Landessprache kann man auch mit spitzem Zeigefinger auf einen Krakeeler mit offensichtlichem Handicap deuten: „Hah, seht einmal den Glatzkopf!", worauf die Aufmerksamkeit sich meist schlagartig auf den unglücklichen Kahlen oder anderswie Benachteiligten konzentriert. Das ist nicht gerade das Allerfeinste aus der Trickkiste, aber man hat seinen Frieden.

Überhaupt ist es natürlich nicht fein, Kinder als Plagegeister zu katalogisieren und sie im gleichen Kapitel mit allerlei üblem Getier unterzubringen, das mit einem Husch aus der Flitspritze zum Schweigen gebracht werden kann — unseligen Angedenkens. Rücksichtnahme jedoch hin und her: Wir sollten uns bei aller Zuneigung zu den lieben Kleinen unsere Zeit nicht so weit versauern lassen, daß wir wie unser Eidgenossenpaar den gesteckten Zielen entsagen und – in symbolischem als auch direktem Sinn – unsere Zelte hinter uns abbrechen müssen.

Bettler & Söhne GmbH

Berichte aus manchen Ländern, denen zufolge man Kinder grausam verstümmelt, um ihren „Mitleidswert" zu erhöhen und sie dann zum Betteln auf die Straße schickt, stoßen bei uns auf Abscheu und vielfach Unglauben. Wenn wir mit der Realität des schrecklichen Elends vor Ort jedoch einmal eindringlich konfrontiert werden, spüren wir ein Würgen in der Kehle und geben reichlich, um die offensichtliche Not zu lindern. Meistens geben wir aber auch, um uns des Unbehagens zu erwehren, das die überwältigende Kontrastwirkung in uns auslöst. Nachdem die gute Tat getan ist, kehren wir der unwirklichen Szene – solange man uns läßt – erleichtert den Rücken. Wir haben uns ein bißchen Gewissensfreiheit, vielleicht auch eine Prise Überlegensheitgefühl erkauft, und wir kümmern uns nicht mehr um den Verbleib unserer milden Gabe, denn wie gehabt:

„Sowie das Geld im Kasten klingt, die Seele in den Himmel springt!"

Jedenfalls in den der Selbstzufriedenheit... Selten sind die von uns so freundlich Bedachten auch die tatsächlichen Nutznießer unserer Mildtätigkeit. Denn die Bettelei – und nicht nur die offiziell sanktionierte kollektive Variante des Handaufhaltens – ist in der Dritten Welt vielerorts in hohem Maße organisiert. Es sind letzten Endes die unglücklichen Vertreter in der untersten Etage dieser Organisation, die von allen möglichen beteiligten Interessengruppen (mit denen wir wahrscheinlich nicht das Geringste im Sinn haben) zur Kasse gebeten werden: von der Polizei und anderen „Ordnungsorganen", von Behördenvertretern und Unterweltsgestalten, die alle das Gewerbe kontrollieren und ihren „Schnitt" absahnen. Der bedauernswerten Kreatur im Straßenstaub wird gerade genug belassen, um hart am Rande der nackten Existenz weiterhin das Elend zu repräsentieren, das die Touristenbörse so locker macht – und viele sind's zufrieden, solange nur dieses Minimum gesichert ist. Ertragreiche Plätze auf der Sonnenseite der Touristenströme sind zwischen konkurrierenden Gruppen, die alle ihr blindes, verstümmeltes, geistig oder körperlich verkrüppeltes „Personal" ins Geschäft bringen möchten, mitunter heiß umkämpft.

Gelegentlich fungieren auch die lieben Eltern selbst als Elendsmanager. Und nicht immer ist es die nackte Not, die ihr Tun diktiert, sondern eher manchmal die Erkenntnis, welch reiches Potential transnationale Beziehungen in sich bergen können: Kinder im Dreck sind fotogen, im Freudenhaus attraktiv, auf der Landstraße gefährdet. Alles potentiell gewinnbringend. Daß der gebende Ausländer in diesem System außer bei den Allerjüngsten eine gesichtslose, ungeliebte, erbärmliche, ja verhaßte Weihnachtsmannrolle spielt,

> **„Es ist nicht zu verkennen, daß eine Gruppe von Schwerbehinderten bei empfindsamen Menschen eine Beeinträchtigung des Urlaubsgenusses darstellen kann."**
> Aus einem deutschen Richterspruch (1980)

dürfte selbst oberflächlichen Beobachtern menschlicher Natur klar sein.

Bettler auf der Straße demonstrieren aushängeschildgleich die allgemeine Rückständigkeit eines Landes. Fast überall in der Dritten Welt steht Betteln deshalb unter Strafe, bzw. wird gegen einen Obolus geduldet. Einige Regierungen haben jedoch eingesehen, daß sich Maßnahmen von offizieller Seite gegen die Substanz richten müssen, und mancherorts ist folglich nicht nur das Betteln, sondern auch das Geben illegal. Einheimische können in solchen Ländern empfindlich für ihre Weichherzigkeit bestraft werden; bei ausländischen Touristen begnügt man sich mit einem entsprechenden Hinweis.

Wer gibt, macht sich strafbar

Angesichts der geschilderten Hintergründe wird jeder den Initiatoren dieser Gesetzgebung recht geben müssen. Mimen wir den „harten, reichen Mann", auch wenn es manchmal herzzerbrechend sein mag. Einen Obolus, wenn wir uns schon veranlaßt fühlen, können wir besser über unsere heimischen Organisationen beisteuern, die meistens – zumindest nach bestem Wissen und Gewissen – für eine gerechtere Verteilung sorgen werden.

Die wahren Herren der Tropen: Ratten!

Sie sind allein in der Dritten Welt 20 Milliarden, allein in Indien rund 4,8 Milliarden stark.

Sie vertilgen alles, was auch dem Menschen als Speise gilt, und keine Kulturpflanze ist vor ihrer Anpassungsfähigkeit sicher.

Sie fressen ein Fünftel der Welternte an Weizen und Reis auf. Mitunter komplette Ernteerträge an Zuckerrohr, Gerste, Soyabohnen und selbst Tee und Baumwolle.

Sie klettern bis in die Wipfel der Kokospalmen, um die Nüsse aufzunagen, und sie tauchen auf den Boden von Fischzuchtteichen, um dort den Fischen das Futter streitig zu machen.

Sie fallen auf Nahrungssuche Vögel, Säugetiere und selbst den Menschen an: Jedes Jahr werden Tausende von Personen gebissen, Hunderte von Kleinkindern getötet.

Sie vernichten alljährlich Nahrungsmittel im Wert von rund 42,5 Milliarden Mark.

Sie fressen zu sechst pro Jahr etwa die gleiche Nahrungsmenge, die einem durchschnittlichen erwachsenen Drittweltler für die gleiche Zeit ausreichen würde.

Sie sind verantwortlich für weltweite Sachschäden im Werte von Milliarden von Mark, vielfach als Ursache des Zernagens elektrischen Isolationsmaterials und derart hervorgerufener Feuer.

Sie beherbergen die Erreger von mindestens zwanzig Krankheiten, darunter die der Pest, die auch heute noch jederzeit wieder weltweit aufflackern kann.

Sie sind von außerordentlicher, besorgniserregender Vermehrungsfreudigkeit und Überlebensfähigkeit.

Sie haben sich seit der Zeit der alten Ägypter gegen Gift, Fallen
aller Art, natürliche Feinde und die Kampfmethoden der jeweils modernsten Wissenschaft durchgesetzt.

Sie haben die Atombombe überstanden.

Sie haben Superwaffen überlebt und sind zu Superratten geworden... Haben wir überhaupt eine Chance gegen sie?

Hat der Mensch überhaupt eine Chance gegen die Ratten?

Der Kampf geht weiter, und an seiner Spitze stehen die Nachkommen jener Völker, die vor nur wenigen hundert Jahren fast durch die
teuflischen Nager ausgerottet wurden: Nordeuropa ist als einzige
dicht besiedelte Region der Erde annähernd rattenfrei.

Was können wir individuell zur Bewältigung des Problems beisteuern? Über unseren unmittelbaren Umkreis hinaus wenig und auf
Reisen schon gar nichts. Wer viel campiert, wird es jedoch wahrscheinlich befriedigender finden, die Abfälle von seinem Tisch mit
Fischen, Vögeln oder Haustieren als durch unachtsame Handhabung ausgerechnet mit dem ältesten Feind der Menschheit zu
teilen.

Und selbst wenn durch den Totschlag eines einzelnen Nagers der
Weltbestand lediglich um ein 20milliardstel dezimiert wird, so zögert
nicht!

Schlagt sie tot, die Nager!

Köter, Kläffer, Kacker

In einem tropischen Dorf zieht ein Passant, vor allem zu nächtlicher Zeit, eine explosive Kläfforgie wie ein Kielwasser nach sich; die
wachhabenden Organe sind verläßlich auf ihrem Posten. Für die so
Bewachten mag das tröstlich sein, nicht aber für den müden Reisenden. Denn das Gebelle und Geheule von hunderten von Kötern, die
wie auf Kommando ihr Konzert anstimmen, kann Tote erwecken...

„Mein Gott! Endlich einmal einen Stein nach einem Köter werfen zu dürfen!"
Authentischer Ausruf eines glanzäugigen deutschen Touristen auf den Philippinen

Es ist nicht etwa unser braver Fido, der hier treu seine Pflicht tut
und seinem Herrchen verläßlich Meldung macht. Hier haben wir es
gewöhnlich mit einer Horde verwilderter, halb herrenloser und halb
verhungerter Hunde zu tun, die herumstreunt. Und der Fremde soll
wohl eher lauthals begrüßt und auf etwaiges Freßbares beschnup-
pert werden, als daß sie versucht, ihn hinauszubellen, selbst wenn
der Anführer dieser miesen Meute schon einmal die Zähne zeigt
und zum Beweis seiner Autorität eine halbherzige Attacke gegen die
Beine des Neulings unternimmt. Doch das Manöver ist nicht ganz
ernst zu nehmen, denn Mut haben sie allesamt nicht. Oft genügt
schon eine kurze, aber höfliche und tiefe Verbeugung vor dem kläf-
fenden Haufen, und er stiebt panikartig auseinander, weil jeder aus
Erfahrung weiß: Einem Menschen, der sich bückt, folgt ein Stein.
Und ein Stein, wenn er trifft, tut hundsgemein weh.

Im Grunde sind sie, die wir fast überall in den Tropen antreffen, natürlich ein bedauernswertes Pack. Sie gehören — wenn man über-

haupt von einer Besitzsituation sprechen kann – vielfach Leuten, die selbst kaum etwas zu beißen haben. Und auf der Prioritätenskala der Haustierfütterung rangieren sie ganz zuletzt, nachdem sich Schweine, Hühner (und Ratten) ihren Teil geholt haben. Was übrigbleibt, sind solche Delikatessen wie eine Fischgräte oder eine fettige Papiertüte, eine fast leergeschabte Kokosnuß und an Festtagen vielleicht ein paar Geflügelknochen. An normalen Tagen durchwühlt man in den Städten die Mülltonnen, und auf dem Lande stochert man in menschlichen Exkrementen nach Halbverdautem und verschwindet oft bis über die Nase darin. Bei diesem Lebenswandel steht es mit der Gesundheit natürlich auch nicht zum besten: Die Tiere strotzen fast ausnahmslos vor Ungeziefer und zeigen die Auswirkungen der dadurch übertragenen Krankheiten.

Siehe auch
Seite 120

Wem das alles nichts ausmacht und solch ein liebes, armes Hündchen in den Arm nehmen und liebkosen will, der sei an dieser Stelle nochmals darauf hingewiesen, daß in manchen Drittweltländern bis zu 70% der Hundebevölkerung tollwutinfiziert ist, und daß ein kleiner Kratzer genügt, diese überaus schwerwiegende Krankheit auf den Menschen zu übertragen. Durch Übertragung von Hundebandwurmeiern entstehen auch unter Umständen die sehr schwierig zu behandelnden Echinokokkusblasen in den inneren Organen des Menschen. In selteneren Fällen können auch kleine wandernde Wurmlarven übertragen werden und im Menschen Toxocariasis hervorrufen, eine Krankheit, die im Körper und mitunter im Auge kleine, entzündliche Knötchen bildet. Dieses Gesamtbild dürfte dem Unwissenden auch verständlich machen, warum das niedliche Tierchen, das er im Urlaub vor einem grausamen Geschick gerettet zu haben hoffte und in bester Absicht zuhause rehabilitieren wollte, an den unüberwindlichen internationalen Quarantänebestimmungen nicht vorbeikommt.

Hunde auf der Straße

Der Autofahrer wird in den Tropen schnell feststellen, daß die vielen Hunde, die auf den Landstraßen herumstreunen und sich gern dort zur Ruhe legen, weil der Asphalt so schön nachhaltig warm ist, an Phlegma und Gelassenheit angesichts eines heranbrausenden Autos in der Tierwelt wohl ihresgleichen suchen. Ich habe es erlebt, wie schwere LKW buchstäblich um Haaresbreite an der Nase eines Siesta haltenden Straßenköters vorbeidonnerten, der allenfalls ein schlaffes Ohr etwas anhob, um es wieder stoisch zusammenfallen zu lassen – es war ja wieder einmal gutgegangen...

Auch wer überzeugter Hundefreund ist, sollte sich und seine Anvertrauten nicht durch eine Notbremsung oder ein riskantes Ausweichmanöver in unnötige Gefahr bringen, wenn sich ein Hund auf der Fahrbahn tummelt. Drücken Sie auf die Hupe! Jeder Drittweltköter weiß, was das bedeutet und macht Platz, selbst wenn er sein wichtigstes Geschäft, das er vorzugsweise auf der Straße erledigt, dabei abkneifen muß.

Vorsicht überhaupt bei einer Strandwanderung vor einem tropischen Dorf. Manch schöner tropischer Strand ist in diesen Bereichen oft durch die großzügigen Hinterlassenschaften der vierbeinigen Dörfler in eine Art permanentes „Tretminenfeld" verwandelt...

Insekten und anderes Kleingetier

Die Tropenplage Nr. 1

Das von keinen jahreszeitlichen Wechseln unterbrochene warme Klima verschafft den Tropen einen ungeahnten Artenreichtum an kreuchendem und fleuchendem Kleingetier. Als mir ein alter Fahrensmann vor langer Zeit einmal von einer nächtlichen Orinokofahrt erzählte, nach der er sein Deck mühsam „von Insekten freischaufeln mußte", grinste ich verstohlen über sein – wie ich glaubte – Seemannsgarn. Aber einige Jahre später konnte ich mich in den Tropen überzeugen, wie recht er gehabt hatte. Ich rede hier nicht von dem Extrem alles verdunkelnder Heuschreckenschwärme, sondern von ganz alltäglichem Getier, das einem in den Tropen mitunter das Leben zur Hölle machen kann. Im Nachstehenden werden einige ganz besonders unangenehme Vertreter alphabetisch aufgeführt und Hinweise gegeben, wie sich mit ihnen individuell fertigwerden läßt (oder auch nicht). Gegen die schieren Multituden, die uns insbesondere des Nachts in einem Camp oder selbst in einem tropischen Haushalt belästigen, ist allerdings außer hermetischer Versiegelung des Wohnbereichs kaum ein Kraut gewachsen. Vom Licht angelockt, auf das wir sicherlich auch in den Tropen nicht verzichten möchten, findet sich auf kleinem Raum alles ein, was Beine und Flügel hat. Und es schwirrt, summt und krabbelt manchmal derart in unserer Peripherie, daß selbst einfachste Tätigkeiten wie Zeitunglesen oder Briefeschreiben zur Strapaze werden, wenn die Insektenflut auf das helle, reflektierende Papier losstürzt.

Am Morgen müssen wir dann tatsächlich zu Besen und Kehrblech greifen, um die Spuren der nächtlichen Schwärmerei zu beseitigen. Fleißige Werker, Ameisen, assistieren uns dabei; das Licht selbst interessiert sie nicht, nur seine Folgen. Die Hilfe erfolgt jedoch nicht ohne Eigennutz: Wann immer wir uns zu einem Mahl niederlassen, erscheint auch unaufgefordert Freund Ameis, der sich vor allem ungesittet für alles Süße begeistern kann, und holt sich seinen Obolus. Hintergründiger in unseren Vorräten agiert La Cucaracha, die Kakerlake. Daumengroß und von beispielloser Überlebensfähigkeit. Insektenjäger wie Spinnen, Gottesanbeterinnen und Geckos helfen bei der Eindämmung des Schmarotzertums, sind aber selbst auch nicht immer gern gesehene Gäste.

Wie wird der einfache Tropenbewohner, den keine Klimaanlage, keine teure Vergitterung, keine unerschwinglichen Insektizide vor den Plagegeistern schützen, mit dieser qualvollen Problematik fertig? Nicht besonders gut, denn er muß manche Pein über sich ergehen lassen. Aber ein paar Patentrezepte, um sein Los zumindest ein wenig zu erleichtern, hat er schon parat. Kaum ein tropischer Einfachhaushalt ohne ein paar Hühner, die nicht nur für ein gelegentliches Feiertagsmahl sorgen, sondern auch Haus und Umgebung von allem Kriechgetier freihalten. Auch Eidechsen wie die erwähnten Geckos sind vielerorts gern gelittene Unter- oder besser Obermieter. Gelbes Licht, mittels einer entsprechend angemalten Glühbirne erzeugt, wirkt auf Insekten wesentlich weniger anziehend als gewöhnliches weißes. Rauch hält das Geschmeiß fern, ist aber auch für den Menschen unangenehm: Folglich fügt man hier und dort dem Feuer Beigaben zu, die den Rauch für Insekten anscheinend schon in sehr geringer Konzentration verabscheuenswert machen. Mancherorts kennt man sich auch (noch) mit natürlichen Insektiziden aus und benutzt sie gelegentlich als Einreibemittel. Und man weiß auch, daß das künstliche Licht, das die Insekten so sehr zu schätzen scheinen, in Form von Gegenlicht zur tödlichen Falle werden kann, und stellt unterhalb der Lichtquelle eine mit Wasser gefüllte Schüssel auf, in deren Spiegel sich die tollen Scharen selbstmörderisch hineinstürzen...

Der Trick mit der Lampe und der Wasserschüssel

Es ist nicht verwunderlich, daß der Forscherdrang von Kindern gerade in den Tropen angesichts der vielseitigen Insektenwelt ein reiches Betätigungsfeld findet. Meine Knaben haben gelegentlich eine (schnell heimisch werdende) Gottesanbeterin zu Gast und füttern das grüne Minipferd interessiert-grausam mit lebendem Getier. Und mitunter kommt auch einmal einer über und über mit schreckenerregenden Quaddeln bedeckt heim. „Behaarte Raupen", wissen wir Eltern dann seufzend. Alles Haarige in der tropischen Krabbelfauna ruft gewöhnlich diese Erscheinungen hervor, und die kleinste Berührung genügt.

Exogene Körperschmarotzer sind bei Einhaltung elementarer hygienischer Maßnahmen auch in den Tropen kein Problem. Das Thema Läuse ist nachstehend beschrieben; Flöhe, scheint es, sind im Aussterben begriffen, und wir werden ihnen keine Tränen nachweinen. Wanzen und Zecken sind nicht häufiger (oder seltener) als bei uns unter entsprechenden Verhältnissen.

Von den Schädlingen, die den Völkern der Dritten Welt auf indirektem Wege die Existenz schwer machen, soll hier keine Rede sein. Wir wollen uns nur einmal diejenigen einzeln vornehmen, die auf unser Freizeitgeschehen direkten Einfluß haben können:

Ameisen: Rund 10 000 Arten von Ameisen bevölkern unsere Welt, davon hausen annähernd 3 000 in zumeist dichten Konzentrationen in den tropischen Urwäldern. Was immer wir im Dschungel anpacken: Es krabbelt von Ameisen aller Beschreibungen. Jeder Baum, der etwas auf sich hält, beherbergt einige Kolonien. Selbst der Veteran, der im Schlamm dahinmodert, gibt in seinem Inneren ganzen Völkerschaften Obdach. Tarzans Lianen sind wahre Schnellstraßen zwischen Keller und Obergeschoß des Urwaldes und signalisieren mit einem unablässigen Kriechstrom: Rühr mich nicht an!

Die Geschäftigkeit der Ameise ist sprichwörtlich, und viele Arten gehen bei der Futtersuche buchstäblich über Leichen. Die Legionen **Ameisen** der stur geradeaus marschierenden afrikanischen Wanderameise **gehen über** zum Beispiel lassen auf ihren Feldzügen kein Lebewesen unge- **Leichen** schoren: In ihrem Pfad verlassen Menschen und Tier ihre Behausungen − was dem ersteren manchmal gar nicht so unrecht ist, denn er wird nach Abzug der Heerscharen ein von allem Ungeziefer, Ratten und Schlangen gesäubertes Haus vorfinden; keine Laus, keine Kakerlake wird der mörderischen Walze entkommen sein.

Von dergleichen kleinen Gefallen einmal abgesehen, ist uns das Krabbeltier jedoch eher lästig, denn es vertilgt mit Vorliebe die gleiche Kost wie die unsere und findet auch in nichttropischen Gefilden Mittel und Wege, in unsere Vorratskammern einzubrechen. In den Tropen ist das Problem aufgrund des größeren Artenreichtums noch wesentlich ausgeprägter, und ein südlicher Haushalt ohne Ameisen ist allenfalls in den Betonwüsten moderner Großstädte zu finden. Eine der vordringlichsten Aufgaben für Leute mit Kleinkindern ist, diese vor den Übergriffen der Ameisen zu schützen, die eine Milchpulverquelle oft schnell zu orten verstehen und im Nu scharenweise über das wehrlose Kind herfallen können − mitunter gar mit tragischen Folgen.

Mark Twain sagte einmal, daß „Ameisen die dümmsten Tiere seien, die es gäbe", aber er erwies sich damit als unaufmerksamer Beobachter. Die Ameise ist, zumindest was ihre Lebensnotwendigkeiten angeht, eine der cleversten Kreaturen. Deshalb nützt es auch wenig, die Beine eines Kinderbettes etwa in Wassernäpfe zu stellen. Die argentinische Hausameise Iridomyrmex humilis, weltweit verbreitet, durchschwimmt dieses Hindernis mit Leichtigkeit; ein Benzinsee wird, sobald er verdunstet ist, sozusagen mit zugehaltener Nase durchquert, und selbst Insektenmittel sind nur bedingt wirksam. Die beste Methode ist, den Zugang mit einer klebrigen Substanz abzublocken. Ich habe allerdings schon Ameisen beobachtet, die sich mittels einer herangeschleppten Pappbrücke eine Fliegenleiche aus dem Sumpf eines superklebrigen Fliegenpapiers holten!

Eine gute Maßnahme in der Wildnis ist auf alle Fälle das Auftragen einer klebrigen Masse auf die Abspannungen von Hängematten oder auf die Füße von Bettstellen. Man kann hierfür einen Klebestreifen verwenden oder auf die meist giftigen (auch für Ameisen!) Milchsäfte tropischer Pflanzen zurückgreifen. Ein anderes bewährtes Mittel ist schlichte Fußpilzsalbe. Einen hochwirksamen Schutz bietet auch das Umgeben des gesamten Lagers mit einem Ring aus Holzasche, einem Stoff, den Ameisen offenbar nicht mögen.

Behandlung von Ameisenbissen und -stichen siehe Seite 127

Können uns Ameisen überhaupt gefährlich werden? Unter gewissen Umständen schon, denn alle Arten sind mehr oder

minder wehrhaft. Die weitaus größte Zahl der Ameisen hat über-
proportionierte, scharfe Kiefer, die durchaus unsere Haut zu ritzen vermögen (eine Art wird – lebend – von Eingeborenen in Zaire
gar zu einem perfekten „Vernähen" von Wunden herangezogen!),
und Giftdrüsen, die einer derart geschaffenen Wunde das prickeln-
de Gefühl geben, das wohl die meisten von uns kennen. Gewisse
Arten können jedoch auch wespengleich zustechen, so unter anderem die Riesenameise Myrmecia gulosa, mehr als bienengroß und
mit über 65 Unterarten in der tropischen Welt vertreten, oder die
schwarzbehaarte Paraponera clavata des südamerikanischen
Dschungels. Die australische Bulldoggenameise, wie alle Wüsten-
bewohner in einer harschen Umwelt ständig auf dem Sprung und
hochaggressiv, duldet nicht einmal den Schatten eines Eindringlings in ihrer Nähe. „Plötzlich quoll eine Flut zollgroßer Ameisen aus
dem Bau hervor," sagt ein Bericht aus Australien, „und fiel über mich
her. Ich wußte, daß 30 Stiche dieser Art einen Menschen töten können, und entfernte ein paar Exemplare, die mich erreicht hatten, vorsichtig mit der Pinzette. Eine stach dennoch zu: Ich fühlte eine Art
heißer Nadel an meinem Knöchel. Mit dem Schmerz, der wellenför-
mig an- und abschwoll, hatte ich zehn Tage lang zu tun..."*

*Sisson
„At Home with the
Bulldog Ant"
(National
Geographic 7/74)

Was macht man bei derartigen Konfrontationen? Weglaufen! Insektenmittel helfen herzlich wenig; allenfalls ist Feuer eine Handhabe. Aber die beste Maßnahme ist, Ameisen aus dem Wege zu gehen.

Bienen: Jeder Bienenfreund wird sich bei der Abqualifizierung
seiner Lieblinge zu „Plagegeistern" wohl zu energischem Protest
herausgefordert sehen. Hier ist jedoch nicht die Rede von unseren
milden einheimischen Honigspendern, sondern von den wildleben-
den und in höchstem Maße wehrhaften Gattungen anderer Kontinente.

Ursprünglich waren die Bienen in Asien zuhause, von wo sie im
Laufe der Zeit in Richtung Westen migrierten. Im europäischen
Raum fanden sie anscheinend Verhältnisse vor, die ihnen zusagten,
denn die dort verbleibenden Völker ließen sich häuslich nieder und
akzeptierten auch die „Zähmung" durch den Menschen mit einiger
Bereitwilligkeit. Die nach Afrika vorgestoßenen Kolonien gerieten jedoch in eine weitaus rauhere Umwelt, in der es von Feinden wimmelte. Um hier zu überleben, mußten schnell kriegerische Taktiken
erlernt werden. Die afrikanische Honigbiene, vornehmlich die Spezies Apis mellifera adansonii, wuchs deshalb zu einer nervösen und
leicht zu provozierenden Rasse heran, die nach dem Prinzip, daß
Angriff die beste Verteidigung ist, aus dem geringsten Anlaß
auf den Kriegspfad ging, und dabei blieb es. Zudem kam es 1957 zu
einem biologischen Desaster, als mehrere Stämme dieser Art, die
man für genetische Experimente nach Brasilien importiert hatte,
entwichen. Innerhalb weniger Jahre breiteten sie sich über den ge-

**Das Desaster
von Brasilien**

samten südamerikanischen Kontinent aus, wo sie in kurzer Zeit die einheimische Bienenbevölkerung entweder ausrotteten oder sich mit ihr zu einer noch aggressiveren Rasse vermischten. Dieser neuen Rasse fielen in den letzten Jahren allein in Brasilien mindestens 150 Menschen und unzählige Tiere zum Opfer. Inzwischen stehen die wehrhaften „Afrikaner" am Panamakanal.

„Afrikaner" am Panamakanal

Hat man Bienen dieser Art oder auch Hornissen oder Wespen aufgestört, so ist mit Sicherheit mit einer aggressiven Reaktion zu rechnen. Stocksteifes Stehenbleiben, gelegentlich empfohlen, kann in diesem Falle nur nützlich sein, wenn der rachedurstige Schwarm, der alles sich Bewegende verfolgen wird, sich auf irgendein anderes Opfer (Tier, Auto usw.) konzentriert. Ist man als Störenfried ausgemacht oder gar bereits einmal gestochen worden, so gibt es nur eine Parole: weg, so schnell die Füße tragen! Eine in Bedrängnis geratene einzelne Biene löst nämlich einen chemischen Notruf aus, der in kürzester Zeit einen Schwarm von Tausenden aggressivster, geradezu tollwütiger Kamikazeflieger auf den Plan bringt. Und gegen die gibt es außer schneller Flucht keine Verteidigung. Stehenbleiben bedeutet den Tod! Eine andere Rettungsmöglichkeit besteht allenfalls darin, sich in einem hermetisch verschlossenen Raum oder Auto, in einem Zelt oder Moskitonetz zu verschanzen.

Stehenbleiben bedeutet den Tod!

In anderen Regionen der Erde stechen Bienen weniger bereitwillig zu und meistens nur, wenn sie oder ihre Behausungen in unmittelbarer Not sind. Trotzdem kommt es gerade in unseren Breiten jeden Sommer zu Todesfällen von Leuten, in denen das Bienengift heftige allergische Reaktionen auslöst.

Blutegel (engl.: leeches): In vielen Dschungelgebieten stellen diese eng mit einem gutmütigen Artgenossen, dem Regenwurm, verwandten Tiere eine schlimme Plage dar. Angelockt durch das breite Spektrum der von uns verursachten Geräusche, Gerüche und Temperaturabstrahlung fallen die blutgierigen Kreaturen manchmal wie ein Regen von der umgebenden Vegetation auf den (verweilenden) Wanderer nieder. Raspelähnliche Schneidwerkzeuge durchdringen die menschliche Haut derart rapide, daß der Wurm bereits seine Saugtätigkeit aufgenommen hat, bevor der Betroffene den Biß überhaupt registriert. Innerhalb von zehn Minuten ist der Schmarotzer bereits bis zum Platzen gefüllt. Blutegel ernähren sich ausschließlich von frischem Blut. Glücklicherweise ist der Biß weder giftig noch besonders schmerzhaft, obwohl eine durch Blutegel erzeugte Wunde das Blut reichlich fließen läßt und sich durch unvorsichtiges Abreißen des Tieres unangenehm entzünden kann. Die vollständige Bedeckung der Haut bietet einen gewissen, wenn auch keinen perfekten Schutz (Hosenbeine in die Stiefel stopfen). Ein breitrandiger Hut verhindert zudem, daß einem die Tiere in den Nacken fallen. Eine recht wirkungsvolle Abwehrmaßnahme ist auch das Einreiben der Kleidung und insbesondere der Schuhe mit gewöhnlicher Seife.

Siehe auch „Bisse und Stiche" auf Seite 128

Siehe auch Seite 128

Kleiderlaus
Originalgr.: 3-4mm

Kopflaus
Originalgr.: 2-3mm

Filzlaus
Originalgr.:1,5-2mm

Menschenfloh
Originalgr.: 3-4mm

Bettwanze
Originalgr. 4-5mm

Läuse: Kopfkratzende Schulkinder sind auch bei uns keine Seltenheit mehr. In den Tropen ist dieses Erscheinungsbild jedoch weitaus häufiger; es kommt dort in erschreckenden Proportionen und in den besten Familien vor. Selbst in der avancierten Atmosphäre moderner Großstädte ist der Anblick einer Tropenfrau, die ihrem Gatten liebevoll Krabbelgetier aus dem Haar klaubt, keine Seltenheit. In der drangvollen Enge öffentlicher Verkehrsmittel, vor allem aber bei einem amourösen tête-à-tête besteht höchste Übertragungsgefahr. Wem der Kopf trotz vielen (nutzlosen!) Waschens ohne unmittelbar erkenntliche Ursachen juckt, der sollte ahnen, was ihn da zwackt.

Ein Befall ist heutzutage kein Problem mehr: Den Parasiten kann mittels einer einmaligen Waschung mit einem Spezialshampoo („Kwell") der Garaus gemacht werden. Körperläuse, auch in den Tropen seltener, kann man auf die gleiche Art oder mit einem insektiziden Puder (z.B. Jacutin) erledigen. Parasitär verseuchte Kleidung muß ausgekocht oder weggeworfen werden.

Moskitos: Als meine Mutter mich einmal auf den Philippinen besuchte und eines Morgens mit juckenden Schwellungen erwachte, die ihr als Moskitostiche beschrieben wurden, verging sie fast vor Horror: Der Moskito, die Geißel der Tropen, der Seuchenträger und Killer, hatte sie gestochen!

Es gelang, ihr mit dem simplen Hinweis den Schrecken zu nehmen, daß mosquito lediglich ein spanisches Wort für Mücke – nicht unbedingt einmal Stechmücke – ist, deren es an die 2 500 bekannte Arten auf der Welt gibt und deren deutsche Schwestern genau so herzhaft zuzustechen verstehen wie ihre tropischen Genossinnen.

Wohlgemerkt: Die „Genossen" stechen nicht, während das Weibchen bei einer Vielzahl von Arten auf Blut angewiesen ist, um seine Eier zu entwickeln. Für den Gestochenen kann das allerdings auch kein Trost sein. Weniger tröstlich ist auch, daß es rund zwei Dutzend von Krankheiten, darunter Malaria und Gelbfieber, gibt, die von Moskitos während des Stech- und Saugvorgangs übertragen werden können. Über die Unannehmlichkeiten des Gestochenwerdens selbst wollen wir vorerst einmal hinwegsehen.

Wann die Moskitos stechen

Ein großer Teil der Moskitos sind Dämmerungsflieger, die zwischen ca. 16 und 20 Uhr tropischer Ortszeit auf Beutezug gehen und nach Einbruch der Dunkelheit weitgehend das Interesse verlieren. Andere Arten, aus heimischen Schlafstuben hinlänglich bekannt, sind nachts am aktivsten, viele weitere, vor allem jene des tropischen Dschungels, haben keine tageszeitlichen Präferenzen und greifen zu jeder Stunde blindwütig und ohne zu zögern an. Um die Sonnenaufgangszeit herum scheint man sich vielerorts auf der Welt eine kleine Pause zu gönnen.

Was an uns zieht den Moskito nun über oft erhebliche Distanz an? Offenbar ist das von uns ausgeatmete Kohlendioxid ein Richtungsweiser. Das dürfte auch erklären, weshalb Moskitos im sauerstoffgesättigten Wald pfeilgerade auf die CO_2-Quelle losschießen und warum man, selbst wenn man ansonsten ungeschützt ist, vorwiegend im und um das Gesicht gestochen wird. Außerdem hat man herausgefunden, daß die Temperatur der menschlichen Haut eine wichtige Rolle spielt: Moskitos mögen's heiß. Der normale Temperaturbereich unserer Haut bewegt sich zwischen 31 und 35 Grad, und zum oberen Ende hin werden wir für den Moskito zunehmend attraktiv. Ein schweißtriefender Mensch schließlich scheint ein wahrer Leckerbissen zu sein!

Folgerichtig ergibt sich als Zwischenbilanz, daß man bei einer Belästigung durch Moskitos erstens nicht durch heftiges Herumfuchteln und erregtes Atmen seinen CO_2-Ausstoß vergrößern, und zweitens die Oberflächentemperatur der Haut so niedrig wie möglich halten sollte, indem man sich wenig oder ohne große Anstrengung bewegt und alle Viertelstunde zwecks Kühlung die Haut mit Wasser benetzt. In der Praxis ist das natürlich nicht immer und überall möglich.

Geeignete Kleidung ist von größter Bedeutung: Langärmelige, weite Hemden und lange Hosen aus grobem Stoff sowie dicke Baumwollsocken verringern die freien Angriffsflächen für die Aggressoren um ein Vielfaches. Auch die Farbe der Kleidung ist entscheidend, wie fast jeder bestätigen wird, der schon ein paar hundert Male durch seine schwarzen Socken hindurch gestochen wurde. Moskitos haben eine ausgesprochene Vorliebe für Schwarz und dunkle Rot- oder Blautöne, während sie Weiß, Gelb oder Hellgrün offenbar verabscheuen. Erfreulicherweise ist diese Abstufung tropengerecht.

Moskitos mögen dunkle Farben

Moskitostiche können recht schmerzhaft sein; dazu rufen sie in zahlreichen Menschen heftige allergische Reaktionen hervor. Man kann sich heute gegen diese Reaktionen immunisieren lassen, doch ein solcher Schutz hat aufgrund des weltweiten Artenreichtums keine globale Wirksamkeit: Man mag gegen eine finnische Culex immun geworden sein, kann aber unter Umständen durch den Biß einer tropischen Aedes Höllenqualen erleiden. Anscheinend werden Weiße – nicht zuletzt wohl aufgrund einer reichlicheren Schweißproduktion – eher gestochen als Farbige, Männer leichter als Frauen, und Personen, die einen hohen Anteil des Vitamin-B-Komplexes in ihrer Nahrung haben oder zusätzliche Gaben dieses Präparats einnehmen, am allerwenigsten. Gewisse Moskitoarten ziehen, wenn sie die Wahl haben, Tiere dem Menschen vor. Ein entomologisch gebildeter Witzbold gab deshalb einmal den nur halb scherzhaft gemeinten Ratschlag, neben einem Huhn zu übernachten. Denn Vögel, die sich nur relativ begrenzt verteidigen können, sind begehrte Angriffsziele blutrünstiger Feinschmecker der Großfamilie.

Die bis hier aufgezählten, recht vagen Präventivmaßnahmen sind für den Menschen gedacht, den Moskitos quälen und der sich ihrer mit den primitivsten Mitteln erwehren muß. Natürlich läßt sich darüber hinaus manches weitere tun... Ein qualmendes Lagerfeuer zum Beispiel hält alle geflügelten Plagegeister sehr effektiv fern, und nur eine Handvoll grüner Blätter ist nötig, um die erwünschte Wirkung zu erzielen. Ausgebuffte Naturkenner mischen dem Feuer sogar natürliche Insektizide bei, so die getrockneten Schalen der Langsatfrucht (Lansium domesticum) und Blätter des Teakbaums sowie der Derrispflanzengruppe. Für den Normalverbraucher dürften derartige Tricks jedoch kaum erwägenswert sein. Der Nachteil der Ausräucherungsmethode ist zudem, daß man selbst mitgeräuchert wird, was unter Umständen das größere Übel sein kann. Außerdem muß man, einer wechselnden Windrichtung folgend, eventuell häufig umziehen.

Siehe auch
Seite 306

Weitaus eleganter ist da die Chemie: Kommerzielle Einreibemittel gibt es fast überall. Sie bieten einen annähernd hundertprozentigen Schutz gegen Moskitos, verfliegen aber relativ schnell und müssen mindestens alle sechs Stunden erneuert werden. Improvisiert werden kann übrigens mit dem Waffenöl Balistol. Wer den Zeitpunkt verschläft, läuft trotz einer abendlichen Anwendung Gefahr, im Lauf der Nacht noch gestochen zu werden.

Schützende Moskitonetze

Wer wirklich seinen nächtlichen Frieden haben will, ist nirgendwo besser aufgehoben als unter einem Moskitonetz. Es ist eine Art Baldachin aus feinmaschigem Gewebe, der über dem Bett aufgeschlagen wird und Moskitos wie ein Sieb fernhält. Aus Gründen, die wahrscheinlich ihren Ursprung darin haben, daß man gewöhnlich Zelte mit relativ grobmaschigen Ventilationsöffnungen im Handel findet, unterscheidet man in der Bundesrepublik zwischen „echten" Moskitonetzen und irgendwelchen unspezifizierten anderen und bezeichnet die echten gern als „Armeenetze".

Ein „echtes" Moskitonetz, gleich welcher Herkunft, hat in etwa die Maschengröße grober Verbandsgaze und ist auch aus demselben Material — Baumwolle — hergestellt. Es ist kastenförmig und sollte geräumig sein: 2 m lang und mindestens 1 m breit und hoch, um sicherzustellen, daß der Schläfer dem Gewebe nicht zu nahe kommt oder sich freistrampelt, denn es ist warm unter dem Baldachin. Löcher müssen vernäht oder verklebt werden (Tesafilm), denn die CO_2-Ortungsgeräte der Moskitos finden im Lauf der Nacht die kleinste Schwachstelle, durch die die Scharen schließlich triumphierend eindringen!

Trotz all seiner Einfachheit ist ein Moskitonetz ein unhandliches Stück Möbel, das man in den Tropen nicht überall mit sich herumschleppen und aufbauen kann; in der Wildnis oder im Beisein von Kleinkindern ist es jedoch unerläßlich. Im allgemeinen wird man allerdings wieder auf die Technik zurückgreifen, indem man sprüht, gast oder gar (mit wechselndem Erfolg) die Elektronik bemüht, um die Plagegeister per Hochfrequenz zu vertreiben. Schließlich muß als schwerstes Geschütz die Klimaanlage her.

Keine dieser Abwehrmaßnahmen kann Anspruch auf Perfektion erheben. Und da sich die tropische Wildnis nicht klimatisieren läßt, werden wir uns auch weiterhin, vielerorts mehr denn je, mit dem Problem Moskito auseinandersetzen müssen. Angesichts der Mittel, die uns heutzutage zur Verfügung stehen, brauchen wir jedoch nicht mehr den Horror davor zu haben, der in den Erzählungen und Schriften unserer tropenbereisten Vorfahren − sicherlich nicht zu Unrecht − seinen Niederschlag fand.

Spinnen: Manche tropischen Exemplare sind fürwahr der Stoff, aus dem die schweren Träume sind. Die krebsgleiche, kieferbewehrte Kreatur, die uns von der Wand aus belauert, das nächtliche Rascheln von vier haarigen Beinpaaren, die sich auf uns zubewegen, jagt uns eisige Schauer über den Rücken... **Der Stoff, aus dem die schweren Träume sind**

Moment einmal. − Belauern? Spinnen können im Höchstfalle in 30 cm Entfernung eine Bewegung erkennen; auf nähere Distanz sehen sie uns allenfalls als gigantisches Wesen, vor dem sie die Flucht ergreifen, oder als anorganische Masse, mit der sie nichts anzufangen wissen.

Und was hat es auf sich mit den Horrorfilmen so gern ausgeschlachteten „tödlichen Arachniden"? − Es gibt über 30 000 bekannte Spinnenarten, und schätzungsweise die vierfache Anzahl wartet noch auf Klassifizierung. Alle bekannten Arten mit Ausnahme von zwei kleinen Gruppen sind in der Lage, giftig zuzubeißen, um auf diese Weise ihre Beute am Entkommen zu hindern. Ein Hektar Grünland − durchaus auch in unseren Breiten − beherbergt bis zu 200 000 Exemplare. Aber wer ist denn schon mit einem einzigen Vertreter dieser ungeheuren Vielzahl einmal auf Tuchfühlung gekommen, geschweige denn gebissen worden?! Die gleiche Situation trifft für die warmen Länder und ihre gefürchteten überdimensionierten Taranteln, Wolfs- und Vogelspinnen, und wie immer sie auch heißen mögen, analog zu. Die Tarantel ist auch durchaus nicht „beißlustig". Außerdem ist ihr Biß, so ein Experte, weniger schmerzhaft als der Stich einer Biene oder Wespe (es sei denn, man leidet an besonderen Allergien gegenüber Insektengiften). Die gewaltige Vogelspinne, Nemesis kleinerer Lebewesen, muß schon gequält werden, um sich zu einem defensiven Zubeißen zu entschließen; in der Tat halten sich manche Leute die alptraumhafte Kreatur als interessantes Haustier. Selbst die notorische Schwarze Witwe, wenig mehr als erbsengroß und weltweit verbreitet, benötigt einiges an Provokation, um ihren − allerdings mitunter tödlichen − Biß auszulösen. Latrodectus mactans („mörderischer, beißender Räuber"), wie die Witwe wissenschaftlich genannt wird, besitzt ein Gift, das potenter als das der Klapperschlange ist und intensiven Schmerz verursacht. **Die giftige Schwarze Witwe**

Vogelspinne
etwa Originalgröße

Behandlung
von Bissen
siehe Seite 127

„Schlafkrankheit"
siehe Seite 121

Trotzdem sind Todesfälle selten: In den USA zum Beispiel, wo die Spinne relativ häufig vorkommt, bezahlen von insgesamt rund 100 im Jahr Gebissenen (meistens Kinder) 3-4 Personen das Zusammentreffen mit der dunklen Dame mit dem Leben.

Was kann man in einer wahrhaft kitzligen Situation tun, wenn ein Untier dieser Art in unseren körpereigenen Regionen herumkriecht? So schwer es fällt: Stillhalten, und die Spinne wird sich alsbald, und ohne den geringsten Anlaß zum Beißen zu sehen, entfernen. Besonders wichtig ist in den Tropen, Kleidung und Schuhe vor dem Hineinschlüpfen gründlich auszuschütteln, denn vor allem die letzteren sind ein bevorzugter Aufenthaltsort für alles mögliche Kriechgetier. Vorsicht auch insbesondere auf verwahrlosten tropischen Toiletten, wo Spinnen als Insektenjäger ein reiches Betätigungsfeld finden.

Stechfliegen: Während uns von den meisten Vertretern dieser Insektengruppe über eine — wenn auch entlang von Dschungelflüssen und Sümpfen manchmal kaum erträgliche — Belästigung hinaus wenig unmittelbare Gefahr droht, stellt die afrikanische Tsetsefliege (Glossina) insofern eine beachtenswerte Ausnahme dar. Tsetse bevölkert mit insgesamt 22 Arten das tropische Afrika zwischen 15° Nord und 28° Süd mit Einschluß von Sansibar und Ausnahme von Madagaskar. Sie ist als Überträgerin der Schlafkrankheit auf den Menschen sowie der Rinderkrankheit Nagana auf das Vieh einer der Hauptfaktoren für die verspätete Erschließung und generelle Rückständigkeit der gesamten Region. Innerhalb der genannten Begrenzung treten eine oder mehrere Arten durchweg überall auf, wo eine

Vegetation, vor allem Wald, von mehr als 5 Meter Höhe existiert. Nur in Höhenlagen von über 2 000 m und auf Grasland mit weniger als hüfthohem Bewuchs ist die Fliege gewöhnlich nicht anzutreffen.

Die verschiedenen Arten variieren zwischen 7 bis 14 mm Länge und ähneln im Wesentlichen unserer heimischen Pferdebremse. Im Gegensatz zum Moskito ernähren sich beide Geschlechter vom Blut der Wirbeltiere (zu denen auch der Mensch gehört). Und ebenfalls gegensätzlich sticht die Tsetse überwiegend am Tage. Allerdings scheuen alle Arten weitgehend vor direktem Sonnenlicht zurück, und die Aussichten eines Wanderers, auf einem Marsch durch schattige Dschungelregionen gestochen zu werden, sind ungleich höher als in der sonnigen Ebene. Ein Stich kann schmerzhaft sein oder überhaupt nicht gefühlt werden, je nachdem, ob der Stechrüssel der Fliege einen Nerv trifft oder nicht.

Die Tsetse sticht am Tage

Glücklicherweise sind die sogenannten Trypanosomen – die Auslöser der Schlafkrankheit – in ihrer Verbreitung beschränkt, so daß der Mensch in großen, als weitgehend sicher erfaßten, Gebieten Afrikas auch mit Tsetsekontakten leben kann. Die Erreger der Nagana sind jedoch allgegenwärtig, und Tierzucht ist in Tsetseregionen folglich so gut wie ausgeschlossen. Afrikanische Wildtiere sind gegen die Krankheit immun.

Abwehrmaßnahmen sind durchweg die gleichen wie gegen Moskitos. Zusätzlich merken sollte man sich allenfalls, daß die Beißlust der meisten Tsetsearten nachts annähernd zum Erliegen kommt, jedoch durch heftige Bewegungen eines Wanderers oder Schlafenden reaktiviert werden kann. In Tsetsegebieten ist deshalb ein Minimum an nächtlicher Bewegung zu empfehlen.

Tausendfüßer und Skorpione: Das vorstehend zum Thema Spinnen Gesagte trifft im Prinzip auch auf diese Tiergruppe zu.

SURVIVALPRAKTIKEN

Survivalkunde – wozu?

Vorhergehende Kapitel beschäftigen sich bereits eingehend mit der Thematik des Überlebens, wenn auch vorwiegend von Gesichtspunkten aus, einer potentiellen Notsituation noch in ihrer Entstehung die Spitze zu nehmen. Das nachstehend Behandelte wendet sich dagegen an die Substanz der nackten Not und geht von der Möglichkeit aus, daß sich unsere Reise ins Abenteuer aufgrund von Ereignissen, die sich unserer Kontrolle entziehen, von einer Minute zur anderen in einen Alptraum verwandeln kann. Maßgeblich für eine solche Entwicklung mögen Naturkatastrophen sein (die im nächsten Kapitel separat behandelt werden), Krankheit oder Kriegsgeschehen. Gewöhnlich sind es jedoch weitaus profanere Anlässe, die uns in Not und an den Rand des Todes bringen können: Ein Abkommen vom sicheren Wege, plötzliche Führerlosigkeit im unbekannten Gelände, ein im Grunde bagatellenhafter Unfall, ein Wetterumschwung, ein Beförderungsmittel, das uns an der kritischen Stelle den Dienst versagt, womöglich vom Himmel fällt, usw., usw....

Manch einer, dem in der qualvollen Enge sommerlicher Touristenmassen die Welt sehr schnell zu schrumpfen scheint, mag die nachstehend gegebenen Ratschläge für Anachronismen aus lange zurückliegenden Jahrhunderten halten. Nicht ganz unwahr, was ihre Herkunft angeht, aber nie waren Empfehlungen dieser Art vielleicht eher angebracht als heute. Denn nie war der Reisende schlechter auf einen unprogrammierten Notfall vorbereitet als gerade in diesem Zeitalter, in dem perfekte Organisation und schnelle Hilfe in der Not sogar in den entlegensten Bereichen der Erde fast schon als selbstverständlich vorausgesetzt werden. Nie hat man auch mehr blindes Vertrauen in die Technik und ihre Allmacht gehabt. In jenem Augenblick, da uns die Vorzüge und Errungenschaften des 20. Jahrhunderts auch nur kurzfristig vorenthalten werden, versagt manch einer von uns kläglich – mitunter mit tragischen Folgen.

Auf den Ernstfall vorbereitet sein

Millionenscharen uniformierter Menschen werden für einen kollektiven „Ernstfall" gedrillt – seien wir doch auch auf unseren eigenen, ganz persönlichen und individuellen Privaternstfall vorbereitet!

Orientierung im Gelände und auf See

Der Tag ist nicht mehr allzu fern, da uns ein handliches Ortungsgerät überall auf der Erde direkt die Koordinaten unseres jeweiligen Standortes anzeigen wird, und ein assoziierter Mikroprozessor wird uns auch helfen, jeweils den richtigen Kurs von einem Punkt zum anderen zu bestimmen. Ein Verlaufen im weglosen Gelände wird – zumindest in der Theorie – nicht mehr möglich sein. In der Praxis werden uns die Zauberkästchen allerdings noch mehr, als wir es ohnehin schon sind, von den Realitäten der noch nicht elektronisierten Erde entfernen.

Dem Abkömmling der modernen Industriegesellschaft, der sich weitgehend nach betonierten Richtungsweisern, Beschilderungen und Fahrplänen zu orientieren vermag, ist von den traditionellen Kenntnissen seiner Vorväter kaum noch etwas verblieben. Wo ist überhaupt Norden, Süden, Westen, Osten? Was nützt die Erkenntnis, daß die Sonne im Osten aufgeht, wenn wir nie einen Sonnenaufgang zu sehen bekommen?

Wo ist überhaupt Norden, Süden, Westen, Osten?

Abseits der Straßen weiß der Pfadfinder in unseren Breiten, daß Bäume auf der Westseite besonders starken Bewuchs aufweisen, und auch sonst gibt es manchen kleinen Trick. Meistens stellt er erst dann fest, wenn er sich hoffnungslos verirrt hat, wie erstaunlich gleichmäßig die größte Zahl der Bäume rundum bewachsen ist. In den Tropen funktioniert diese Theorie natürlich erst recht nicht, wenn wir dieses eine von vielen Beispielen einmal entsprechend übertragen wollen.

Angesichts einer Topographie, mit der wir nichts anzufangen wissen, und ohne technische Hilfsmittel wie Kompaß und Karte bleiben uns nach Altväterart und modernster Raumfahrtpraxis die Gestirne. Sterne, zu denen auch die Sonne gehört, haben feste Positionen am Firmament, und die Erde dreht sich sozusagen unter ihnen hinweg und an ihnen vorbei. Gleich der Sonne gehen Sterne folglich auch ungefähr im Osten auf und sinken im Westen. Mit einer einfachen Peilvorrichtung läßt sich jeder beliebige Stern aufs Korn nehmen und ein Stückchen in seiner scheinbaren Bahn verfolgen, um eine ungefähre Ost-West-Achse zu ermitteln. Wenn das Koordinatenkreuz erst einmal einigermaßen etabliert ist, können wir auch topographische Merkmale, so vorhanden, ins Auge fassen und uns an ihnen weiterorientieren.

Es steht in den Sternen

Während ein Navigationsverfahren dieser Art nur recht grobe Anhaltspunkte liefert und nach dem Zurücklegen kleiner Teilstrecken immer wieder überprüft werden muß, wird uns durch manche Gestirne auch unmittelbare Hilfe zuteil. Wir müssen allerdings in der Lage sein, sie zu identifizieren, und gegebenenfalls die primitiven Meßwerte, die sie uns liefern mögen, in brauchbare Ergebnisse umzusetzen.

Ein ganz besonders sympathischer Vertreter unter den Himmelskörpern steht fast direkt über dem geographischen Nordpol: Der **Nordstern Polaris**, den eigentlich jeder kennen sollte, dem in diesem Zeitalter noch ab und zu ein Blick himmelwärts gelingt. Wo immer wir (auf der Nordhalbkugel) Polaris erspähen können, haben wir damit einen unfehlbaren Richtungsweiser nach Norden; hinter uns ist dann Süden, rechts Osten, links Westen. Außerdem gibt uns die Höhe (= Winkel über dem Horizont) des Sterns direkt die geographische Breite an: Am Nordpol (90°) steht Polaris fast genau

Hilfreiche Himmelskörper

über uns, am Äquator (0°) tangiert er – zumindest theoretisch – mit dem Horizont.

Polaris ist ein Stern zweiter Ordnung und als solcher nicht sonderlich hell und auffallend. Wir finden ihn, indem wir die imaginäre Verbindung zwischen den am weitesten von der „Deichsel" entfernten Sternen des wohlbekannten Großen Wagens oder Bären (Ursa Major) im Sinn um das Fünffache verlängern. Einen Anhaltspunkt gibt auch das Sternbild Kassiopeia, das im Gegensatz zum Großen Wagen annähernd ganzjährig sichtbar ist. Je nach Position der Kassiopeia steht Polaris immer über der W- bzw. unter der M-förmigen Erscheinung dieses Sternbildes.

Die geographische Nordrichtung liegt im Schnittpunkt der Senkrechten von Polaris mit dem Horizont.

a) Orientierungs-
hilfe Nordstern
Polaris
b) Orientierungs-
hilfe Kreuz des
Südens

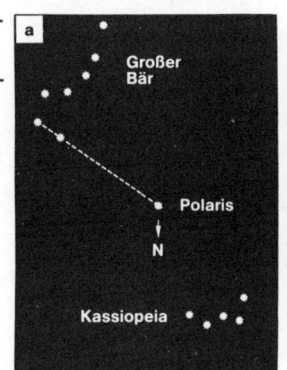
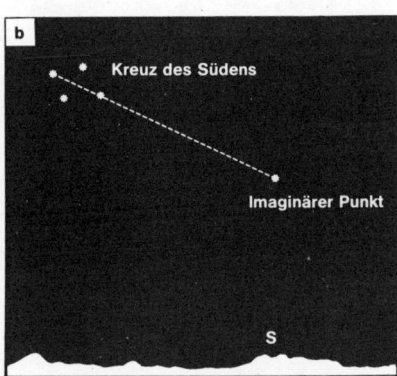

In südlichen Gefilden kann einem Orientierungsuchenden insbesondere das bekannte **Kreuz des Südens** zur Richtungsbestimmung hilfreich sein. Man stelle sich das (relativ unscheinbare, doch leicht zu identifizierende) Sternbild als eine Art Drachen vor und verlängere dessen Längsachse im Sinn 4½mal vom oberen Stern. Von dem so ermittelten imaginären Punkt am Himmel fällt man das Lot auf den Horizont und erhält somit die Südrichtung.

Letztlich kann uns gerade in den Tropen natürlich auch die **Sonne** helfen, die in niedrigen Breiten einigermaßen genau im Osten auf- und im Westen untergeht und uns damit schon einmal zwei Anhaltspunkte liefert. Ein paar Kniffe können uns die Sonne jedoch auch ganztägig nutzbar machen:

Wir stecken einen Stab von ca. 1 m Länge in den (ebenen) Boden und markieren das Ende seines Schattens. Nach 10-15 Minuten ist der Schatten ein ganzes Stück weitergewandert. Die Verbindung vom ersten zum zweiten Schattenpunkt hin zeigt überall auf der

Erde in Richtung Osten. Rechts ist dann Süden, hinter uns Westen, links Norden.

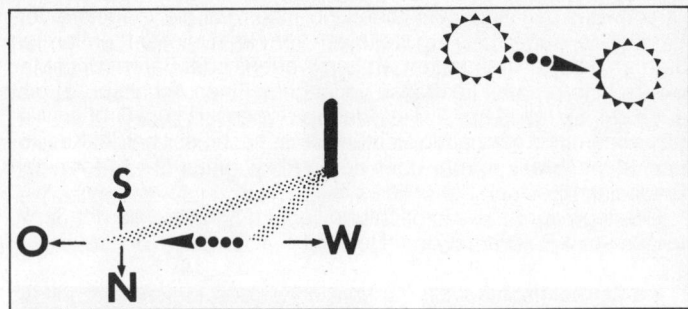

Bestimmen der Himmelsrichtung mit Stab, Sonne und Schatten

Eine einigermaßen genaue Ortszeit anzeigende Uhr kann (allerdings nur außerhalb der Tropenzone) als Kompaßersatz herangezogen werden. Auf der Nordhalbkugel peilt man zu diesem Zweck über den (kleinen) Stundenzeiger die Sonne an und findet zwischen demselben und der 12 die Nord-Süd-Richtung. Man kann auch ein Stäbchen auf das Ende des Stundenzeigers setzen und den Zeiger mit dem Schatten in Deckung bringen; so wird ein direkter Blick in die Sonne vermieden. Auf der Südhalbkugel visiert man die Sonne über die 6-12-Achse an und erhält die Nordrichtung halbwegs zwischen dem Stundenzeiger und der 12. (Wenn ein Stäbchen benutzt wird, setzt man es in diesem Falle auf die 12 und läßt den Schatten die 6-12-Achse bilden).

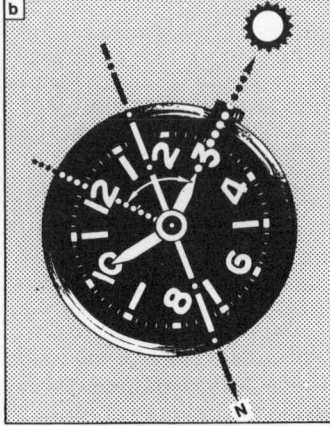

Bestimmen der Himmelsrichtung mit der Uhr auf der a) Südhalbkugel b)Nordhalbkugel

Wer sich in eigener Regie auf Seereisen begibt, und sei es nur für einen relativ kurzen „Hupf" von einem Hafen zum anderen, sollte zumindest ein Minimum an Navigationskenntnissen mitbringen und die nötigen Hilfsmittel an Bord haben. Die für eine astronomische Standortbestimmung auf hoher See erforderlichen Beobachtungs- und Rechenvorgänge sind bei vorliegendem Schema eine Routineangelegenheit, mit der ein Zehnjähriger nicht überfordert wäre – solange die entsprechenden Hilfsmittel vorhanden sind. Ohne diese sitzt selbst der Profi auf dem Trockenen, denn ohne einen Sextanten und die sogenannten nautischen Tafeln nützt das fundierteste Fachwissen auf hoher See herzlich wenig. Insbesondere die nautischen Tafeln sind unerläßlich, um die mittels Sextant gemessenen Höhenwinkel der Gestirne zu verarbeiten.

Ein Sextant kann notfalls improvisiert werden, indem man auf das Prinzip des alten Astrolaben zurückgreift. Man benötigt hierfür im Grunde nur das Abbild eines Kreises mit Gradeinteilung, wie er auf jeder Seekarte abgedruckt ist. Diese Kompaßrose, auf einer festen Unterlage angebracht und mit einem Nagel im Mittelpunkt versehen, kann zum Beispiel dazu dienen, auf einfachste Weise die Höhe der Sonne zu bestimmen.

a) Messung des Höhenwinkels der Sonne nach der Schattenmethode

b) Messung der Zenitdistanz mit dem Lot

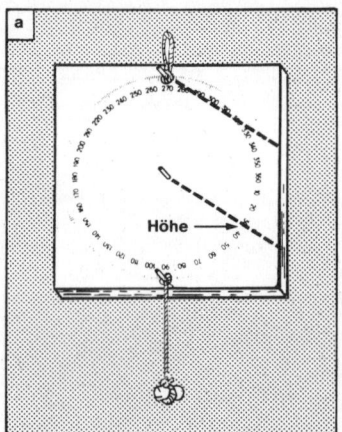
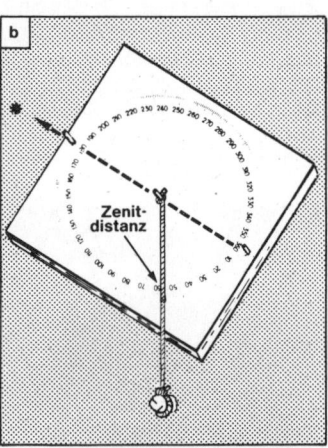

Höhe

Zenitdistanz

Mit einer ähnlich primitiven Anordnung lassen sich auch andere Himmelskörper, wie der Mond oder die Sterne „schießen", indem man das Gestirn über die Nullachse des Kreises aufs Korn nimmt. Das Lot gibt dann die sogenannte Zenitdistanz an.

Noch einfacher ist die „Daumenpeilung" per Lineal, die auf dem Prinzip des mittelalterlichen Jakobsstabes basiert. Der Beobachter bringt hierbei seinen Daumen mit dem Horizont und das Ende des Lineals oder Stabes mit Zentimetereinteilung mit dem Gestirn in Deckung und kann aus den so ermittelten Distanzen den observierten Winkel errechnen:

$$\frac{a}{b} = \text{Tangens}$$
$$\left.\vphantom{\frac{a}{b}}\right\} \text{des beobachteten Höhenwinkels}$$
$$\frac{b}{c} = \text{Kosinus}$$

Allerdings sind für dieses Verfahren Unterlagen zur Bestimmung der trigonometrischen Funktionen (oder ein Kleinrechner) vonnöten. Außerdem arbeitet es nur einigermaßen genau bei Höhen bis zu 20°.

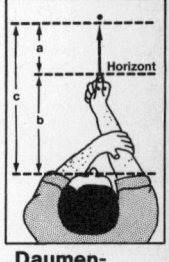

„Daumenpeilung"

Dem Urlauber, dem eine plötzliche Sichtbehinderung auf seinem Segeltörn oder bei einer Angelpartie jäh den Kontakt zum Land abschneidet, dem schiffbrüchigen Insassen eines Rettungsfloßes oder eines seines Antriebs oder seiner Führung beraubten Bootes hilft diese Facharithmetik allerdings wenig. Weitaus besser sind diese Pechvögel mit der Kenntnis um Grundsätzlicheres bedient: Des Wissens um vorherrschende Wind- und Strömungssysteme, Wind und Wetter überhaupt, und vielleicht auch noch Banalerem, wie das Nachstehende ausführt.

Wenn das Land unfreiwillig aus der Sicht verloren wird, ist die erste Frage, in welcher Richtung es zum letzten Mal gesehen wurde. Hier nützt natürlich auch die berühmte Kerbe im Bootsrand nichts, sondern eher ein ungefährer Überblick über die kartographischen Verhältnisse: War das letzte Land eine Ost-, West- oder was immer -küste? Und entsprechende Schlußfolgerung: Land liegt von meiner Position aus in dieser oder jener Richtung, die einzuhalten der Mühe wert sein dürfte. Allerdings werden wir hierfür einen Kompaß benötigen. Fehlt dieses wichtige Instrument, wie in kleinen Fahrzeugen üblich, können wir uns nur noch auf unsere Sinne verlassen, um unsere Kenntnisse und Beobachtungen einer fast gesichtslosen Umwelt für unsere Rettung einzusetzen.

Land finden ohne technische Hilfsmittel

In allen Küstenregionen mit einem einigermaßen konstanten lokalen Klima ist die Kenntnis der Wechselfunktionen zwischen **Abend- und Morgenbrise** von größter Bedeutung: Morgens weht der Wind vom abgekühlten (= sinkende Luft) Land zum stets gleichbleibend warmen (= steigende Luft) Meer; ab nachmittags vom warmen Meer zum wärmeren Land. In den Abendstunden ist daher dem Wind zu folgen, der uns landwärts trägt; früher am Morgen sollten sich die Bemühungen darauf konzentrieren, eine weitere Abtrift von Land zu verhindern. (Eine Beeinflussung dieser Vorgänge durch vorherrschende Windsysteme wie Monsun oder Passat muß natürlich manchmal berücksichtigt werden).

Geruch ist ebenfalls außerordentlich hilfreich; eine feine Nase wittert Land mitunter weit voraus. Besonders Nichtraucher können bei der Aufgabe, Land über weite Distanzen zu „erschnuppern", erstaunliche Leistungen vollbringen.

Geräusche können in ähnlichem Maße zur Ortung von Land beitragen. Das Grollen der Brandung ist mitunter über weite Entfernungen vernehmbar, und Allerweltslärm wie Autohupen oder Hähnekrähen kann unter gewissen Bedingungen ungeahnt weit getragen werden.

Auch der **Himmel** kann uns Aufschluß über Landnähe geben. An einem weitgehend wolkenlosen Firmament verrät der Aufbau einzelner Kumuli die Gegenwart von Land; mitunter werden gegen Nachmittag ganze Inselgruppen getreulich in Wolkenform abgebildet. Stationäre Formationen an einem ansonsten bewegten Wolkenhimmel deuten ebenfalls auf eine Landmasse hin. Die reflektierte Lichterfülle einer großen Stadt ist gewöhnlich weithin sichtbar.

Die **Farbe** der See läßt auf Landnähe schließen, wenn das Wasser zunehmend hellere Töne annimmt. Tiefblaues Wasser finden wir auf hoher See; es spiegelt in Richtung Land jedoch die Farbe des Bodens wieder, bis es schließlich hellweißlichgrün wird. (Allerdings wird manchmal eher mit Schlamm oder Zivilisationsschmutz durchsetztes Wasser die Nähe von Land ankündigen).

Vogelscharen deuten ebenfalls auf Land hin. Viele Seevögel fliegen am Morgen in Richtung See und am Abend zurück.

Im Passatbereich, der einen großen Teil tropischer Meeresregionen einnimmt, können gewiefte Kenner selbst aus der **Wellenkonfiguration** weit entferntes Land herauslesen, das die Seen reflektiert und so seine Vorzeichen weit vorausschickt. Die seefahrenden Polynesier hatten die Kunst, diese Zeichen zu interpretieren, zur Perfektion entwickelt. Heutzutage sind Sachkenntnisse dieser Art bei Seeleuten in den Tropen kaum noch zu finden.

Durst und Wasser

Nachstehend werden wir uns mit Situationen beschäftigen, in denen die Beschaffung von Wasser eine Frage von Leben und Tod ist. Jeder Mensch, dessen Hang zum Reiseabenteuer ihn weit weg von den Wasserhähnen der Hotels führt, sollte mit den Grundlagen dieses Themas vertraut sein.

Unser Organismus besteht zu über 70% aus Flüssigkeit. Und unsere Haut umschließt gute 50 Liter Wasser, von dem sich ein Drittel außerhalb der Zellen befindet. Der Rest ist Zellwasser, „Fleischsaft". Um diesen Zustand aufrechtzuerhalten, benötigen wir selbst bei minimaler Schweißabsonderung, also im kalten Klima und bei geringer Bewegung, mindestens 2 Liter Wasser pro Tag. Diese

Der Körper benötigt mindestens 2 l Wasser pro Tag

Erfordernisse erhöhen sich rapide, wenn es wärmer wird und/oder die körperliche Belastung steigt, bis bei Werten von fast 15 Litern ein Maximum erreicht wird.

Wie eng unser Lebensgeschick mit dem Wasser in uns verknüpft ist, zeigt sich daran, daß der Mensch nicht mehr als ein Fünftel, also gut 10 Liter, von seiner Körperflüssigkeit verlieren darf; darüber hinaus tritt rasch der Tod ein. In der Wüste mit 60-70° Tagestemperatur hat der Mensch ohne Wasserreserven mithin eine Überlebenschance von höchstens 48 Stunden. Und das bei einem Minimum an Bewegung im Schatten. Wohlgemerkt: Im Schatten! Fehlt dieser gänzlich, so haben wir kaum Aussicht, auch nur einen einzigen Wüstentag ohne Flüssigkeitszufuhr zu überleben. Wir können allenfalls versuchen, durch völlige Bewegungslosigkeit und Bedeckung jeder Körperstelle – selbst durch Eingraben im Sand – jeden kleinen Schweißtropfen vor der Verdunstung zu retten, um auf diese Weise unser bißchen Leben um Stunden, ja Minuten, zu verlängern. „Ich gehe Hilfe holen!" – nach Filmheldenart – wird angesichts dieser harschen Fakten zur idiotischen Farce.

Paradoxerweise sterben in der Wüste wahrscheinlich mehr Menschen durch Wasserüberfluß als durch Wassermangel. Der Grund dafür sind die oft meterhohen Fluten, die im Gefolge plötzlich losplatzender Schauer gelegentlich die jahrzehntelang trockenen Wadis füllen und in ihrem reißenden Pfad alles Leben vernichten. Beduinen im Sinai legen bei starken Wolkenbildungen ihr Ohr an den Boden, hören so die herannahende Flutwelle, und verlassen schleunigst die Wadis, die sonst als Weideplatz für ihre Ziegenherden sehr begehrt sind.

Tragischer noch, aufgrund ihrer ironischen Widersprüchlichkeit, ist die Aussicht, inmitten einer aus Wasser bestehenden Meereswüste verdursten zu müssen, wie es der englische Lyriker Samuel Coleridge in seinem Seemannsepos „The Ancient Mariner" mit dramatischer Eindringlichkeit beschreibt: „...Water, water, everywhere, nor any drop to drink..."

Überall Wasser, aber nichts zu trinken

Wo finden wir denn die kostbare Flüssigkeit, wenn die Wasserhähne einmal versiegen oder nicht erreichbar sind?

Wasser vom Himmel: Regen ist der Stoff, der gerade in tropischen Bereichen einen Menschen dort, wo die Erdoberfläche kein Trinkwasser hergibt, am ehesten am Leben erhält. Frisch gefallener Regen ist überall, wo die Atmosphäre dieses Planeten noch sauber ist, unbedenklich trinkbar. Auch wenn manche Leute „mangels Becher" mit dem Himmelssegen nichts Rechtes anzufangen wissen und nur den Mund nach ein paar Tropfen aufsperren. Man denke immer an das Naheliegende: Ein Schuh ist ein brauchbares Auffanggefäß, desgleichen eine Taucherbrille oder ein Hut; ein aufgespanntes Segel oder Zelt fängt Regenwasser effektiver ein als eine ganze Eimerkette; die wasserdurchsogene Kleidung enthält mehr als eine halbe Feldflasche kostbares Naß (plus wichtiges Schweiß-salz dazu). Ein Schauer kann im Nu vorüberziehen und das Was-ser versickert schnell im Boden. Man sorge daher für rechtzeitige Speicherung!

Wasser aus dem feuchten Boden: Ist das Regenwasser erst einmal versickert, bringt es nur noch schweißtreibende, dursterzeu-gende Schwerarbeit aus seiner Mischphase mit der Erde wieder hervor. Man kann sich einige Mühe ersparen, indem man auf dem noch feuchten Boden ein Tuch oder Hemd ausbreitet, das sich aus-saugen oder -wringen läßt. Falls es für diese Methode jedoch zu spät ist, muß man sich bis auf Grundwasser hinabgraben. Man sollte sich vor einem solchen Unterfangen gut überlegen, ob die Relation „Wassergewinn : Schweißverlust" auch tatsächlich einen positiven Wert erhoffen läßt. Auf jeden Fall nicht blindlings zu wühlen begin-nen. Die besten Aussichten auf Erfolg sind in feuchten Niederungen, trockengefallenen Bach- und Flußbetten, tiefen Taleinschnitten und unter Steilabfällen gegeben. In einem ansonsten vegetationsarmen Gelände lassen vereinzelte Pflanzen ebenfalls auf die Anwesenheit von Wasser schließen. Außerdem findet sich gewöhnlich trinkbares

Wasser in Meeresnähe: Bei Ebbe gräbt man oberhalb der Flut-marke im Sand ein Loch, bis Grundwasser erreicht wird. Dies geht relativ schnell, und man kann dabei notfalls seine Hände benutzen oder Muscheln, die sich am Strand als praktische Minischaufeln anbieten. Die obere Schicht des hier aufgefundenen Wassers ist nur gering salzhaltig und kann von den meisten Leuten unbedenklich getrunken werden. (Manche Menschen vertragen Wasser mit relativ hohem Salzgehalt besser als andere; reines Seewasser ist jedoch zu salzig, um genießbar zu sein und bringt bald die Nierenfunktion zum Erliegen. Das gleiche gilt für das Trinken von Urin – auch wenn es in Indien populär sein mag). Zutreffend ist allerdings, daß man durch ausgedehnten Aufenthalt in Seewasser oder Durchfeuchtung seiner Kleidung die Schweißabsonderung auf ein Minimum herab-setzen kann und folglich in Meeresnähe wenig Durst zu erleiden braucht. Im Verhältnis 1:1 mit Süßwasser gemischt kann Seewasser auch ohne weiteres zum Kochen verwendet werden.

Wasser aus der Luft: Durch die nächtliche Abkühlung schlägt sich in der Atmosphäre gebundenes Wasser in den frühen Morgen-stunden als Tau am Boden und an der Vegetation nieder; in den Tro-pen in besonders reichlichem Maße. Im wasserarmen Gelände soll-te bereits zu früher Stunde mit dem Sammeln von Tau begonnen werden. Man nimmt dazu am besten ein Taschentuch, das man in einen Behälter auswringt. Nach dieser Methode kann fast 1 Liter Wasser pro Stunde gesammelt werden.

Verdunstende Feuchtigkeit läßt sich auch mit einer simplen De-stillationsapparatur konzentrieren und sammeln. Diese Methode macht sich die Sonnenwärme zur Evaporierung des Wassers zunut-

---

Grabe einen Brunnen, bevor du durstig wirst.
Chinesisches Sprichwort

ze. Sie funktioniert allerdings nur mit einer klaren Plastikfolie von ca.
1½ m Seitenlänge und einem Sammelgefäß. Vorgang: Man hebt eine etwa 60 cm tiefe und 1 m weite Grube aus, stellt das Sammelgefäß in deren Mitte und überspannt den Trichter mit der Folie. Die Sonneneinstrahlung ruft nunmehr eine Treibhausatmosphäre im Trichter hervor, und evaporierende Feuchtigkeit schlägt sich an der (kühleren) Folie nieder und leckt in das Sammelgefäß ab. Man kann
nachhelfen, indem man die Trichterwände mit Schmutz- oder Seewasser, Urin, zerhackten (ungiftigen) Pflanzen und dergleichen be-
stückt — das Endprodukt ist auf jeden Fall völlig rein.

„Solardestille"

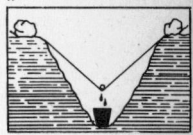

Obwohl die „Solardestille" unerläßliches Vorzeigestück in der Survivalliteratur ist, darf man von ihr keine Wunder erwarten. Das maxi-
male Ergebnis nach flüssigkeitsverzehrendem Arbeitsaufwand ist
ca. 1 Liter Wasser in 24 Stunden...

Es gibt neuerdings eine Reihe von Gerätschaften, die diese De-
stillationsvorgänge technisch nachvollziehen. Vor Antritt einer entsprechenden Expedition sollten sich Interessenten über das Angebot informieren und Ausrüstungen optimaler Simplizität den Vorzug
geben.

Wasser aus Flüssen, Bächen und Seen ist fast immer mit
Krankheitserregern durchseucht und sollte nicht unaufbereitet genossen werden. Auch Brunnenwasser ist nicht grundsätzlich sicher;
jeder Wassersuchende wird in der Not jedoch wohl die Alternative
einer Infektionskrankheit der des Verdurstens vorziehen. In diese
Sphäre der Prioritätenwahrnehmung fällt auch

Wasser aus dem Kühler: Es hat Leute gegeben, die neben
ihrem liegengebliebenen Wagen verdursteten, weil sie an die Wo-
chenration Wasser im Kühler und Motor nicht dachten. Die darin ent-
haltene Flüssigkeit mag zwar rostig und ölig sein, aber sie ist Wasser, das sich — solange kein Frostschutzmittel darin enthalten ist —
ohne weiteres trinken läßt. Immer an das Nächstliegende denken!
(Z.B. auch daran, daß nicht alle Autos wassergekühlt sind!).

Wasser aus dem Fels: Gerade im stark erodierenden Tropenklima sind Gesteine gewöhnlich mit Ritzen und Spalten durchzogen, in
denen sich Regen- und Kondenswasser sammelt und mitunter sehr
lange hält. Hat man ein solches Reservoir entdeckt, kann es aber
aufgrund seiner Enge nicht erreichen, so denke man daran, daß ein
an einem Bindfaden oder aneinandergeknüpften Grashalmen her-
abgelassenes Stück Stoff, idealerweise mit einem kleinen Stein beschwert, ein ausgezeichnetes Schöpfgerät darstellt. Dasselbe gilt
natürlich auch für alle anderen schwer zugänglichen Wasserstellen.

Es ist auch mitunter möglich, wie weiland Moses „Wasser aus
dem Gestein zu schlagen", wenn man sich einen Blick für Felsfor-
mationen mit entsprechendem Potential angewöhnt hat. Auch für einen Ungeübten mag sich ein scharfer Schlag gegen das Gestein,
der dahinter verborgene Hohlräume und eventuell darin enthaltenes
Wasser freiwerden lassen kann, manchmal lohnen.

Wasser aus Schnee und Eis: Solange der kalte Grundstoff nicht direkt geschluckt wird, gibt sein Schmelzprodukt ein einwandfreies Trinkwasser ab. Wenn man sich den fälligen Körperwärmeverlust leisten kann, lassen sich Eis und Schnee jedoch notfalls auch im Mund schmelzen. (Das Schmelzen einer Notration von 50 ccm Schnee zu Wasser verbraucht ebensoviel Wärme wie das Erhitzen einer entsprechenden Menge Suppe von Zimmertemperatur auf 100 Grad).

Wasser pflanzlicher Herkunft: Pflanzen sind in der Lage, in erheblichen Quantitäten Wasser aus dem Boden aufzunehmen, das wir uns in vielen Fällen nutzbar machen können. Als unmittelbare Aggregate bieten sich hier zahlreiche Früchte und Gemüse an, deren hoher Wassergehalt uns entweder durch Direktverzehr oder Auspressen zugute kommen kann. Es gibt jedoch auch Pflanzen, die Wasser in reinem Zustand speichern oder in anderweitig konzentrierter Form enthalten.

Hier denken wir natürlich in erster Linie an die Kokosnuß. Man kann aber über dieses familiäre Gewächs hinaus auf einige weniger bekannte Pflanzen mit ausgesprochenen Survivalqualitäten zurückgreifen:

Siehe auch
Seite 248

● Bambus enthält in seinen Rohrsegmenten oft (nicht immer!) ansehnliche Mengen völlig aseptischen und vielfach herrlich frischen Wassers — mitunter in einem einzigen Segment genug, um eine Feldflasche zu füllen. Man zapft das Wasser ab, indem man direkt über dem „Knoten" ein Loch in den Stamm schlägt. Bambus-

**a) Wasser aus Lianen
b) Abzapfen von Bambuswasser**

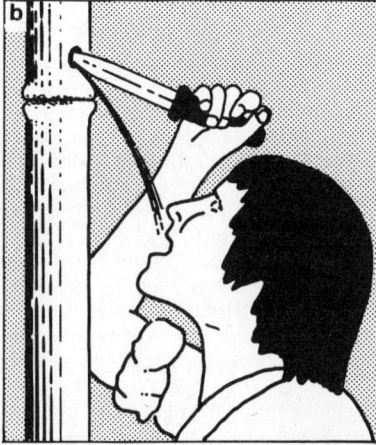

wasser kann man sogar mit auf die Reise nehmen, indem man ein ganzes Segment, in welchem man die Flüssigkeit gluckern hört, einfach aus dem Stamm heraushackt.

● Kakteen können sich dort, wo Wasser gewöhnlich am dringlichsten gefragt ist, als willkommene Nothelfer erweisen: in der Wüste. Unbewehrten, also stachellosen, Kaktusgewächsen mißtraue man; sie sind wahrscheinlich giftig. Desgleichen sollte man Kakteen mit milchigen Säften meiden (obwohl es genießbare Ausnahmen gibt).

Wasser läßt sich aus Kakteen extrahieren, indem man das Fruchtfleisch auspreßt oder auslutscht.

● Lianen enthalten oft erhebliche Quantitäten reinen Wassers, das auf einfache Weise gewonnen werden kann, indem man so hoch wie möglich eine Kerbe in den Stamm schlägt und denselben danach am unteren Ende abschneidet. An der Schnittstelle rinnt dann

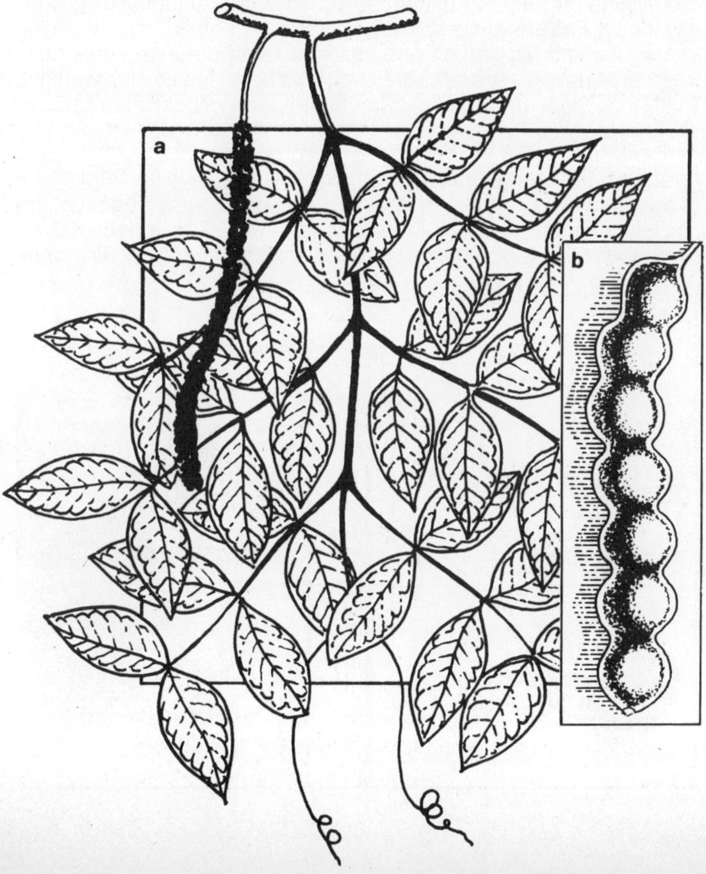

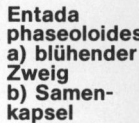

Entada
phaseoloides
a) blühender
Zweig
b) Samen-
kapsel

das Wasser heraus und kann direkt getrunken oder aufgefangen werden. Wenn der Fluß versiegt, bringt man ein Stück weiter unten eine neue Kerbe an und arbeitet sich so bis auf die Schnittstelle zu.

Die milchigen Säfte mancher Arten oder solche mit starkem Beigeschmack sind zu meiden. Auf Dschungeltouren sollte man sich an die Erscheinungsform der Spezies Entada phaseoloides gewöhnen, die in niedrigen bis mittleren Höhenlagen pantropisch in allen Urwäldern der Erde verbreitet ist. Dieses mehr als armdicke Schlinggewächs, das sich mitunter in abenteuerlichen Schnörkeln um die Baumriesen des Waldes windet, fällt durch seine rauhe, braune Borke und besonders durch die bis zu 1 m langen, charakteristischen schwarzbraunen Samenkapseln auf.

Außer als Wasserspenderin macht sich die Pflanze noch durch andere Vorzüge nützlich: Ihre Borke, mit Wasser zusammen verrieben, gibt ein erstklassiges natürliches Shampoo ab, und ein Absud aus ihr wird vielerorts als Naturheilmittel gegen quälendes Hautjukken verwendet. Zerstoßen und in einen Flußlauf eingebracht, läßt

Nepenthes sanguinea

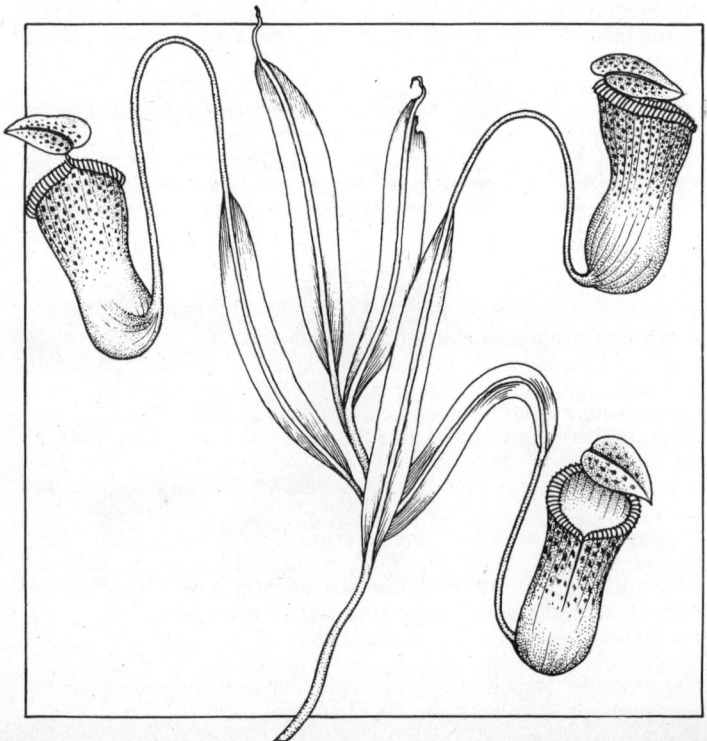

sich die Borke auch als biologisches Fischgift einsetzen. Extrakte aus der Rinde dürfen jedoch vom Menschen selbst nicht genossen werden; sie enthalten den giftigen Wirkstoff Saponin. Es ist deshalb besser, das Wasser aus einer Liane in ein Gefäß oder allenfalls direkt in den Mund abtropfen zu lassen, als es von der Schnittfläche abzusaugen, weil Saponine und andere Giftstoffe aus der Rinde dabei aufgenommen werden können. Muß aufgrund allzu langsamer Wasserabgabe an der Schnittfläche gesaugt werden, sollte man auf alle Fälle ein paar Zentimeter der Rinde entfernen, um direkten Kontakt zu vermeiden.

● Kelchgewächse der Gattung Nepenthes ("Kannenpflanzen") sind eigentümliche Pflanzen, die besonders in den mittleren bis oberen Höhenlagen tropischer Dschungel von Madagaskar bis Australien zu finden sind. Auf der philippinischen Insel Tago fand ich dichte Gesträuche von Nepenthes allerdings auch auf Nullniveau – ein ungewöhnliches Vorkommnis. Alle Arten zeichnen sich – somit unverkennbar – durch Formationen aufrechtstehender kelchförmiger bis scheidenartiger Gefäße aus. Sie sind lebende Insektenfallen, deren glatte Ränder einem neugierigen Kriechtier schnell zum Verhängnis werden können: Ein Ausgleiten – und die glasklare Flüssigkeit, mit der der Becher halb gefüllt ist, fordert ein neues Opfer...

Diese Flüssigkeit ist größtenteils reines Wasser (bis zu 1 l bei manchen Arten) mit enzymatischen Beimischungen, die Insekten den Garaus machen, dem Menschen aber keinen Schaden antun. Sie kann, solange sie nicht allzu unappetitlich mit Insektenrückständen verunreinigt ist, unbedenklich genossen werden. Das Wasser aus jungen, noch mit einem Deckel geschlossenen Kelchen schmeckt am reinsten.

● Moose sind häufig schwammartig mit Wasser vollgesogen. Im Taschentuch ausdrücken und die Flüssigkeit aus dem Tuch saugen.

Wasser tierischer Herkunft: Wir wir selbst, bestehen auch alle anderen Säuge- und sonstigen Wirbeltiere zu einem großen Prozentsatz aus Wasser, vorwiegend in Form von Blut und Gewebeflüssigkeit. Diese letztere, vor allem diejenige von Fischen, vermag uns im Notfall am Leben zu erhalten. Tierisches Blut selbst ist zu salzhaltig, um den Durst zu löschen.

Denken wir auch daran, daß alle weiblichen Säugetiere von der Maus bis zum Wal Milchspender sind, wenn auch gerade diese beiden besonders schwer zu melken sind. Eine direkte Speicherung von Wasser gibt es in der Tierwelt nicht. Der Stoff wird im Gewebe gebunden und bei Bedarf umgesetzt. So gehört u.a. die unausrottbare Überzeugung, daß ein Kamelmagen ein erstklassiges – gar anzapfbares – Wasserreservoir darstelle, zu den Fabeln, die erst in jüngster Zeit eindeutig widerlegt worden sind. Die außerordentliche Belastbarkeit des Kamels in der Wüste ist auf seine Fähigkeit zurückzuführen, Körperfett (aus den Höckern) in direkter Proportion zu

Wasser zu verbrennen. Uns Menschen fehlt eine vergleichbare glückliche Befähigung leider: Beleibte Personen werden weit eher durstig als dünne.

Feuer- und Nahrungsbereitung

Wenn wir heute die Reisebeschreibungen aus der Ära der großen Entdeckungen studieren, packt uns manchmal der blanke Neid angesichts der offensichtlichen Leichtigkeit, mit der diese unverzagten Typen Probleme angingen, die dem modernen Menschen trotz seines inzwischen weit aufgerückten Kenntnisspektrums heute die größten Schwierigkeiten bereiten würden.

Das beginnt mit solchen Trivialitäten wie der Feuerbereitung. Ein Feuer kann, wie jeder weiß, der schon einmal einen minimalen Kontakt mit Verhältnissen außerhalb zivilisatorischen Komforts hatte, über Leben und Tod entscheiden. Zumindest aber über die relativen Annehmlichkeiten des Lebens oder seine unbequemeren Seiten. „Wir waren bis auf die Haut durchnäßt und zitterten vor Kälte," schrieb der französische Globetrotter de la Gironière im vorigen Jahrhundert von den Philippinen, nachdem er auf einer Dschungelexpedition eine Kette von Wildflüssen durchschwommen hatte und schließlich noch in ein teuflisches Unwetter geraten war, „aber ah! – in Kürze hatten wir ein Feuer in Gang, an dem man einen Ochsen hätte rösten können!"

Auch in den Tropen kann es empfindlich kalt werden. Und ein Feuer wird mitunter in Äquatornähe genauso angenehm empfunden wie in der Arktis. Außerdem spendet es lebensfreundliches Licht, hält vielerlei Getier fern und ist für eine vernünftige Nahrungszubereitung praktisch unverzichtbar.

Jeder naturentwöhnte Mensch, der einen knochentrockenen Strohhaufen allenfalls erst mit dem zehnten Streichholz zum Brennen bringt, dürfte sich der Schwierigkeiten bewußt sein, die das Entfachen eines Feuers in feuchter tropischer Atmosphäre, vom nässetriefenden Regenwald ganz zu schweigen, beinhaltet. Und wir wollen es ihm nicht zu schwer machen. Auf „gutes, altes" Werkzeug wie Feuerstein und Stahl oder das unerläßliche Paradepferd aller Survivalbücher, den Feuerbohrer nach Steinzeitpatent, verzichten wir lieber gänzlich: Gerätschaften dieser Art bescheren dem damit hantierenden Vertreter eines technisierten Zeitalters allenfalls **Brennglas** Schweiß, aber kein Feuer. Ein Brennglas, Umsetzer von Solarener- **und** gie, ist da schon besser. Es kann auch aus Kameralinsen oder Bril- **Streichhölzer** lengläsern (die man zu einem konvexen Ganzen zusammenklebt und den Hohlraum mit Wasser füllt) improvisiert werden. Im Dschungel ist es jedoch annähernd nutzlos. Ein Feuerzeug ist zwar handlich, hält jedoch nicht ewig vor und kann schnell zu Bruch gehen. Bleiben die wahrlich guten, alten Streichhölzer, die zwar auch nicht für immer vorhalten, aber in erheblichen Mengen mitgeführt werden können und im kleinsten, primitivsten Lädchen in der Wildnis erhältlich sind. Jeder Mensch auf Reisen sollte als elementares Survivalinstrumentarium eine Schachtel Streichhölzer in der Tasche haben, selbst wenn er nur im Flugzeug von A nach B fliegt.

Ein ideales Behältnis, um Streichhölzer (sowie auch anderen Kleinkram wie Salz, Zucker, Medikamente, usw.) trocken zu halten, sind Plastikdosen von 35 mm-Filmen, die eigentlich in keiner Expeditionsausrüstung fehlen sollten. Es ist außerdem empfehlenswert, eine größere Dose mit Allwetter-Feueranzündern mitzuführen: Spiralig zusammengerollte, in Kerzenwachs getränkte Würste aus Zeitungspapier. Auch einige Kerzen als solche im Reisegepäck dürften nicht schaden − jeder Oldtimer weiß, daß sie wahre Lebensretter sein können.

Selbst wenn wir so auch einigermaßen survivalgerecht ausgerüstet sind, wird es uns ohne Praxis und ohne intime Kenntnisse natürlicher Brennstoffe immer noch schwerfallen, in einer feuchten Umgebung ein Feuer in Gang zu bringen. Einige gute Erfolgsaussichten hat man jedoch, wenn man sich zumindest an ein paar Pfadfinderregeln wie diese hält: **Kenntnisse natürlicher Brennstoffe**

● Feuchten Boden mit einer Lage von Steinen, Baumrinde oder ähnlichem abdecken;

● Windschutz konstruieren − ein mühsam entfachtes Feuer kann von einem einzigen Windhauch ausgeblasen werden;

● Brennmaterial pyramidenförmig anordnen, leichten trockenen Zunder ins Zentrum einbringen, mit dünnem Geäst und Spaltholz umgeben und anstecken.

Wo finden wir inmitten allgemeiner Feuchte „leichten, trockenen Zunder"? Der Bast unter der Rinde vieler Bäume ist gewöhnlich trocken und enthält manchmal auch harzige oder ölige Substanzen, die schnell in Brand geraten. Das Innere abgestorbener, gelber Bambusstämme weist ebenfalls trockene, dünne Fasern auf, die sich gut als Ausgangsmaterial eignen. Und selbst triefend nasses totes Astwerk kann in seinem Kern feuchtigkeitsfrei sein und sich zu brauchbarem Spaltholz verarbeiten lassen. Am Strand bietet sich fast immer knochendürres Treibholz an oder von Sonne und Wind gedörrte Tange, Stroh und ähnliches Material.

Mangels Kochgeschirr läßt sich unsere Nahrung am einfachsten zubereiten, indem wir eine Art Grill improvisieren oder die Mahlzeit gerade so weit dem Feuer nähern, daß sie zwar gart aber nicht verbrennt. Leider funktionieren diese Einfachmethoden in der Praxis nicht so gut, wie es sich daherschreibt: der Grill fällt zusammen; die Mahlzeit landet im Feuer. Oder das eingebrachte „Kochgut" nimmt äußerlich eine schwarze Kruste an und bleibt innen weitgehend roh. Und immer wieder passiert es auch, daß Töpfe und Pfannen auf einem primitiven Lagerfeuer plötzlich ihren Schwerpunkt verlagern und umkippen. Der Inhalt geht verloren. Das so optimistisch begonnene „Abkochen" endet in einem verpflegungstechnischen Desaster.

Sicherlich existieren allerlei Tricks und Maßnahmen, um uns die Nahrungszubereitung selbst in tiefster Wildnis zu ermöglichen. Sie beinhalten jedoch durchweg alle einen erheblichen Aufwand an Arbeit und/oder Gerätschaften. Wir können es auch einfacher haben. Um Wasser zu erhitzen oder eine Suppe zu kochen benötigen wir zwar auch weiterhin einen Behälter, alles andere können wir jedoch mit Aluminiumfolien erledigen, in die man eine komplette Mahlzeit einfach einwickelt und im eigenen Saft gar werden läßt.

Kochen in Alufolie und Blättern

Man wählt zu diesem Zweck die etwas dickere („heavy duty") Folie, füllt eine passende Kombination ein (Beispiel: Fisch, einige Streifen Kokosfleisch, eine Handvoll Farntriebe, etwas Wasser) und legt das ganze, fest gewickelte Paket in die Glut eines heruntergebrannten Feuers. Ab und zu die Lage verändern; Kochzeit: 15-30 Minuten, Resultat: delikat.

Ist, einer echten Survivalsituation entsprechend, keine Aluminiumfolie vorhanden, kann man sich auch mit großblättrigen Pflanzen wie Banane, Taro und anderen behelfen und seine Nahrung analog zu dem geschilderten Verfahren in diese Blätter einwickeln. Allerdings würde eine solche „Roulade" in der Glut eines Feuers schnell in Flammen aufgehen. Man muß deshalb bei dieser Methode auf heiße Steine als sekundäre Hitzespender ausweichen. Hierzu besorgt man sich ein paar faustgroße Brocken (nicht aus einem Flußbett − nässedurchsogene Steine können explodieren!), erhitzt sie gründlich im Feuer und rollt sie in eine flache Grube. Darauf legt man die Blattpakete und bedeckt das ganze Arrangement mit einigen weiteren großen Blättern, dann mit Erde. Die Kochzeit ist bei dieser Methode etwas länger (ca. 60 Minuten), das Produkt jedoch eher noch delikater.

Es versteht sich von selbst, daß man auch in der tropischen Wildnis, selbst am Strand, der Beaufsichtigung eines Feuers die gleiche Sorgfalt schenkt wie im heimischen Staatsforst und daß man es bei Verlassen des Lagerplatzes sorgsam löscht. Aluminiumfolien, praktisch wie sie sein mögen, geben sehr umweltunfreundliche Überbleibsel ab und sollten unter der Erde verschwinden. Survival ist Geben und Nehmen; kommen wir auch der Natur entgegen, die uns so vieles gibt.

Jagen und Fallenstellen

Die Jagd auf größeres Wild − wobei wir mangelnde Bewaffnung voraussetzen wollen − ist in weitaus höherem Maße von Geschick und Erfahrung abhängig, als dieses Buch dem Leser durch wohlgemeinte Ratschläge vermitteln kann. Zeit- und Energieverlust bei der Jagd machen einen unsicheren Ausgang meist nicht wett, sondern schwächen und gefährden den Jäger vielleicht nur nutzlos. An Waffen können wir in der Not auch kaum etwas über ein steinzeitliches Rüstungspotential hinaus improvisieren: Messer und Speere aus feuergehärtetem Holz oder Bambus, unter Umständen Pfeil und Bogen. Jedoch schon die Anfertigung dieser Gerätschaften erfordert Zeit, Geduld und Geschick. Der Frust, den ein Mißerfolg – eine gebrochene Bogensehne, ein verlorengegangener Pfeil, eine entkommene Beute – nach langer, mühsamer Arbeit erzeugen kann, mag schwerer wiegen als ein Hungertag.

Grundsätzlich gilt das gleiche für die Fallenstellerei, obwohl sie das psychologisch stützende Moment beinhaltet, daß man sich nach getaner Arbeit zurücklehnen kann, um der da kommenden Dinge zu harren. Unmittelbare Voraussetzung für den Einsatz von Tierfallen ist jedoch eine Situation, in der die betroffenen Personen Geduld und Zeit haben müssen, indem sie, zum Beispiel neben einem Flugzeugwrack oder auf einer Insel auf Hilfe wartend, vielleicht tage- oder gar wochenlang auf demselben Posten auszuhalten gezwungen sind.

Köder

Tierfallen mit „Schnellauslösung"

Die abgebildeten „Tierfanganlagen" sind Verfeinerungen der simplen über einen Wildwechsel ausgespannten Schlinge und haben sich in der Praxis gelegentlich bewährt. Ein Survivalbedürftiger sollte von Anlagen dieser Beschreibung und vielen anderen existierenden jedoch keine Wunderdinge erwarten. Er ist besser beraten, ihren Einsatz mit den an Ort und Stelle vorgefundenen Verhältnissen sorgfältig abzustimmen. Entsprechend nüchtern in diesem Sinne äußert sich auch die Beschreibung einer winterlichen Survivalübung britischer Truppen in Süddeutschland: Obwohl Materiekenner der ersten Garnitur mit von der Partie waren, ging die nach Textbuchvorlage aufgezogene Fallenstellerei selbst inmitten bekannter Wildgebiete ergebnislos aus...* In vielen Fällen sind auch spezifisch auf eine Tierart zugeschnittene Fangmethoden erforderlich, die den Praktiken eingeborener Völker entlehnt sind und die aufgrund ihres

*Seering „Mein tödliches Risiko"

Affen fängt man mit der Flasche

engen Anwendungsbereichs kaum im einzelnen aufgeführt werden können. (Beispiel: Wie fängt man einen kleinen Affen? Mit einer Flasche! In Südostasien werden Affen mit weithalsigen Flaschen erbeutet, in die man einen parfümierten Lappen legt, der das neugierige Tier anlockt. Der Affe greift nach dem Lappen in der Flasche, besitzt jedoch nicht genügend Verstand, die zur Faust geballte Hand wieder zu öffnen und klemmt sich hoffnungslos fest).*

*Mayer „Trapping wild animals"

Trotz mancher fehlenden Erfolgsmeldung sind Tierfallen und -schlingen unter Umständen effektive Geräte, die für einen Nahrungssuchenden den Unterschied zwischen Leben und Tod bedeuten können. Sie sind auch gemeine, tückische Apparaturen, und es sollte keinem in den Sinn kommen, „nur so zum Sport" mit ihnen zu experimentieren – von ihrer Illegalität einmal gar nicht zu sprechen.

Angeln

Kein Mensch, der sich auf einen einsamen Inselurlaub oder langen Segeltörn begibt, sollte sein Abenteuer ohne einen genügenden Vorrat an Angelgerätschaften beginnen, denn mit der Angel – von der nackten Hand einmal abgesehen – fängt sich der Fisch immer noch am unaufwendigsten. Während das Mitführen von schwerem Geschirr für Beutezüge auf hoher See seine Berechtigung haben mag, ist einem strandgebundenen Angler eher mit einer miniaturisierten Version geholfen. Eine Anzahl kleiner Angelhaken im Gepäck und ein oder zwei Rollen Angelleine stellen selbst für den Mobilsten keine Belastung dar; eine Rute kann man sich gewöhnlich an Ort und Stelle zurechtschneiden. Köder lassen sich aus Beuteresten und Speiseabfällen herstellen; auch Muschelfleisch, Insektenlarven, Einsiedlerkrebse und ähnliche verlockende Happen sind im Bereich tropischer Strände leicht zu finden. Und selbst ein kleines Bündel hellfarbiger Stoffäden kann bereits das Interesse eines hungrigen Fisches erregen.

Bei mangelnder Beißlust ist mitunter ein Verfahren erfolgreich, bei dem der an der Oberfläche schwimmende Taucher einzelne Fische aus einem durcheinanderwimmelnden Schwarm mit einem vierarmigen Haken von unten her herausspießt. (Eine entsprechende Meute erscheint schnell auf dem Plan, wenn er zum Beispiel seine Speiseabfälle ins Wasser schüttet). Natürlich ist auch eine solche Methode sehr unsportlich und als reine Survivalmaßnahme anzusehen.

Falls Angelhaken jeglicher Art gänzlich fehlen, kann man sich eventuell mit Sicherheitsnadeln und ähnlichen Utensilien, die man entsprechend zurechtbiegt, behelfen. Oder aber man bringt noch elementarere Kenntnisse der Mechanik zum Einsatz, indem man ein Stäbchen aus Hartholz oder Bambus schnitzt, eine Schnur anbringt und mit diesem „Stabhaken" sein Glück versucht.

Reusen

Hocheffektive Fanggeräte sind auch Fischreusen und -korrals, für deren Nachbau in einschlägiger Literatur manchmal die abenteuerlichsten Anleitungen zum besten gegeben werden. Ich kann aus

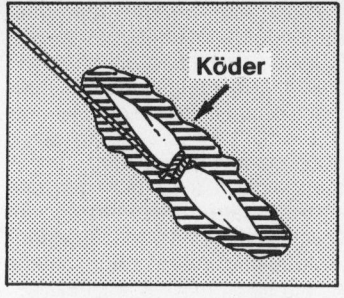

Köder

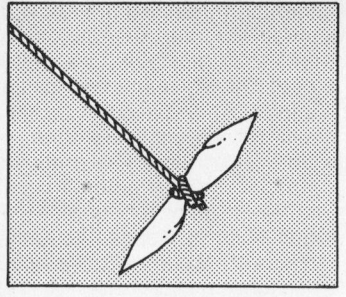

„Stabhaken"

eigener Erfahrung bestätigen, daß es zwar ein Leichtes ist, eine verständliche Beschreibung eines wirksamen Reusensystems zu liefern, nicht aber, mit unsicheren Händen und von der Not getrieben ein solches nach Plan nachzubauen. Und das, obwohl es an Konstruktionsmaterial im Grunde nicht fehlt: An jedem Tropenstrand bieten sich Nipa- und Pandanusblätter zur Genüge an, und aus den Mittelrippen der Kokospalmenwedel oder gespaltenem Bambus läßt sich mit dem nötigen Geschick fast jede gewünschte Form herstellen...

Siehe auch Seite 251ff.

Da dieses handwerkliche Geschick den meisten von uns abgeht, müssen wir auch hier ein wenig improvisieren. Aus solchen simplen Gerätschaften wie ein oder zwei großen Blechdosen und einer langbeinigen Hose können wir uns bereits eine durchaus wirksame Reuse „zurechtschneidern". Wir beginnen damit, indem wir die Dose zu einer Röhre machen (Deckel entfernen) und sie mit einer Schere o.ä. in eine „Krone" mit langen, spitzen Zacken verwandeln. Ins untere Ende sticht man mehrere kleine Löcher und schwärzt das ganze im Feuer. Danach biegt man die Zacken konisch zusammen, bis sich eine zentrale Öffnung von ca. 5 cm Durchmesser ergibt. Diese

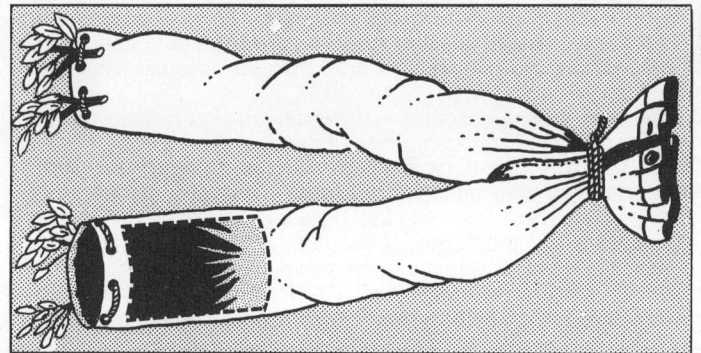

Primitive Fischfalle aus langer Hose

Anordnung bindet man in das untere Ende eines Hosenbeines, dessen Öffnung mit einem Kranz von Zweigen und Seegras verziert wird. Das Hosenbein muß hohl sein; es wird mit kleinen Stöcken gespreizt. Dann tut man noch ein paar Abfälle rein und bindet die Hose oben fest zu. Fertig. In nicht zu flachem Wasser ausgelegt haben wir eine Fischfalle par excellence.

Biologische Fischgifte

Nicht zuletzt können wir dem Fisch auch mit biologischen, sogenannten fisciziden Giften beikommen. Naturvölkern ist bereits seit Urzeiten bekannt, daß gewisse Pflanzen Substanzen enthalten, von denen kleinste Mengen für Kaltblüter tödlich wirken, für den warmblütigen Menschen jedoch ohne Effekt sind. Eine dieser Substanzen ist Rotenone, das auch künstlich hergestellt wird und einen Bestandteil mancher Survival-Kits bildet. 30 Gramm einer zehnprozentigen Rotenone-Lösung töten in einem schmalen Wasserlauf fast über einen Kilometer hinweg alle Fische, die man an einer geeigneten Stelle flußabwärts nur einzusammeln braucht.

Die im folgenden beschriebenen Pflanzen enthalten Rotenone in variierenden Konzentrationen, aber auch andere Fischgifte, die alle grundsätzlich in Süß- und Seewasser wirksam sind. Für manche Arten liegen mir – zum Teil historische – Erfahrungsberichte aus dem westpazifischen Raum vor, wo der Fischfang mit biologischen Giften über lange Zeit hinweg betrieben und dokumentiert wurde. Inzwischen ist diese Art der Fischerei aufgrund ihrer tiefgreifenden Wirkung auf große Teile des jeweiligen Ökosystems überall gesetzlich untersagt. Und in der Tat kennt sich auch kaum noch jemand – wie ich zumindest auf den Philippinen befriedigt feststellen konnte – in der klassischen Verwendung dieser Pflanzen aus. Unter Naturvölkern in den Urwäldern Südamerikas und Afrikas finden diese Methoden jedoch auch heute noch intensiven Gebrauch.

Natürlich ist der Einsatz von Fischgiften eine der unfeinsten Maßnahmen schlechthin; in der Hand des Kenners sind sie jedoch eine Survivalwaffe allerersten Ranges. Die Aufzählung fiscizider Gewächse erfolgt deshalb im stillschweigenden Einverständnis mit dem Leser, ausschließlich in seiner Survivalsituation oder allenfalls im Zusammenhang mit entsprechendem Training auf sie zurückzugreifen.

Vorsicht überhaupt bei der Handhabung von Fischgiften! Eine Anzahl dieser Pflanzen, vornehmlich die Derris-Gruppe, enthält auch andere hochpotente Gifte, die dem Menschen bei direkter Einnahme in geringen Konzentrationen gefährlich werden können. Es versteht sich deshalb von selbst, daß dieserart gefangene Fische mit besonderer Sorgfalt ausgenommen und nicht roh verzehrt werden. Gleichzeitig auf der Strecke gebliebene Mollusken rühre man nicht an.

Extrakte der nachstehenden Pflanzen lassen sich am wirkungsvollsten in eng begrenzten Gewässern einsetzen.

Tephrosia und Familie ist besonders in Südostasien häufig. Als Fischgift dienen die zerstoßenen Zweige und Blätter der Pflanze.

Barringtonia asiatica ist ein 7-15 m hoher, kräftiger, oft mehr breiter als aufrechter Baum mit ledrigen, rhododendronartigen Blättern und sehr auffälligen, vierkantigen Fruchtkapseln, deren pulverisierter Samenkern, mit Ködermaterial im flachen Wasser ausgestreut, ein sehr wirksames Fischgift darstellt. B. asiatica wächst in Strandnähe an den Küsten des tropischen Asiens bis Polynesien, oft als schöner, schattenspendender Baum unmittelbar am Wasser, hat jedoch zahlreiche sehr ähnliche Verwandte in der gesamten tropischen Welt. Die Fruchtkapseln werden auch oft am Strand angeschwemmt gefunden.

Fiscizide
Gewächse
a) Tephrosia
b) Barringtonia asiatica
c) Croton tiglium
d) Derris elliptica
e) Euphorbia tirucalli

Croton tiglium gibt es kultiviert bis verwildert von Indien bis Neuguinea. Die zu einem Busch oder kleinen Baum heranwachsende Pflanze enthält in allen Teilen den hochgiftigen Wirkstoff Croton-Öl, das früher als Pfeilgift benutzt wurde. Als Fischgift sind die Samen der Frucht am effektivsten, die man zerstoßen in Säckchen füllt und auf dem Boden von Teichen und kleinen Lagunen auslegt. Die Pflanze ist aufgrund ihrer dreikantigen Samenkapseln relativ leicht zu identifizieren.

Derris elliptica tritt von Bengalen bis Melanesien als wildwachsendes Rankengewächs auf, häufig entlang von Wasserläufen und in niedrigen bis mittleren Höhenlagen. Die Pflanze hat auch Verwandte in anderen Teilen der tropischen Welt. Sie ist vor allem an ihren gefiederten Blattständen von 30-50 cm Länge an braunbehaarten Zweigen und der bohnenartigen Samenkapsel zu erkennen.

D. elliptica enthält mindestens acht potente Gifte. Die Wurzel ist am gefährlichsten; zerstampft und mit Wasser vermischt in ein Gewässer eingegeben, ist sie ein Fischkiller ersten Ranges. D. trifoliata, eng verwandt und von Ostafrika bis Polynesien anzutreffen, ist ein bis zu 8 m Höhe rankendes Buschgewächs mit fiscizider Rinde.

Euphorbia tirucalli, 3-5 m groß, stammt aus Afrika und gehört zu den weit in den Tropen verbreiteten Rizinusgewächsen. Die gesamte Pflanze, einem kahlen Baum ähnelnd, kann als Fischgift verwendet werden. Achtung: Den ausgeschiedenen Milchsaft nicht in die Augen reiben oder spritzen; er kann zu Blindheit führen.

Siehe auch
Seite 147

Excoecaria, die „weißen Mangroven", sind in Brackwasserlagunen und -sümpfen großer Teile der tropischen Welt anzutreffen. Der seinen engen Verwandten Rhizophora nicht unähnliche Baum oder Busch scheidet bei Anschnitt einen weißen Milchsaft aus, der bei Kontakt mit der menschlichen Haut schwere Verätzungen bewirkt und im Auge zu Blindheit führt. Der Baum wird deshalb auch „blind-your-eye" genannt.

Alle Teile der Pflanze, mit der nötigen Vorsicht zerstoßen und in ein Gewässer gestreut, haben fiscizide Effekte.

Entada phaseoloides, ein Lianengewächs in pantropischer Verbreitung, ist an anderer Stelle in diesem Kapitel eingehend beschrieben; die zerstoßene Rinde dieser Pflanze besitzt fiscizide Eigenschaften. Zahlreiche andere Lianen, vor allem Anamirta cocculus und Cissampelos pareira, haben hochgiftige Samen und/oder Wurzeln, die ebenfalls entsprechend eingesetzt werden können. Die gesamte Gattung läßt einigen Raum für Experimente; man bedenke jedoch, daß mit den wirksamen Substanzen dieser Gewächse nicht zu spaßen ist! (Trotz dieser bekannt giftigen Eigenschaften waren die Samenkerne von E. phaseoloides unter den australischen Ureinwohnern bis vor einiger Zeit ein oft gegessenes Nahrungsmittel. Um für Ernährungszwecke verwendbar zu werden, wird das stärkehaltige Material zunächst geröstet, dann zerstoßen und in einem Beutel 12 Stunden in fließendes Wasser gelegt).

Kalk: Letzten Endes lassen sich Fische auf kleinem Raum auch erbeuten, indem man gebrannten Kalk aus Muscheln und Korallen in ein Gewässer eingibt. Auch diese Praxis fällt natürlich unter die Beschränkungen einer reinen Survivalmaßnahme.

Notsignale, die man kennen sollte

Trotz aller Eigenständigkeit werden wir in manchen Fällen nicht umhin können, die Hilfe unserer Mitmenschen in Anspruch nehmen zu müssen. Von den Großaktionen, die mitunter in Gang gesetzt werden, um auch nur ein einziges Seemanns- oder Flugpassagiersleben zu retten, macht sich der Außenstehende gar keinen rechten Begriff. Es kommt nur auf das richtige Notsignal an...

Beginnen wir mit dem primitivsten: Das Hochwerfen der Arme und **Hände hoch** das Vorzeigen der nackten, unbewehrten Handflächen signalisiert seit Urzeiten Hilflosigkeit und folglich ein Ansuchen um Assistenz durch eine Person in „überlegener" Position. Diese elementare Hilfsanforderung, insbesondere wenn sie von einem verzweifelten Wedeln der Arme begleitet ist, deutet überall eine Notlage an, und man sollte sich hüten, das Signal für irgendwelche trivialen Grußbotschaften zu mißbrauchen.

Da wir uns glücklicherweise auch der Sprache bedienen können, **Rufen** um Hilfe anzufordern, sollten wir einen Hilferuf zumindest in drei Hauptweltsprachen beherrschen:

● Englisch: Help, help! (Härlp, härlp!).
● Französisch: Au sécours, au sécours! (O ssekúr, o ssekúr!).
● Spanisch: Socorro, socorro! (Ssokórro, ssokórro!).

So brauchbar diese Kenntnisse mitunter sein mögen – es leuchtet ein, daß sie außerhalb der betreffenden drei Sprachräume nur bedingt nützlich sind. Schwerer noch fallen in diesem Sinne verschiedene andere Unzulänglichkeiten der menschlichen Stimme ins Gewicht, insbesondere ihre mangelnde Tragfähigkeit über größere Distanzen, ihre relative Schwäche gegenüber den von der Natur erzeugten Geräuschspektren und ihre annähernd völlige Nutzlosigkeit unter Wasser. Idealerweise müssen Notsignale infolgedessen abstrahiert und in möglichst allgemein verständlicher Form mit technischen Hilfsmitteln übertragen werden.

An erster Stelle dieser international gebräuchlichen Signale steht **Signale geben** das „gute, alte" SOS, das gesprochen, geblinkt, gemorst, geklopft, gefunkt, geschrieben, gestikuliert oder sonstwie übermittelt werden kann und auf der ganzen Welt als Notsignal Nr. 1 verstanden wird. SOS hat mit Seelenrettung nichts zu tun, sondern ist eine rhythmische Sequenz von kurzen und langen Zeichen, die auch dem Laien alarmierend ins Ohr dringt und Profis überall auf der Erde elektrisiert zusammenfahren läßt:

SOS

Um dieses und ähnliche Signale über die Reichweite der menschlichen Stimme hinweg übertragen zu können, bedient man sich in elementaren Notsituationen am besten solch simpler Gerätschaften wie einer Trillerpfeife und Taschenlampe. Beide sollten eigentlich nicht im Gepäck von Reisenden fehlen, die sich über die Grenzen „zahmer" Geographie hinwegtrauen. In einer Gruppe ist das vorherige Vereinbaren dieserart übermittelter spezifischer Signale eine empfehlenswerte Maßnahme. Bei Großunternehmungen mag man auch den Einsatz von Funksprechgeräten erwägen, wobei jedoch in Betracht zu ziehen ist, daß viele Drittweltländer, insbesondere solche mit einem „Rebellenproblem", die Einfuhr und den Betrieb derartiger Geräte auf das Schärfste kontrollieren.

Funken

Im Funkwesen ist dessenungeachtet zur Herbeirufung von Hilfe in einem Notfall alles erlaubt, was sich bei einer (mit Sicherheit folgenden) peinlichen Befragung durch staatliche Aufsichtsorgane verantworten läßt. Wenn es ums Leben zu retten gilt, dürfen Sie sich in Ermangelung aller anderen Kommunikationsmöglichkeiten sogar (mit Ihrem kleinen privaten Fernsehsender) in die Tagesschau einblenden. Das SOS-Zeichen wird im Normalfall allerdings nur auf einer bestimmten Notfrequenz (500 kHz) ausgesendet, und der einem festen Schema folgende Notverkehr kann in der Regel nur von Fachleuten gehandhabt werden. Das gleiche gilt prinzipiell für den Telegrafieverkehr in den Amateurfunkbändern. Bei Vorhandensein eines Telefoniesenders, wie es auf kleinen Schiffen und in Flugzeugen der Fall ist, hat jedoch auch ein Laie die Möglichkeit, auf speziell für diesen Zweck vorgesehenen Frequenzen einen Hilferuf zu senden. Hierfür bedient man sich des dreimal gesprochenen Wortes „MAYDAY" (das vom französischen m'aider abgeleitet ist) und wählt für seine Botschaft am besten die Sprache der am nächsten vermuteten Empfangsstation, in Zweifelsfällen aber grundsätzlich Englisch.

Wenn der Nichtfachmann angesichts des Gewirrs von Schaltern und Knöpfen eines Sendegeräts auch den Mut verlieren mag, so kann er jedoch immerhin versuchen, einen Sender (und Empfänger) in Gang zu bringen und auf einen Notkanal zu schalten. Je nach Fahrzeugtype verwendet man meist Geräte mit den folgenden Notfrequenzen:

Notfrequenzen

● 2 182 kHz auf Küsten- und Seeschiffen sowie in Rettungsbootanlagen. Rufe auf dieser Frequenz tragen je nach Senderstärke und Antennenhöhe bis zu 800 km weit, nachts mitunter erheblich weiter. Ein Hilferuf in den ersten 3 Minuten jeder halben Stunde hat die größten Aussichten, gehört zu werden. Die Frequenz wird auch von Suchflugzeugen empfangen und wird von Handelsschiffen rund um die Uhr abgehört.

● 121,5 MHz ist die Flugfunknotfrequenz. Sie kann je nach Höhe eines fliegenden Flugzeuges relativ weit reichen und ist deshalb auf dem Boden gleich einer UKW-Rundfunkstation in ihrer Reichweite entsprechend beschränkt.

Überlebende eines Flugzeugunglücks tun in fast allen Fällen am besten daran, in der Nähe des Wracks zu bleiben.

● 156,8 MHz (Kanal 16) wird vor allem von kleineren Seefahrzeugen als Anruf- und Notfrequenz benutzt. Die Frequenz trägt maximal ca. 100 km weit, kann jedoch von Seenotsuchflugzeugen über weitaus größere Entfernungen empfangen werden.

Kanal 16 wird von allen Frachtschiffen routinemäßig rund um die Uhr überwacht.

● 243 MHz ist die Frequenz, mit der Walkie-Talkies in Rettungsflößen von Flugzeugen ausgerüstet sind. Ihre Reichweite ist quasi-optisch.

Manche Signale sind zwangsläufig den jeweiligen Umweltgegebenheiten einer spezifischen Aktivität oder Situation angepaßt, um **Signale im Dschungel** ihren Zweck optimal zu erfüllen. Im Dschungel sind Bongotrommeln, wie wir wissen, ein sehr effektives Kommunikationsmittel. Und in der Tat ist ein Verirrter, der weiß, daß man nach ihm sucht, mit kräftigem Schlagen gegen einen (nicht einmal hohlen) Baumstamm besser bedient als mit heiseren Hilferufen. Die fröhlichen Juchzer von Gebirglern haben ihren Ursprung in der Erkenntnis, daß eine helle Stimme in den Bergen ungleich weiter trägt als eine normale. Ein buch- **Signale in den Bergen** stäblich in den höchsten Tönen ausgestoßenes „huh!", sechsmal in der Minute gerufen, ist das internationale Bergnotsignal; es wird von Rettern mit drei ähnlichen Tönen beantwortet. Notsuchende seien auch daran erinnert, daß in vielen Situationen eine Autohupe ein weitreichendes Instrument ist, um ein Notsignal auszustrahlen.

Um weitaus geringere Distanzen handelt es sich, wenn wir unter **Signale unter Wasser** Wasser eine Notlage signalisieren müssen, denn dem Taucher stehen kaum technische Hilfsmittel für seinen SOS-Ruf zur Verfügung. Obwohl es eine erhebliche Anzahl von Signalen für alle erdenklichen Situationen gibt, merke man sich zumindest die folgenden:

● Hämmern gegen die Luftflasche (mit dem Messer o.ä.): „Hierher, ich benötige Assistenz!"

● Klopfen gegen die Brust (angesichts des Partners): „Luft wird knapp!"

● Finger über die Kehle: „Keine Luft mehr!"

● Winken an der Oberfläche: „Hilfe!" (Nicht etwa: „Hallo, alles bestens hier!"). (Für „alles okay" formt man unter Wasser Daumen und Zeigefinger zu einem Kreis).

An Land und auf See sind Feuer-, Licht- und Rauchsignale alther- **Feuer-, Licht- und Rauch- signale** gebrachte Verfahren, deren Zweckmäßigkeit auch im Zeitalter allumfassender Technisierung erhalten geblieben ist. Man kann mit einer Taschenlampe – überhaupt jeder beweglichen Lichtquelle – ein SOS-Signal blinken oder durch ein Feuer an einer Stelle, wo es kaum erwartet wird, die Aufmerksamkeit auf sich lenken. Drei Feuer oder Rauchsäulen in einer Linie deuten in der Wildnis auf eine Notsituation hin, ebenso das im Dreiertakt blitzende Glas eines Spiegels und selbst das Blech einer Konservendose. Seegehende Schiffe und Rettungsfahrzeuge aller Art sind zudem reichlich mit pyrotechnischem Zubehör wie Leuchtraketen, Fackeln und Rauchbomben ausgerüstet. Man merke sich hier: „Rot = Not", aber im allgemeinen wird auf See jedem ungewöhnlichen Signal nachgegangen.

Jeder Notsuchende tut übrigens gut daran, das ihm zur Verfügung stehende Potential, seien es Streichhölzer, Batterien, Raketen oder der Kräfteaufwand selbst, nicht sinnlos zu verpulvern, sondern gezielt einzusetzen. In einer von keiner Not getriebenen Welt wird keineswegs immer scharf genug ausgelugt und gelauscht, um das winzige Lichtpünktchen, den gehauchten Hilferuf zu vernehmen...!

ÜBERLEBENSSTUDIEN ZUM THEMA NATURKATASTROPHEN

Was tun, wenn die Erde bebt?

Es ist sicher müßig, mit der Wiederholung von Katastrophenberichten aufzuwarten. Die Destruktivität von Erdbeben ist jedem Menschen ein Begriff. Selbst in der Bundesrepublik hatten in jüngster Vergangenheit viele buchstäblich erschütterte Leute die Gelegenheit, ein solches Naturereignis aus erster Hand – und wahrscheinlich in den meisten Fällen zum ersten Mal – mitzuerleben. Ein Erdbeben, selbst wenn es ohne größere Schäden dabei abgeht, ist vielleicht die schreckenerregendste Manifestation natürlicher Gewalten überhaupt. Vor ihm können wir nicht davonlaufen, uns nicht verkriechen. Wir können uns allenfalls mit unserer Mutter Erde, in deren Schoß wir sonst gewöhnlich Zuflucht suchen, entzweien und uns auf dem Wasser und in der Luft nach Schutz umsehen.

Erdbeben sind eng mit vulkanischer Aktivität assoziiert; dort, wo große tektonische Platten in der Tiefe aneinanderstoßen und Spannungen und Hitze produzieren, gibt es auch die meisten Vulkane, Grabenbrüche und Erdbewegungen. Zufälliger- und unglücklicherweise liegen diese seismisch aktivsten Regionen genau im Bereich unserer populärsten Ferienreiserouten und -ziele: Der gesamte Mittelmeerraum gehört zum Beispiel zu ihnen und der weitaus größte

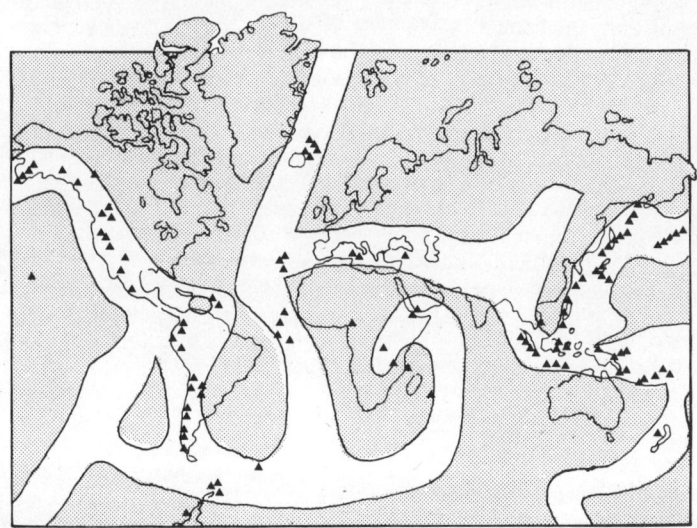

Die seismisch aktivsten Regionen der Erde
▲Vulkan
☐Erdbeben-gürtel
Fuchs
„Naturgewalten"

Teil der tropischen Inselwelt; in der Tat ist kein Kontinent – mit der Ausnahme von Australien – ohne kräftiges Erdbebenpotential.

Die Kunst, Erdbeben langfristig vorauszusagen, ist noch nicht sehr weit entwickelt. Warnungen in besonders gefährdeten Gebieten beschränken sich in der Norm auf die Mitteilung, daß ein Erdbeben „jederzeit zu erwarten" oder „lange überfällig" sei, wobei gewöhnlich ein Zeitraum von vielen Jahren erfaßt wird. Kurzfristige Voraussagen sind gelegentlich mit erstaunlicher Präzision gemacht worden, andere von der gleichen initiellen Situation ausgehende **Chinesische** erwiesen sich hingegen als Nieten. Chinesische Wissenschaftler ra-

Chinesische Vorhersagen ten dazu an, plötzliche Verhaltensänderungen von Tieren – Hunde bellen unmotiviert los, Hühner und andere Vögel flattern nervös umher, andere Tiere wiederum zeigen unerklärliche Anzeichen von Angst und Konfusion – als Anzeichen eines unmittelbar bevorstehenden Erdbebens zu deuten. In Ermangelung besserer Anhaltspunkte räumt diese Methode einem scharf beobachtenden Reisenden immerhin ein gewisses Maß an Vorbereitetsein ein.

Es gibt auch keine allgemein gültige Regel hinsichtlich der Weiterentwicklung eines einmal in Gang geratenen Bebens. Ein Erdbeben kann mit geringer Stärke beginnen und sich über einen langen Zeitraum hinweg zu einem klimakterischen Höhepunkt aufschaukeln; es kann auch mit einem vernichtenden Donnerschlag einsetzen und mit einem Schauer schwächerer Nachbeben langsam seine Energie verzucken. Jedem schweren Beben folgen diese „Nachwehen", die gewöhnlich einige Stunden, mitunter aber auch jahrelang anhalten können. Vielfach ist es erst ein solcher „Nachschock", der einem durch den Haupterdstoß in seinem Gefüge geschwächten Gebäude sozusagen den Gnadenstoß versetzt.

Richterskala Die Magnitude – Stärke – eines Erdbebens wird für die meisten praktischen Anwendungen nach der sogenannten Richterskala bemessen, auf der sich die Auswirkungen des Bebens von Punkt zu Punkt ungefähr verdreißigfachen. Bei Richter 2 mag man das Gefühl haben, etwas unsicher auf den Beinen zu stehen, bei 5 zum erstenmal den Boden unter den Füßen verlieren; bei 8 und 9 am Skalenende bleibt kaum noch ein Stein auf dem anderen.

Durchschnittlich treten auf der Erde jährlich 18 mittelschwere und ein schweres Beben auf. Diese Zahl ist in letzter Zeit geringer geworden; dafür vervierfachte sich die Zahl der Todesopfer allein von 1978 auf 1979, nicht zuletzt wohl im Zeichen der Übervölkerung in betroffenen Gebieten. Sollten wir in anbetracht dieser Sachlage unseren Urlaub nicht lieber zu Hause – oder in Australien – verbringen?

Für einen risiko- und erlebnisbereiten Menschen ist die Frage wohl kaum erwägenswert. Ein Erdbeben mag zwar verzichtbar auf der Aktivitätenliste sein, aber die Aussicht, von der Warte kalkulierbarer Gefahrenmomente einmal eines mitzuerleben, mag manchen eher reizen. Wie halten wir dieses Risiko kalkulierbar?

In Gebäuden: Nicht alle als „erdbebensicher" verbrieften Gebäude sind es auch wirklich, wie die Praxis gezeigt hat. Man benötigt keinen geschulten Architektenblick, um zu erkennen, daß gewisse Konstruktionen sich wahrscheinlich bereits bei Einwirkung geringer mechanischer Kräfte in ihre Bestandteile auflösen würden. Man suche sich daher eine solider erscheinende Herberge aus, wenn man in gelegentlich von Erdbeben heimgesuchten Regionen die Wahl hat. Vorzug ist auch Gebäuden zu geben, die auf solidem Felsuntergrund stehen; wer einmal einen nackten Stein und einen Wackelpudding experimentell mit der gleichen Energie anschlägt und die resultierenden Vibrationen vergleicht, wird einen klaren Grund für eine alternative Entscheidung sehen.

Was passieren kann, und wie man sich richtig verhält.

In modernen Stahlbetonbauten ist man (fast) völlig sicher; es leuchtet ein, daß bei genügender Verwendung von Stahl ein solches Gebäude eher um- als zusammenfällt. Man halte sich bei einem Erdbeben jedoch von den Fenstern fern, die aufgrund von Verziehungen jäh zerspringen können und benutze auch keinesfalls Fahrstühle, um nicht eventuell zwischen den Stockwerken steckenzubleiben. Eine der häufigsten Folgen eines Erdbebens ist ein allgemeiner Stromausfall. Es mag nach einem schweren Erdstoß jedoch empfehlenswert sein, in einem Hochhaus auf dem schnellsten Wege (über die Treppen) das Erdgeschoß aufzusuchen, um sich zu vergewissern, ob nicht irgendwo ein Feuer entstanden ist und um die weitere Entwicklung abzuwarten.

Obwohl generell empfohlen wird, ein Gebäude nicht zu verlassen, mag sich in kleinen Einzelhäusern ein Satz ins Freie mitunter als klügste Maßnahme erweisen. In der Regel ist während heftiger Erdbewegungen (die normalerweise höchstens minutenlang andauern) Deckungssuche unter einem Türrahmen, Tisch oder Bett anzuraten. Dieser Empfehlung wird selbstverständlich – insbesondere in Gesellschaft – kein Mensch folgen; wenn die Horizontale sich jedoch verschiebt und die Umgebung zu knirschen, splittern und prasseln beginnt, wird wohl auch der Aufrechteste einen Sprung in Überleben versprechendes Territorium erwägenswert finden...!

Auf der Straße: Obwohl sich – selten genug – Spalten in der Erde auftun mögen, sei der Blick nach oben gerichtet, um Deckung vor herabfallenden Gegenständen suchen zu können. Ganz besonders ist auch auf losgerissene Stromleitungen zu achten. Man halte sich außerdem von offensichtlich angeschlagenen Gebäuden fern, die bei einem neuerlichen Erdstoß in einer Lawine von Trümmern zusammenfallen können. Offene Plätze und Parkanlagen sind inmitten eines chaotischen Geschehens die besten Stellen für einen Aufenthalt.

Im Auto: Erdbeben bis 4 oder 5 auf der Richterskala mag man im schaukelnden Kraftfahrzeug überhaupt nicht bemerken. Wird ein Beben jedoch festgestellt, bringe man den Wagen möglichst umgehend zum Stillstand, bzw. entferne ihn aus dem Bereich etwaiger fallender Objekte.

Am Strand: Ein soeben verspürter Erdstoß kann in Minutenschnelle eine Serie von Tsunamis folgen lassen, insbesondere wenn das Epizentrum des Bebens in unmittelbarer Nähe liegt. Tsunamis sind seismisch ausgelöste Ozeanwellen, die sich mit Jetgeschwindigkeit fortpflanzen und sich bei Erreichen flachen Wassers zehn, zwanzig und mehr Meter aufbäumen können. An flachen Gestaden und vor allem in Buchten sind Tsunamis von singulär zerstörerischer Wirkung; die über 40 m hohen Wellen, die der Explosion des Krakatau folgten, forderten ca. 36 000 Todesopfer...

Während das Erlebnis eines Erdbebens am Strand nicht unbedingt mit sofortiger schneller Flucht beantwortet werden muß, sind jedoch erhöhte Alarmbereitschaft und Sicherung von Rückzugsmaßnahmen angebracht. Das Eintreffen einer dicht aufeinanderfolgenden Reihe von Tsunamis kündigt sich durch den abrupten und rauschenden − und somit auch nachts vernehmbaren − Rückfluß des flachen Wassers am Strand an. Tritt dieses Phänomen ein, hat man noch höchstens 15 Minuten Zeit, sich auf hochgelegenem, solidem Untergrund in Sicherheit zu bringen. Man verharre mindestens 1 ½ Stunden auf dieser Warte, um die gesamte Kette verrauschen zu lassen.

Auf See: Ein unterseeisches Beben mag manchmal als scharfer Schlag gegen das Unterwasserschiff empfunden und für eine Grundberührung gehalten werden, es ist jedoch ohne Effekt auf die Sicherheit des Schiffes.

Eine Gefahr von Tsunamis droht auf hoher See nicht; sie sind im tiefen Wasser zu flach und langgestreckt, um überhaupt bemerkt zu werden.

Vulkane − schreckliche, herrliche, faszinierende Feuerberge

Was sie anzurichten vermögen, ist aus der Weltgeschichte hinreichend bekannt. Trotzdem, oder vielleicht gerade deshalb, sind Vulkane als Reiseziele populär; der Kitzel, auf einer gigantischen, mehr oder weniger scharfen Bombe herumzuklettern, die unmittelbare Nähe ungeheurer latenter Destruktivität, scheint viele Menschen zu faszinieren. Außerdem tragen Vulkane aufgrund ihrer Eigenschaft, sich vielfach abrupt, doch mit schön geschwungenen − und somit fotogenen − perspektivischen Linien aus einer Ebene oder aus dem Meer zu erheben, zu großartigen landschaftlichen Panoramen bei und sind schon deshalb eine Reise wert. Und nicht zuletzt gerät der Ausbruch eines Vulkans für den Zuschauer, der das Glück hat, mit

Faszinierende Bombe

einem sicheren Logenplatz dabei zu sein, zu einem der spektakulärsten und eindrucksvollsten Erlebnisse, das uns diese Erde zu bieten hat.

Vulkane finden wir in erster Linie dort, wo sich die in ständiger langsamer Bewegung befindlichen kontinentalen und ozeanischen Platten über- und untereinanderschieben und an ihren „Reibflächen" das Tiefengestein verflüssigen, das unter enormem Druck nach oben steigt und schließlich die Erdoberfläche durchbricht – gewöhnlich von schweren Geburtswehen begleitet. Die Zusammensetzung dieses Magma genannten, feuerflüssigen und mit Gasen angereicherten Gesteins spielt eine große Rolle in bezug auf das Verhalten und die Gefährlichkeit eines Vulkans. Es trifft nämlich keineswegs zu, daß der ausbrechende Berg lediglich unter dumpfem Grollen seinen heißen Brei ausstößt, der sich dann zäh den Hang hinunterwälzt – wenn in der Schlußphase einer Eruption eine solche Entwicklung auch durchaus eintreten kann. Im Anfangsstadium einer Eruption sind zähflüssige Magmen jedoch in der Regel am gefährlichsten, denn sie enthalten mehr Gase, und ein erhöhter Gasdruck bewirkt einen explosiveren Ausbruch. Es sind vor allem diese Gase mit enormen Volumen – sie machen ein Vielfaches des Festmaterials aus –, die außer dem statischen Druck als Treibmittel dienen und sich gewaltsam Raum verschaffen. Leichtflüssige Magmen, wie diejenigen der hawaiischen Vulkane, lassen die Gase harmlos abblubbern; die feurigen Seen und Springbrunnen auf Hawaii sind daher spektakulär, aber ungefährlich.

Gefährliche Gase

Die Zähflüssigkeit der Magma wird durch ihren Anteil an Silikaten bestimmt; mehr davon macht sie zäher, weniger dünner. Vom dünnen zum dicken Ende hin nennt man diese Magmen chemisch basisch bis sauer; dazwischen existiert eine Unzahl von Abstufungen, die die verschiedenartigsten Eruptionscharakteristiken der Vulkane bestimmen – kein Vulkan auf der Erde gleicht insofern einem anderen. Je nach Erscheinungsbild und Heftigkeit der Ausbruchphasen unterscheidet man auch hawaiische, strombolische, vesuvische, plinische, krakatauische, peleische und zahlreiche andere Eruptionstypen. Wer einen Vulkan besuchen, erklettern oder erforschen möchte, sollte sich über seine Charakteristiken im Klaren sein und ihn aufgrund seiner Vorgeschichte eruptionstypisch klassifizieren können, um so das Gefahrenmoment eines unerwarteten Ausbruchs auf ein Minimum zu beschränken.

Während Vulkane des hawaiischen und strombolischen Typs sozusagen ständig auf kleiner Flamme vor sich hinköcheln und folglich ein leicht vorhersagbares Verhalten an den Tag legen, das zu Kaffeefahrten und Fotosafaris einlädt, sind die „sauren" Typen jedoch ziemlich unberechenbar – wenn auch nicht völlig. Einer eruptiven Tätigkeit dieser Berge gehen im allgemeinen tagelang kurze, örtlich begrenzte Erdbeben relativ geringer Intensität voraus; in manchen

Die „sauren" Typen

Die Vorboten einer Eruption

Fällen kann auch „Kraterglühen" oder anomale Dampfentwicklung beobachtet werden. Es ist empfehlenswert, sich während solcher Erscheinungen selbst von den Hängen eines „erloschenen" Vulkans fernzuhalten, denn die Möglichkeit einer unmittelbar bevorstehenden Eruption nimmt von diesem Zeitpunkt an rapide zu. (Außerdem gibt es keinen tatsächlich erloschenen Vulkan; manche „schlummern" nur, mitunter jahrtausendelang, um unvermutet erstmalig oder plötzlich wieder aktiv zu werden).

Zum Auftakt eine Explosion

Eine Eruption beginnt häufig – nicht immer – explosiv, indem der „Pfropfen", der den Krateraustang versperrt, zunächst hinausgesprengt wird. Dieser Vorgang vollzieht sich nicht etwa sektkorkenartig glatt, sondern erfolgt eher mit ungeheurer Gewalt – manchmal (so im Falle des Vesuv im Jahre 79 n. Chr.) fliegt ein großer Teil des Berges dabei virtuell auseinander. Die Explosion – der weitere, erheblich heftigere folgen können – ist der Auftakt der Auswurfphase. Gasförmige, feuerflüssige und feste Materie wird auf dem nunmehr offenen Krater herausgeschleudert: Leichte „Asche" bis zu zehntausende von Metern in die Atmosphäre und Umgebung des Berges; sehr zutreffend „Bomben" genannte Festkörper bis zu mehrere Kilometer im Umkreis und, bei manchen Vulkanen, mit glühenden Gasen und Materieteilen von bis zu 1 000° Hitze angereicherte, lawinenartig zu Tal stürzende Wolken (Fachwort: nuées ardentes), die jegliches Leben in ihrem Bereich vernichten. Es war eine solche rasende Wolke, die beim historischen Ausbruch des Mt. Pelée im Jahre 1902 innerhalb von zwei Minuten annähernd sämtliches Leben der Stadt St. Pierre auf Martinique auslöschte.

Ascheregen

Obwohl der alles verfinsternde und mitunter erstickende Aschenregen im Umkreis und insbesondere auf der Leeseite eines Vulkans sicherlich in furchterregendem Maße zur Dramatik des Geschehens beiträgt, läßt es sich in ihm überleben. Nötig ist allerdings ein Luftfilter; notfalls ein feuchtes Tuch, das alle paar Minuten wieder ausgewaschen werden kann. Ohne ein solches verstopfen die oberen Luftpassagen innerhalb kürzester Zeit. Bei „unter der Asche erstickten" Opfern von Vulkanausbrüchen handelt es sich im allgemeinen um Schutzsuchende, über denen der Dachstuhl – gewöhnlich einer Kirche – unter der tonnenschweren Last zusammenbrach. Weitaus fatalere Folgen kann jedoch die Zusammenwirkung von Asche und den ungeheuren Regenmengen haben, die die mit einer Eruption verbundenen, außerordentlich heftigen Gewitterstürme gewöhnlich erzeugen. In vielen Fällen sind ausschließlich die dieserart gebildeten und mit großer Geschwindigkeit talwärts rauschenden Schlammlawinen (Fachwort: lahar) für die erschreckenden Todesopferzahlen bei einem Ausbruch verantwortlich zu machen. (Andere gehen gelegentlich auf das Konto von Tsunamis). Kletterer seien auch warnend daran erinnert, daß ein Vulkan selbst im nacheruptiven Zustand oft noch genügend loses Material auf seinen Hängen deponiert hat, um besonders bei Regenwetter vernichtende Schlamm- und Sandlawinen auszulösen.

Als Lava bezeichnet man die Magma im zutagegetretenen Zu-stand. Paradoxerweise ist der Lavastrom, der die Schrecken einer vulkanischen Bedrohung wohl am ehesten versinnbildlicht, das ungefährlichste Element in der eruptiven Sequenz. Denn vor ihm kann man davonlaufen oder ihm mit ein paar Schritten aus dem Weg gehen. Seitlich auspuffende Entladungen glühender Gase können eine Annäherung an einen harmlos scheinenden Lavastrom jedoch im höchsten Grade gefährlich machen. Also: Abstand halten! Es muß schon bodenloser Leichtsinn oder eine Verkettung unglückli-cher Umstände sein, die zu einer Wiederholung des 1872 gesche-henen Parade(un)falls führen könnten, bei dem zweiundzwanzig junge Italiener auf qualvolle Weise ums Leben kamen: Die Gruppe hatte den Vesuv erklettert, um im sogenannten Valle dell'Inferno das Schauspiel fließender Lava zu beobachten und fand sich aufgrund einer Fehleinschätzung der Situation plötzlich zwischen zwei avan-cierenden Lavazungen und einer unbesteigbaren Steilwand einge-schlossen...

Lavastrom

Wer gerne klettert oder sich an der überaus reichen Flora zu be-rauschen vermag, die die Hänge vieler tropischer Vulkane bedeckt, gehe auch solche Berge mit Umsicht an, die nicht gerade mit ge-sundheitsschädlichen Materialien um sich werfen. Die oft sanften Konturen der Kompositkegel geben vielen Draufgängern Anlaß zu grotesken Unterschätzungen der zu Kraterexpeditionen erforderli-chen Zeit und Ausrüstung. Denn erst bei näherer Betrachtung erweist sich das Gelände aufgrund seines relativ rezenten geologi-schen Alters als rauher als die bekannten heimischen Berge, das schlackige Gestein als schärfer. Die Sand- und Aschenhänge höhe-rer Lagen sind von unbezwingbarer Nachgiebigkeit. Und der Weg ist überhaupt viel länger als man angenommen hatte, weil das Klettern häufig schon auf Nullniveau beginnt. Vorsicht auch in unmittelbarer Kraternähe: Ausströmende Gase wie Schwefeldioxid und Kohlen-säure haben manchen Vulkanbezwinger hier auf höchst profane Art im Augenblick seines Triumphes das Leben gekostet...!

Krater-expeditionen richtig einschätzen

Maßnahmen bei Heranziehen eines tropischen Orkans

Hurrikans, Taifune, Zyklone oder wie immer sie örtlich genannt werden mögen, sind synonym mit tropischen Meeres- und Küsten-strichen und aus mancher abenteuerlichen Story wohlbekannt. Sie treten mit jahreszeitlichen Variationen überall dort auf, wo warmes, tropisches Oberflächenwasser ihre Entstehung und Weiterentwick-lung begünstigt, und nur wenige Regionen diesseits und jenseits des Äquators bleiben gänzlich von ihnen verschont. Effektiv frei von tropischen Orkanen ist nur Südamerika unterhalb des Äquators, das gesamte westliche Afrika und das Rote Meer; ebenso ein schmaler Streifen zwischen den Passatgürteln rund um die Erde.

Wer in die Tropen fährt, sollte seine Reisepläne nach Möglichkeit nicht gerade mitten in die Orkansaison verlegen. Einmal abgesehen von jederzeit möglichen „Quertreibern" dauert sie in den meisten Gebieten auf der (am intensivsten bereisten) Nordhalbkugel ungefähr von Spätsommer bis Ende Herbst. Ein schlichter englischer Seemannsspruch hält den Monat der generellen Hauptaktivität in Form einer Gedächtnisstütze fest:

September – remember, October – all over

„September – remember, October – all over!"

Wenn die statistische Möglichkeit, außerhalb der Saison einem tropischen Orkan einmal in die Quere zu kommen, vielerorts auch

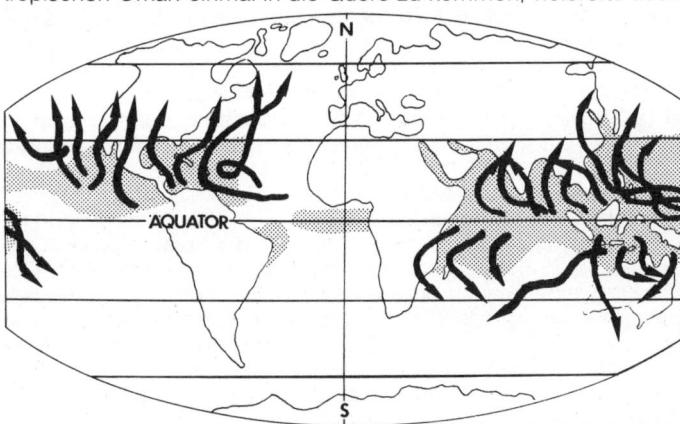

Warmes Oberflächen- wasser

Tropischer Orkan

gering sein mag, so tut man gut daran, auf Reisen einem solchen Ereignis nicht unvorbereitet gegenüberzustehen. Das bedeutet, daß wir in häufig betroffenen Regionen ein wenig aufs Wettergeschehen werden achten müssen, daß wir über Umlauf- und Zugrichtungen tropischer Systeme Bescheid wissen sollten und daß wir ein paar Brocken der Landessprache verstehen sollten, um gegebenenfalls einen Wetterbericht oder Informationen von Einheimischen ent- schlüsseln zu können. Vor allem einen Seefahrer, ob er per „Dick- schiff" oder im kleinen Boot unterwegs ist, werden Einzelheiten in diesem Zusammenhang dringend interessieren. (Aufgrund meiner gerade auf diesem Sektor sehr reichhaltigen persönlichen Erfah- rung möchte ich jedoch empfehlen, den säuberlich in offiziellen Li- sten aufgeführten Informationsquellen für örtliche Funkwetterbe- richte hier nur sekundäre Beachtung zu schenken, und sich mehr auf das globale Kurzwellensystem industrialisierter Länder zu kon- zentrieren). Was können wir nichtsdestoweniger vorbereitend und, wenn das Unglück über uns hereinbricht, zu unserem Schutz tun?

● Den Himmel beobachten. Eingängliche, weit im voraus auf die **Vorbereitung** Annäherung eines tropischen Orkans hindeutende Anzeichen sind **und Schutz** eine auffallende Klarheit des Himmels und ungewöhnlich gute Sicht. Aufgrund der höheren Strahlungsdurchlässigkeit der Atmosphäre wird die Sonne in diesem Stadium auch oft als „stechend" empfunden. Bei weiterem Näherrücken des Sturmfeldes tritt als zweites Anzeichen fast immer ein dünner, hoher Cirrus auf, der sich in Richtung auf das Zentrum zu einem Cirrostratusschleier verdichtet und der sich – im Gegensatz zur normalen abendlichen Wolkenauflösung – auch bis Sonnenuntergang hält und später oft in Altostratus übergeht. Schließlich taucht, häufig gegen die hohe Bewölkung ziemlich scharf abgegrenzt, die eigentliche Hurrikanwolke auf, deren dunklere Masse auch als „Barre des Orkans" bezeichnet wird und deren größte Wolkendichte einen ungefähren Hinweis auf die Lage des Zentrums gibt. Wenig später setzt nun die eigentliche Wetterverschlechterung mit Wind und Regen ein.

● Taschenlampen und frische Batterien, ggf. auch Kerzen bereithalten. In der Stadt kann das Licht ausfallen, auf einem Lagerplatz wird es unmöglich sein, ein Feuer zu unterhalten.

● Wasservorrat anlegen. Städtische Wasserversorgungen können zusammenbrechen, Brunnen mit See- oder Schmutzwasser ungenießbar werden.

● Reserve an nichtverderblichen Nahrungsmitteln vorbereiten. Geschäfte bleiben häufig geschlossen, Märkte haben aufgrund des Erliegens aller wirtschaftlichen Aktivität nichts anzubieten.

● Wagen volltanken. Tankstellen können geschlossen bleiben, der Nachschub ausfallen, Untergrundtanks mit Wasser zersetzt sein.

● Ein Lager im Freien oder in einer leicht gebauten Unterkunft muß zugunsten einer solideren Wohnstätte gewechselt werden. Ein Zelt wird beim ersten Windstoß weggefegt! Wald bietet nur sehr begrenzten Schutz. Außerdem birgt er zusätzliche Gefahren durch fallendes Geäst und umstürzende Bäume. Bananenpflanzen, sonst gute Schatten- und Nahrungsspender, brechen schon bei geringen Windstärken um; auch Kokospalmen sind besonders empfindlich. Eine fallende grüne Kokosnuß, oft bewitzelt, ist härter als ein menschlicher Schädel; dazu landen die „Geschosse" bei zunehmendem Wind oft auch weit außerhalb der Vertikalen!

● Desgleichen ist ein Lager am Strand dringend zu räumen. Von der Windgefahr einmal abgesehen, ist mit überaus hoher Brandung und gelegentlich auch mit einer Flutwelle zu rechnen. Letztere, bis zu 10 m hoch, hervorgerufen durch den niedrigen Druck im Zentrum des Orkans. Die Ansiedlungen Einheimischer sind gewöhnlich geschützt angelegt und sollten auf jeden Fall zur Sicherheit aufgesucht werden.

● Bei hohen Windstärken nicht ins Freie gehen! Allein die Wucht des Windes, der in der Nähe des Zentrums über 300 km/h erreichen kann, vermag Sie zu packen und gegen etwas zu schleudern, das härter ist als Ihre Knochen. Ihr Auto kann umgestürzt und (kopfüber!) hinweggerollt werden. In den Städten verstärken Straßenschluchten durch ihren Tunneleffekt den Wind mitunter noch, und selbst solide Objekte können hier erfaßt und durch die Luft getragen werden: Dachziegel, Mauerbrocken, Fensterglas und, am tödlichsten von allen, Wellblechplatten, die fast überall in den Tropen die gängige Dachabdeckung darstellen, am leichtesten losgerissen werden und oft über weite Distanzen dahinsegeln. Guillotinierungen mit rasiermesserscharf gerosteten Wellblechen gehören zum gruseligen Schlagzeilenreportoire der Dritten Welt. Berüchtigte Killer sind auch losgerissene Stromleitungen.

● In weitem Umkreis eines tropischen Druckgebildes gehen buchstäblich unfaßbare Regenmassen nieder. (In einem ausgewachsenen Wirbelsturm können in wenigen Stunden an die 250 Liter Niederschlag pro Quadratmeter fallen, was in etwa der Halbjahresmenge im bekanntlich durchaus nicht regenarmen Deutschland entspricht). Bei der Wahl der Unterkunft müssen folgende Überlegungen dringend mit einbezogen werden: Tiefliegende Gebiete können überflutet werden, kleine Wasserläufe sich in kürzester Zeit in reißende Ströme verwandeln; in abschüssigem Gelände besteht hohe Erdrutschgefahr. In überfluteten Städten beschränkt man seine Fortbewegung am besten auf ein Minimum, bis das Wasser völlig abgelaufen ist, denn oftmals befinden sich unter nur wenigen Zentimetern trüber Flut tückische Fallgruben in Form von tiefen Auswaschungen oder offenen Kanallöchern.

● Diebe machen sich Regen, Dunkelheit und Durcheinander mit Vorliebe für ihre Aktivitäten zunutze, Deplacierte sind zu Verzweiflungstaten bereit. Also Augen auf!

● Wind und Regen bewirken immer eine empfindliche Abkühlung, auf die man sich mit geeigneten Maßnahmen vorbereiten sollte. Einheimische werden bei einem von uns vielleicht anfangs als erfrischend empfundenen Temperatursturz mancherorts lethargisch und verlieren an Belastbarkeit.

● Auf der Höhe eines tropischen Sturms wird früher oder später mit Sicherheit das Licht ausgehen, und damit fallen an den meisten Orten auch Aufzüge, Klimaanlagen und Wasserversorgung aus. Ein wahrer Teufelskreis kann auf diesem Wege entstehen: Kerzen werden angezündet – der Sturm zerdrückt ein Fenster – die Kerze fällt – es brennt – und es gibt weder Feuerwehr noch Wasser, sondern nur rasend anfachenden Wind...

Dieses Buch legt Hotelgästen und Bewohnern mehrstöckiger Häuser dringend nahe, bei Ausfall der Elektrizität ihre Räumlichkeiten auf dem schnellsten Wege zu verlassen und in der Lobby bzw. im Erdgeschoß zu verbleiben und dort auch zu übernachten – auch auf die Gefahr hin, daß ein solches Tun belächelt werden mag. Vor einigen Jahren bezahlte eine große Anzahl ausländischer Touristen in den oberen Stockwerken eines Hotels in Manila mitsamt ihrer einheimischen „Betreuerinnen" die Außerachtlassung solch elementarer Vorsichtsmaßnahmen mit dem Leben: Während der Passage eines Taifuns war ein Vorhang in eine Kerze geweht worden, und das Hotel ging inmitten von Wasserfluten in Flammen auf.

● Ein tropischer Sturm kann überdies, wie ich es auf den Philippinen wiederholt erlebt habe, ein ganzes Land immobilisieren und schwerste Schäden für die Wirtschaft und Infrastruktur mit sich bringen, die mitunter erst nach Wochen oder gar Monaten rehabilitiert werden können. (Ein erheblicher Teil dieses Buches wurde bei Kerzenlicht geschrieben, nachdem der Taifun Rita wie eine Pflugschar durch die Insel Luzon gezogen war und die Stromversorgung ganzer Provinzen über Wochen hinweg lahmgelegt hatte). Daß Straßen durch den Regen verwüstet oder durch Landrutsche unpassierbar werden, Fähren auf dem Meeresgrund oder auf dem Trockenen enden und Flugplätze aufgrund zerstörter Kommunikationsanlagen nicht benutzt werden können, ist im Kielwasser eines schweren Orkans gang und gäbe. Manchmal kann es lange dauern, bis der Verkehr wieder in Fluß gerät; ein Tropenbesucher sollte deshalb die Möglichkeit dieserart hervorgerufener Unterbrechungen unbedingt in seine Reisepläne einbeziehen.

„Brenzlige" Situationen

Feuer ist eine der häufigsten primären oder sekundären Folgen von Naturkatastrophen, und besonders Hotelbrände stehen im Zeichen hoher Belegungszahlen mit an oberster Stelle der Desasterliste in Ferienländern.

Nachstehende Verhaltensmaßregeln könnten zwar auch für eine äquivalente Situation in heimischen Gefilden zutreffen. Es sei aber an dieser Stelle noch einmal daran erinnert, daß im tropischen Bereich manch schwaches Glied in der Kette der Ereignisse von der Entstehung bis zur Bewältigung einer Katastrophe von der Dimension eines Großfeuers existiert. Und ein wenig Eigeninitiative kann unter entsprechenden Umständen den Unterschied zwischen fröhlichem Urlaubsleben und grausamem Flammentod bedeuten.

Ein paar Minuten können diesen Unterschied ausmachen — die fünf bis zehn Minuten, die man aufwendet, um in einem unbekannten Hotel oder sonstigen Gebäude potentielle Fluchtwege außerhalb der geraden Linie vom eigenen Raum zur Fahrstuhltür auszukundschaften, einen prüfenden Blick auf die Außenfassade zu werfen und in Gedanken kurz einmal den Ernstfall durchzuexerzieren, bevor er eintritt. Die Macht der Gewohnheit kann sich in allen Desastersituationen verhängnisvoll auswirken — Angehörige latent gefährlicher Berufe wie Soldaten und Piloten werden gezielt darauf trainiert, sich von diesem Pferdefuß möglichst vollständig zu befreien. Und es empfiehlt sich auch für weniger gründlich ausgebildete Sterbliche, im Alltags- und Urlaubsleben auf mögliche Notsituationen vorbereitet zu sein.

Feuer im Hotel   Nehmen wir einmal ein im Grunde dummes und lächerliches Vorkommnis an, um den Ernstfall zu simulieren: Der Fernseher in Ihrem Hotelzimmer beginnt zu schmoren... Manches Großfeuer hat so begonnen, obwohl eine rasche Reaktion in Sekundenschnelle Abhilfe geschaffen hätte: Stecker raus und die Kiste ohne Rücksicht auf kleine Verluste unter die Dusche – erledigt! Eine entsprechende Handlungsweise gilt für alle anderen elektrisch ausgelösten Feuer (die in den Tropen, nebenbei bemerkt, aufgrund der hohen Luftfeuchtigkeit und oft auch einer Installation, die einem deutschen Fachmann die Haare permanent zu Berge stehen lassen würde, am häufigsten auftreten): Abschalten oder unterbrechen, und erst dann löschen; niemals Wasser auf ein unter Strom stehendes Gerät richten.

Für jedes von Ihnen selbst verursachte Feuer haben Sie gegenüber dem Rest der Menschheit die Verpflichtung, einen Löschversuch zu unternehmen, statt panikerfüllt davonzulaufen und die Bewohner angrenzender Zimmer und Stockwerke ihrem Schicksal zu überlassen. Das Problem kann mit einem kleinen Zigarettenbrandloch beginnen, das sich plötzlich ausweitet und den Raum mit Rauch erfüllt... Beherztes Vorgehen ist von Essenz: Nicht erst einen langen Umweg zum Badezimmer in Kauf nehmen, sondern das nächststehende Getränk (nicht gerade hochprozentigen Cognac), Vasenwasser, notfalls auch Urin als Löschmittel benutzen! Schlagen bereits irgendwo Flammen? Teppich drauf, um sie zu ersticken! Brennende Vorhänge? Ritsch, ratsch, herunter damit und auf ihnen herumgetrampelt, bis sie kein Fünkchen mehr von sich geben! Wenn das Fenster offensteht, dann hinaus mit ihnen!

Nicht jeder Hotelgast oder -angestellte ist jedoch derart umsichtig, und so kann es geschehen, daß wir nachts erwachen und schnuppern: Rauch! – und eiskalte Furcht fährt uns in die Glieder, wir raffen unsere Habseligkeiten zusammen, stürzen zur Tür, und... der Griff ist warm!

Blitzschnelle Analyse ist jetzt nötig: Könnte es noch einen Fluchtweg innerhalb des Gebäudes geben? Falls man zu diesem Ergebnis kommt, ist keine Sekunde mit Anziehen oder Packen zu vergeuden. Jedoch mag ein vorheriger Blick aus dem Fenster erwägenswert sein, um den Bereich maximaler Flammen- und Rauchentwicklung zu orten. Rauch kann tödlicher als das Feuer selbst sein, und obwohl ein nasser Lappen vor Mund und Nase Reizpartikel abhält, ist er durchlässig für giftige Gase wie Kohlenmonoxid. Aus den USA kommt eine Empfehlung, einen ca. 75 cm langen Gummischlauch durch das Toilettenbecken in den dahinterliegenden Entlüftungsschacht einzuführen und so mit Atemluft versorgt zu bleiben. Der Schlauch gehört bereits zum gängigen Verkaufsobjekt entsprechender Ausrüstungshäuser.* (Tauchtouristen, die ein einsatzbereites Gerät anlegen können, sollten unter keinen Umständen hierauf verzichten!). Einem sekundenkurzen Sprint durch lodernde Flammen steht nichts entgegen, solange jenseits der Feuerwand familiäres, sicheres Terrain zu erwarten ist. Falls man sich zu diesem Akt entschließt, ist gründliches vorheriges Durchnässen der Kleidung von großem Vorteil.

*UPI-Bericht „Toilets can help save many lives" (Bulletin Today, Manila, 1981)

Wenn es keinen Ausweg aus dem Raum gibt, versuche man Zeit zu gewinnen, indem man alle Türen zwischen sich selbst und dem Feuer schließt, Ritzen mit Teppichen oder Tüchern verstopft und, falls möglich, seine Umgebung in reichlichem Maße unter Wasser setzt. Zu Fassadenkletterei – nach unten oder in die Höhe – sollte man sich nur entschließen, wenn das Unternehmen als vergleichbar kleinstes Risiko erscheint. Dann sollte man sich jedoch aller verfügbaren Hilfsmittel bedienen, auch der berühmten zusammengeknoteten Bettücher, die schon manchem möglichen Feueropfer das Leben retten konnten. (Zu einem auflösbaren Ring zusammengeknüpft, können sie bei Vorhandensein geeigneter Ankerpunkte unbegrenzt vertikale Distanzen zurücklegen helfen).

Ein Sprung in die Tiefe sollte nur angesichts der unausweichlichen Alternative, lebendig zu verbrennen oder den Aufprall mit schweren Verletzungen zu überleben, in Erwägung gezogen werden. Niemals springe man zu früh, denn Hilfe (Feuerwehr mit Leitern oder Sprungtüchern, Armeehubschrauber usw.) mag sich in letzter Minute doch noch einstellen! Viele Todesfälle bei Großfeuern gehen auf das Konto des viel zu frühen, verzweifelten Sprunges! Wer dennoch springt, springen muß, sollte vor allem seinen Kopf dick mit Handtüchern und Bettlaken bandagieren und nach Möglichkeit auf das tiefe Ende eines Swimmingpools, ein Autodach oder zumindest ein Rasenstück zielen. Zu ebener Erde können Zeugen des Geschehens, statt sensationslüstern in die Höhe zu starren, Polster aus Matratzen und Kartons konstruieren, um den Aufprall eines Springers zu dämpfen, oder gar ein solides Fischnetz aufriggen, falls ein solches zufällig greifbar ist (in Hafenstädten sicherlich nicht selten). Merke: Wer sich befähigt fühlt, inmitten allgemeiner Konfusion und Hilflosigkeit am Boden die Initiative zu ergreifen, tue dies ohne zu zögern. Eine laienhaft durchgeführte, aber erfolgversprechende Rettungsaktion ist wahrlich besser als gar keine!

Der Sprung in die Tiefe

Ein Buschfeuer oder gar einen Waldbrand allein bekämpfen zu wollen, ist ein sinnloses Unterfangen, das die eigenen Überlebensaussichten eher drastisch vermindert. Die besten Aussichten hat ein Versuch, vor dem Feuer gezielt davonzulaufen, um es auszuflanken oder um vegetationsloses Gelände oder ein größeres Gewässer zu

Buschfeuer und Waldbrand

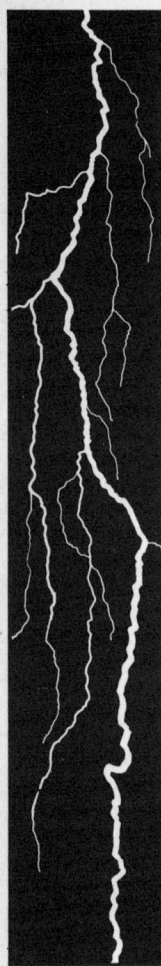

erreichen. Auf das Risiko eines „Gegenfeuers" sollten sich nur Leute einlassen, die sich ihrer Sache absolut sicher sind.

Blitz und Donner

Mehr als einhundertmal in der Sekunde wird die Erde – weltweit – vom Blitz getroffen. Hier häufig, dort seltener. Und stellenweise überhaupt nie. Auf Java gewittert es an durchschnittlich 223 Tagen im Jahr. Auch andere tropische Regionen wie Sumatra oder Uganda sind bekannte Herde „elektrischer Stürme". Andernorts jedoch, zum Beispiel in meinem Wohnort an der philippinischen Ostküste, sind Gewitter ein eher seltenes Vorkommnis.

Die Annahme, daß es in den „ständig warmen" Tropen auch mit großer Regelmäßigkeit zu Gewittern kommt, ist unrichtig; jedenfalls trifft sie keineswegs auf die Tropenzone in ihrer Gesamtheit zu. In vielen Gebieten, in denen die Voraussetzung großer Massen aufsteigender, feuchtigkeitsgesättigter Luft nicht gegeben ist, gewittert es nie. Ebenso wenig ist es der Fall, daß tropische Gewitter grundsätzlich heftiger verlaufen als diejenigen sogenannter gemäßigter Breiten, die sich gerade im Zusammenhang mit diesem Thema sehr ungestüm verhalten können, wie die meisten von uns wissen. In Norwegen, fast schon in arktischen Bereichen, gewittert es zwar selten genug, dafür zuckt es jedoch pro Gewitter zehnmal häufiger vom Himmel zur Erde als in den Tropen, wo die meisten Entladungen innerhalb einer Wolke oder von einer Wolke zur anderen stattfinden. Und immerhin fallen in einem Land hoher naturwissenschaftlicher Aufklärung, den USA, dem Blitz im Jahr mehr Menschen zum Opfer als den gefürchteten Tornados: über 100, die in der Regel auf der Stelle getötet werden. In der Bundesrepublik liegt diese Zahl nicht wesentlich niedriger.

Von Blitzschlagopfern in den Tropen hören wir selten etwas, doch der Durchschnitt liegt hier weitaus höher. Der Grund hierfür ist nicht nur in häufigeren Gewittern und höheren Bevölkerungsdichten, sondern auch in anderen Lebensgewohnheiten und mangelnder Aufklärung zu suchen. Nicht zuletzt ist wohl gerade dieser Fehlposten verantwortlich: Abgesehen von Unwissenheit auf dem Gebiet der physikalischen Zusammenhänge machen sich vielerorts auch noch Aber- und Irrglauben breit – man sieht Blitz und Donner (wie wir selbst vor gar nicht allzu langer Zeit) als Manifestationen göttlichen Zorns an und findet Zuflucht im Gebet oder unter dem nächsten schützenden Regendach.

Zwei – nicht besonders kluge – Maßnahmen, die man im Gewitter treffen kann. Es gibt bessere.

Blitzschutz   Die zwei Grundideen des Blitzschutzes sind entweder der Aufbau ausreichender „Schichten" von Isolationsmaterial zwischen solchen Punkten, die von einem Blitz überbrückt werden könnten, oder die absichtliche „Anlockung" und Unschädlichmachung der elektrischen Entladung mit Blitzableitern oder „Faradayschen Käfigen", wie Autos oder Eisenschiffe es im physikalischen Sinne sind. Den Isolationswiderstand zwischen dem zu schützenden Objekt, gewöhnlich uns selbst, und einer potentiellen Blitzbahn erhöhen wir, so gut es geht, durch Zufluchtnahme unter möglichst trockenen, nichtmetallischen Materialien wie Stein, Holz, Glas usw., oder indem wir die Distanz zwischen Himmel und Erde zu maximieren versuchen, denn Luft ist ein schlechter Leiter und Wasser – somit auch der von diesem Stoff strotzende Mensch – ein relativ guter. Die Weisheit, daß man Eichen zwar weichen, die Buchen aber auch nicht gerade suchen sollte, ist inzwischen sicherlich zu Allgemeinwissen aufgerückt. In der Tat ist jeder alleinstehende Baum hochgefährlich, gleich ob mit rauher oder glatter Rinde. Und selbst unmittelbarer Kontakt mit ihm ist nicht einmal notwendig, um bei einem Einschlag zu Schaden zu kommen. Die elektrische Energie um eine Einschlagstelle herum pflanzt sich nämlich kreisförmig im Boden fort und kann einem Lebewesen, das unglücklicherweise mit seinen Extremitäten zwischen zwei verschiedenen Potentialen steht, noch in einiger Entfernung den Tod bringen. Dies ist der Grund, weshalb mitunter ganze Viehherden von einem einzigen Blitzschlag dahingerafft werden.

Zwar ist es im physikalischen Sinne nicht ganz richtig, daß Metalle „den Blitz anziehen"; sie tragen jedoch dazu bei, den Widerstand in seiner Bahn zu verringern und weisen ihm sozusagen den leichtesten Weg. Manchmal kann es ein trivialer Gegenstand wie eine Armbanduhr, das Stanniol einer Zigarettenpackung oder das Metallgerippe eines Regenschirms sein, der als letzter Tropfen das randvolle Faß der elektrischen Ladung zum Überlaufen bringt – nicht immer, aber oft mit fatalen Folgen. (Ein vom Blitz getroffener Mensch – der übrigens nicht „elektrisch aufgeladen" ist und ohne weiteres bewegt werden kann – hat in vielen Fällen gute Überlebensaussichten, wenn umgehend Herzmassage und künstliche Beatmung vorgenommen werden). Empfehlenswert ist auf jeden Fall, sich auf der Höhe eines Gewitters von allen metallischen Objekten zu trennen; wir können sie ja anschließend wieder einsammeln.

Siehe „Herzmassage" Seite 139 und „Künstliche Beatmung" Seite 136

Fassen wir von diesen Gesichtspunkten aus einmal zusammen, was wir unter verschiedenen Bedingungen während eines Gewitters – sei es in den Tropen oder anderswo – zu unserem Schutz tun können:

Im Haus: In einem modernen, von Strom- und Wasserleitungen, besser noch von einem Baustahlgerippe durchzogenen Gebäude hat man annähernd hundertprozentigen Schutz. Man halte sich jedoch von Metallobjekten, Radio- und Fernsehapparaten, Telefon usw. fern, da diese Geräte bei einem Einschlag in unmittelbarer Nähe auf induktivem Wege unter hohe Spannungen gesetzt werden können. Das Herausziehen aller Netzstecker ist deshalb von Vorteil.

Wo sind wir eigentlich sicher?

Auch die Fenster schließen: Glas ist einer der schlechtesten elektrischen Leiter!

In einer Hütte: Solange sich keine Menschenmasse in ihr drängt, ist man in einer Hütte relativ sicher. Sie ist auf jeden Fall einem Aufenthalt im Freien vorzuziehen.

Im Zelt: Gefährlich! Die Zeltstangen üben auf den Blitz größte Attraktion aus. Bei einem schweren Gewitter sollte man trotz der damit verbundenen Unannehmlichkeiten das Zelt verlassen und woanders Schutz suchen.

Im Auto: Einer der sichersten Plätze überhaupt – sofern der Wagen aus Metall besteht und solange man nicht etwa einen Fuß aus der Tür baumeln läßt und so Bodenkontakt herstellt. Bei starker Blendwirkung durch Blitze sollte man auf eine Weiterfahrt verzichten.

Auf dem Motor- oder Fahrrad: Sehr gefährlich! Man sollte sich von dem Fahrzeug trennen, bis das Gewitter abgezogen ist.

An Bord eines Schiffes: Im Innern eines aus Metall konstruierten, großen Schiffes ist man praktisch absolut sicher; Abstand sollte jedoch zu Funkgeräten und Antennenleitungen gewahrt werden. Die Gefährdung erhöht sich rapide in kleinen, offenen Booten oder nichtmetallischen Fahrzeugen wie Segelyachten aus Holz oder Fiberglas und insbesondere Sportbooten mit Außenbordmotor. Personen auf solchen Schiffen sollten bei Heranziehen eines Gewitters das nächste Land ansteuern, um sich dort in Sicherheit zu bringen. Ist dies nicht möglich, so halte man maximalen Abstand zu den Metallteilen des Bootes und vermeide auf jeden Fall eine direkte Berührung des Motors.

Im Flugzeug: Der Pilot wird sich schon aufgrund der bösartigen Windverhältnisse im Innern eines Gewitters nach besten Kräften bemühen, dem Gefahrenherd fernzubleiben. Entgegen einer landläufigen Annahme werden Flugzeuge gelegentlich vom Blitz getroffen – wenn auch nicht immer mit katastrophalen Folgen, doch eine Handvoll dieserart verursachter Abstürze steht zu Buch.

Im Wasser: Ein Schwimmer läuft erhebliche Gefahr, weit und breit die höchste Erhebung zwischen Erde und Wolke darzustellen und sollte sich deshalb bemühen, möglichst rasch das nächste Land zu erreichen. Taucher bleiben so lange es geht unter Wasser. Die Chance, selbst durch einen direkt oberhalb einschlagenden Blitz zu Schaden zu kommen, ist hier praktisch gleich null.

Ein Swimmingpool muß bei Gewitter umgehend verlassen werden!

In der Menge: Blitze scheinen eine ausgesprochene Vorliebe für große Menschenansammlungen zu haben, denn immer wieder hört man von spektakulären, oft mehrfachen Todesfällen bei Fußballspielen, Rennveranstaltungen, Golfturnieren usw., vielfach durch direkten Blitzschlag und gelegentlich auch durch eine Stampede der Zuschauermassen, nachdem es zum ersten Mal vom Himmel flammte. Man beobachte das Wettergeschehen in derartigen Lokalitäten besonders sorgfältig und mache sich auf und davon, bevor ein Unglück geschieht.

Im Wald: Außerhalb der Reichweite einzeln stehender Bäume ist man im Wald einigermaßen sicher aufgehoben.

Im Gebirge: Ein Großteil aller Blitzschlagunfälle geschieht in den Bergen, wo die elektrischen Potentiale zwischen Wolken und Erde auf das Engste aneinander angenähert sind. Gewitter können hier auf kleinstem Raum entstehen und sich mit Vehemenz austoben. Deckungssuche in Vertiefungen und das Abwerfen sämtlicher Metallteile ist hier die beste Maßnahme.

Im freien Gelände: Einem völlig schutzlosen Menschen ist mit der Einnahme einer eng zusammengerollten Hockstellung wahrscheinlich am besten gedient: Füße zusammen, Arme um die Knie geschlungen und den Kopf herunter! Wenn Alternativen existieren, suche man sich den niedrigsten Punkt im Gelände aus, gebe jedoch halbwegs trockenem Untergrund den Vorzug gegenüber wasserdurchzogenem Terrain.

Wenn ein Gewitter so nahe ist, daß Blitz und Donner anscheinend unmittelbar aufeinanderfolgen, stechender Ozongeruch die Luft erfüllt und Ihnen die Haare zu Berge zu stehen beginnen, kann der nächste Blitz Sie aufs Korn nehmen. Dann vergessen Sie Ihre Würde und werfen Sie sich in den Dreck: Schmutzig und lebendig ist immer noch besser als sauber und tot.

Lieber schmutzig und lebendig, als sauber und tot!

LITERATUR-NACHWEIS

KLEINE TROPENKUNDE	Beard	The End of the Game
	Colson	Africa Today
	Critchfield	Giving Foreign Aid a good Name (Christian Science Monitor 13/7/79)
	Dean	The Nature of the Non-Western World
	Der Spiegel	Die Putsch-Epidemie der Offiziere (17/74)
	Forrester/Meadows	The Limits of Growth
	Gallup	What Mankind thinks about Itself (Readers Digest 10/76)
	Huxley	Zwischen Magie und Macht
	Leip	Der große Fluß im Meer
	Ortlepp	„Wir sollten nicht mehr jagen, Bwana" (Der Spiegel 28-30/78)
	Osborn	Our Plundered Planet
	Riehl	Tropical Meteorology
	Schurz	This New World: The Civilization of Latin America / The Manila Galleon
	Toynbee	The Study of History
	Webb	Ended: Four hundred year boom
UNTERWEGS ZWISCHEN DEN WENDEKREISEN	Bulletin Today (Manila)	„RP to aid Palestine Refugees" (9/1/79)
	Conrad	Almayers Wahn
	Der Spiegel	Hohlspiegel (16/79)
	Eibl-Eibesfeldt	Liebe und Haß
	Spiel	Menschen essen Menschen
ERHALTUNG UND PFLEGE DER GESUNDHEIT IN DEN TROPEN	Bayerwerke	Wie bleibe ich in den Tropen gesund?
	Bundeszentrale für gesundheitliche Aufklärung	Gesundheits-Tips für Globetrotter
	Danielsson	Vergessene Inseln der Südsee
	Mendez/Landa-Jocano	The Filipino Family in its Rural and Urban Orientation
	Rosebury	Der Reinlichkeitstick
	Birket-Smith	Geschichte der Kultur
RICHTIG ESSEN UND TRINKEN IM HEISSEN KLIMA	Berkow/Talbott	The Merck Manual
	Peterson	The Natural Food Catalogue
	US Peace Corps Philippines	Nutrition Handbook
	Yudkin	Sweet and Dangerous

Berkow/Talbott	**The Merck Manual**	**TROPISCHE**
Bösel/Hartung	**Praktikum des Infektions- und Impfschutzes**	**KRANKHEITEN**
Deutsches Grünes Kreuz	**Damit Ihr Urlaub zur Erholung wird...**	
World Health Organization	**International Medical Guide for Ships**	

Berkow/Talbott	**The Merck Manual**	**ERSTE HILFE**
Bleything/Dawson	**Poisonous Plants in the Wilderness**	**UNTER PRIMITIVEN BEDINGUNGEN**
Bundes-gesundheitsamt	**Anleitung zur Gesundheitspflege auf Kauffahrteischiffen**	
Killian/Dönhardt	**Wiederbelebung**	
Ladiges	**Giftige Fische im Aquarium – für Liebhaber grober Leichtsinn. TI Nr. 48, Dez. 79**	
Naglschmid	**Feuerkorallen (Tauchen 6/78)**	
National Oceanic and Atmospheric Administration	**The complete Underwater Diving Manual**	
Philippine Army	**Survival Manual**	
Quisumbing	**Medicinal Plants of the Philippines**	
Reisman	**Danger! Stinging Insects (U.S. News & World Report 4/75)**	
Röllinghof/van Soest	**Erhaltung und Pflege der Gesundheit in den warmen Ländern**	
Schering Corporation	**Medical Emergencies**	
US Air Force	**Survival Training Edition**	
US Navy	**US Navy Diving Manual**	
World Health Organization	**International Medical Guide for Ships**	

Cooper	**Fishes of the World**	**GEFAHREN**
Cousteau	**Das lebende Meer**	**TROPISCHER MEERE**
de Couet	**Haibiologie (SUBMARIN 3/78)**	
Gorsky	**Moana**	
Lane	**Kingdom of the Octopus**	
Mead	**Killer from beyond time (Skin Diver Magazine 1/73)**	
National Oceanographic & Atmospheric Administr.	**The complete Underwater Diving Manual**	
Mostert	**Supership**	
Naglschmid	**Feuerkorallen (TAUCHEN 6/78)**	
Roosevelt	**Bericht an die International Oceanographic Foundation, Miami (Skin Diver Magazin 9/73)**	
US Navy	**US Navy Diving Manual**	
Voss	**Squids, jet-powered torpedoes of the deep (NATIONAL GEOGRAPHIC 3/67)**	

LEBEN WIE ROBINSON

Bailey	**117 Days Adrift**
Cahill	**Miracle Weeds from the Sea (Skin Diver Magazine 9/73)**
Chango	**You may crab, but don't eat. (Bulletin Today, Manila 1977)**
Danielsson	**Vergessene Inseln der Südsee**
Diliman University (Manila)	**Categories of Algae**
Gorsky	**Moana**
Morris	**Der nackte Affe**
Schneider	**Captain Cousteau Opposes Sport-fishing (Montana Outdoors 4/78)**
Zahl	**Algae: The Life-Givers (National Geographic 3/74)**

FEINDLICHE UMWELT DSCHUNGEL

Baumgartel	**König im Gorillaland**
Bourne/Cohen	**Die sanften Riesen**
Corbett	**The Temple Tiger**
D'Aulaire	**Piranha: Minijaws of the Amazon (Reader's Digest 9/77)**
Eckholm	**Disappearing Species: The Social Challenge**
Fossey	**Making friends with mountain gorillas (National Geographic 1/70)**
Nance	**Tasaday – Steinzeitmenschen im philippinischen Regenwald**
Rensberger	**The Cult of the Wild**
Schaller	**The Year of the Gorilla**
Schulte	**Piranhas**
Stidworthy	**Snakes of the World**
Tichy	**Tau-Tau**
US Army	**FM 21-76: Survival, Evasion, and Escape**
US Navy Bureau of Medicine and Surgery	**Poisonous Snakes of the World**

ESSBARE UND GIFTIGE PFLANZEN-ARTEN DER TROPISCHEN WILDNIS

Bleything & Dawson	**Edible Plants in the Wilderness Vol. 1-2**
	Poisonous Plants in the Wilderness
Bernard-Smith	**Poisonous Plants of all countries**
Blanco	**Flora de Filipinas**
Brown	**Health through knowledge and habits**
	Useful Plants of the Philippines
Chopra	**Indigenous drugs of India**
Correa	**Diccionario das Plantas uteis do Brasil e das exoticas cultivadas**
Dalziel	**The useful plants of West Tropical Africa**
Cribb	**Wild Food in Australia**
Daley	**Food of the Australian aborigines**
Der Stern	**Keine Angst vor Pilzen (29/75)**
Diliman University	**Plants of the Philippines**

Hermona & Sepulveda	**The vitamin contents of Philippine foods**	
Holland	**The useful plants of Nigeria**	
Kreig	**Green Medicine**	
Leichhardt	**Journal of an overland expedition in Australia, from Moreton Bay to Port Essington, a distance of upwards of 3000 miles, during the years 1844-45**	
Maranon	**Nutritive mineral value of Philippine food plants (calcium, phosphorus, and iron contents)**	
Merril	**Emergency food plants and poisonous plants of the islands of the Pacific**	
Philippine Armed Forces	**Survival Manual**	
Quisumbing	**Medicine Plants of the Philippines**	
Serrano	**Prussic acid in Phaseolus lunatus and other beans**	
Sulit	**Arrow and dog poisons**	
US Army	**Field Manual FM 21-76: Survival, Evasion, and Escape**	
Vandenberg	**Der Fluch der Pharaonen**	

Canby	**The Rat – Lapdog of the Devil (NATIONAL GEOGRAPHIC 7/77)**	**TROPISCHE PLAGEGEISTER**
Der Spiegel	**Kommt die Welt-Hunger-Katastrophe? (41/78)**	
George	**How to Bug a Mosquito (The Reporter Dispatch 6/68)**	
Glasgow	**The distribution and abundance of tsetse**	
Götsch	**Die Staaten der Ameisen**	
Gore	**Those Fiery Brazilian Bees (NATIONAL GEOGRAPHIC 4/76)**	
Sission	**At Home with the Bulldog Ant (NATIONAL GEOGRAPHIC 7/74)**	

Bowditch	**American Practical Navigator**	**SURVIVAL-PRAKTIKEN**
De la Gironière	**Adventures of a Frenchman in the Philippines**	
Greenbank	**The book of survival**	
Mayer	**Trapping wild animals**	
Meissner	**Die überlistete Wildnis**	
Quisumbing	**Philippine plants used for arrow and fish poisons**	
Seering	**Mein tödliches Risiko**	
U.S. Army	**FM 21-76: Survival, Evasion, and Escape**	
Zahl	**Malaysia's giant flowers and insect-trapping plants (NATIONAL GEOGRAPHIC 5/64)**	

ÜBERLEBENSSTUDIEN ZUM THEMA NATUR-KATASTROPHEN

Bulletin Today (Manila)	**UPI-Bericht: „Toilets can help save many lives" (1981)**
Deutsches Hydrographisches Institut	**Seehandbücher**
Encyclopedia Britannica	**Disaster! When Nature strikes back**
Francis	**Volcanoes**
Fuchs	**Naturgewalten**
Prügel	**Maritime Meterologie**
US Geological Survey	**Annual Reports**

INDEX

Wolfram Leinen, Jens Peters
Thailand Reise-Handbuch

ISBN 3-923821-15-8

552 Seiten
103 Karten und Lageskizzen
120 Illustrationen
40 Schwarzweißbilder

37,80 DM

Das ideale Handbuch für eine Reise durch ein faszinierendes Land

Thailand hat sich mit seiner einzigartigen Vielfalt an touristischen Attraktionen zum führenden Reiseland in Südost-Asien entwickelt. Die Fülle von Möglichkeiten, seinen Urlaub angenehm und voller Abwechslung zu gestalten, ist tatsächlich enorm. Da gibt es traumhafte Tropeninseln mit palmenumsäumten Stränden, einsame Bergregionen mit abgelegenen Dörfern, historische Stätten, kunstvolle Bauten und goldbeladene Tempel. Für Unterhaltung sorgen traditionsreiche Folklore und glitzerndes Nachtleben. Und was die freundlichen Thais in ihren Küchen zaubern, ist ein exzellenter Hochgenuß, der den herrlichen Aufenthalt im Königreich obendrein zu einem kulinarischen Erlebnis werden läßt.

Und das steht drin:

Dieses sorgfältig recherchierte Reise-Handbuch ist vollgepackt mit wertvollen Informationen aus erster Hand. Es enthält das Wichtigste über Thailand und seine Menschen, nützliche Hinweise zur Reisevorbereitung sowie jede Menge Tips für Trips auf eigene Faust. Alle sehenswerten Orte, Inseln und Regionen werden beschrieben, ebenso Hotels von billig bis teuer, Restaurants und Verbindungen mit Verkehrsmitteln von Floß bis Flugzeug. Darüber hinaus ermöglichen die ausführlichen Kapitel »Sprache« und »Essen und Trinken« dem Leser, sich schnell und einfach in wichtigen Bereichen auf Thai verständlich zu machen.

JENS PETERS PUBLIKATIONEN

Gotenstrasse 65
D-10829 Berlin

INFORMATIONEN AUS ERSTER HAND

TRAVEL INFOS

**REISEFÜHRER
REISEBERICHTE**

Ägypten (i.V.) / Afrika / Afrika per Rucksack / Alaska / Australien / Bali +
Lombok / Burma / Beijing (i.V.) / China / Hawaii (i.V.) / Hongkong, Macao
& Kanton / Hotels, Motels, Hostels, (Preiswert) Übernachten in den USA /
Israel und besetzte Gebiete / Jemen / Jordanien (i.V.) / Kairo (i.V.) / Kanton
& Shanghai (i.V.) / Korea + Taiwan / Malaysia, Singapur & Brunei / Mexiko /
Mittelamerika / Nepal, Kathmandu / Trekking in Nepal / Neuseeland /
Trekking in Neuseeland / Pakistan / Papua Neu Guinea / Trekking in Papua
Neu Guinea / Wildnis des Nordens, Wanderführer Skandinavien / Sri Lanka /
Sudan (i.V.) / Südamerika / Südostasien / Südsee / Syrien (i.V.) / Thailand /
Türkei / USA-West / West- + Zentralafrika per Rucksack / Küche extrem / Navi-
gation in der Wildnis (i.V.) / Die Rucksack-Küche / Winterwandern / Survival
in der Wildnis / Survival in der Wüste / Blockhütten-Tagebuch / Traumstraße /
Türkische Tagebücher / Neuseeland-Tagebuch / Floßfahrt nach Alaska / Von
Moskau nach China / Australien-Tagebuch / Reisehandbuch Indonesien (i.V.) /
Über Land nach Indien / Vom Nordkap nach Kapstadt mit öffentlichen Ver-
kehrsmitteln (i.V.) / Briefe aus Afrika

und aus der Reihe "Globetrotter schreiben für Globetrotter":
100.000 km Orient / Kaschmir, Zanskar & Ladakh.

Wir informieren Sie gern. Bitte fordern Sie unseren Katalog an !

SCHETTLER TRAVEL PUBLIKATIONEN

D-3415 HATTORF, ODERSTR. 49, TEL. 05584/1233, FAX 05584/2401

REISE ☞ HANDBÜCHER

... für die Traumstraße

ARGENTINIEN
REISE ☞ HANDBUCH

BRASILIEN
Handbuch

MEXIKO
BELIZE GUATEMALA
REISE ☞ HANDBUCH

GALAPAGOS
Handbuch

VENEZUELA
auf eigene Faust

... in allen Buchhandlungen

Conrad Stein ⊕ Verlag
Eichkoppelweg 51 · 24119 Kronshagen
☎ 0431/544090 · Fax 548774

walk&talk

Reise-Sprachführer einer neuen Generation

Brasilien   Chile   Mexiko   Venezuela   Griechenland   Türkei   Spanien   Island   Schweden   Italien   Frankreich   Indien

✗ Floskeln und Vokabeln zu **Standardsituationen und mehr**:

Feilschen • Als Frau unterwegs • Am Strand • Umgangssprache • Ankreuzlisten für den Arzt • Geschäftsreisen • Mit dem Auto unterwegs • Großer Führer Essen & Trinken

✗ Auf wenigen Seiten **Das Wichtigste**, das in den meisten Fällen schon reicht zum Sich-verständlich-Machen

✗ **Lautschrift**, die man liest wie Deutsch

✗ **Wort-zu-Wort**-Übersetzung überall dort, wo die Satzstellung von der deutschen abweicht.

PLUS Reiseknigge & Praxistips

Denn erst die Einbeziehung der Eigenheiten und Besonderheiten eines Landes ermöglicht leichte Verständigung ohne Mißverständnisse. Z.B.:

✗ Wo darf ich feilschen, wo sollte ich es lieber nicht tun? Wie gehe ich dabei vor und wie drücke ich mich aus?

✗ Wo und wann muß ich als Frau mit Belästigungen rechnen und wie kann ich dem taktisch und verbal begegnen?

Die Reihe wird fortgesetzt.

Thomas Schreiber Verlag • 81737 München • Holzwiesenstr.25

Samba—Fieber,  tropische Nächte,

Zuckerhut. Nach einem

entspannten Flug in unseren neuen

Jumbos. Große Vergangenheit,

Amazonas,  Pantanal,

die Iguassu — Wasserfälle. Mit dem

Varig Brasil Airpass.

Abenteuer und südamerikanisches

Lebensgefühl: Brasilien.

Zuverlässigkeit und perfekter

Service einer großen Airline: Varig.

Die Mischung macht's.

BRASILIENS FLUGLINIE ✸

VARIG

...UND BRASILIEN IST GANZ NAH.